今注本二十四史

晉書

八

志〔六〕

唐 房玄齡等 撰

梁滿倉 主持校注

中国社会科学出版社

晋書　卷二三

志第十三

樂下

永嘉之亂，海内分崩，伶官樂器，皆没於劉、石。[1]江左初立宗廟，尚書下太常祭祀所用樂名。太常賀循答云：[2]“魏氏增損漢樂，以爲一代之禮，未審大晋樂名所以爲異。遭離喪亂，舊典不存。然此諸樂皆和之以鍾律，文之以五聲，咏之於歌辭，[3]陳之於舞列。宫懸在庭，琴瑟在堂，八音迭奏，雅樂並作，登歌下管，各有常咏，周人之舊也。自漢氏以來，依仿此禮，自造新詩而已。舊京荒廢，今既散亡，音韵曲折，又無識者，則於今難以意言。”於時以無雅樂器及伶人，省太樂并鼓吹令。[4]是後頗得登歌，食舉之樂，猶有未備。太寧末，明帝又訪阮孚等增益之。[5]咸和中，成帝乃復置太樂官，鳩集遺逸，而尚未有金石也。庾亮爲荆州，[6]與謝尚修復雅樂，[7]未具而亮薨。庾翼、桓温專事軍旅，[8]樂器在庫，遂至朽壞焉。及慕容儁平冉閔，[9]兵戈之際，而鄴下樂人亦頗有來者。[10]永和十一年，謝尚鎮壽陽，[11]於是采拾樂人，以備太樂，并制石磬，雅樂始頗具。而王猛平鄴，[12]慕容氏所得樂聲又入關右。[13]太元中，破苻堅，[14]又獲其樂工楊蜀等，閑習舊樂，於是四廂金石始備焉。乃使曹毗、王珣等增造宗廟歌詩，[15]然郊祀遂不設樂。今列其詞於後云。

[1]劉：劉淵，本書卷一〇一有載記。　石：石勒，字世龍，本書卷一〇四有載記。

[2]賀循：字彦先，本書卷六八有傳。

[3]咏之於歌辭：於，殿本作“以”。

[4]太樂：太，殿本作“大”。下文“太樂”同。

[5]明帝又訪阮孚等增益之：中華本校勘記：“‘訪’，《宋志》一作‘詔’。”阮孚，字遥集，本書卷四九有傳。

[6]庾亮：字元規，本書卷七三有傳。

[7]謝尚：字仁祖，本書卷七九有傳。

[8]庾翼：字稚恭，本書卷七三有傳。　桓温：字元子，本書卷九八有傳。

[9]慕容儁：字宣英，本書卷一一〇有載記。　冉閔：字永曾，本書卷一〇七有載記。

[10]鄴：縣名，治所在今河北省臨漳縣西南。

[11]壽陽：即壽春縣，治所在今安徽省壽縣東南，東晋時改爲壽陽。

[12]王猛：字景略，本書卷一一四有載記。

[13]關右：即關西，泛指故函谷關或今潼關以西地區。

[14]苻堅：字永固，本書卷一一三有載記。苻，原本、宋本作“符”，殿本作“苻”，據其載記、殿本改。

[15]曹毗：字輔佐，本書卷九二有傳。　王珣：字元琳，本書

卷六五有傳。清勞格《晋書校勘記》："《宋志》曹毗造十一首，王珣造二首，此志衹載曹毗十首，蓋脱歌穆帝一首。《歌穆帝》：孝宗夙哲，休音允臧。如彼晨離，耀景扶桑。垂訓華幄，流潤八荒。幽贊玄妙，爰該典章。西平僭蜀，北静舊疆。高猷遠暢，朝有遺芳。"

歌宣帝　曹毗

於赫高祖，德協靈符。應運撥亂，厘整天衢。[1]勛格宇宙，[2]化動八區。肅以典刑，陶以玄珠。[3]神石吐瑞，靈芝自敷。[4]肇基天命，道均唐虞。

[1]厘整天衢：治理整頓國家。

[2]格：到達。

[3]陶以玄珠：用大道的真諦陶化民衆。

[4]自敷：自然生長開來。

歌景帝　曹毗

景皇承運，纂隆洪緒。[1]皇羅重抗，[2]天暉再舉。蠢矣二寇，[3]擾我揚楚。乃整元戎，[4]以膏齊斧。[5]亹亹神算，赫赫王旅。鯨鯢既平，功冠帝宇。

[1]纂隆洪緒：繼承大業。

[2]皇羅重抗：中華本校勘記："'羅'，《宋志》二、《樂府詩集》八作'維'。"

[3]二寇：指孫吴和蜀漢。

[4]元戎：兵車，兵器。

[5]以膏齊斧：浸潤利斧。此處意爲爲國捐軀。

歌文帝　曹毗[1]

太祖齊聖，王猷誕融。[2]仁教四塞，天基累崇。皇室多難，嚴清紫宫。威厲秋霜，惠過春風。平蜀夷楚，以文以戎。奄有參墟，[3]聲流無窮。

[1]曹毗：原本、宋本無此作者標題，殿本有，據殿本補。

[2]王猷誕融：王道寬闊昌明。

[3]奄有參墟：占有全部北方。參、墟爲兩個星宿的名字，其分野爲西方和北方。

歌武帝　曹毗

於穆武皇，允襲欽明。[1]應期登禪，龍飛紫庭。百揆時序，聽斷以情。殊域既賓，僞吴亦平。晨流甘露，宵映朗星。[2]野有擊壤，[3]路垂頌聲。

[1]允襲欽明：莊肅明察。

[2]宵映朗星：映，殿本作“應”。

[3]擊壤：喻太平盛世。《藝文類聚・帝王部》引皇甫謐《帝王世紀》：“（帝堯之世）天下大和，百姓無事，有五十老人擊壤於道。”

歌元帝　曹毗

運屯百六，[1]天羅解貫。[2]元皇勃興，網籠江漢。仰齊七政，俯平禍亂。化若風行，澤猶雨散。淪光更曜，金輝復焕。德冠千載，蔚有餘粲。

[1]運屯：灾難産生。屯，卦名，《易·屯》："彖曰：'屯，剛柔始交而難生。'" 百六：古代道家稱天厄爲"陽九"，地厄爲"百六"。《文選·袁宏〈三國名臣序贊〉》："百六道喪，干戈迭用。"吕延濟注："四千六百一十七歲爲一元，一百六歲曰陽九之厄。"因以"陽九百六"指灾難或厄運。

[2]天羅解貫：國家綱紀破壞。

歌明帝 曹毗

明明肅祖，闡弘帝祚。英風夙發，清暉載路。奸逆縱忒，罔式皇度。[1]躬振朱旗，遂豁天步。[2]宏猷允塞，[3]高羅雲布。品物咸寧，洪基永固。

[1]罔式皇度：不遵守國家法度。

[2]遂豁天步：使國運舒展。

[3]宏猷允塞：王道充滿天下。

歌成帝 曹毗

於休顯宗，道澤玄播。式宣德音，暢物以和。邁德蹈仁，匪禮不過。敷以純風，濯以清波。連理映阜，[1]鳴鳳栖柯。同規放勛，[2]義蓋山河。

[1]連理映阜：祥瑞映照高山。

[2]放勛：帝堯名。《尚書·堯典》："曰若稽古，帝堯曰放勛。"

歌康帝 曹毗

康皇穆穆，仰嗣洪德。爲而不宰，[1]雅音四塞。閑邪以誠，[2]鎮物以默。威静區宇，道宣邦國。

[1]不宰：不主宰。語出《老子》："爲而不恃，長而不宰。"

[2]閑邪以誠：用誠信防止奸邪。

歌穆帝[1]　曹毗

孝宗夙哲，[2]休音允臧。[3]如彼晨離，[4]耀景扶桑。[5]垂訓華幄，流潤八荒。幽贊玄妙，爰該典章。[6]西平僭蜀，北静舊疆。高猷遠暢，[7]朝有遺芳。

[1]歌穆帝：原本無標題"歌穆帝"，據中華本校勘記補。原本、宋本無"歌穆帝"節文，殿本有，據殿本、中華本補。

[2]夙哲：自幼聰明。

[3]休音允臧：福禄藏於自身。

[4]晨離：朝陽。

[5]扶桑：太陽升起的地方。

[6]爰該典章：於是完備典章制度。

[7]高猷遠暢：謀略高遠弘揚。

歌哀帝　曹毗

於穆哀皇，聖心虚遠。雅好玄古，大庭是踐。道尚無爲，治存易簡。化若風行，時猶草偃。[1]雖曰登遐，[2]徽音彌闡。[3]愔愔雲韶，盡美盡善。

[1]時猶草偃：中華本校勘記："'時'，《宋志》二、《樂府詩集》八均作'民'，此乃曹毗本文。《晋志》則唐人避諱改。"

[2]登遐：特指皇帝之死。

[3]徽音：德音，佳音。

歌簡文帝　王珣

皇矣簡文，於昭於天。靈明若神，周淡如川。[1]冲應其來，[2]實與其還。亹亹心化，日用不言。易而有親，簡而可傳。觀流彌遠，求本逾玄。[3]

[1]周淡如川：周淡，堅定淡泊。中華本校勘記："'川'，《宋志》二、《樂府詩集》八均作'淵'，乃王珣本文。《晋志》作'川'，則唐人避諱改。"

[2]冲應其來：所有的衝擊到來。

[3]求本逾玄：探求本中之本。

歌孝武帝　王珣

天監有晋，欽哉烈宗。同規文考，玄默允恭。威而不猛，約而能通。神鉦一震，九域來同。道積淮海，雅頌自東。氣陶醇露，[1]化協時雍。[2]

[1]醇露：精純的甘露。

[2]時雍：時世太平。

四時祠祀　曹毗

肅肅清廟，巍巍聖功。萬國來賓，禮儀有容。鐘鼓振，金石熙。[1]宣兆祚，[2]武開基。神斯樂兮！理管弦，有來斯和。説功德，吐清歌。神斯樂兮！洋洋玄化，潤被九壤。民無不悦，道無不往。禮有儀，[3]樂有式。咏九功，永無極。神斯樂兮！

[1]金石熙：金石和悦。

[2]宣兆祚：宣帝開創國統。

[3]禮有儀：儀，殿本作“容”。

漢時有《短簫鐃歌》之樂，其曲有《朱鷺》《思悲翁》《艾如張》《上之回》《雍離》《戰城南》《巫山高》《上陵》《將進酒》《君馬黄》《芳樹》《有所思》《雉子班》《聖人出》《上邪》《臨高臺》《遠如期》《石留》《務成》《玄雲》《黄爵行》《釣竿》等曲，列於鼓吹，多序戰陣之事。[1]

[1]雍離：清勞格《晋書校勘記》：“《宋志》作‘翁離’。”本段曲名排列順序，殿本多有不同。

及魏受命，改其十二曲，使繆襲爲詞，述以功德代漢。改《朱鷺》爲《楚之平》，言魏也。改《思悲翁》爲《戰滎陽》，言曹公也。改《艾如張》爲《獲呂布》，[1]言曹公東圍臨淮，[2]擒呂布也。改《上之回》爲《克官渡》，[3]言曹公與袁紹戰，[4]破之於官渡也。改《雍離》爲《舊邦》，言曹公勝袁紹於官渡，還譙收藏死亡士卒也。[5]改《戰城南》爲《定武功》，言曹公初破鄴，武功之定始乎此也。改《巫山高》爲《屠柳城》，言曹公越北塞，[6]歷白檀，[7]破三郡烏桓於柳城也。[8]改《上陵》爲《平南荆》，言曹公平荆州也。改《將進酒》爲《平關中》，言曹公征馬超，[9]定關中也。[10]改《有所思》爲《應帝期》，言文帝以聖德受命，應運期也。改《芳樹》爲《邕熙》，言魏氏臨其國，君臣邕穆，[11]庶績咸熙也。改《上邪》爲《太和》，言明帝繼體承統，太和改元，德澤流布也。其餘並同舊名。

[1]吕布：東漢末五原九原（今内蒙古自治區包頭市西）人，字奉先。善騎射，號爲飛將。先爲并州刺史丁原主簿，後投董卓，繼而殺董卓，先後投袁術、袁紹等人。後自號徐州牧，終爲曹操所殺。

[2]臨淮：郡國名，治所在盱眙縣（今江蘇省盱眙縣東北）。

[3]官渡：地名，在今河南省中牟縣東北，臨古官渡水。

[4]袁紹：東漢汝南汝陽（今河南省商水縣西北）人，字本初。出身世家大族，靈帝時歷任侍御史、虎賁中郎將等職。董卓進京，廢少帝立獻帝，袁紹不滿董卓專横，起兵討伐，並任討董聯盟盟主。後據有青、冀、幽、并四州。與曹操决戰於官渡，兵敗，病死。

[5]譙：縣名，治所在今安徽省亳州市。

[6]北塞：北部邊境。

[7]白檀：即白檀山，位於今河北省灤平、平泉市之間。

[8]烏桓：古族名，又稱烏丸。東胡一支，漢初東胡被匈奴擊破後，部分餘衆退保烏桓山，即今内蒙古自治區阿魯科爾沁旗北境大興安嶺山脉南端。經秦漢，直到東漢末，曹操北征烏桓，遷其餘衆於幽州、并州，漸與漢族融合。　柳城：縣名，治所在今遼寧省朝陽市西南十二臺營子。

[9]馬超：三國時扶風茂陵（今陝西省興平市東北）人，字孟起，馬騰之子。被曹操任命爲偏將軍，統馬騰之衆。後舉兵反曹，自稱征西將軍。由於被曹魏楊阜打擊，投奔漢中張魯，旋又投奔劉備。

[10]關中：地區名，函谷關以西秦國故地，包括今河南省靈寶

市以西及陝西省、甘肅省東部和四川省部分地區。

[11]邕穆：和睦敬肅。

是時吴亦使韋昭制十二曲名，[1]以述功德受命。改《朱鷺》爲《炎精缺》，言漢室衰，孫堅奮迅猛志，[2]念在匡救，[3]王迹始乎此也。改《思悲翁》爲《漢之季》，言堅悼漢之微，痛董卓之亂，[4]興兵奮擊，功蓋海内也。改《艾如張》爲《攄武師》，言權卒父之業而征伐也。[5]改《上之回》爲《烏林》，[6]言魏武既破荆州，順流東下，欲來争鋒，權命將周瑜逆擊之於烏林而破走也。[7]改《雍離》爲《秋風》，言權悦以使人，[8]人忘其死也。改《戰城南》爲《克皖城》，[9]言魏武志圖并兼，而權親征，破之於皖也。改《巫山高》爲《關背德》，言蜀將關羽背棄吴德，[10]權引師浮江而擒之也。改《上陵曲》爲《通荆州》，[11]言權與蜀交好齊盟，中有關羽自失之愆，終復初好也。改《將進酒》爲《章洪德》，言權章其大德，而遠方來附也。改《有所思》爲《順曆數》，[12]言權順籙圖之符，而建大號也。改《芳樹》爲《承天命》，言其時主聖德踐位，道化至盛也。改《上邪曲》爲《玄化》，言其時主修文武，則天而行，仁澤流洽，天下喜樂也。其餘亦用舊名不改。

[1]韋昭：三國吴吴郡雲陽（今江蘇省丹陽市）人，字弘嗣，因其名犯晋司馬昭之諱，改名韋曜。歷任孫吴尚書郎、太子中庶子、黄門侍郎、中書郎、博士祭酒、中書僕射、侍中等職。因得罪孫皓，下獄被殺。

［2］孫堅：東漢末吴郡富春（今浙江省杭州市富陽區）人，字文臺。東漢末任長沙太守，起兵討董卓，入洛陽，得傳國璽。後還軍魯陽。初平二年（191）率軍攻打荆州劉表，被黄祖部下射殺。

［3］念在匡救：念，原本、宋本作“合”，殿本作“念”，據殿本改。

［4］董卓：東漢末隴西臨洮（今甘肅省岷縣）人，字仲穎。本爲涼州豪强，靈帝時任中郎將、前將軍、并州牧等職。應何進之招進京殺宦官，進京後專權，廢少帝立獻帝。因受關東諸侯討伐，焚燒洛陽宫室，遷獻帝於長安。後爲部將吕布所殺。

［5］權：孫權。東漢末吴郡富春（今浙江省杭州市富陽區）人，孫策弟，字仲謀。孫策死後，統領其衆，據江東五郡，被曹操表爲討虜將軍，領會稽太守。聯合劉備與曹操决戰於赤壁，大勝。又與劉備争荆州，襲殺鎮守荆州的關羽，又大敗劉備於猇亭。黄武八年（229）稱帝。

［6］烏林：地名，在今湖北省洪湖市東北鄔林磯。

［7］周瑜：東漢末廬江舒縣（今安徽省廬江縣西南）人，字公瑾。隨孫策起兵。孫策卒後，與張昭共同輔佐孫權。親率水軍破曹操於赤壁。歷任建威中郎將、江夏太守、偏將軍、南郡太守等職。

［8］言權悦以使人：權，原本、宋本作“懽”，殿本作“權”，據殿本改。

［9］皖城：又名皖公城，位於今安徽省潛山市。

［10］關羽：東漢末河東解縣（今山西省運城市）人，字雲長，本字長生。東漢末亡命涿郡，與劉備、張飛起兵。赤壁之戰後，任襄陽太守、蕩寇將軍，駐守荆州。建安二十四年（219）率兵攻打曹魏襄陽，被孫吴背後襲取江陵。關羽回軍欲奪回江陵，於麥城被俘，遭殺害。

［11］《通荆州》：中華本校勘記：“《宋志》四、《樂府詩集》一八及所引《古今樂録》皆作‘通荆門’，與歌詞首句合。”

［12］《順曆數》：曆，原本作“歷”，歷、曆爲古今字，徑改。

本卷下同，不再出注。

及武帝受禪，乃令傅玄製爲二十二篇，亦述以功德代魏。改《朱鷺》爲《靈之祥》，言宣帝之佐魏，猶虞舜之事堯，既有石瑞之徵，[1]又能用武以誅孟達之逆命也。[2]改《思悲翁》爲《宣受命》，言宣帝御諸葛亮，[3]養威重，運神兵，亮震怖而死也。改《艾如張》爲《征遼東》，[4]言宣帝陵大海之表，討滅公孫氏而梟其首也。[5]改《上之回》爲《宣輔政》，言宣帝聖道深遠，撥亂反正，網羅文武之才，以定二儀之序也。[6]改《雍離》爲《時運多難》，言宣帝致討吴方，有征無戰也。改《戰城南》爲《景龍飛》，言景帝克明威教，賞順夷逆，隆無疆，崇洪基也。改《巫山高》爲《平玉衡》，言景帝一萬國之殊風，齊四海之乖心，禮賢養士，而纂洪業也。改《上陵》爲《文皇統百揆》，言文帝始統百揆，用人有序，以敷太平之化也。改《將進酒》爲《因時運》，言因時運變，聖謀潛施，解長蛇之交，[7]離群桀之黨，以武濟文，以邁其德也。改《有所思》爲《惟庸蜀》，言文帝既平萬乘之蜀，封建萬國，復五等之爵也。改《芳樹》爲《天序》，言聖皇應曆受禪，弘濟大化，用人各盡其才也。改《上邪》爲《大晋承運期》，言聖皇應籙受圖，化象神明也。改《君馬黄》爲《金靈運》，言聖皇踐阼，致敬宗廟，而孝道行於天下也。改《稚子班》爲《於穆我皇》，[8]言聖皇受禪，德合神明也。改《聖人出》爲《仲春振旅》，言大晋申文武之教，畋獵以時也。改《臨高臺》爲《夏苗田》，言大晋畋狩順時，爲苗除害也。改《遠如期》爲《仲秋獮田》，言大晋雖有文德，不廢武事，順時以殺伐也。改《石留》爲《順天道》，言仲冬大閲，[9]用武修文，大晋之德配天也。改《務成》爲《唐堯》，言聖皇陟帝位，德化光四表也。《玄雲》依舊名，言聖皇用人，各盡其材也。改《黄爵行》爲《伯益》，言赤烏銜書，[10]有周以興，今聖皇受命，神雀來也。《釣竿》依舊名，言聖皇德配堯舜，又有吕望之佐，[11]濟大功，致太平也。其辭並列之於後云。

[1]石瑞之徵：傳説司馬氏代替曹魏的徵兆。《三國志》卷三《魏書·明帝紀》注引《魏氏春秋》：張掖郡發現帶圖的石頭，麒麟在東，鳳鳥在南，白虎在西，犧牛在北，馬自中布列四面，色皆蒼白。其南有五字，曰“上上三天王”；又曰“述大金，大討曹，金但取之，金立中，大金馬一匹在中，大吉開壽”。金爲晋朝的五行，所以，此石爲晋代曹魏的祥瑞之徵。

[2]孟達：三國時扶風郿縣（今陝西省眉縣東渭河北岸）人，字子敬，又改子度。先依附四川劉璋，後歸劉備。任宜都太守。因與劉封不合，投降曹魏，被任爲領新城太守。後欲反叛，爲司馬懿所殺。

[3]諸葛亮：三國時琅邪陽都（今山東省沂南縣南）人，字孔明。東漢末隨叔父諸葛玄依附荆州劉表，隱居躬耕於隆中。後加入劉備集團，協助劉備占領荆州、益州，實現三分之勢。劉備死後輔佐劉禪，南征南中，北伐曹魏，最終病逝於北伐前綫。

[4]遼東：郡名，治所在襄平縣（今遼寧省遼陽市）。

[5]公孫氏：即遼東公孫淵。三國時遼東襄平（今遼寧省遼陽

市）人，字文懿，公孫康子，公孫康死後，奪弟公孫恭之權，自立爲燕王。後被司馬懿征討攻殺。

[6]二儀：即天地。

[7]解長蛇之交：喻分化瓦解對手。

[8]《稚子班》：稚，殿本作“雉”。

[9]大閲：閲兵，練兵。

[10]赤烏銜書：赤烏，古代傳説中的瑞鳥。《吕氏春秋·有始》：“赤烏銜丹書集於周社。”

[11]吕望：又稱太公望、吕尚。西周開國大臣，姜姓，吕氏，字子牙。助文王興國，佐武王滅商。

靈之祥

靈之祥，石瑞章。旌金德，[1]出西方。天降命，授宣皇。應期運，時龍驤。[2]繼大舜，佐陶唐。讚武文，[3]建帝綱。孟氏叛，據南疆。追有扈，[4]亂五常。[5]吴寇叛，蜀虜强。交誓盟，連遐荒。宣赫怒，奮鷹揚。震乾威，曜電光。陵九天，陷石城。梟逆命，拯有生。萬國安，四海寧。

[1]金德：指晋朝。按五德終始説，曹魏爲土德，土生金，所以晋爲金德。

[2]龍驤：昂舉騰躍的樣子。

[3]讚武文：武文，原本、宋本、殿本作“文武”，據中華本校勘記改。

[4]有扈：古國名。在今陝西省西安市鄠邑區。其國因反對夏啓稱王而遭到夏啓鎮壓。

[5]五常：五種倫常道德，即父義、母慈、兄友、弟恭、子孝。

宣受命

宣受命，應天機。風雲時動，神龍飛。御葛亮，鎮雍梁。[1]邊境安，夷夏康。務節事，勤定傾。攬英雄，保持盈。深穆穆，[2]赫明明。[3]冲而泰，[4]天之經。養威重，運神兵。亮乃震斃，天下安寧。

[1]雍梁：雍州和梁州。

[2]深穆穆：深沉寧靜。

[3]赫明明：威嚴英明。

[4]冲而泰：淡泊通達。

征遼東

征遼東，敵失據。威靈邁日域。[1]公孫既授首，群逆破膽，咸震怖。朔北響應，海表景附。武功赫赫，德雲布。

[1]威靈邁日域：聲威傳天下。

宣輔政

宣皇輔政，聖烈深。撥亂反正，順天心。網羅文武才，慎厥所生。所生賢，遺教施。安上治民，化風移。肇創帝基，洪業垂。於鑠明明，時赫戲。[1]功濟萬世，定二儀。定二儀，雲行雨施，海外風馳。

[1]時赫戲：美妙繁盛的時光。

時運多難

時運多難，道教痡。[1]天地變化，有盈虛。蠢爾吴蠻，武視江湖。[2]我皇赫斯，[3]致天誅。有征無戰，弭其圖。天威横被，廓東隅。

[1]道教痡（pū）：道德教化衰落。

[2]武視江湖：武視，應爲“虎視”，唐人爲避諱而改。

[3]赫斯：帝王盛怒的樣子。語出《詩·大雅·皇矣》：“王赫斯怒，爰整其旅。”鄭玄箋：“赫，怒意。”

景龍飛

景龍飛，御天威。聰鑒玄察，動與神明協機。從之者顯，逆之者滅夷。文教敷，武功巍。普被四海，萬邦望風，莫不來綏。聖德潛斷，先天弗違。[1]弗違祥，享世永長。猛以致寬，道化光。赫明明，祚隆無疆。帝績惟期，有命既集，崇此洪基。

[1]“普被四海”至“先天弗違”：此五句文字，原本、宋本無，殿本有，據殿本補。

平玉衡[1]

平玉衡，糾奸回。萬國殊風，四海乖。禮賢養士，羈御英雄，思心齊。纂戎洪業，崇皇階。品物咸亨，聖敬日躋。聰鑒盡下情，明明綜天機。

[1]平玉衡：玉衡原指北斗。此指治理國家的命脉。揚雄《長

楊賦》“是以玉衡正而太階平也”之語，即包含此意。

文皇統百揆

文皇統百揆，繼天理萬方。武將鎮四隅，英佐盈朝堂。謀言協秋蘭，清風發其芳。洪澤所漸潤，礫石爲珪璋。大道侔五帝，盛德逾三王。咸光大，上參天與地，至化無内外。無内外，六合並康乂。[1]並康乂，遘兹嘉會。[2]在昔羲與農，大晋德斯邁。鎮征及諸州，爲藩衛。功濟四海，洪烈流萬世。

[1]康乂：國泰民安。
[2]遘兹嘉會：逢此盛會。

因時運

因時運，聖策施。長蛇交解，群桀離。勢窮奔吴，獸騎厲。[1]惟武進，審大計。時邁其德，清一世。

[1]獸騎厲：獸，應爲“虎”，唐人爲避諱而改。

惟庸蜀

惟庸蜀，僭號天一隅。劉備逆帝命，禪亮承其餘。擁衆數十萬，闚隙乘我虚。驛騎進羽檄，[1]天下不遑居。姜維屢寇邊，[2]隴上爲荒蕪。文皇愍斯民，歷世受罪辜。外謨藩屏臣，[3]内謨衆士夫。爪牙應指受，腹心獻良圖。良圖協成文，大興百萬軍。雷鼓震地起，猛勢陵浮雲。逋虜畏天誅，面縛造壘門。萬里同風教，逆命稱妾臣。

光建五等，[4]紀綱天人。

[1]驛騎進羽檄：驛人送來緊急文書。

[2]姜維：三國時天水冀縣（今甘肅省甘谷縣東南）人，字伯約。本仕曹魏，後歸蜀漢。歷任征西將軍、凉州刺史、衛將軍、録尚書事、大將軍等職。蜀漢景耀六年（263）成都被曹魏軍攻破，後主投降，乃受命投降魏將鍾會。後與鍾會謀叛，失敗被殺。

[3]外謨藩屏臣：對外徵求藩王的計策。

[4]五等：指公侯伯子男五等爵位制度。

天序曆

天序曆，應受禪，[1]承靈祜。[2]御群龍，勒螭武。[3]弘濟大化，[4]英雋作輔。明明統萬機，赫赫鎮四方。咎繇稷契之疇，[5]協蘭芳。禮王臣，覆兆民。化之如天與地，誰敢愛其身？

[1]天序曆，應受禪：殿本作“天序應歷受禪”。

[2]承靈祜：承受神靈降賜福祉。祜，宋本作“祐”。

[3]勒螭武：武，應爲“虎”，唐人爲避諱而改。

[4]弘濟大化：大規模地實現教化。

[5]咎繇：即皋陶，相傳爲堯舜時人，生於曲阜，偃姓。被命爲管理刑獄的士，佐禹治水有功。　稷：即后稷，周先祖，虞舜命爲農官，教民耕稼。　契：商的祖先，爲帝嚳之子。舜時佐禹治水有功，任爲司徒，封於商，賜姓子氏。　疇：同等，一類。

大晋承運期

大晋承運期，德隆聖皇。時清晏，[1]白日垂光。應籙圖，陟帝位，繼天正玉衡。化行象神明，至哉道隆虞與唐，[2]元首敷洪化，百僚股肱並忠良。時太康，隆隆赫赫，福祚盈無疆。

[1]清晏：清平安定。

[2]虞與唐：與，原本、宋本無此字，殿本作"無"，據中華本補。

金靈運

金靈運，[1]天符發。聖徵見，參日月。惟我皇，體神聖。受魏禪，應天命。皇之興，靈有徵。登大麓，[2]御萬乘。皇之輔，若闞武。[3]爪牙奮，莫之御。皇之佐，讚清化。百事理，萬邦賀。神祇應，嘉瑞章。[4]恭享禮，薦先皇。樂時奏，磬管鏘。鼓殷殷，鐘鍠鍠。奠樽俎，[5]實玉觴。神歆饗，咸悦康。宴孫子，祐無疆。大孝蒸蒸，德教被萬方。

[1]金靈運：晋朝的天時命運。

[2]登大麓：登上總領全國的帝位。

[3]若闞武：武，應爲"虎"，唐人爲避諱而改。

[4]嘉瑞章：吉兆祥瑞彰顯。

[5]奠樽俎：以酒肉祭奠先祖。樽，酒器；俎，盛肉器皿。

於穆我皇

於穆我皇，盛德聖且明。受禪君世，光濟群生。普天率土，莫不來庭。顒顒六合内，[1]望風仰泰清。萬國雍雍，興頌聲。大化洽，地平而天成。七政齊，玉衡惟平。峨峨佐命，濟濟群英。夙夜乾乾，[2]萬機是經。雖治興，匪荒寧。謙道光，[3]冲不盈。[4]天地合德，日月同榮。赫赫煌煌，曜幽冥。三光克從，於顯天，垂景星。龍鳳臻，甘露宵零。[5]肅神祇，祇上靈。萬物欣戴，自天效其成。

[1]顒顒六合：天下仰慕。

[2]夙夜乾乾：日日夜夜自强不息。

[3]謙道光：光大謙虚之道。

[4]冲不盈：謙和而不自滿。

[5]宵零：夜間徐徐落下。

仲春振旅[1]

仲春振旅，大致人，武教於時日新。師執提，[2]工執鼓。坐作從，[3]節有序。盛矣允文允武！蒐田表禡，[4]申法誓。遂圍禁，獻社祭。允以時，明國制。文武並用，禮之經。列車如戰，大教明，古今誰能去兵？大晋繼天，濟群生。

[1]振旅：整頓部隊，訓練士兵。

[2]執提：執鼓。《周禮·夏官·大司馬》："軍將執晋鼓，師帥執提，旅帥執鼙，卒長執鐃。"鄭玄注引鄭司農曰："提，讀如攝提之提，謂馬上鼓，有曲木提持立馬髦上者，故謂之提。"

[3]坐作：坐與起，止與行。古代練兵的科目之一，多與"進退"連用。《周禮·夏官·大司馬》："以教坐作進退疾徐疏數之節。"鄭玄注："習戰法。"　從：殿本作"起"。

[4]蒐田：春日田獵。亦泛指田獵。　表禡（mà）：即表貉。古代田獵或出征，於陣前或營前立望表以祭神，謂之表貉。《周禮·春官·肆師》："凡四時之大甸獵祭表貉，則爲位。"鄭玄注："貉，師祭也。"《周禮·夏官·大司馬》："有司表貉。"鄭玄注："表貉，立表而貉祭也。"

夏苗田[1]

夏苗田，運將徂。[2]軍國異容，文武殊。乃命群吏，撰車徒，[3]辯其號名，讚契書。[4]王軍啓八門，[5]行同上帝居。時路建大麾，[6]雲旗翳紫虛。[7]百官象其事，疾則疾，徐則徐。回衡旋軫，[8]罷陣弊車。獻禽享祀，烝烝配有虞。惟大晋，德參兩儀，化雲敷。

[1]夏苗田：夏季田猎。

[2]運將徂：活動將要開始。

[3]撰車徒：選兵車及步卒。《周禮·夏官·大司馬》："群吏撰車徒，讀書契。"賈公彦疏："擇取其善者。"

[4]讚契書：闡明軍紀規則。

[5]八門：城門。

[6]時路建大麾：天子車乘豎起大旗。時路，即玉路，天子所坐的車。

[7]雲旗翳紫虛：旗幟如雲遮天蔽日。

[8]回衡旋軫：回，原本、宋本作"四"，殿本作"回"，據殿本改。

仲秋獮田[1]

仲秋獮田，金德常綱。[2]凉風清且厲，凝露結爲霜。

白藏司辰,[3]倉隼時鷹揚。[4]鷹揚猶尚父，順天以殺伐，春秋時序。雷霆震威曜，進退由鉦鼓。致禽祀祊,[5]羽毛之用充軍府。赫赫大晋德，芬烈陵三五。敷化以文，雖安不廢武。光宅四海，永享天之祜。

[1]仲秋獮田：秋季打獵。

[2]金德常綱：晋朝的常規制度。

[3]白藏司辰：秋時節令。

[4]倉隼時鷹揚：蒼鷹威武。

[5]致禽祀祊：送禽類以進行祊祭。

順天道

順天道，握神契，三時示，講武事。冬大閲，鳴鐲振鼓鐸,[1]旍旗象虹霓。文制其中，武不窮武。動軍誓衆，禮成而義舉。三驅以崇仁，進止不失其序。兵卒練，將如闞武。[2]惟闞武，氣陵青雲。解圍三面,[3]殺不殄群。偃旍麾，班六軍。獻享蒸，修典文。嘉大晋，德配天。禄報功，爵俟賢。饗燕樂,[4]受兹百禄，壽萬年。

[1]鐲：古代軍中樂器，鐘狀的鈴。《周禮·地官·鼓人》："以金鐲節鼓。"鄭玄注："鐲，鉦也。形如小鍾，軍行鳴之，以爲鼓節。"　鐸：軍中樂器，比鐲大的鈴。

[2]闞武：武，應爲"虎"，唐人爲避諱而改。

[3]解圍三面：亦作網開三面。典出《史記》卷三《殷本紀》：成湯外出，見捕鳥張網四面，說："嘻，盡之矣！"乃去其三面。

[4]饗：殿本作"響"。

唐堯

唐堯諮務成，謙謙德所興。[1]積漸終光大，履霜致堅冰。神明道自然，[2]河海猶可凝。舜禹統百揆，元凱以次升。[3]禪讓應大曆，睿聖世相承。我皇陟帝位，平衡正準繩。德化飛四表，祥氣見其徵。興王坐俟旦，[4]亡主恬自矜。[5]致遠由近始，覆簣成山陵。[6]披圖案先籍，有其證靈液。[7]

[1]德所興：所，殿本作“其”。

[2]神明道自然：然，殿本作“成”。

[3]元凱：即八元、八愷。八元，上古傳说中的八个才子。《左傳·文公十八年》：“高辛氏有才子八人：伯奮、仲堪、叔獻、季仲、伯虎、仲熊、叔豹、季貍，忠肅共懿，宣慈惠和，天下之民謂之‘八元’。”八愷，《左傳·文公十八年》：“昔高陽氏有才子八人：蒼舒、隤敳、檮戭、大臨、尨降、庭堅、仲容、叔達，齊聖廣淵，明允篤誠，天下之民謂之‘八愷’。”泛指賢臣、才士。

[4]興王坐俟旦：興國之君勤以行政。

[5]亡主恬自矜：亡國之君貪圖安逸、自傲自大。

[6]覆簣成山陵：簣，原本、宋本作“匱”，殿本作“簣”，據殿本改。

[7]靈液：滋潤萬物的雨露。

玄雲

玄雲起丘山，祥氣萬里會。龍飛何蜿蜿，鳳翔何翽翽。[1]昔在唐虞朝，時見青雲際。今親游萬國，流光溢天外。鶴鳴在後園，清音隨風邁。成湯隆顯命，[2]伊摯來如飛。[3]周文獵渭濱，[4]遂載吕望歸。符合如影響，[5]

先天天不違。輟耕綜地綱，解褐衿天維。[6]元功配二王，芬馨世所稀。我皇叙群才，洪烈何巍巍。桓桓征四表，[7]濟濟理萬機。神化感無方，髦才盈帝畿。丕顯惟昧旦，[8]日新孔所諮。[9]茂哉明聖德，日月同光輝。

[1]翽翽：鳳凰飛翔的聲音。

[2]成湯：商朝第一位王，名履。於鳴條打敗夏桀，滅夏，建商。

[3]伊摯：即伊尹，輔佐商湯及其後代外丙、仲壬、太甲的賢臣。

[4]周文：周文王，姓姬，名昌，王季之子，武王之父。

[5]"周文獵渭濱"至"影響"：原本、宋本無此三句，殿本有，據殿本補。

[6]解褐衿天維：從政心懷天下。

[7]桓桓：高大威武。

[8]丕顯惟昧旦：思考國家的事情一直到破曉。喻勤政。

[9]日新孔所諮：諮詢通往日新的途徑。日新，日日更新。《易·繫辭上》："富有之謂大業，日新之謂盛德。"孔穎達疏："其德日日增新。"《禮記·大學》："湯之盤銘曰：'苟日新，日日新，又日新。'"

伯益[1]

伯益佐舜禹，職掌山與川。德侔十六相，[2]思心入無間。智理周萬物，下知衆鳥言。黄雀應清化，翔習何翽翽。和鳴栖庭樹，徘徊雲日間。夏桀爲無道，[3]密網施山河。[4]酷祝振纖網，當奈黄雀何。殷湯崇天德，[5]去其三面羅。逍遥群飛來，鳴聲乃復和。朱雀作南宿，[6]

鳳皇統羽群。赤烏銜書至，[7]天命瑞周文。神雀今來游，爲我受命君。嘉祥致天和，膏澤隆青雲。[8]蘭風發芳氣，蓋世同其芬。

[1]伯益：又稱益、柏益、伯翳、化益、大費。相傳爲少昊後裔，嬴姓，封於費，又稱費侯。舜時爲掌山澤之官，佐禹治水有功。禹即位後，爲禹繼承人。禹死後，其位被禹子啓所奪。

[2]十六相：即十六族。《左傳·文公十八年》："是以堯崩而天下如一，同心戴舜，以爲天子，以其舉十六相，去四凶也。"

[3]夏桀：夏朝末代君王。名履癸。暴虐荒淫。湯起兵伐桀，敗之於鳴條，流死於南巢。

[4]密網施山河：中華本校勘記："'山河'當依《宋志》四作'山阿'。"

[5]殷湯：即商湯，成湯。

[6]朱雀：星宿名，南方七宿的總稱。

[7]赤烏：烏，中華本作"烏"，原本、宋本、殿本皆作"鳥"。

[8]膏澤隆青雲：中華本校勘記："'隆'當依《宋志》四、《樂府詩集》一九作'降'。"

釣竿

釣竿何冉冉，甘餌芳且鮮。臨川運思心，微綸沉九泉。[1]太公寶此術，[2]乃在靈秘篇。機變隨物移，精妙貫未然。游魚驚著釣，潛龍飛戾天。[3]戾天安所至？撫翼翔太清。太清一何異，兩儀出渾成。玉衡正三辰，[4]造化賦群形。退願輔聖君，與神合其靈。我君弘遠略，天人不足并。天人初并時，昧昧何芒芒。日月有徵兆，文象興二皇。[5]蚩尤亂生靈，[6]黄帝用兵征萬方。逮夏禹而德衰，三世不及虞與唐。[7]我皇盛德配堯舜，受禪即阼享天祥。率土蒙祐，靡不肅，庶事康。庶事康，穆穆明明。荷百禄，[8]保無極，永太平。

[1]微綸：微細的釣魚綫。

[2]太公：即太公望，又稱姜尚、吕望。

[3]戾天：到達天上。戾，到達。

[4]三辰：即日月星。

[5]文象興二皇：伏羲、神農二皇制定典章制度。

[6]蚩尤：傳説中的古代九黎族首領。以金作兵器，與黄帝戰於涿鹿，失敗被殺。後以之指惡人。

[7]虞與唐：舜帝和堯帝。

[8]荷百禄：百，原本、宋本作“伯”，殿本作“百”，據殿本改。

鼙舞，未詳所起，然漢代已施於燕享矣。傅毅、張衡所賦，[1]皆其事也。舊曲有五篇，一、《關東有賢女》，二、《章和二年中》，三、《樂久長》，四、《四方皇》，五、《殿前生桂樹》，其辭並亡。曹植《鼙舞詩序》云：[2]“故漢靈帝西園鼓吹有李堅者，[3]能鼙舞，遭世荒亂，堅播越關西，隨將軍段煨。[4]先帝聞其舊妓，下書召堅。堅年逾七十，中間廢而不爲，又古曲甚多謬誤，異代之文，未必相襲，故依前曲作新歌五篇。”及泰始中，又製其辭焉。其舞故常二八，[5]桓玄將僭位，[6]尚書殿中郎袁明子啓增滿八佾。[7]泰始中歌辭今列之後云。

[1]傅毅：東漢扶風茂陵（今陝西省興平市東北）人，字仲武。少博學。章帝時博召文學之士，歷任蘭臺令史、郎中，與班固、賈逵共典校書。乃依《清廟》作《顯宗頌》十篇，由是文雅顯於朝廷。　張衡：東漢南陽西鄂（今河南省南陽市北）人，字平子。早年游學長安，觀太學於洛陽，通五經六藝。渾天儀、測風儀、地動儀的製造者。文學作品以《二京賦》《歸田賦》著稱於世。

[2]曹植：三國時沛國譙縣（今安徽省亳州市）人，字子建，曹操第三子。封陳王，謚號思，故稱陳思王。善辭賦，建安文學領袖。

[3]漢靈帝：東漢皇帝，名劉宏，漢章帝玄孫，公元167至189年在位。在位期間禁錮黨人，賣官鬻爵，大修宮室，政治黑暗。　西園：即漢代的上林苑。

[4]段煨：東漢末人，董卓之亂後，曾入關中討伐董卓部將李傕。歷任中郎將、寧輯將軍、安南將軍、大鴻臚等職。

[5]二八：即二佾。

[6]桓玄：字敬道，本書卷九九有傳。

[7]尚書殿中郎：官名，殿中侍衛武官。

鞞舞歌詩五篇

洪業篇　當魏曲《明明魏皇帝》，古曲《關東有賢女》。[1]

宣文創洪業，盛德在泰始。聖皇應靈符，受命君四海。萬國何所樂？上有明天子。唐堯禪帝位，虞舜惟恭己。恭己正南面，道化與時移。大赦蕩萌漸，文教被黄支。[2]象天則地，體無爲。聰明配日月，神聖參兩儀。雖有三凶類，[3]静言無所施。象天則地，體無爲。稷契並佐命，伊、吕升王臣。蘭芷登朝肆，[4]下無失宿人。

聲發響自應，表立景來附。哮闞順羈制，[5]潛龍升天路。備物立成器，變通極其數。百事以時叙，萬機有常度。訓之以克讓，納之以忠恕。群下仰清風，海外同歡慕。象天則地，化雲布。昔日貴彫飾，今尚儉與素。昔日多纖介，[6]今去情與故。象天則地，化雲布。濟濟大朝士，夙夜綜萬機。萬機無廢理，明明降訓諮。臣譬列星景，君配朝日輝。事業並通濟，功烈何巍巍。五帝繼三皇，三皇世所歸。聖德應期運，天地不能違。仰之彌已高，猶天不可階。將復御龍氏，鳳皇在庭栖。

[1]《關東有賢女》：東，原本、宋本、殿本作"中"，據中華本校勘記改。

[2]黄支：黄帝的後裔及附屬方國。

[3]三凶：三個凶頑的人。指黄帝之子驩兜，少皞氏之子共工，顓頊氏之子鮌。

[4]蘭芷：兩種香草，兰草与白芷。此指優秀人才。

[5]哮闞順羈制：咆哮的猛獸被制服。

[6]纖介：細小的嫌隙。

天命篇　當魏曲《太和有聖帝》，古曲《章和二年中》。

聖祖受天命，應期輔魏皇。入則綜萬機，[1]出則征四方。朝廷無遺理，方表寧且康。道隆舜臣堯，積德逾太王。[2]孟度阻窮險，[3]造亂天一隅。神兵出不意，奉命致天誅。赦善戮有罪，元惡宗爲虚。威風震勁蜀，武烈懾强吴。[4]諸葛不知命，肆逆亂天常。擁徒十餘萬，數來寇邊疆。我皇邁神武，執鉞鎮雍凉。亮乃畏天威，未戰先仆僵。盈虚自然運，時變故多艱。東征陵海表，萬里克朝鮮。[5]受遺齊七政，曹爽又滔天。[6]群凶受誅殛，百禄咸來臻。黄華應福始，[7]王淩爲禍先。[8]

[1]綜萬機：綜，殿本作“綰”。

[2]太王：周文王之祖古公亶父的尊號。周人本居豳，自古公始遷居岐山之下，定國號曰周，自此興盛，故武王克殷，追尊爲太王。太，宋本作“大”。

[3]孟度：指孟達和公孫度的孫子公孫淵，二人都死於司馬懿的突然襲擊。

[4]懾：威懾。

[5]萬里克朝鮮：中華本校勘記：“原作‘萬里梟賊淵’。唐人諱‘淵’而竄改，《宋志》四、《樂府詩集》五三可證。”

[6]曹爽：三國時沛國譙縣（今安徽省亳州市）人，字昭伯，曹真子。明帝死，受遺詔與司馬懿共同輔政。後與司馬懿争權，爲司馬懿所殺。

[7]黄華：三國曹魏人，任兖州刺史。王淩起兵反對司馬懿，派將軍楊弘聯絡黄華，而楊弘、黄華却向司馬懿告密。王淩兵敗而死，黄華却因此封侯。

[8]王淩：三國時太原祁縣（治今山西省祁縣東南）人，字彦雲。歷任曹魏建武將軍、揚州刺史、豫州刺史、征東將軍、都督揚州諸軍事等職。密謀擁立楚王曹彪，廢黜齊王曹芳，謀泄被殺。

景皇篇　當魏曲《魏曆長》，古曲《樂久長》。[1]

景皇帝，聰明命世生，盛德参天地。帝王道大，創基既已難，繼世亦未易。外則夏侯玄，[2]内則張與李，[3]三凶構逆，亂帝紀。順天行誅，窮其奸宄。[4]邊將御其漸，潛謀不得起。罪人咸伏辜，威風振萬里。平衡綜萬機，萬機無不理。召陵桓不君，[5]内外何紛紛。衆小便成群，蒙昧恣心，治亂不分。叡聖獨斷，濟武常以文。順天惟廢立，掃霓披浮雲。雲霓既已闢，清和未幾間，羽檄首尾至，變起東南藩。儉欽爲長蛇，[6]外則憑吴蠻。[7]萬國紛騷擾，戚戚天下懼不安。神武御六軍，我皇執鉞征。儉欽起壽春，前鋒據項城。[8]出其不意，並縱奇兵。奇兵誠難御，廟勝實難支。[9]兩軍不期遇，敵退計無施。豹騎惟武進，[10]大戰沙陽陂。欽乃亡魂走，奔虜若雲披。天因赦有罪，[11]東土效鯨鯢。

[1]《樂久長》：樂，原本作“長”，宋本、殿本作“樂”，據宋本、殿本改。

[2]夏侯玄：三國沛國譙縣（今安徽省亳州市）人，字太初，夏侯淵之孫，曹爽之姑子。善談名理，玄學家。與李豐等謀殺司馬師，以奪取司馬氏權力，謀泄被殺。

[3]張與李：張，張緝。三國曹魏人，任光禄大夫。李，李豐，任中書令。二人均因參與夏侯玄事件被殺。

[4]奸宄：違法作亂。

[5]召陵桓不君：典出春秋時齊桓公率軍伐楚，欲出國在召陵結盟之事。見《左傳・僖公四年》。桓，原本、宋本、殿本作“恒”，據中華本校勘改。

[6]儉欽：毌丘儉與文欽。毌丘儉，三國時河東聞喜（今山西省聞喜縣東北）人，字仲恭。歷任曹魏尚書郎、羽林監、洛陽典農、荆州刺史、幽州刺史等職。後舉兵反司馬師，兵敗被殺。文欽，三國時譙郡（今安徽省亳州市）人，字仲若。歷任曹魏牙門將、廬江太守、揚州刺史等職。後與毌丘儉起兵反對司馬師，兵敗

投降孫吴，任孫吴鎮北大將軍。

[7]吴蠻：指孫吴。

[8]項城：縣名，治所在今河南省項城市。

[9]廟勝實難支：廟勝之策難以抵擋。

[10]豹騎惟武進：武，應爲“虎”，唐人爲避諱而改。

[11]天因赦有罪：中華本校勘記：“《宋志》四、《樂府詩集》五三‘天因’作‘天恩’。”

大晋篇　當魏曲《天生蒸民》，古曲《四方皇》。

赫赫大晋，於穆文皇。蕩蕩巍巍，道邁陶唐。世稱三皇五帝，及今重其光。九德克明，[1]文既顯，武又彰。思弘六合，[2]兼濟萬方。内舉元凱，朝政以綱。外簡武臣，[3]時惟鷹揚。靡順不懷，逆命斯亡。仁配春日，威逾秋霜。濟濟多士，同兹蘭芳。唐虞至治，四凶滔天。致討儉欽，罔不肅虔。[4]化感海内，海外來賓。獻其聲樂，並稱妾臣。西蜀猾夏，僭號方域。命將致討，委國稽服。吴人放命，馮海阻江。飛書告喻，響應來同。先王建萬國，九服爲藩衛。[5]亡秦壞諸侯，序祚不二世。歷代不能復，忽逾五百歲。我皇邁聖德，應期創典制。分土五等，藩國正封界。莘莘文武佐，[6]千秋遘嘉會。洪澤溢區内，仁風翔海外。

[1]九德：九種優良品德。《左傳·昭公二十八年》：“心能制義曰度，德正應和曰莫，照臨四方曰明，勤施無私曰類，教誨不倦曰長，賞慶刑威曰君，慈和遍服曰順，擇善而從之曰比，經緯天地曰文。”

[2]思弘六合：中華本校勘記：“《宋志》四、《樂府詩集》五

三‘思’作‘恩’。”

[3]外簡武臣：武臣，應爲“虎臣”，唐人爲避諱而改。

[4]肅虔：恭敬虔誠。

[5]九服：王畿以外的九等地區。《周禮·夏官·職方氏》：“乃辨九服之邦國：方千里曰王畿，其外方五百里曰侯服，又其外方五百里曰甸服，又其外方五百里曰男服，又其外方五百里曰采服，又其外方五百里曰衛服，又其外方五百里曰蠻服，又其外方五百里曰夷服，又其外方五百里曰鎮服，又其外方五百里曰藩服。”

[6]莘莘：衆多。

明君篇　當魏曲《爲君既不易》，古曲《殿前生桂樹》。

明君御四海，聽鑒盡物情。顧望有譴罰，[1]竭忠身必榮。蘭芷出荒野，萬里升紫庭。茨草穢堂階，掃截不得生。能否莫相蒙，百官正其名。恭己慎有爲，[2]有爲無不成。闇君不自信，群下執異端。正直羅浸潤，[3]奸臣奪其權。雖欲盡忠誠，結舌不敢言。結舌亦何憚，[4]盡忠爲身患。清流豈不潔，飛塵濁其源。岐路令人迷，未遠勝不還。忠臣立君朝，正色不顧身。邪正不並存，譬若胡與秦。[5]胡秦有合時，邪正各異津。忠臣遇明君，乾乾惟日新。群目統在綱，衆星共北辰。設令遭暗主，斥退爲凡人。雖薄供時用，白茅猶爲珍。[6]冰霜晝夜結，蘭桂摧爲薪。邪臣多端變，用心何委曲。便辟順情指，[7]動隨君所欲。偷安樂目前，不問清與濁。積僞罔時主，養交以持禄。言行恒相違，難饜甚溪谷。昧死則乾没，[8]覺露則滅族。

[1]顧望：猶豫觀望，懷有二心。

[2]恭：宋本作“巷”。

[3]正直羅浸潤：正直的人受到皇帝恩澤。

[4]結舌亦何憚：亦，殿本作“以”。

[5]胡與秦：邊遠胡族與中原王朝。

[6]白茅：植物名。多年生草本，花穗上密生白色柔毛，故名。古代常用以包裹祭品及分封諸侯，象徵土地所在方位之土。

[7]便辟：諂媚奉迎。

[8]乾没：當時方言，僥倖鑽營之意。參見《晋書斠注》。

拂舞，出自江左。舊云吴舞，檢其歌，非吴辭也。亦陳於殿庭。楊泓序云：“自到江南見《白符舞》，或言《白鳧鳩舞》，云有此來數十年矣。察其辭旨，乃是吴人患孫皓虐政，[1]思屬晋也。”今列之於後云。

[1]孫皓：三國孫吴末代皇帝，字元宗，一名彭祖，字皓宗。天紀四年（280）吴滅降晋，賜號歸命侯。

拂舞歌詩五篇

白鳩篇

翩翩白鳩，再飛再鳴。懷我君德，來集君庭。白雀呈瑞，素羽明鮮。翔庭舞翼，以應仁乾。皎皎鳴鳩，或丹或黄。樂我君惠，振羽來翔。東壁餘光，[1]魚在江湖。惠而不費，敬我微軀。策我良駟，習我驅馳。與君周旋，樂道忘飢。我心虚静，我志霑濡。[2]彈琴鼓瑟，聊以自娱。陵雲登臺，浮游太清。攀龍附鳳，自望身輕。

[1]東壁：即壁宿。因在天門之東，故稱。

[2]霑濡：蒙恩澤，受教化。

濟濟篇

暢暢飛舞氣流芳，[1]追念三五大綺黄。[2]去失有，時可行，去來時同此未央。時冉冉，近桑榆，[3]但當飲酒爲歡娱。衰老逝，有何期，多憂耿耿内懷思。深池曠，魚獨希，願得黄浦衆所依。恩感人，世無比，悲歌且舞無極已。

[1]暢暢飛舞：中華本校勘記："《宋志》四、《南齊書·樂志》《樂府詩集》五四俱作'暢飛暢舞'。"

[2]三五：指三十年和五百年。古謂天運三十年一小變，五百年一大變。《史記》卷二七《天官書論》："爲國者必貴三五。"司馬貞索隱："三五，謂三十歲一小變，五百歲一大變。"

[3]桑榆：此指晚年。

獨禄篇

獨獨禄禄，[1]水深泥濁。泥濁尚可，水深殺我。雍雍雙雁，游戲田畔。我欲射雁，念子孤散。翩翩浮萍，得風摇輕。[2]我心何合，與之同并。空床低幃，誰知無人。夜衣錦綉，[3]誰别僞真。刀鳴削中，[4]倚床無施。父冤不報，欲活何爲。猛獸班班，游戲山間。獸欲噬人，不避豪賢。

[1]獨獨禄禄：中華本校勘記："《宋志》四、《南齊書·樂志》

作‘獨禄獨禄’當從之。李校云：古人凡重句者，於每字下作‘二’，後人遂誤讀也。”

[2]得風搖輕：搖，原本、宋本作“遥”，殿本作“搖”，據殿本改。

[3]夜衣錦綉：穿了錦綉衣裳在夜間出行。典出《史記》卷七《項羽本紀》：“項王見秦宫室皆以燒殘破，又心懷思欲東歸，曰：‘富貴不歸故鄉，如衣綉夜行，誰知之者！’”

[4]刀鳴削中：削，同“鞘”。《釋名・釋兵》：“刀其室曰削。”

碣石篇

東臨碣石，[1]以觀滄海。水何淡淡，[2]山島竦峙。[3]樹木叢生，百草豐茂。秋風蕭瑟，洪波涌起。日月之行，若出其中。星漢燦爛，[4]若出其裏。幸甚至哉，歌以咏志。《觀滄海》

[1]碣石：即碣石山，在今河北省昌黎縣北。

[2]淡淡：水波動的樣子。

[3]竦峙：聳立，挺立。

[4]星漢：天河。

孟冬十月，北風徘徊。天氣肅清，繁霜霏霏。[1]鹍鷄晨鳴，[2]雁過南飛。鷙鳥潜藏，熊羆窟栖。耨鎛停置，[3]農收積場。逆旅整設，[4]以通賈商。幸甚至哉，歌以咏志。《冬十月》

[1]霏霏：紛紛揚揚。

[2]鹍（kūn）鷄：鳳凰的别名。

［3］耨鎛：金屬農具。

［4］逆旅：客舍，客棧。

鄉土不同，河朔隆寒。流澌浮漂，舟船行難。錐不入地，豐籟深奥。[1]水竭不流，冰堅可蹈。士隱者貧，勇俠輕非。心常嘆怨，戚戚多悲。幸甚至哉，歌以咏志。《土不同》[2]

［1］豐籟：地籟。《莊子·齊物論》："地籟則衆竅是已。""衆"即"豐"。

［2］《土不同》：土，殿本作"士"。

神龜雖壽，猶有竟時。騰蛇乘霧，終爲土灰。驥老伏櫪，[1]志在千里。烈士暮年，壯心不已。盈縮之期，不但在天。[2]養怡之福，可得永年。幸甚至哉，歌以咏志。《龜雖壽》

［1］驥老伏櫪：中華本校勘記："《樂府詩集》五四'驥老'作'老驥'。"

［2］不但在天：不衹在天。

淮南王篇

淮南王，自言尊，百尺高樓與天連。後園鑿井銀作床，金瓶素綆汲寒漿。汲寒漿，飲少年，少年窈窕何能賢。揚聲悲歌音絶天。我欲渡河河無梁，願作雙黄鵠，還故鄉。還故鄉，入故里，徘徊故鄉，苦身不已。[1]繁舞奇歌無不泰，徘徊桑梓游天外。[2]

[1]苦身不已：中華本校勘記："《宋志》四無'苦'字，疑是。此七字句，與下文'徘徊桑梓游天外'同。"

[2]桑梓：故鄉。

鼓角横吹曲。鼓，案《周禮》"以鼖鼓鼓軍事"。[1]角，説者云，蚩尤氏帥魑魅與黄帝戰於涿鹿，[2]帝乃始命吹角爲龍鳴以御之。[3]其後魏武北征烏丸，越沙漠而軍士思歸，於是減爲中鳴，而尤更悲矣。

[1]鼖（fén）鼓：大鼓。

[2]魑魅：害人的鬼怪。　涿鹿：縣名，治所在今河北省涿鹿縣南。

[3]帝乃始命吹角：始命，原本、宋本、殿本作"命始"，據中華本校勘記改。

胡角者，本以應胡笳之聲，[1]後漸用之横吹，有雙角，即胡樂也。張博望入西域，[2]傳其法於西京，惟得《摩訶兜勒》一曲。李延年因胡曲更造新聲二十八解，[3]乘輿以爲武樂。後漢以給邊將，[4]和帝時，[5]萬人將軍得用之。[6]魏晋以來，二十八解不復具存，用者有《黄鵠》《隴頭》《出關》《入關》《出塞》《入塞》《折楊柳》《黄覃子》《赤之楊》《望行人》十曲。[7]

[1]胡笳：我國古代北方民族的管樂器，傳説由張騫從西域傳

人，漢魏鼓吹樂中常用之。

[2]張博望：即張騫，西漢漢中成固（今陝西省城固縣）人，受漢武帝之命出使西域聯絡月氏夾擊匈奴。歷盡坎坷，又被匈奴扣留十多年。因其被封爲博望侯，故名。

[3]李延年：西漢中山（今河北省定州市）人，善音樂。漢武帝時任協律都尉。

[4]後漢以給邊將：將，原本、宋本、殿本無此字，據中華本校勘記補。

[5]和帝：東漢皇帝，名劉肇，章帝子，公元 88 至 105 年在位。即位時年十歲，由竇太后及竇憲等專政。永元四年（92）與宦官滅竇氏親政。在位期間，曾派班超出使西域，至大秦。

[6]萬人將軍得用之：用，原本、宋本無此字，殿本有，據殿本、中華本校勘記補。

[7]《隴頭》：隴，原本、宋本、殿本作“壟”，據中華本校勘記改。　《赤之楊》：中華本校勘記：“疑當從《御覽》五六七作‘赤枝楊’。”

案魏晋之世，有孫氏善弘舊曲，[1]宋識善擊節唱和，陳左善清歌，列和善吹笛，郝索善彈筝，[2]朱生善琵琶，[3]尤發新聲。故傅玄著書曰：“人若欽所聞而忽所見，不亦惑乎！設此六人生於上世，越今古而無儷，何但夔牙同契哉！”[4]案此説，則自玆以後，皆孫朱等之遺則也。

[1]有孫氏善弘舊曲：中華本校勘記：“李校：‘弘’當作‘引’。按：《册府》八五六作‘哥’。”

[2]郝索：中華本校勘記：“《斠注》：《通典》一四五‘索’作‘素’。按：《御覽》五七六引《傅子》亦作‘素’。”　筝：古代

撥弦樂器。形似瑟。傳爲秦時蒙恬所作。其弦數歷代由五弦增至十二弦、十三弦、十六弦，現經改革，增至十八弦、二十一弦、二十五弦等。《通典》卷一四四《樂》："箏，秦聲也。傅玄《箏賦序》曰：'代以爲蒙恬所造。今觀其器，上崇似天，下平似地，中空准六合，弦柱擬十二月，設之則四象在，鼓之則五音發，斯乃仁智之器，豈蒙恬亡國之臣能關思哉！'（今清樂箏並十有二弦，他樂皆十有三弦。軋箏以片竹，潤其端而軋之。彈箏用骨爪，長寸餘，以代指。）"

[3]琵琶：古代彈撥樂器。《通典》卷一四四《樂》："琵琶，傅玄《琵琶賦》曰：'漢遣烏孫公主嫁昆彌，念其行道思慕，故使工人裁箏、筑，爲馬上之樂。今觀其器，中虛外實，天地象也；盤圓柄直，陰陽敘也；柱十有二，配律吕也；四弦，法四時也。以方俗語之曰琵琶，取其易傳於外國也。'《風俗通》曰：'以手琵琶，因以爲名。'《釋名》曰：'推手前曰批，引手却曰把。'杜摯曰：'秦苦長城之役，百姓弦鼗而鼓之。'並未詳孰實。其器不列四厢。今清樂奏琵琶，俗謂之'秦漢子'，圓體修頸而小，疑是弦鼗之遺制。傅玄云：'體圓柄直，柱有十二。'其他皆充上鋭下，曲項，形制稍大，本出胡中，俗傳是漢制。兼似兩制者，謂之'秦漢'，蓋謂通用秦、漢之法。《梁史》稱侯景之害簡文也，使太樂令彭雋賫曲項琵琶就帝飲，則南朝似無曲項者。五弦琵琶，稍小，蓋北國所出。舊彈琵琶，皆用木撥彈之，大唐貞觀中始有手彈之法，今所謂搊琵琶者是也。《風俗通》所謂以手琵琶之，知乃非用撥之義，豈上代固有搊之者？（手彈法，近代已廢，自裴洛兒始爲之。）"

[4]夔牙同契：夔，舜時乐官，精通音樂。伯牙，春秋時人，精於琴藝。同契，契合一致。

相和，漢舊歌也，絲竹更相和，執節者歌。本一部，魏明帝分爲二，更遞夜宿。[1]本十七曲，朱生、宋識、列和等復合之爲十三曲。

[1]更遞：更迭。

但歌，四曲，出自漢世。[1]無弦節，作妓最先唱，一人唱，三人和。魏武帝尤好之。時有宋容華者，清徹好聲，善唱此曲，當時之特妙。自晋以來不復傳，遂絶。

[1]出自漢世：出，原本、宋本、殿本無此字，據中華本校勘記補。

凡樂章古辭，今之存者，並漢世街陌謡謳，《江南可采蓮》《烏生十五子》《白頭吟》之屬是也。[1]吴歌雜曲並出江南，東晋以來，稍有增廣。

[1]之屬是也：殿本無“是”字。

《子夜歌》者，女子名子夜，造此聲。孝武太元中，琅邪王軻之家有鬼歌《子夜》，則子夜是此時以前人也。[1]

[1]則子夜是此時以前人也：以前，原本、宋本、殿本無此二字，據中華本校勘記補。

《鳳將雛歌》者，舊曲也。應璩“百一詩”云“言是《鳳將雛》",[1]然則其來久矣。《前溪歌》者,[2]車騎將軍沈充所制。[3]

[1]應璩:三國時汝南南頓(今河南省項城市西南)人,字休璉,應瑒弟。博學好屬文,善爲書記。歷任散騎常侍、侍中、大將軍長史等職。曾作"百一詩",以諷曹爽秉政,爲當世所傳。

[2]《前溪歌》:溪,原本、宋本、殿本作"漢",據中華本改。

[3]車騎將軍:官名,魏晋南北朝時位次於驃騎將軍,在諸名號將軍之上,多作爲軍府名號,以加授大臣及重要州郡長官。二品,開府位從公者一品。 沈充:中華本校勘記:"《宋志》一、《御覽》五七三引《古今樂録》作'沈玩',《舊唐書·音樂志》二又作'沈琓'。"

《阿子》及《歡聞歌》者,穆帝升平初,歌畢輒呼"阿子,汝聞不?"語在《五行志》。後人衍其聲,以爲此二曲。

《團扇歌》者,中書令王珉與嫂婢有情,[1]愛好甚篤,嫂捶撻婢過苦,婢素善歌,而珉好捉白團扇,故制此歌。

[1]中書令:官名,掌收納尚書奏事、傳達皇帝詔旨。三國魏文帝初年分秘書置中書省,設中書監和中書令,職權甚重。三品。 王珉:字季琰,本書卷六五有傳。

《懊憹歌》者,隆安初俗間訛謡之曲,[1]語在《五行志》。

[1]俗間訛謡之曲：間，原本、宋本作“聞”，殿本作“間”，據殿本改。

《長史變》者，司徒左長史王廞臨敗所制。[1]

[1]司徒左長史：官名，司徒府掾屬之長。司徒長史佐司徒總管府内諸曹，分左、右，左高於右。六品。　王廞：東晋人，任司徒左長史。安帝隆安初年，王恭以伐王國寶之名起兵，任王廞爲吴國内史，令起兵於東。會國寶死，便將王廞解職。王廞怒，以兵伐王恭，王恭遣劉牢之擊滅之。

凡此諸曲，始皆徒歌，既而被之管弦。[1]又有因絲竹金石，造歌以被之，魏世三調歌辭之類是也。

[1]管弦：殿本乙作“弦管”。

《杯柈舞》，案太康中天下爲《晋世寧舞》，務手以接杯柈反覆之。[1]此則漢世惟有柈舞，而晋加之以杯，反覆之也。

[1]務手以接杯柈反覆之：接，殿本作“按”。

《公莫舞》，今之《巾舞》也。相傳云項莊劍舞，[1]項伯以袖隔之，使不得害漢高祖，且語項莊云“公莫！”古之相呼曰公，[2]言公莫害漢王也。今之用巾蓋像項伯衣袖之遺式。然案《琴操》有《公莫渡河曲》，然則其聲所從來已久，俗云項伯，非也。

［1］相傳云項莊劍舞：傳云項莊，宋本作“使一曰故一”五個字。

［2］古之：之，殿本作“人”。

《白紵舞》，案舞辭有巾袍之言。紵本吴地所出，宜是吴舞也。晋《俳歌》又云：“皎皎白緒，節節爲雙。”吴音呼緒爲紵，疑白紵即白緒也。

《鐸舞歌》一篇，《幡舞歌》一篇，《鼓舞伎》六曲，並陳於元會。

後漢正旦，天子臨德陽殿受朝賀，[1]舍利從西方來，[2]戲於殿前，激水化成比目魚，跳躍嗽水，作霧翳日。[3]畢，又化成龍，長八九丈，出水游戲，炫耀日光。以兩大絲繩繫兩柱頭，相去數丈，兩倡女對舞，行於繩上，相逢切肩而不傾。魏晋訖江左，猶有《夏育扛鼎》《巨象行乳》《神龜抃舞》《背負靈岳》《桂樹白雪》《畫地成川》之樂。

［1］德陽殿：《大清一統志》卷一六三《河南府·漢舊宫》：“北宫北門曰朔平門，省門内有崇元諸門，門内即德陽殿。”

［2］舍利：梵語，意譯“身骨”。釋迦牟尼佛遺體火化後結成的堅硬珠狀物。又名舍利子。舍，宋本作“含”。

［3］作霧翳日：産生蔽日之霧。霧，殿本作“露”。

成帝咸康七年，尚書蔡謨奏：[1]“八年正會儀注，惟作鼓吹鐘鼓，其餘伎樂盡不作。”侍中張澄、給事黄門侍郎陳逵駁，[2]以爲“王者觀時設教，至於吉凶殊斷，不易之道也。今四方觀禮，陵有儐吊之位，庭奏宫懸之樂，二禮兼用，哀樂不分，體國經制，莫大於此”。詔曰：“今既以天下體大，禮從權宜，三正之饗，[3]宜盡用吉禮也。至娱耳目之樂，所不忍聞，故闕之耳。事之大者，不過上壽酒，稱萬歲，已許其大，不足復闕鐘鼓鼓吹也。”

[1]蔡謨：字道明，本書卷七七有傳。

[2]侍中：官名，東漢建安中與給事黄門侍郎出入禁中，省尚書事。曹魏時爲門下之侍中省長官，常侍衛皇帝左右，掌顧問應對、諫諍糾察、平議奏事、駁奏異議等，權力甚重。三品。　給事黄門侍郎：官名，魏晋時爲侍中省或門下省次官，與侍中俱掌門下衆事，職掌略同，地位隨皇帝旨意或侍中地位而定。五品。　陳逵：逵，殿本作“達”。本卷下文“逵”同。

[3]三正：天地人之正道。

澄、逵又啓：“今大禮雖降，事吉於朝。然儐吊顯於園陵，則未滅有哀；禮服定於典文，義無盡吉。是以咸寧之會，有徹樂之典，實先朝稽古憲章，[1]垂式萬世者也。”詔曰：“若元日大饗，萬國朝宗，庭廢鐘鼓之奏，遂闕起居之節，朝無磬制之音，賓無蹈履之度，其於事義，[2]不亦闕乎！惟可量輕重，以制事中。”

[1]稽古憲章：考察古事及典章制度。

[2]其於事義：事義，殿本乙作“義事”。

散騎侍郎顧臻表曰：“臣聞聖王制樂，讚揚政道，養以仁義，防其淫佚，[1]上享宗廟，下訓黎元，體五行之正音，協八風以陶物。宫聲正方而好義，角聲堅齊而率禮，弦歌鐘鼓金石之作備矣。故通神至化，[2]有率舞之感，移風易俗，致和樂之極。末世之伎，設禮外之觀，逆行連倒，頭足入筥之屬，[3]皮膚外剥，肝心内摧，敦彼行葦，[4]猶謂勿踐，矧伊生靈，而不惻愴。加四海朝覲，言觀帝庭，耳聆《雅》《頌》之聲，目睹威儀之序，足以蹋天，頭以履地，反天地之至順，傷彝倫之大方。[5]今夷狄對岸，外御爲急，兵食七升，忘身赴難，過泰之戲，[6]日廩五斗。方掃神州，經略中甸，若此之事，不可示遠。宜下太常，纂備雅樂，簫《韶》九成，惟新於盛運，功德頌聲，永著於來葉，此乃所以‘燕及皇天，克昌厥後’者也。[7]諸伎而傷人者，皆宜除之。流簡儉之德，邁康哉之咏，[8]清風既行，下應如草，此之謂也。愚管之誠，惟垂采察！”於是除《高絙》《紫鹿》《跂行》《鱉食》及《齊王捲衣》《笮兒》等樂，又減其廩。其後復《高絙》《紫鹿》焉。[9]

[1]防其淫佚：淫，宋本作“滔”。

[2]通神至化：通，原本、宋本作“遠”，殿本作“通”，據殿本改。

[3]頭足入筥之屬：筥，原本、宋本作“筥”，殿本作“筥”，據殿本、中華本校勘記改。

［4］行葦：路旁的蘆葦。《詩·大雅·行葦》："敦彼行葦，牛羊勿踐履。"

［5］彝倫：常理，倫常。　大方：大道。

［6］過泰之戲：過於奢侈的娱樂。

［7］燕及皇天，克昌厥後：語出《詩·周頌·雝》。

［8］康哉：《尚書·益稷》："乃賡載歌曰：'元首明哉，股肱良哉，庶事康哉。'"歌詞稱頌君明臣良，諸事安寧。後遂以"康哉"爲歌頌太平之詞。　咏：殿本作"休"。

［9］其後復《高絙》《紫鹿》焉：殿本於"復"下有"尚"字。

晉書　卷二四

志第十四

職官[1]

《書》曰："唐虞稽古，建官惟百。"[2]所以獎導民萌，[3]裁成庶政。[4]《易》曰："天垂象，聖人則之。"[5]執法在南宫之右，[6]上相處端門之外，[7]而鳥龍居位，[8]雲火垂名，[9]前史詳之，其以尚矣。黄帝置三公之秩，[10]以親黎元，少昊配九扈之名，[11]以爲農正，命重黎於天地，[12]詔融冥於水火，[13]則可得而言焉。伊尹曰：[14]"三公調陰陽，九卿通寒暑，大夫知人事，列士去其私。"而成湯居亳，[15]初置二相，以伊尹、仲虺爲之，[16]凡厥樞會，仰承君命。總及周武下車，[17]成康垂則，[18]六卿分職，[19]二公弘化，[20]咸樹司存，各題標準，苟非其道，[21]人弗虚榮，貽厥孫謀，其固本也如此。及秦變周官，漢遵嬴舊，或隨時適用，或因務遷革，霸王之典，義在於斯，既獲厥安，所謂得其時制者也。四征興於漢代，[22]四安起於魏初，[23]四鎮通於柔遠，[24]四平止於喪亂，[25]其渡遼、凌江、輕車、强弩，[26]式揚遐外，[27]用表攻伐，興而復毁，厥號彌繁。及當塗得志，[28]克平諸夏，初有軍師祭酒，[29]參掌戎律。建安十三年，罷漢臺司，更置丞相，而以曹公居之，用兼端揆。[30]孫吴、劉蜀，多依漢制，雖復臨時命氏，而無忝舊章。[31]世祖武皇帝即位之初，以安平王孚爲太宰，[32]鄭冲爲太傅，[33]王祥爲太保，[34]司馬望爲太尉，[35]何曾爲司徒，[36]荀顗爲司空，[37]石苞爲大司馬，[38]陳騫爲大將軍，[39]世所謂八公同辰，攀雲附翼者也。若乃成乎棟宇，非一枝之勢；處乎經綸，稱萬夫之敵。或牽羊以叶於夢，[40]或垂釣以申其道，[41]或空桑以獻其術，[42]或操版以啓其心。[43]卧龍飛鴻，方金擬璧，秦奚、鄭産，[44]楚材晋用，斯亦曩時之良具，其又昭彰者焉。宣王既誅曹爽，[45]政由己出，網羅英俊，以備天官。及蘭卿受羈，[46]貴公顯戮，雖復策名魏氏，而乃心皇晋。及文王纂業，初啓晋臺，始置二衛，[47]有前驅養由之弩；[48]及設三部，[49]有熊渠佽飛之衆。[50]是以武帝龍飛，乘兹奮翼，猶武王以周之十亂而理殷民者也。[51]是以泰始盡於太康，喬柯茂葉，來居斯位；自太興訖於建元，南金北銑，[52]用處兹秩。雖未擬乎夔拊龍言，[53]天工人代，亦庶幾乎任官惟賢，莅事惟能者也。

[1]職官：設官分職。官員隨着國家産生而産生，中國設官分職的歷史可以上溯至遠古傳説時期。《通典》卷一九《職官》載晋及前代之設官分職："伏羲氏太昊以龍紀，故爲龍師名官。（師，長也。龍紀其官長，故爲龍師。春官爲青龍，夏官爲赤龍，秋官爲白

龍，冬官爲黑龍，中官爲黄龍。張晏曰：‘庖羲氏將興，神龍負圖而至，因以名師與官也。’）共工氏以水紀，故爲水師水名。（共工氏，以諸侯霸有九州者。以受水瑞，故水名官。）神農氏以火紀，故爲火師火名。（火德也，故爲炎帝。春官爲大火，夏官爲鶉火，秋官爲西火，冬官爲北火，中官爲中火也。神農有火星之瑞，因以名師與官也。）黄帝雲師雲名。（黄帝受命有雲瑞，故以雲紀事。春官爲青雲，夏官爲縉雲，秋官爲白雲，冬官爲黑雲，中官爲黄雲也。黄帝有景雲之應，因以名師與官也。）

“少昊摯之立也，鳳鳥適至，故鳥紀，爲鳥師而鳥名。鳳鳥氏，曆正也。（鳳鳥知天時，故以爲曆正之官。）玄鳥氏，司分也。（玄鳥，燕也。以春分來，秋分去。）伯趙氏，司至也。（伯趙，伯勞也。以夏至鳴，至冬至止。）青鳥氏，司啓也。（青鳥，鶬鴳也。以立春鳴，立秋止。鴳音晏。）丹鳥氏，司閉也。（丹鳥，鷩雉也。以立秋來，立冬去，入大水爲蜃。以上四鳥，皆曆正之屬官。）祝鳩氏，司徒也。（祝鳩，鷦鳩也。鷦鳩孝，故爲司徒，主教民。）鴡鳩氏，司馬也。鴡鳩，王鴡也。摯而有别，故爲司馬，主法制。）鳲鳩氏，司空也。（鳲鳩，鴶鵴也。鳲鳩平均，故爲司空，平水土。鳲音尸。鴶音秸。鵴音菊。）爽鳩氏，司寇也。（爽鳩，鷹也。摯，故爲司寇，主賊盗。）鶻鳩氏，司事也。（鶻鳩，鶻鵰也。春來冬去，故爲司事。鶻音骨。鵰音陟交反。似山鵲而小，至春多聲。）五鳩，鳩民者也。（鳩，聚也。治民尚聚，故以鳩爲名。）五雉爲五工正，（五雉，雉有五種：西方曰鷷雉，東方曰鶅雉，南方曰翟雉，北方曰鵗雉，伊洛之南曰翬雉。）利器用，正度量，夷民者也。（夷，平也。）九扈爲九農正。（扈，止也，止人使不淫放也。扈有九種，春扈鳻鶞，夏扈竊玄，秋扈竊藍，冬扈竊黄，棘扈竊丹，行扈唶唶，宵扈嘖嘖，桑扈竊脂，老扈鴳鴳。以九扈爲九農之號，各隨其宜，以教民事者也。鶞音敕倫反。唶音子夜反。嘖音壯革反。）

“自顓頊以來，不能紀遠，乃紀於近，爲民師而命以民事。（德不能致遠瑞，始以民事命官。此郯子對魯昭公之辭。仲尼聞之曰：

‘吾聞之：“天子失官，學在四夷。”’乃見於郯子而學之。）又有五行之官，是謂五官。社稷五祀，是尊是奉。（五官之君長能修其業者，死配食於五行之神，爲王者所尊奉。春官木正，曰句芒。正，官長也。取木生句曲而有芒角。其祀重也。）夏官火正，曰祝融。（祝融，明貌也。其祀黎也。）秋官金正，曰蓐收。（秋物摧蓐而可收也。其祀該也。冬官水正，曰玄冥。水，陰而幽冥。其祀脩及熙焉。）中官土正，曰后土。（土爲群物主，故稱后也。其祀句龍焉。在家則祀中霤，在野則祀社。）

“唐堯之代，命羲、和欽若昊天，曆象日月星辰，敬授人時。（重黎之後羲氏、和氏，世掌天地四時之官，故堯命之，使敬順昊天。昊天，言元氣廣大。星，四方中星。辰，日月所會。曆象其分節，敬記天時，以授人也。此舉其目，下別序之。）分命羲仲宅嵎夷，曰暘谷，（宅，居也。東表之地稱嵎夷。暘，明也。日出於谷而天下明，故稱暘谷。暘谷，嵎夷，一也。羲仲居治東方之官。）寅賓出日，平秩東作。（寅，敬。賓，導。秩，序也。歲起於東，而始就耕，謂之東作。東方之官，敬導出日，平均次序東作之事，以務農也。）申命羲叔宅南交，（申，重也。南交，言夏與春交，舉一隅以見之。此居治南方之官。）平秩南訛，敬致。（訛，化也。掌夏之官，平序南方化育之事，敬行其教，以致其功。四時同之，亦舉一隅。）分命和仲宅西，曰昧谷，（昧，冥也。日入於谷而天下冥，故曰昧谷。昧谷曰西，則嵎夷東可知。此居治西方之官，掌秋天之政。）寅餞納日，平秩西成。（餞，送也。日出言導，日入言送，因事之宜。秋，西方萬物成，平序其政，助成物也。）申命和叔宅朔方，曰幽都，平在朔易。（北稱朔，亦稱方。言一方則三方見矣。北稱幽則南稱明，從可知也。都，謂所聚也。易，謂歲改易於北方。平均在察其政，以順天常。上總言羲、和敬順昊天，此分別仲、叔各有所掌。）允釐百工，庶績咸熙。（允，信。釐，治。工，官。績，功。咸，皆。熙，廣也。言定四時成歲，曆以告時授事，則能信治百官，衆功皆廣，嘆其善。）内有百揆、四岳，（四岳，分主四方諸侯者也。《周禮正義》曰：‘四岳，四時之官，主四岳之事。’始羲、和之時，主四岳者謂之四伯。至其死，分岳事，置八伯，皆王官。其八伯，唯驩兜、共工、放齊、鮌四人而已，餘四人無文可知。故書傳云：‘惟元祀巡狩，四岳八伯。’堯始以羲、和爲六卿，春夏秋冬者，并掌方岳之事，是爲四岳。出則爲伯。其後稍死，分置八伯，以九州而言，八伯者，據畿外八州也，畿内不置伯，以鄉遂之吏主之。四岳之外，更有百揆之官者，但堯初天官爲稷，至堯，試舜天官之任，謂之百揆，舜又命禹爲百揆，皆天官也。）外有州牧、侯伯。（外置州牧十二及五國之長。）

“虞舜有天下，以伯禹作司空，使宅百揆。（禹代鮌爲崇伯，入爲天子司空，治洪水有成功，言可用之。）棄作后稷，播百穀。契作司徒，敷五教。（布五常之教。）皋繇作士，正五刑。（士，理獄官。）垂作共工，利器用。（垂，臣名。共謂供其百工職事。）伯益作虞，育草木鳥獸。（虞，掌山澤之官。）伯夷秩宗，典三禮。（秩，序。宗，尊也。三禮，天地人之禮。伯夷，臣名，姜姓。）夔典樂，教胄子，（胄，長也，謂元子以下至卿大夫子弟。以歌詩蹈之舞之，教長國子中和祇庸孝友。）和神人。（命夔使勉之。）龍作納言，出納帝命。（納言，喉舌之官。聽下言，納於上，受上言，宣於下，必以信。）蓋亦爲六官，以主天地四時也。（崔靈恩曰：‘自顓頊以來，命南正重司天，火正黎司地，故重、黎之後，世掌天地官，號曰羲、和。唐堯受之，乃置天地四時之官，命羲、和之後，使復舊職，而掌天地之事。又分命羲仲、羲叔、和仲、和叔，使主四時，爲六卿之任。及其末年，舜攝百揆，改地官爲司徒，秋官爲士，冬官爲司空，春官爲秩宗。故《尚書》曰“乃命羲、和，欽若昊天”，分命和仲、和叔等，使主四時之事。又云：“百姓不親，五品不遜，契爲司徒，敬敷五教。”地官之事也。皋繇作士，五刑有服，秋官之任也。禹作司空，以平水土，冬官之職也。伯夷爲秩宗，典朕三禮，此春官之所司也。’又《周禮正義》曰：‘稷爲天官，羲、和爲夏官，共爲六官也。’）

“夏后之制，亦置六卿。（《甘誓》曰‘乃召六卿’是也。）其官名次，猶承虞制。（《禮記》曰：‘夏后氏官百，天子有三公、九卿、二十七大夫、八十一元士。’）

“殷制，天子建天官，先六太，曰太宰、太宗、太史、太祝、太士、太卜，典司六典。（典，法也。此蓋殷時制也。周則太宰爲天官，太宗曰宗伯，宗伯爲春官，太史以下屬焉。太士，以神仕者。）天子之五官，曰司徒、司馬、司空、司士、司寇，典司五衆。（衆，謂群臣也。此亦殷時制也。周則司士屬司馬。太宰、司徒、宗伯、司馬、司寇、司空爲六官。）天子之六府，曰司土、司木、司水、司草、司器、司貨，典司六職。（府，主藏六物之税者。此亦殷時制也。周則皆屬司徒。司土，土均也。司木，山虞也。司水，川衡也。司草，稻人也。司器，角人也。司貨，丱人也。丱音華猛反。）天子之六工，曰土工、金工、石工、木工、獸工、草工，典制六材。（此亦殷時制也。周則皆屬司空。土工，陶旊也。金工，築、冶、梟、栗、鍛、桃也。石工，玉人、磬人也。木工，輪、輿、弓、廬、匠、車、梓也。獸工，函、鮑、韗、韋、裘也。唯草工職亡，蓋謂作萑葦之器。韗音吁援反。旊音方往反。）五官致貢曰享。（貢，功也。享，獻也。致其歲終之功於王，謂之獻也。太宰歲終則令百官府各正其治，受其會，聽其致事，而詔王廢置也。）五官之長曰伯。（謂爲三公也。《周禮》‘九命作伯’。）千里之内爲王畿，千里之外設方伯。五國以爲屬，屬有長。十國以爲連，連有帥。三十國以爲卒，卒有正。二百一十國以爲州，州有伯。（屬、連、卒、州，猶聚也。伯、帥、正，亦長也。凡長，皆因賢侯爲之。殷之州長曰伯，虞、夏及周皆曰牧。）八州八伯，五十六正，百六十八帥，三百三十六長。八伯各以其屬，屬於天子之老二人，分天下以爲左右，曰二伯。（老，謂上公。）

“周成王既黜殷命，參改殷官，制爲周禮，以作天地四時之名，謂之六卿。（改太宰爲天官冢宰，太宗爲春官宗伯，以司徒爲地官，司馬爲夏官，司寇爲秋官，司空爲冬官。）立天官冢宰掌邦治，地官司徒掌邦教，春官宗伯掌邦禮，夏官司馬掌邦政，秋官司寇掌邦刑，冬官司空掌邦事。（六官之職，皆總屬於冢宰。故《論語》曰：'君薨，百官總己以聽於冢宰。'《爾雅》曰：'冢，大也。'冢宰則太宰，於百官無所不主。）各有徒屬，周於百事。（崔靈恩曰：'夫百王不同，各置官禮。爲禪讓相傳者亦不得不改，但所以改者少。非禪讓之世者變易必多，以革人視聽。所以禪讓不改多者，以禪讓道同，人未爲弊，故不改者多。非禪讓之世，須變人情，故必多改。故王者之興，必有改官之禮，此周禮所興之意也。'）歲終，天子齋戒受諫，（諫當有所改爲。）六卿以百官之成質於天子。（質，猶平也，平其計要。）百官齋戒受質，（受平報也。）然後休老勞農，（饗食之也。）成歲事，（斷計要也。）制國用。

"自周衰，官失而百職亂，戰國並争，各有變易。暨秦兼天下，建皇帝之號，（五帝自以德不及三皇，故自去其皇號。三王又以德不及五帝，自損稱王。秦自以德褒二代，故兼稱之。）立百官之職，不師古。始罷侯置守，太尉主五兵，丞相總百揆。又置御史大夫，以貳於相。

"漢初因循而不革，隨時宜也，其後頗有所改。（孟康注《漢書》曰：'大司馬、左右前後將軍、侍中、常侍、散騎、諸吏爲中朝。丞相以下至六百石等爲外朝。'）王莽篡立，慕從古官，而吏民弗安，亦多虐政，遂以亂亡。（至更始之時，官爵皆群小賈豎。語曰：'灶下養，中郎將。爛羊胃，騎都尉。爛羊頭，關内侯。'）光武中興，務從節約，并官省職，費減億計。（後漢建武六年詔曰：'百姓遭難，户口耗少，而官吏尚繁。'於是司隸、州牧條奏，并省四百餘縣，吏職減損，十置其一。）廢丞相與御史大夫，而以三司綜理衆務。洎於叔世，事歸臺閣。論道之官，備員而已。

"魏與吴蜀，多依漢制。晉氏繼及，大抵略同。（《山公啓事》曰：'晉制，諸坐公事者，皆三年乃得敘用。其中多有好人，令逍遥無事。臣以爲略依左遷法，隨資才減之，亦足懲戒，而官不失其用。'詔善之。又傅玄奏曰：'諸官有病滿百日不差，宜令去職，優其禮秩。既差而復用。’）太元六年，改制減費，損吏士職員，凡七百人。（時議省州郡縣半吏，以赴農功。荀勖議以爲：‘省吏不如省官，省官不如省事，省事不如清心。昔蕭曹相漢，載其清静，此清心也。漢文垂拱，幾致刑措，此省事也。光武并合吏員，縣官國邑，纔置十一，此省官也。魏太和中，遣王人四出，減天下吏員，正始中亦并合郡縣，此省吏也。今必欲求之於本，則宜以省事爲先。設官分職，委事責成。量能受任，思不出位。若欲省官，竊謂九寺可并於尚書，蘭臺宜省付三府。’至東晋，桓温又表曰：‘愚謂門下三省、秘書、著作，通可減半。古以九卿綜事，不專尚書。今事歸内臺，則九卿爲虚設，皆宜省并。若郊廟籍田之屬，則臨時權兼，事訖省矣。’）”

［2］“唐虞稽古”句：語見《尚書·周官》。

［3］獎導民萌：鼓勵引導百姓。

［4］裁成庶政：處理好各種政務。

［5］“天垂象”句：語見《易·繫辭上》：“天生神物，聖人則之。”

［6］執法：星名。《史記》卷二七《天官書》：“南四星，執法。”　南宫：即朱雀，南方七宿的總稱。

［7］上相：星名。《晋書》卷一一《天文志上》：“東蕃四星，南第一星曰上相。”　端門：太微垣南藩二星，東曰左執法，西曰右執法，左、右執法之間叫“端門”，爲太微垣的南門。

［8］鳥龍：星宿名。東方七宿曰青龍，南方七宿曰朱鳥，西方七宿曰白虎，北方七宿曰玄武。

［9］雲火：應天受命之祥瑞徵兆。《左傳·昭公十七年》：“昔者黄帝氏以雲紀，故爲雲師而雲名，炎帝氏以火紀，故爲火師而火名。”杜預注：“黄帝受命有雲瑞，故以雲紀事，百官師長皆以雲爲名號。炎帝，神農氏，姜姓之祖也。亦有火瑞，以火紀事，名百官。”

［10］三公：《通典》卷二〇《職官》記晋及其前“三公”：“記

曰：‘虞夏商周有師、保，有疑、丞，設四輔及三公，（《尚書大傳》曰：“古者天子必有四鄰，前曰疑，後曰丞，左曰輔，右曰弼。天子有問無以對，責之疑；有志而不志，責之丞；可正而不正，責之輔；可揚而不揚，責之弼。其爵視卿，其禄視次國之君。”《漢官儀》曰：“倉頡作書，自環者謂之㕍，背私者謂之公。”《韓子》曰：“背私曰公。鼎足三者，三光也。”）不必備，唯其人。語使能也。’（語，言也。得能則用之，無則已，不必備其官。小人處其位，不如且闕。）故天子無爵，三公無官，參職天子，何官之稱？天文三台，以三公法焉。（三台，星名。台，一作能。）伊尹曰：‘三公調陰陽，九卿通寒暑，大夫知人事，列士去其私。’周成王作周官，曰：‘立太師、太傅、太保，茲惟三公，論道經邦，燮理陰陽。（師，天子所師法；傅，傅相天子；保，保安天子於德義者。此惟三公之任，佐王論道，以經緯國事，和理陰陽。）少師、少傅、少保曰三孤。（此三官名曰三孤。孤，特也。言卑於公，尊於卿，特置此三人。）貳公弘化，寅亮天地，弼予一人。’（副貳三公，弘大道化，敬信天地之教，以輔我一人之治。）則三太，周之三公也，故不以一職爲官名。（公，八命也。九命則分陝爲二伯。）又以三少爲孤卿，與六卿爲九焉。（六卿，冢宰、司徒、宗伯、司馬、司寇、司空也。《周禮正義》曰：‘按《昏義》云三公九卿者，六卿并三孤而言九，其三公又下兼六卿。故傳云司徒公、司馬公、司空公，公各兼二卿。按顧命，太保領冢宰，畢公領司馬，毛公領司空，別有芮伯爲司徒，彤伯爲宗伯，衛侯爲司寇，則周時三公，各兼一卿之職，與古異矣。’又《周禮》王畿有六卿，每二卿則公一人，蓋一公領二卿也。）舜之於堯，伊尹於湯，周公、召公於周，是其任也。（賈誼曰：‘天子不喻於前聖之德，不知君民之道，不見禮義之正，詩書無宗，學業不法，太師之責也，古者齊太公職之。天子不惠於庶民，不禮於大臣，不中於折獄，無經於百官，不哀於喪，不敬於祭，不誠不信，太傅之責也，古者周公職之。天子處位不端，受業不敬，言語不敘，音聲不中，進退升降不以禮，俯仰周旋無以節，此太保之責也，古者燕召公職之。天子燕業反其學，左右之習詭其師，荅諸侯，過大臣，不知文雅之辭，此少師之責也。天子居處出入不以禮，衣服冠帶不以制，御器列側不以度，采服從好不以章，忿悦不以義，與奪不以節，此少傅之責也。天子居燕私，安而易，樂而耽，飲食不時，醉飽不節，寢起早晏無常，玩好器弄無制，此少保之責也。'）故《周禮》建外朝之法，左九棘，孤、卿、大夫位焉，群士在其後；右九棘，公、侯、伯、子、男位焉，群吏在其後；面三槐，三公位焉，州長衆庶在其後。（樹棘以爲位者，取其赤心而外刺，象以赤心三刺也。槐，懷也，言懷來人於此，欲與之謀也。群吏，謂府史也。州長，鄉遂之官。三公一命衮，若有加則賜也，不過九命。三公八命矣，復加一命，則服衮龍，與王者之後同，多於此則賜也，非命服也。虞夏之制，天子有日月星辰。《周禮》曰：'諸公之服，自衮冕而下，如王之服。'）春秋九命作伯，尊公曰宰，言於海内無不宰統焉。或説司馬主天，司徒主人，司空主土，是爲三公。（《韓詩外傳》曰：'故陰陽不和，四時不節，星辰失度，灾變非常，則責之司馬；君臣不正，人道不和，國多盜賊，民怨其上，則責之司徒；山陵崩弛，川谷不通，五穀不殖，草木不茂，則責之司空。'）

"漢初，唯有太傅、太尉，後加置太師、太保、大司徒、大司空。（哀帝時，議以漢舊無司徒，故定三公之號曰大司馬、大司徒、大司空。《史記》曰：公孫弘以春秋，白衣爲天子三公。漢初因秦，置丞相，而弘爲之，則丞相爲三公矣。）王莽居攝，置四輔官。（初，王舜爲左輔，甄豐爲右弼，甄邯爲後承。後又制以太師、太傅、國師、國將爲四輔，位上公。大司馬、大司徒、大司空爲三公。）

"後漢唯有太傅一人，謂之上公。及有太尉、司徒、司空，（光武初詔司徒司空二府去大，無稱爵。）而無師保。（董卓盜爲太師，非漢本制。）太尉公主天，（部太常、衛尉、光禄勛。）司徒公主人，（部太僕、鴻臚、廷尉。）司空公主地，（部宗正、少府、司農。）

而分部九卿，（漢制，三公號稱萬石，其俸月各三百五十斛。《風俗通》云：‘三公一歲共食萬石也。’）蓋多以九卿爲之。若天地灾變，則皆策免，自太尉徐防始焉。（後漢本制，日食、星流及大雨雹等灾變者，唯免太尉。自徐防爲太尉，凡天地灾變，三公皆免。至魏黄初二年，始罷此制。）漢制，三公不與盗賊，若領兵入見，皆交戟义頸而前。（使虎賁執刃扶之也。魏武爲司空，破張綉，入覲天子，亦行此制，汗流浴背，自此不復朝覲也。）朝臣見三公皆拜，天子御座即起，在輿爲下。凡拜公，天子臨軒，六百石以上悉會，直事卿贊拜，御史授印綬，公三讓，然後受。至安帝時，三府任薄，選舉誅賞，一由尚書，其灾眚變咎，則責免公台。靈帝臨朝，始遣使者就長安拜張温爲太尉，三公在外，自温始也。至獻帝建安十三年，乃罷三公官。

“魏初復置，與後漢同，（有太傅、太尉、司徒、司空。）然皆無事，不與朝政。（高柔上疏云：‘今公輔之臣，民所具瞻。而置之三事，不使知政，非朝廷崇用大臣之義、大臣獻可替否之謂也。’）初封司空崔林爲安陽亭侯。三公封列侯，自林始也。（林字德儒。裴松之曰：‘漢封丞相已爲荀悦所譏。魏封三公，其失同也。’）黄初二年，又分三公户邑，封子弟各一人爲列侯。末年增置太保。

“晋武帝即位之初，以安平王孚爲太宰，鄭冲爲太傅，王祥爲太保，義陽王子初爲太尉，何曾爲司徒，荀顗爲司空，石苞爲大司馬，陳騫爲大將軍，凡八公，同時並置。唯無丞相焉，時所謂‘八公同辰，攀雲附翼’者也。遂以太傅、太保爲上公，論道經邦，燮理陰陽。無其人則闕，蓋居者甚寡。（諸公品第一，食俸日五斛。太康二年，又給絹，春百匹，秋二百匹，綿二百斤。元康元年，給菜田十頃，田騶十人。立夏以後不及田者，食俸一年。又給虎賁二十人，持班劍。給朝車駕，安車黑耳。）其太尉、司徒、司空，自漢歷魏，皆爲三公。及晋迄於江左，相承不改。（上公、三公之制不改。）前代三公策拜，皆設小會，所以崇宰輔之制也。自魏末廢而不行。至晋，拜石鑒（字林伯）爲左光禄大夫，開府，領司徒，始有詔令會，遂以爲常。（十六國姚泓僭號，受經於博士淳于岐。岐病，泓親省疾，拜於床下。自是公侯見師傅皆拜。）”

［11］少昊：亦作少皞，傳説中古代東夷集團首領，名摯，號金天氏。　九扈：相傳爲少皞時主管農事的官名。《左傳·昭公十七年》：“九扈爲九農正。”杜預注：“以九扈爲九農之號，各隨其宜以教民事。”

［12］重黎：指顓頊高陽氏之後，爲帝嚳高辛氏火正。

［13］詔融冥於水火：命重黎用火照亮黑暗。融，祝融，即重黎。水火，偏正詞組，主要指火。

［14］伊尹：輔佐商湯及其後代外丙、仲壬、太甲的賢臣。

［15］成湯：商朝第一位王，名履。於鳴條打敗夏桀，滅夏，建商。　亳：商湯的都城。一説在今河南省商丘市東南。一説在今河南省商丘市北。一説在今河南省偃師市西。

［16］仲虺：又稱萊朱，商湯臣。夏桀時棄夏投湯，助湯滅夏。

［17］總及：總覽。　周武下車：武王滅商。典出《史記》卷四《周本紀》：武王打進商都，至紂王死所，“自射之，三發而後下車，以輕劍擊之，以黄鉞斬紂頭，縣大白之旗”。車，原本、宋本作“逮”，殿本作“車”，據殿本改。

［18］成康：周成王和周康王。二人統治時期，社會安定，刑措不用，史稱“成康之治”。

［19］六卿：周代六官：天官冢宰、地官司徒、春官宗伯、夏官司馬、秋官司寇、冬官司空。

［20］二公：指周朝周公和召公。

［21］苟：貪婪。《新語·慎微》：“不貪於財，不苟於利。”

［22］四征：征東將軍、征南將軍、征西將軍、征北將軍。領兵征伐。晋時三品，加持節都督者二品。《通典》卷二九《職官》：“四征將軍皆漢魏以來置，加大者始曰方面。征東將軍，（漢獻帝初平三年，以馬騰爲之，或云以張遼爲。）征西將軍，（漢光武建武中，以馮異爲大將軍。）征南將軍，（漢光武建武二年置，以馮異爲

之，亦以岑彭爲大將軍。）征北將軍，（魏明帝太和中置，劉靖爲之，許允亦爲之。）各一人。魏黄初中，位次三公。後魏加大則次衛將軍。”

[23]四安：安東將軍、安南將軍、安西將軍、安北將軍。領兵征伐，位在四鎮將軍之下。晋時三品，加持節都督者二品。《通典》卷二九《職官》：“安東將軍，（後漢陶謙、曹休並爲之。）安南將軍，（光武元年，以岑彭爲之。晋范陽王虓亦爲之。）安西將軍，（後漢末段煨、魏鍾會、石鑒並爲之。）安北將軍，（晋以郗鑒爲之。）各一人。後魏亦有。”

[24]四鎮：鎮東將軍、鎮南將軍、鎮西將軍、鎮北將軍。領兵征伐，位在四征將軍之下。曹魏二品。晋三品，加持節都督者二品。《通典》卷二九《職官》：“鎮東將軍，（後漢末，魏武帝爲之。）鎮南將軍，（後漢末，劉表爲之。魏張魯、晋當陽侯杜元凱並爲之。）鎮西將軍，（後漢劉表爲之，魏鍾會、鄧艾並爲之。）鎮北將軍，（魏明帝太和中置。劉靖、許允並爲之。）各一人。宋時四鎮與中軍爲雜號。後魏加大，次尚書令。大唐無。”

[25]四平：平東將軍、平南將軍、平西將軍、平北將軍。領兵征伐，晋時三品，加持節都督者二品。《通典》卷二九《職官》：“平東將軍，（晋當陽侯杜元凱、王濬等爲之。）平南將軍，（晋盧欽、羊祜、胡奮等爲之。）平西將軍，（晋以嵇紹。）平北將軍，（漢獻以張燕、晋以阮坦亦爲之。）各一人，並漢魏間置。後魏亦有。大唐無。”

[26]渡遼：官名，即渡遼將軍，亦作度遼將軍。西漢始置，昭帝元鳳三年（前78），遼東烏桓起事，以中郎將范明友爲之，率騎擊之，因須渡遼水，故以爲官號。宣帝時罷。東漢明帝永平八年（65），爲防止南、北匈奴交通，乃置度遼營兵，以中郎將吴棠行度遼將軍事領之，駐屯五原曼柏，與使匈奴中郎將、護羌校尉、護烏桓校尉等同掌西北邊防及匈奴、鮮卑、烏桓、西羌諸部事。安帝元初元年（114）置真，遂爲常守。秩二千石，下設有長史、司馬等

僚屬。東漢末，曾分置左、右度遼將軍。三國魏沿置，亦稱渡遼將軍，十六國後趙亦置，仍統兵出征，北齊置以褒賞軍功勛臣，無職掌，從六品上。　凌江：官名，即凌江將軍，亦稱陵江將軍。三國魏始置。魏晋皆定爲五品。十六國前秦亦置。南朝宋五品。梁時地位下降，武帝天監七年（508）定爲武職流外八班中的二班，僅高於偏、裨將軍，授予門第較低的士人或寒人，普通六年（525）罷。北魏地位較高，孝文帝太和十七年（493）定爲五品上，二十三年改爲從五品上。北齊爲褒賞軍功勛臣的閑職，從五品上。麴氏高昌國亦置。　輕車：官名，即輕車將軍。西漢始置，武帝任太僕公孫賀爲之，統兵出征。東漢末一度地位較高，在九卿及衛將軍之上。三國魏後地位稍降，爲將軍名號。魏、晋、南朝宋皆爲五品（一説魏爲三品）。十六國前涼亦置。南朝梁武帝天監七年（508）定爲武職二十四班中的十四班，除改爲擬五品，比秩千石。北魏孝文帝太和十七年（493）定爲五品中，北周改定爲五命。隋初列爲散號將軍，從七品下，煬帝大業三年（607）罷。　强弩：官名，即强弩將軍。西漢武帝元狩元年（前122）始置，以李沮任之，統兵伐匈奴。兩漢爲雜號將軍，省置無常。三國魏末，司馬昭受封晋王後，置以掌宿衛。西晋武帝太康十年（289），立弩營，以爲長官，充任皇帝侍衛。初員一人，東晋末桓玄篡立後，增置員數。魏晋皆四品。南朝宋太宗泰始以後，多以軍功得之，無復員限，成爲將軍名號，五品。齊沿置。梁武帝天監七年（508）定爲四班。陳八品，秩六百石。北魏孝文帝太和十七年（493）定爲從四品下，二十三年改爲從七品上。北齊屬左、右衛府，員二十五人，從七品上。

[27]式揚遐外：揚，殿本作“遏”。

[28]當塗：即“當塗高”，東漢流行的讖語，指曹魏。《後漢書》卷七五《袁術傳》：袁術“又少見讖書，言‘代漢者當塗高’，自云名字應之”。李賢注：“當塗高者，‘魏’也。”

[29]軍師祭酒：官名，又稱軍祭酒、軍謀祭酒、軍咨祭酒、軍諮祭酒。曹操丞相府僚屬，參掌戎律，參謀軍事，位在左右軍師之

下。《通典》卷二九《職官》："軍師祭酒，（後漢建安三年，曹公還許，初置此官。）理曹掾屬。（後漢建安十九年，魏武令曰：'軍中典獄者，或非其人，而任以三軍死生，吾甚懼之。'遂置此，選明達法理者爲之。）"

[30]端揆：指相位。因宰相爲百官之首，總覽國政，故稱。

[31]無忝舊章：無愧於舊典章。

[32]安平王孚：司馬孚，字叔達，本書卷三七有傳。　太宰：官名，即太師，因避司馬師名諱而改名太宰。八公之一，居上公之首，爲宰相之任。一品。《通典》卷二〇《職官》："太宰，於殷爲六太，於周爲六卿，亦曰冢宰。周武時，周公始居之，掌建邦之治。秦、漢、魏並不置。（平帝加王莽號曰宰衡。）晋初，依周禮，備置三公。三公之職，太師居首，以景帝名師，故置太宰以代之，而以安平獻王孚居焉。增掾屬十人，蓋爲太師之互名，非周冢宰之任也。（何曾爲太宰，朝會乘輿入朝，劍履上殿，如蕭何、田千秋、鍾繇故事。又安帝以太宰瑯琊王德文不宜嬰拂事務，以紆論道之重，可衮冕之服，緑盭綬，羽葆鼓吹。盭音戾。盭，緑也，以緑爲質。盭，草名也，出瑯琊平昌縣，似艾，可染綬，因以爲綬名。）宋大明中，用江夏王義恭爲之，冠綬服秩悉與太傅同。至齊以爲贈。梁初有之。至陳，又以爲贈，有事則權兼之。後魏初無。至孝莊時，以太尉上黨王天穆爲之，增置佐吏。北齊無聞。後周文帝又依周禮建六官，遂置天官大冢宰卿一人，掌邦治，以建邦之六典，佐皇帝治邦國。自隋而無。"

[33]鄭冲：字文和，本書卷三三有傳。　太傅：官名，晋爲八公之一。位上公，太宰之下、太保之上。一品。《通典》卷二〇《職官》："太傅，古官。（傅，傅之德義也。）周成王時，畢公爲太傅。漢高后元年，初置太傅，金印紫綬。初用王陵，後省。八年復置，後省。哀帝元壽二年，復置，位在三公上。平帝以孔光爲之。後漢有太傅，上公一人，掌以善道，無常職。光武以卓茂爲之，薨，省。明帝又以鄧禹爲之。（鄧禹字仲華，以元功拜太傅，進見

東向。又張禹字伯達，遷太傅，舍於宫中，太官進食，五日一歸府。朝見特贊，與三公絶席。章帝以趙熹三世在位，爲國元老，乃以爲太傅。和帝即位，幼弱，以鄧彪有高名，海内歸仁，徵爲太傅，百官總己以聽之，恩寵之異，莫與爲比。）其後，每帝初即位，輒置太傅，録尚書事，薨則省。（胡廣注曰：'猶古冢宰總己之義。'）桓帝踐祚，已加元服，不復置傅，但令太尉胡廣、司徒趙戒領尚書事。至靈帝，復以陳蕃爲太傅，與廣參録尚書事。（陳蕃志欲芟夷閹豎，以清本朝，世亂讒勝，用殞厥身。胡廣代之，拱默而已。）魏初置太傅，以鍾繇爲之。（鍾繇字元常，遷太傅，有疾。時華歆亦以高年病，朝見，皆使乘轝上殿就坐。是後三公有疾，遂以爲故事。）晋宋金章紫綬，進賢三梁冠，介幘，絳朝服，佩山玄玉。梁、後魏、北齊、後周及大唐皆有。"

[34]王祥：字休徵，本書卷三三有傳。　太保：官名，史上屢次廢置，三國魏末年復置。晋爲八公之一，位上公，在太宰、太傅之下。安置元老重臣，無職掌。一品。《通典》卷二〇《職官》："太保，古官。殷太甲時，伊尹爲太保。周成王時，召公爲太保。漢平帝元始元年，始用王莽爲之。光武中興，省。魏初不置，末年始置太保，以鄭冲爲之。（冲，字文和。）位在三司上。晋武初踐祚，以王祥爲太保，進爵爲公，加置七官之職。太保，所以訓護人主、導以德義者也。（汝南王亮爲太宰，録尚書事，與太保衛瓘對掌朝政。又衛瓘爲太保，以公就第，置長史、司馬、從事、中郎掾屬也。）章綬佩服冠秩與太傅同。梁、後魏、北齊、後周、隋及大唐皆有之。"

[35]司馬望：字子初，本書卷三七有傳。　太尉：官名，曹操爲丞相後，太尉府屬官歸相府，晋時太尉雖爲八公之一、三公之首，實爲名譽宰相，多爲大臣加官。一品。《通典》卷二〇《職官》："太尉，秦官。（《月令》曰：'孟夏，太尉贊傑俊。'自上安下曰尉，故武官咸以爲號。）漢因之。應劭《漢官》謂太尉爲周官，非也。鄭玄注《月令》亦曰秦官。《尚書中候》云'舜爲太尉'。

束晳據非秦官，以此追難玄焉。劉昭曰：'緯候衆書，貴尚神詭，出没隱顯，動挾誕怪。太尉官實司天，虞舜作宰，璿衡賦政，當是據後位以書前職，非虞之實號也。太尉所職，即舜所掌，遂以同掌追稱太尉，乃中候之誤假，蓋非官之爲謬。康成淵博，自注中候，裁及注禮而忘舜位，豈其實哉！此是不發譏於《中候》，而正之於《月令》也。廣微之誚，未探碩意。'）金印紫綬，掌武事。漢文三年省，景帝三年復置，其尊與丞相等。（丞相衛綰病免。上議置丞相、太尉。藉福説田蚡曰：'上以將軍爲丞相，必讓竇嬰；嬰爲相，將軍必爲太尉。太尉、相尊等耳，又有讓賢名。'蚡從之，皆如其謀。蚡音扶粉反。）五年，又省。元狩四年，更名大司馬。大司馬説在本篇。後漢建武二十七年，復舊名爲太尉公。每帝初即位，多與太傅同録尚書事，府門無闕。（論者云，王莽以大司馬簒盜神器，故貶其闕。）掌四方兵事功課，歲盡，則奏其殿最而行賞罰。凡郊祀之事，掌亞獻；大喪則告謚南郊。凡國有大造大疑，則與司徒、司空通而論之。國有過事，與二公通諫諍之。靈帝末，以劉虞爲大司馬，而太尉如故。自此則大司馬與太尉始並置矣。（劉寵字祖榮，遷太尉，以日食免。又初第五倫爲會稽太守，署鄭弘爲督郵，舉孝廉。及弘爲太尉，而倫爲司空，位在下，每朝見，弘曲躬自卑。帝知其故，遂置雲母屏風，分隔其間，由此以爲故事。又陳蕃拜太尉，臨朝嘆曰：'黄憲若在，不敢先佩印綬。'後坐辟召非其人，策罷。）魏亦有之。（王祥字休徵，爲太尉。司馬文王進爵爲王，祥與司徒何曾、司空荀顗並詣王。顗曰：'相王尊重，今可相率而拜。'祥曰：'相國勢位，誠爲尊貴。然要是魏之宰相，吾等魏之三公，公王相去，一階而已。班列大同，安有天子三公可輒拜人者耶？損魏朝之美，虧晋王之德，君子愛人以禮，吾不爲也。'及入，何曾、荀顗遂拜，祥獨長揖。文王謂祥曰：'今日然後知君見顧之重也。'）晋太尉進賢三梁冠，介幘，絳朝服，金章紫綬，佩山玄玉。若郊廟，冕服七旒，玄衣纁裳，七章。宋制，武冠，山玄玉。齊制，九旒。後魏初，與大將軍不並置。正光之後，亦皆置焉。歷代唯後周無，其餘皆有，悉爲三公。”

《唐六典》卷一《三師》：“太尉一人，正一品。（《月令》云：‘命太尉，贊桀俊。’《漢書·百官表》云：‘太尉，秦官。’應劭曰：‘自上安下曰“尉”。’《齊職儀》云：‘太尉，品第一，金章、紫綬，進賢三梁冠，絳朝服，佩山玄玉。郊廟冕服、七旒，玄衣纁裳，服七章。’《春秋合誠圖》云：‘堯坐舟中，與太尉舜臨觀鳳凰授圖。’《運斗樞》云：‘舜以太尉爲天子。’然緯書通人皆疑其僞，故班氏所不取，而大國亦有其職。漢初或置或省，盧綰、周勃、灌嬰、周亞夫、田蚡並爲之。武帝元狩四年，置大司馬，當太尉之職。至後漢建武二十七年，省大司馬，又置太尉，以太僕趙熹爲之，而與司徒、司空爲三公。靈帝末，劉虞爲大司馬，而太尉如故，二職始兩置矣。漢制，三公府分部九卿，太尉所部太常、衛尉、光禄三卿。三公並置官屬，俸月三百五十斛。獻帝建安十三年，省三公官，置丞相。魏初又置，而兼置大司馬。晋以司馬望爲太尉。歷宋、齊、梁、陳、後魏、北齊，並爲三公，置府僚。宋有大將軍則不置太尉。齊以大司馬爲贈官。梁氏三公加秩至萬石，班第十八。陳正第一品，而與大司馬兩置。後魏有大將軍，不置太尉，正光已後，又並置之。隋置太尉、司徒、司空爲三公，正一品，置府僚；尋省府僚，置公則於尚書省上，皇朝因焉。武德初，秦王兼之；永徽中，長孫無忌爲之。其後，親王拜三公者皆不視事，祭祀則攝者行焉。）”

[36]何曾：字穎考，本書卷三三有傳。　司徒：官名，西漢哀帝元壽二年（前1）改丞相爲大司徒，東漢光武帝時改名爲司徒，東漢末又改爲丞相。三國魏恢復三公制，改丞相爲司徒，管理民政。兩晋沿制，爲八公之一，在太尉之下、司空之上。與丞相通職，一般不並置，爲名譽宰相。一品。《通典》卷二〇《職官》：“司徒，古官。少皞祝鳩氏爲司徒。（司，主也。徒，衆也。）堯時，舜爲司徒。舜攝帝位，命禼爲司徒。禼玄孫之子曰微，亦爲夏司徒。周時，司徒爲地官，掌邦教。（《毛詩·緇衣》，美鄭武公也。

父子爲周司徒，善於其職。）秦置丞相，省司徒。漢初因之。至哀帝元壽二年，罷丞相，置大司徒。後漢大司徒主徒衆，教以禮義。凡國有大疑大事，與太尉同。（蔡質《漢儀》曰：‘司徒府與蒼龍闕對，厭於尊者，不敢號府。’應劭曰：‘此不然。丞相舊位在長安時，府有四出門，隨時聽事。明帝本欲依之，迫於太尉、司空，但爲東西門耳。每國有大議，天子車駕親幸其殿。’）建武二十七年，去‘大’，爲司徒公。（鄧禹爲大司徒，封侯，年二十四。靈帝賣官，廷尉崔烈入錢五百萬，以買司徒，其拜日，天子亦臨軒，時人謂烈爲‘銅臭’。）建安末爲相國。魏黄初元年，改爲司徒。（華歆字子魚，爲司徒，家無擔石之儲。詔曰：‘司徒，國之俊老。今大官重膳，而司徒蔬食，甚無謂也。’特賜歆及妻、男等衣服。）晋司徒與丞相通職，更置迭廢，未嘗並立。至永嘉元年，始兩置焉。（王衍爲司徒，東海王越爲丞相，始兩置也。陳騫爲司徒，仰理萬機，俯澄邦教。又王戎字濬冲，爲司徒，高選長吏西曹掾，委任責成，常得無爲。又蔡謨字道明，遷司徒，謨固讓曰：‘若我作司徒，將爲後世哂，義不敢拜。’詔數十下，謨章表十餘上，陳以疾篤。帝臨軒，自旦至申，而徵不至。公卿以蔡公傲無人臣之禮，奏送謨廷尉。謨率子弟詣闕稽顙，詔免爲庶人。謨每嘆曰：‘若使劉王喬得南渡，司徒之美選也。’王喬名疇，少有重名。）宋制：司徒金章紫綬，進賢三梁冠，佩山玄玉。掌治民事，郊祀則省牲，視滌濯，大喪安梓宫。凡四方功課，歲盡則奏其殿最而行賞罰，亦與丞相並置。齊司徒之府，領天下州郡名數，户口簿籍。梁罷丞相，置司徒，歷代皆有。至後周，以司徒爲地官，謂之大司徒卿，掌邦教，職如周禮。隋及大唐復爲三公。”

《唐六典》卷一《三公》：“司徒一人，正一品。（《左傳》云：‘昔少昊氏以鳥名官，祝鳩氏爲司徒。’《尚書》：‘舜命契曰：“百姓不親，五品不遜，汝作司徒，敬敷五教在寬。”’周則爲卿官。書云：‘御事：司徒、司空、司馬。’又云：‘司徒掌邦教，敷五典，擾兆人。’秦置丞相，省司徒。漢因之。至哀帝元壽二年，更名大司徒，與大司馬、大司空爲三公。建武元年，以前將軍鄧禹爲大司徒。二十七年，朱祐議：‘契作司徒，禹作司空，並無“大”字。’遂下二府去焉。漢制，司徒所部太僕、鴻臚、廷尉三卿。漢末罷三公，置丞相。魏罷丞相，置三公，以華歆爲司徒。晋以何曾爲司徒。趙王倫篡位，以梁王肜爲丞相，省司徒；肜遷，復舊。永嘉元年，王夷甫爲司徒，東海王越爲丞相，則始兩置矣。成帝以王導爲丞相，以司徒府爲丞相府；導薨，復舊。宋有丞相，又置司徒。齊以丞相爲贈官，梁又兩置，陳氏以丞相爲贈官，後魏正光之後復兩置。北齊廢丞相，乾明中又兩置。後周並廢。隋廢丞相，置司徒。皇朝因之。歷代品秩、章服皆同太尉。）”

[37]荀顗：字景倩，本書卷三九有傳。　司空：官名，魏晋南北朝爲名譽宰相，多爲大臣加官。晋八公之一，位在三公之末。一品。《通典》卷二〇《職官》：“司空，古官。（孔安國曰：‘司空，主空土以居人。’）空，穴也。古者穿土爲穴以居人。少皞鳲鳩氏爲司空。舜攝帝位，以禹爲司空。（《周禮正義》曰：‘禹自司空總百揆，乃分司空之職爲共工。’《虞書》曰‘垂作共工，益作朕虞’是也。）禼玄孫之子曰冥，亦爲夏司空。殷湯以咎單爲司空。周禮，司空爲冬官，掌邦事。凡營城起邑、復溝洫、修墳防之事，則議其利，建其功。四方水土功課，歲盡則奏其殿最而行賞罰。凡國有大造大疑，諫諍，與太尉同。秦無司空，置御史大夫。漢初因之。至成帝綏和元年，始更名御史大夫曰大司空。（初改爲司空，議者又以縣道官獄有司空，故復加爲大司空，亦所以别小大之文也。）金印紫綬，禄比丞相。哀帝建平二年，復爲御史大夫。元壽二年，復爲大司空。（何武字君卿，爲司空。事後母不篤，詔以其‘舉措煩碎，不合衆心，孝聲不聞，惡名流行。其上大司空印綬’。遂策免之。又彭宣字子佩，爲大司空。而王莽爲大司馬，專權。宣上書曰：‘三公鼎足承君，一足不任，則覆亂矣。臣老病，願上印綬。’）後漢初爲大司空。建武二十七年，去‘大’，爲司空公。（第五倫字伯魚，爲司空。奉公不撓，言議果決，以貞白稱。又張

敏字伯達，爲司空。行大射禮，陪位頓仆，策免。又陳寵爲司空，府故事，以計吏至，時自公以下督屬籍，不通賓客，以防交關。寵去籍通客，以明無所不受，論者大之。荀氏家傳曰：'荀爽字慈明。董卓秉政，徵之，起巖穴，九十五日而爲司空，時號爲白衣登三公。'）獻帝建安十三年，又罷司空，置御史大夫。御史大夫郤慮免，不復補。（荀綽《百官注》曰：'獻帝置御史大夫，職如司空，不領侍御史。'）魏初，又置司空，冠綬及郊廟之服與太尉同。（鄭袤字林叔，爲司空。天子臨軒，遣就第拜授。袤謂使曰：'魏以徐景山爲司空，徐公曰："三公當上應天心，苟非其人，實傷和氣。"'固辭，見許。袤，莫侯反。）宋制：進賢三梁冠，佩山玄玉。掌治水土，祠祀掌掃除樂器，大喪掌將校復土。歷代皆有之。至後周爲冬官，謂之大司空卿。（掌邦事，以五材九範之徒，佐皇帝，富邦國。大祭祀行洒掃，廟社四望則奉豕牲。）隋及大唐復爲三公。（天寶十三年，策拜楊國忠爲司空，其日雨土。）"

《唐六典》卷一《三公》："司空一人，正一品。（《左傳》云：'少昊氏以鳲鳩氏爲司空。'《書》：'舜命禹："汝作司空，平水土，惟時懋哉！"'孔安國曰：'司空主空土以居人。'案：空，穴也，古者穴居。周以司空爲冬官，掌邦事。秦置御史大夫，省司空。漢因之。至成帝綏和元年，御史大夫何武建議依古置三公官，改御史大夫爲大司空。時，議者以縣、道官獄有司空，故加'大'字以別之。哀帝建平二年，朱博駁議：'古之帝王不必相襲。'五年，罷大司空，置御史大夫；元壽二年，復爲大司空。故與御史大夫不兩置。建武元年，用讖言，以野王令王梁爲大司空。二十七年，以朱祐議，去'大'字。獻帝建安十三年，又省司空，置御史大夫。漢制，司空所部宗正、少府、司農三卿。魏省御史大夫，置司空。景初二年，以司隸校尉崔林爲司空。晋以荀顗爲司空。歷宋、齊、梁、陳、後魏、北齊，皆省御史大夫，置司空。後周二職並廢。隋氏諱'忠'，以御史中丞之職爲大夫，故又置司空，品、職並同太尉。皇朝因之。）"

[38]石苞：字仲容，本書卷三三有傳。　大司馬：官名，八公之一，位在上公之下、大將軍及三公之上，高級將帥，多爲大臣加官。一品。《通典》卷二〇《職官》："大司馬，古官也，掌武事。(司，主也。馬，武也。）少皞有鴡鳩氏爲司馬。（鴡音雎。）堯時，棄爲后稷，兼掌司馬。周時，司馬爲夏官，掌邦政。項羽以曹咎、周殷並爲大司馬。（楚大司馬景舍帥軍伐蔡，蔡侯奉社稷而歸之。楚發其賞，舍辭曰：'發誡布令而敵退，是王威也；相攻而敵退，是將威也，戰而敵退，是衆威也。臣不宜以衆威受賞。'又司馬穰苴本姓田，齊威王以古司馬法而附穰苴，因號爲司馬穰苴。）漢初不置。武帝元狩四年，初罷太尉，置大司馬，以冠將軍之號。（冠者，加於其上爲一官也。霍光以大司馬大將軍輔政。武帝又令大將軍、驃騎將軍皆有大司馬之號。）宣帝地節三年，置大司馬，不冠將軍，亦無印綬、官屬。(霍禹爲大司馬，冠小冠，無印綬。）成帝綏和元年，初賜大司馬金印紫綬，置官屬，禄比丞相，去將軍。哀帝建平二年，復去大司馬印綬、官屬，冠軍如故。元壽二年，復賜大司馬印綬，置官屬，去將軍，位在司徒上。（漢律：丞相、大司馬、大將軍，俸錢月六萬。）始直云司馬，議者以漢有軍候千人司馬官，故加'大'。王莽居攝，以漢乃無小司徒，而定司馬、司徒、司空之號，並加'大'。後漢光武建武二十七年，省大司馬，以太尉代之，故常與太尉迭置，不並列。(吴漢爲大司馬，封無陽侯。)至靈帝末始置焉。魏文帝黄初二年，復置大司馬，以曹仁居之，而太尉如故。則太尉、大司馬、大將軍各自爲官，位在三司上。（吴有左、右大司馬。）晋定令，亦在三司上。(《晋諸公贊》曰：'義陽王爲太尉、大司馬時，父孚爲太宰，父子居上公，中代以來，未之有也。'又汝南王亮爲大司馬，正旦大會，乘車入殿。又陳騫爲大司馬，賜衮冕之服。）武冠，絳朝服，金章紫綬，佩山玄玉，與大將軍同。宋時唯元嘉中用彭城王義康爲之，冠玉與晋同。至齊以爲贈。梁時置官屬。陳以爲贈。後魏、北齊與大將軍爲二大，位居三師之下，三公之上。後周以爲夏官，謂之大司馬卿。（掌邦政，以

建邦國之九法，佐皇帝，平邦國，大祭祀掌其宿衛，廟社則奉羊牲。）自隋而無。”

［39］陳騫：《世説新語·方正》注引《晉陽秋》：“騫字休淵。”本書卷三五有傳。　大將軍：官名，高級軍事統帥。曹魏時多以之屯駐長安，對付蜀漢，蜀漢以其爲最高軍事長官，孫吴則别置上大將軍居其上。西晋時爲八公之一，位居上公、大司馬下，三公之上。東晋時常專擅軍政事務。一品。《通典》卷二九《職官》：“大將軍，戰國時官也。楚懷王與秦戰，秦敗楚，虜其大將軍，屈匄是矣。漢高帝以韓信爲大將軍。（初拜信，蕭何曰：‘王素慢無禮，今拜大將，如兒戲耳。’乃擇良日，齋戒設壇，以禮拜之。又竇嬰爲大將軍，每朝大議，列侯莫敢抗禮。）武帝又置。初，武帝以衛青數征伐有功，以爲大將軍，欲尊寵之，故置大司馬官號以冠之。（衛青字仲卿，爲車騎，擊匈奴大立功，引兵至塞。天子使使者持大將軍印，因軍中拜青爲大將軍，位在公上。卿以下皆拜，惟汲黯獨揖。後又加青大司馬位，冠於大將軍上，共爲一官。）後霍光、王鳳等皆然。成帝綏和二年，賜大司馬印綬，罷將軍官。後漢光武時，吴漢以大將軍爲大司馬。後漢大將軍自爲一官，其大司馬不加於其上。和帝時，以竇憲爲之。舊大將軍位在三公下，置官屬，依太尉。憲威權振朝廷，公卿希旨，奏憲位次太傅下，三公上。長史、司馬秩中二千石，從事中郎二人，六百石，自下各有增。（憲初爲此官，威振天下，尚書以下欲拜之，伏稱萬歲。尚書令韓稜曰：‘禮無人臣稱萬歲之制。’乃止。後梁冀爲之，官屬倍於三公府。）自安帝政理衰缺，始以嫡舅耿寶爲大將軍，常在京都。順帝即位，又以皇后父、兄、弟相繼爲大將軍，如三公。（《梁冀别傳》云：‘元嘉二年，又加冀禮儀。大將軍朝，到端門，謁者將引。增掾屬、舍人、令史、官騎、鼓吹各十人。’《風俗通》曰：‘桓帝初，京師謡曰：“游平賣印自有評，不避豪强及大姓。”按：竇武字游平，爲大將軍，印綬所加，咸得其人。’）漢末猶在三公上。（魏武爲大將軍，袁紹爲太尉，紹耻班在下，魏武乃固以大將軍讓紹。）

魏黄初中，又有上大將軍，以曹真爲之。（吴亦以陸遜爲上大將軍，諸葛恪爲大將軍。）明帝青龍三年，晋宣帝自大將軍爲太尉，然則大將軍在三司下矣。其後又在三司上。自漢東京，大將軍不常置，爲之者皆擅朝權。至晋景帝爲大將軍，亦受非常之任。後以叔父孚爲太尉，奏改大將軍在太尉後，位次三司下。後復舊，在三司上。太康元年，瑯琊王伷遷大將軍，復制在三司下。伷薨，復如舊。冠綬佩服與大司馬同。……隋以後無。"

［40］牽羊以叶於夢：事見《史记》卷一《五帝本纪》集解引《帝王世纪》："黄帝夢大風吹天下之塵垢皆去，又夢人執千鈞之弩，驅羊萬群。帝寤而嘆曰：'風爲號令，執政者也。垢去土，后在也。天下豈有姓風名后者哉？夫千鈞之弩，異力者也。驅羊數萬群，能牧民爲善者也，天下豈有姓力名牧者哉？'於是依二占而求之，得風后於海隅，登以爲相。得力牧於大澤，進以爲將。"

［41］垂釣以申其道：事見《史記》卷三二《齊太公世家》：吕尚年老且貧，在渭水畔釣魚以等待明主發現。周文王將出獵，占卜，得知將得人才，乃出獵，果遇太公於渭之陽，與語大説，曰："自吾先君太公曰'當有聖人適周，周以興'。子真是邪？吾太公望子久矣。"故號之曰"太公望"，載與俱歸，立爲師。

［42］空桑：指伊尹。《吕氏春秋·孝行覽》："伊尹生於空桑。"

［43］操版：指殷商賢臣傅説。《史記》卷三《殷本紀》：武丁夜夢得聖人，名曰説。群臣百官都不是夢中人，便命人在朝廷以外尋求，結果發現一個版築城墻的刑徒，與夢中所見一樣，便舉以爲相，使殷國大治。

［44］秦奚：百里奚，春秋時秦國大夫。先爲虞國大夫，晋滅虞後入晋，又作爲晋獻公女兒陪嫁的媵臣入秦。後又逃至楚國。秦穆公聞其賢，用五張羊皮將其贖回，加以重用。　鄭産：即子産，春秋時鄭國人，名僑，字子産，鄭穆公之孫，公子發之子，因又稱公孫僑。鄭簡公時執掌國政，作丘賦、鑄刑書、擇賢能、護鄉校，進行一系列改革。

[45]曹爽：三國時沛國譙縣（今安徽省亳州市）人，字昭伯，曹真子。明帝死，受遺詔與司馬懿共同輔政。後與司馬懿争權，爲司馬懿所殺。

[46]蘭卿：三國曹魏皇帝曹芳，字蘭卿，魏明帝養子，明帝死後即位，後爲司馬師所廢，黜爲齊王。

[47]二衛：皇帝左右兩邊的護衛。

[48]前驅養由之弩：前驅爲養由基那樣的神弩手。養由基，春秋時楚國的神弩手。《左傳·成公十六年》載：養由基把鎧甲放在遠處，用箭射它，穿透了七層。

[49]三部：二衛及下文所説熊渠、佽飛之衆。

[50]熊渠：熊渠虎賁。皇帝宿衛軍。　佽飛：佽飛虎賁。皇帝宿衛軍。

[51]十亂：十個治世能臣。《尚書·泰誓》："予有亂臣十人，同心同德。"亂臣即能臣。

[52]南金北銑：金和銑在古代都是貴金屬。比喻南北方優秀人才。

[53]夔拊龍言：夔、龍均爲舜帝時掌禮儀教化之人。據説夔擊石拊石，百獸率舞。龍爲納言，"夙夜出入朕命，惟信"。事見《史記》卷一《五帝本紀》。

丞相、相國，並秦官也。晉受魏禪，並不置，自惠帝之後，省置無恒。爲之者，趙王倫、[1]梁王彤、[2]成都王穎、[3]南陽王保、[4]王敦、[5]王導之徒，[6]皆非復尋常人臣之職。

[1]趙王倫：司馬倫，字子彝，本書卷五九有傳。

[2]梁王彤：司馬彤，字子徽，本書卷三八有傳。

[3]成都王穎：司馬穎，字章度，本書卷五九有傳。

[4]南陽王保：司馬保，字景度，本書卷三七有傳。

[5]王敦：字處仲，本書卷九八有傳。

[6]王導：字茂弘，本書卷六五有傳。

太宰、太傅、太保，周之三公官也。魏初唯置太傅，以鍾繇爲之，[1]末年又置太保，以鄭沖爲之。晉初以景帝諱故，又采周官官名，置太宰以代太師之任，秩增三司，與太傅太保皆爲上公，論道經邦，燮理陰陽，無其人則闕。以安平獻王孚居之。自渡江以後，其名不替，而居之者甚寡。

[1]鍾繇：三國時潁川長社（今河南省長葛市東）人，字元常。東漢建安二年（197），被曹操表爲侍中，守司隸校尉，持節都督關中諸軍事。二十四年，受魏諷謀反牽連，被免官。曹魏文帝時復爲廷尉，官至太傅。古代著名書法家。

太尉、司徒、司空，並古官也。自漢歷魏，置以爲三公。及晉受命，迄江左，[1]其官相承不替。

[1]江左：江東。因自北方視之，江東在左，江西在右，故稱。

大司馬，古官也。漢制以冠大將軍、驃騎、車騎之上，[1]以代太尉之職，故恒與太尉迭置，不並列。及魏有太尉，而大司馬、大將軍各自爲官，位在三司上。晉受魏禪，因其制，以安平王孚爲太宰，鄭沖爲太傅，王祥爲太保，義陽王望爲太尉，何曾爲司徒，荀顗爲司空，石苞爲大司馬，陳騫爲大將軍，凡八公同時並置，唯無丞相焉。自義陽王望爲大司馬之後，定令如舊，在三司上。

[1]驃騎：官名，即驃騎將軍，西漢時爲重號將軍，東漢以後，居諸名號將軍之首，僅作爲軍府名號加授大臣或重要州郡長官。二品，開府位從公者一品。《通典》卷三四《職官》："漢武帝元狩二年，始用霍去病爲驃騎將軍。定令，令驃騎將軍秩禄與大將軍等。光武中興，以景丹爲驃騎大將軍，位在三公下。明帝初即位，以弟東平王蒼有賢才，以爲驃騎將軍，以王故，位在公上。（蒼爲驃騎輔政，開東閤，延英雄。及蒼歸國，有驃騎時吏丁牧、周栩，以蒼敬賢下士，不忍去之，遂爲王家大夫，數十年事祖及孫，帝聞褒美之。）數年復罷。（其官屬附見大將軍後。）魏、晋、齊並有之。梁雜號中亦有。陳後主以蕭摩訶爲侍中、驃騎大將軍，加左光禄大夫，特開黄閤，施行馬，聽事寢堂置鴟尾，如三公制。後魏初，加大則在三司上。太和中制，加大則在都督中外諸軍下。後周亦有之。隋開皇中，置驃騎將軍府，每府置驃騎、車騎將軍各二人。十七年，頒銅獸符於驃騎、車騎府。煬帝改驃騎爲鷹揚郎將，改車騎爲鷹揚副郎將。大唐復改爲車騎、驃騎，其制如開皇而益復微矣。故武德元年詔，以軍頭爲驃騎將軍，軍副爲車騎將軍。（又詔太子諸率府，各置驃騎將軍五員，車騎將軍十員。）後皆省之。顯慶元年，乃復置驃騎大將軍，爲武散官。"　車騎：官名，即車騎將軍，魏晋南北朝時位次於驃騎將軍，在諸名號將軍之上，多作爲軍府名號，以加授大臣及重要州郡長官。二品，開府位從公者一品。《通典》卷二九《職官》："漢文帝元年，始用薄昭爲車騎將軍。（灌嬰、周亞夫、金日磾並爲之。）後漢章帝即位，西羌反，以舅馬防行車騎將軍，征之。銀印青綬，在卿上，絶席。還復罷。和帝即位，以舅竇憲爲車騎將軍，征匈奴，始賜金紫，次司空。（竇憲爲車騎將

軍，辟崔駰爲掾。憲府貴重，掾屬三十人皆故刺史二千石，惟駰以處士年少，擢在其間。其僚佐故事如太尉。後梁冀爲之，官屬倍於餘府。）安帝即位，西羌寇亂，以舅鄧騭爲車騎將軍，征之。數年復罷。（又皇甫嵩等並爲之，其官屬附見大將軍後。）靈帝數以車騎過拜嬖臣及贈亡人。（應劭曰：'美號加於頑凶，印綬污於腐屍，虧國家之舊，傷虓武之重。昔年有睹被髮之祥，知其爲戎。今假號雲集，不亦宜乎。'）魏車騎爲都督，儀與四征同。若不爲都督，雖持節屬四征者，與前後左右雜號將軍同。其或散還，從文官之例，則位次三司。晋宋車騎、衛不復爲四征所督。（晋羊祜爲車騎將軍，開府如三司之儀。）後魏制與驃騎同。（位次升降並同。）隋車騎屬驃騎府，大唐省之。"

大將軍，古官也。漢武帝置，冠以大司馬名，爲崇重之職。及漢東京，大將軍不常置，爲之者皆擅朝權。至景帝爲大將軍，亦受非常之任。後以叔父孚爲太尉，奏改大將軍在太尉下。及晋受命，猶依其制，位次三司下，後復舊，在三司上。太康元年，琅邪王伷遷大將軍，[1]復制在三司下，伷薨後如舊。

[1]琅邪王伷：司馬伷，字子將，本書卷三八有傳。清周家禄《晋書校勘記》："按伷遷大將軍在太康三年。"

開府儀同三司，[1]漢官也。殤帝延平元年，[2]鄧騭爲車騎將軍，[3]儀同三司；儀同之名，始自此也。[4]及魏黄權以車騎將軍開府儀同三司；[5]開府之名，起於此也。

[1]開府儀同三司：官名，三國魏始置。爲大臣加號，意謂與

太尉、司徒、司空三司待遇相同，許開設府署，任命僚屬。《通典》卷三四《職官》：“漢文帝元年，始用宋昌爲衛將軍，位亞三司。後漢章帝建初三年，始使車騎將軍馬防班同三司。同三司之名，自此始也。殤帝延平元年，鄧騭爲車騎將軍，儀同三司。儀同之名，自此始也。（又獻帝以伏完爲輔國將軍，儀比三司。）魏黄權以車騎將軍開府儀同三司。開府之名，自此始也。漢末奮威將軍，晋江右伏波、輔國將軍，並加大，而儀同三司。江左以來，將軍則中、鎮、撫、四鎮以上或加大，餘官則左右光禄大夫以上，並得儀同三司。齊開府儀同三司如公。梁開府儀同三司，位次三公。諸將軍、左右光禄大夫優者則加之，同三公置官屬。自晋以來，又有如開府同三司之儀者，自羊祜始焉。（漢末吕布開府如三司，其他無聞。至晋羊祜爲車騎將軍、荆州諸軍事，加開府如同三司之儀。累年謙讓，不辟士，不備僚屬。及始有所命辟士，未到而卒，不得除署。後當陽侯杜元凱表哀其家無胤嗣，官無命士，請更議之。詔不許。）江左亦多有之。”

[2]殤帝：東漢皇帝，名劉隆，和帝少子。公元 105 至 106 年在位，僅八個月。

[3]鄧騭：東漢南陽新野（今河南省新野縣）人，字昭伯。其妹爲和帝皇后，三遷虎賁中郎將，後任車騎將軍，儀同三司，官至大將軍，專擅朝政。安帝親政後，遭人陷害，宗族盡廢，乃絶食而死。

[4]儀同之名，始自此也：吴士鑑《晋書斠注》：“開府儀同三司，秦漢無聞。建初三年，馬防爲車騎將軍、儀同三司。按：建初爲漢章帝年號，在殤帝之前。本志以爲始於延平，失考。”

[5]黄權：三國時巴西閬中（今四川省閬中市）人，字公衡。本爲益州牧劉璋主簿，劉備入蜀，乃附之。歷任護軍、治中從事、鎮北將軍等職。夷陵之戰之後，因歸路被吴軍所斷，乃降曹魏。歷任鎮南將軍、侍中、車騎將軍、儀同三司等職。

驃騎、車騎、衛將軍、[1]伏波、[2]撫軍、[3]都護、[4]鎮軍、[5]中軍、[6]四征、四鎮、[7]龍驤、[8]典軍、[9]上軍、[10]輔國等大將軍，[11]左右光禄、[12]光禄三大夫，開府者皆爲位從公。

[1]衛將軍：官名，魏晋時位在名號將軍之上，多爲軍府名號，加給大臣、重要州郡長官。二品，開府位從公者一品。《通典》卷二九《職官》："漢文帝始用宋昌爲衛將軍，位亞三司。其官屬附見大將軍後。凡驃騎、車騎、衛三將軍，皆金印紫綬，武冠絳朝服，佩水蒼玉。晋以陸曄爲衛將軍，兼儀同三司，加千兵百騎。東晋以後，尤爲要重。後魏初，加大則次儀同三司。孝文太和中制，加大則位在太子太師上。歷代多有。大唐無之。"

[2]伏波：官名，即伏波將軍。西汉武帝始置，爲統兵武官名號，以路博德爲之，後漸爲官名。東漢、魏，晋、南北朝，迄隋，皆置爲將軍名號。高昌亦置。東漢末至三國地位較高。三國魏、兩晋、南期宋皆爲五品。

[3]撫軍：官名，即撫軍將軍。三國蜀後主建興八年（230）置，蔣琬以丞相留府長史加此。吴孫權赤烏十年（247），步協代其父步騭督西陵，亦加此。十六國前凉、北燕亦置。晋三品。

[4]都護：官名，即都護將軍。東漢初光武帝以賈復爲之，從光武出征，監督諸將。獻帝建安二十年（215），夏侯淵自護軍將軍遷行都護將軍，督張郃、徐晃等平巴郡。三國魏及西晋初爲禁軍長官，統原屬光禄勛的虎賁中郎將等五署，掌宫庭宿衛。武帝泰始三年（267）罷。

[5]鎮軍：官名，即鎮軍將軍。東漢獻帝建安末劉備置。三國魏定爲三品，蜀、吴亦置。西晋武帝泰始五年（269）罷，六年復置。位在鎮軍大將軍下，兩職可並置。與中軍將軍、撫軍將軍並爲三名號將軍，位比四鎮將軍。主要爲中央軍職，但亦可出任地方軍

事長官，並領刺史等地方官，兼理民政。三品。十六國成漢、前秦、北凉亦置。

[6]中軍：官名，即中軍將軍。西漢武帝置，爲雜號將軍，以公孫敖任之。後省。西晋武帝泰始元年（265）復置，以羊祜任之，統左右衛、前、後、左、右、驍騎等宿衛七營禁軍，主管京師及宫廷警衛。泰始四年罷，置北軍中候代其職。後復置爲將軍名號，與鎮軍將軍、撫軍將軍並爲三名號將軍，不再領宿衛禁軍，可離開京師，出任持節都督，鎮守一方。三品。十六國前秦時與鎮軍、撫軍、冠軍將軍合稱四軍將軍。南燕亦置。

[7]四鎮：吴士鑑《晋書斠注》："魚豢曰：'漢舊諸征與偏裨雜號同。'魏制秩二千石，位次三位四鎮，在四鎮之下。漢末有鎮東、鎮南、鎮西而無鎮北。"

[8]龍驤：官名，即龍驤將軍。三國魏置（一説西晋置），地位較高。三國魏、晋、南朝宋皆高級軍事將領。三品。十六國前凉、後趙、前秦、西秦亦置。驤，殿本作"鑲"。

[9]典軍：官名，即典軍將軍。西晋置，掌宿衛禁軍。

[10]上軍：官名，即上軍將軍。西晋王國置，統王國軍隊。

[11]輔國：官名，即輔國將軍。三國兩晋皆置。三品。《通典》卷三四《職官》："後漢獻帝置輔國將軍，以伏完爲之。晋王濬平吴後，拜輔國大將軍。有司奏輔國依比未爲達官，不置司馬，不給官騎。詔依征、鎮給五百大車，增兵五百人爲輔國營，給親騎百人，官騎十人，置司馬。宋明帝泰始四年，改爲輔師將軍，後廢帝昱元徽二年復故。梁、後魏、後周、隋並有之。大唐輔國大將軍爲武散官。"

[12]左右光禄：官名，即左右光禄大夫。齊王曹芳正始元年（240）在光禄大夫上增置左、右，位在光禄大夫上。在朝顯職的加官，或授予年老有病致仕者，或授予死者。西晋時禄賜與特進同。二品，開府位從公者一品。《通典》卷三四《職官》："秦時，光禄勛屬官有中大夫。漢武帝太初元年，更名光禄大夫。（《漢志》曰：

‘夫者，扶也，膚也。《詩》曰：“殷士膚敏，灌將於京。”明當以其肌膚知能侍君父也。’）銀章青綬。掌議論，屬光禄勛。門外特施行馬，以旌别之。無常事，唯顧問應對，詔命所使，無員。後漢光禄大夫三人。凡諸國嗣王之喪，則掌吊，多以爲拜假賵贈之使及監護喪事。魏氏以來無員，轉優重，不復以爲使命之官。其諸公告老，皆家拜此位；及在朝顯職，復用加之。（魏文帝以楊彪爲光禄大夫，賜几杖衣袍。因朝會引見，令彪著布單衣、鹿皮冠，杖而入，待以賓客之禮。）及晉受命，置左右光禄大夫，假金章紫綬，而光禄大夫如故，加金章紫綬，並與卿同。進賢兩梁冠，黑介幘，五時朝服，佩水蒼玉。并禄賜、班位、吏卒皆與特進同。復以爲優崇之制，而諸公遜位，不復加之。其以爲加官者，唯假章綬、禄賜、班位而已，不别給車服、吏卒也。或更拜上公，或以本封食公禄。其諸卿尹中朝大官年老致仕者，及内外之職加此者，前後甚衆。由是或因得開府，或進加金章紫綬，又復以爲禮贈之官。本已有卿官者，不復重給。其餘皆給。其假銀章青綬者，位在金紫將軍下，諸卿上。泰始中，唯太子詹事楊珧加給事中光禄大夫。加兵之制，諸所供給依三品將軍。（晉宣帝子平原王幹拜光禄大夫，加侍中，特假金章紫綬，班次三司。）其餘自如舊制，終武惠孝懷三世。”（食俸日三斛。太康二年，始給春絹五十匹，秋絹百匹，綿百斤。惠帝元康元年，始給菜田六頃，田騶六人，置主簿、功曹史、門亭長、門下書佐各一人。）

太宰、太傅、太保、司徒、司空，左右光禄大夫、光禄大夫開府位從公者，爲文官公，冠進賢三梁，[1]黑介幘。[2]

[1]冠進賢三梁：三梁進賢冠禮帽。梁，帽子上的横脊，以梁數區别等級。

［2］黑介幘：黑色的長耳裹髮巾。

大司馬、大將軍、太尉，驃騎、車騎、衛將軍、諸大將軍開府位從公者，爲武官公，皆著武冠，[1]平上黑幘。[2]

［1］武冠：亦稱武弁，武官所戴帽子。

［2］平上黑幘：黑色的平頂頭巾，武官所戴。 "太宰、太傅"至"皆著武冠，平上黑幘"：這兩段文字，中華本標點爲：太宰、太傅、太保、司徒、司空、左右光禄大夫、光禄大夫，開府位從公者爲文官公，冠進賢三梁，黑介幘。大司馬、大將軍、太尉、驃騎、車騎、衛將軍、諸大將軍，開府位從公者爲武官公，皆著武冠，平上黑幘。今注按：晉朝官制，太宰、太傅、太保、大司馬、大將軍、太尉、司徒、司空這八種職官，爲"八公"，其中"太宰、太傅、太保"爲上公，"太尉、司徒、司空"稱"三公"，也稱"三司"。公本即一品。而品秩原低於公的左右光禄大夫、光禄大夫、驃騎將軍、車騎將軍、衛將軍、諸大將軍等，須得到"開府儀同三司"官號"位從公"時，纔升至第一品，與諸公等列。本志上文對此記載明確。中華本標點，使得上述的類職官的品級混同無别，變成八公也必須得到"開府儀同三司"官號時纔能列入"公"。今注更作如上標點。

文武官公，皆假金章紫綬，[1]著五時服。其相國、丞相，皆衮冕，[2]緑盭綬，[3]所以殊於常公也。

［1］金章紫綬：黄金印章，紫色綬帶。

［2］衮冕：衮服和禮帽。

[3]緑盭綬：即緑綟綬，一種黑黄而近緑色的絲帶。古代丞相以上官吏用作印綬。《東觀漢記・百官表》："印綬：漢制，公侯紫綬，九卿青綬。建武元年，復設諸侯王金璽綟綬。"

諸公及開府位從公者，品秩第一，食奉日五斛。太康二年，又給絹，春百匹，秋絹二百匹，綿二百斤。元康元年，給菜田十頃，田騶十人，[1]立夏後不及田者，食奉一年。置長史一人，[2]秩一千石；西東閤祭酒、[3]西東曹掾、[4]户倉賊曹令史屬各一人；[5]御屬、[6]閤下令史、[7]西東曹倉户賊曹令史、[8]門令史、[9]記室省事令史、[10]閤下記室書令史、[11]西東曹學事各一人。[12]給武賁二十人，[13]持班劍。[14]給朝車駕駟、[15]安車黑耳駕三各一乘，[16]祭酒掾屬白蓋小車七乘，[17]軺車施耳後户、[18]皂輪犢車各一乘。[19]自祭酒已下，令史已上，皆皂零辟朝服。太尉雖不加兵者，吏屬皆絳服。[20]司徒加置左右長史各一人，秩千石；主簿、[21]左西曹掾屬各一人，[22]西曹稱右西曹，其左西曹令史已下人數如舊令。司空加置導橋掾一人。[23]

[1]給菜田十頃，田騶十人：頃，原本、宋本作"項"，殿本作"頃"，據殿本改。田，原本、宋本、殿本無此字，據中華本校勘記補。

[2]長史：官名，掌顧問參謀，爲所在官署掾屬之長。魏晋南北朝時王府、公府、軍府、邊郡均置。八至六品。《通典》卷二〇《职官》："漢有三師，而不見官屬。以丞相爲公，置司直、長史。後改丞相爲司徒，則曰司徒司直、長史。(具宰相篇。）其太尉後改爲大司馬。綏和初，始置長史一人，掾屬二十四人，御屬一人，令

史二十四人。改御史大夫爲大司空，置長史，如中丞。（具御史大夫篇。）

“後漢初，唯置太傅，有長史一人，掾屬十人，御屬一人。（不知何曹。）後置太師，董卓嘗居之，蓋自爲也，而不見官屬。太尉屬官有長史一人，署諸曹事。（盧植禮注曰：‘如周小宰。’）掾史屬二十四人、（分主二千石長吏遷除、民户、祠祀、農桑、奏議、辭訟、郵驛、轉運、盗賊、罪法、兵、貨幣、鹽鐵、倉穀等事。）黄閤主簿、（省録衆事，掌閤下威儀。）記室令史、（掌上章奏報。後漢末，陳琳、阮瑀皆爲曹公記室，軍國書檄皆所作。）御屬。（掌爲公卿閤下威儀。）司徒屬官有長史一人，掾屬三十一人，令史及御屬三十六人。（正曰掾，副曰史。陳寵辟司徒鮑昱府。是時三府掾屬專尚交游，以不肯親事爲高。寵獨勤心物務，轉爲辭曹，專掌天下獄訟。時司徒辭訟，久者數十年，事類溷錯，易爲輕重。寵爲昱撰辭訟比七卷，決事科條，皆以事相從。昱奏上之，其後公府奉以爲法。）司空屬官：長史一人，掾屬二十九人，令史及御屬三十二人。（正曰掾，副曰屬。《漢書》注云：公府掾比古元士三命者也。或曰：漢初，掾史辟皆上言之，故有秩，皆比命士。其所不言，則爲百石屬，其後皆自辟除，故通爲百石云。）其大司馬屬官並同前漢。

“魏置太傅、太保，而不見官屬。太尉、司徒、司空有長史、司馬、從事中郎、正行參軍。大司馬亦有正行參軍也。

“晋有太宰、太傅、太保。唯楊駿爲太傅，增祭酒爲四人，掾屬二十人，兵曹爲左右也。（楊駿輔政，引潘岳爲太傅主簿。初，譙人公孫宏客於河陽，岳待之甚厚。及駿誅，宏爲楚王瑋長史，凡駿綱紀皆從坐，同署主簿已被戮。宏言於瑋，謂岳爲假吏，故得免。）太宰、太保官屬不見。太尉、司徒、司空並有長史、司馬。太尉雖不加兵者，吏屬皆絳服。泰始三年，又置太尉軍參軍六人，騎司馬五人，官騎十人。而司徒加置左長史，掌差次九品，銓衡人倫，冠綬與丞相長史同。主簿、左右東西曹掾各一人，若有所循行者，增置掾屬十人。（武帝時，司徒奏州郡農桑未有賞罰之制，宜遣掾屬循行。詔遂使司徒督察州郡播殖。若有所循者，增掾屬十人。又温嶠請司徒置田曹掾，州一人，勸課農桑。）初，王渾遷司徒，仍加兵。渾以司徒文官，主吏不持兵，持兵乃吏屬絳衣，自以非是舊典，皆令皂服，論者美其謙而識禮。司空府加置導橋掾一人，餘略同後漢。咸寧初，詔以前太尉府爲大司馬府，增置祭酒二人，帳下司馬、官騎、大車、鼓吹，左右光禄、光禄三大夫。開府者皆爲位從公，品秩、俸賜、儀制與諸公同。加兵者增置司馬一人，從事中郎二人，（劉琨爲司空，以盧諶爲從事中郎。）主簿、記室督各一人，舍人四人，兵、鎧、士曹，營軍、刺奸、帳下都督、外都督、令史各一人。（主簿以下、令史以上皆絳服。）司馬給吏卒如長史，從事中郎給侍二人，主簿、記室督各給侍一人。其餘臨時增崇者，則褒加各因其時爲節文，不爲定制。（其祭酒掾屬，白蓋小車七乘，軺車施耳後户、皂輪犢車各一乘。自祭酒以下、令史以上皆皂零辟朝服。）其爲持節都督者，增參軍爲六人，其餘如常加兵公制。（孫楚字子荆，爲佐著作郎，參石苞驃騎軍事。楚既負其才氣，頗侮易苞。初至，揖曰：'天子命我參卿軍事。'初，參軍不敬府主，楚既輕苞，遂制施敬，自楚始也。）"

[3]西東閤祭酒：官名，西閤祭酒和東閤祭酒。王府、公府、丞相府、將軍府僚屬。曹操時置。晋朝東、西置兩閤祭酒，西晋時西閤爲上，東晋時東閤爲上。

[4]西東曹掾：官名，諸公府僚屬，晋末爲參軍所代。

[5]户倉賊曹令史：户曹令史、倉曹令史、賊曹令史。均爲公府中諸曹官吏。

[6]御屬：官名，公府屬吏，諸公和位從公府皆置，職掌省録公事。吏員多少不定，多者數十，少者幾個。

[7]閤下令史：官名，太尉府屬吏，主閤下威儀事。

[8]西東曹：官署名，王府、公府、丞相府、將軍府皆設東、西曹，主典選官吏。東曹在西曹下。

[9]門令史：官名，公府屬吏，公府及開府位從公者皆置。

[10]記室省事令史：官名，公府屬吏，掌文書。

[11]閣下記室書令史：官名，公府屬吏，職掌不詳。

[12]西東曹學事：官名，公府屬吏，掌教學。

[13]武賁：即虎賁，公府護衛。“武”爲“虎”的避諱字。

[14]班劍：用虎皮裝飾的劍。漢制，朝服帶劍。晉易以木，謂之班劍，取裝飾燦爛之義。後用作儀仗，由武士佩持，天子以賜功臣。

[15]朝車駕駟：四匹馬拉的朝車。朝車，朝廷重大禮儀活動君臣所乘之車。

[16]安車：可以坐乘的車，供老年或貴婦用。　黑耳：黑色車耳。車耳，車輛旁突出部分，用以遮擋車厢防塵防泥。　駕三：三匹馬駕的車。

[17]祭酒掾屬：官名，佐助東西祭酒的官吏。

[18]軺車施耳後户：帶車耳車厢後面開門的輕車，用一匹馬駕。

[19]犢車：用牛拉的車。

[20]絳：原本、宋本作“降”，殿本作“絳”，據殿本改。

[21]主簿：官名。漢朝中央及州郎官府均置，典領文書簿籍，經辦事務。丞相或三公府稱黄閣主簿，録省衆事，職權甚重。三國魏末丞相府置，員四人。西晉初三公及位從公者加兵，始置主簿，東晉則諸公皆置，員二人。與祭酒、舍人主閣内事。諸將軍、五校尉等軍府、列卿寺監、光禄大夫等皆置，品位秩級隨府長官而不等。州、郡、縣亦置。雖非掾吏之首，然地位較高，縣之主簿較州之主簿更甚。

[22]左西曹：官署名。晉朝司徒府特設署曹，位在諸曹上，長官爲掾。

[23]導橋掾：官名，晉朝置，司空府屬官，掌道路津梁。

諸公及開府位從公加兵者，增置司馬一人，[1]秩千石；從事中郎二人，[2]秩比千石；主簿、記室督各一人；[3]舍人四人；[4]兵鎧、士曹，[5]營軍、[6]刺奸、[7]帳下都督，[8]外都督，令史各一人。主簿已下，令史已上，皆絳服。司馬給吏卒如長史，從事中郎給侍二人，主簿、記室督各給侍一人。其餘臨時增崇者，則褒加各因其時爲節文，不爲定制。

[1]司馬：官名，府署高級幕僚。掌參讚軍務、管理府内武職，位僅次於長史。魏晋南北朝時王府、公府、軍府、邊郡均置。八至六品。

[2]從事中郎：官名，東漢大將軍、車騎將軍屬官，職參謀議。大將軍復所屬員二人，秩六百石。魏晋南北朝皆置，其職依時所依府而異，或主吏，或分掌諸曹，或掌機密，或參謀議，地位較高。三國時三公、將軍府置，員不定。魏末相國府置四人。晋制，領兵之公府設，故常帶將軍號，公及位從公以上加兵者置二人。趙王倫爲相國，增至四人，秩比千石。東晋諸公領兵者置二人，多至四人。六品。

[3]記室督：官名，公府及開府位從公加兵者屬官，位在主簿下，掌記録、文書繕寫。

[4]舍人：官名，公府及開府位從公加兵者屬官，掌文檄之事。

[5]兵鎧：官名，即兵鎧都督，公府及開府位從公加兵者屬官，掌兵器鎧甲。　士曹：官名，即士曹都督，公府及開府位從公加兵者屬官，掌軍事。

[6]營軍：官名，即營軍都督，公府及開府位從公加兵者屬官，掌軍事活動。

[7]刺奸：官名，即刺奸都督，公府及開府位從公加兵者屬官，掌管司法事務。

[8]帳下都督：官名，公府及開府位從公加兵者屬官，統領帳下親軍，侍衛主將。

諸公及開府位從公爲持節都督，[1]增參軍爲六人，[2]長史、司馬、從事中郎、主簿、記室督、祭酒、掾屬、舍人如常加兵公制。

[1]持節都督：持有皇帝授予節杖的都督。

[2]參軍：官名。亦作參軍事。東漢末車騎將軍幕府置爲僚屬，掌參謀軍務。曹操爲丞相時，總攬軍政，其僚屬常有參丞相軍事之名，職任頗重。西晋公以上領兵持節都督者，置參軍六人，協助治理府事。東晋公府等所設僚屬諸曹置，爲諸曹長官，其人數依曹而異，不開府將軍出征時亦置。

特進，[1]漢官也。二漢及魏晋以加官從本官車服，無吏卒。太僕羊琇遜位，[2]拜特進，加散騎常侍，[3]無餘官，故給吏卒車服。其餘加特進者，唯食其禄賜，位其班位而已，不別給特進吏卒車服，後定令。特進品秩第二，位次諸公，在開府驃騎上，冠進賢兩梁，黑介幘，五時朝服，佩水蒼玉，[4]無章綬，食奉日四斛。太康二年，始賜春服絹五十匹，秋絹百五十匹，綿一百五十斤。元康元年，給菜田八頃，[5]田騶八人，立夏後不及田者，食奉一年。置主簿、功曹史、[6]門亭長、[7]門下書佐各一人，[8]給安車黑耳駕御一人，軺車施耳後户一乘。

[1]特進：官名，三國兩晋時表示有特殊地位，或用作安置閑

退大臣。二品。《通典》卷三四《職官》："漢制，諸侯功德優盛、朝廷所敬異者，賜位特進，位在三公下。故成都侯王商以特進領城門兵，置幕府，得舉吏如將軍，是也。後漢皇后父兄，率爲特進侯，朝會位次三公。（《隋志》曰：'特進舊位從公，光武以鄧禹列侯就第，特進奉朝請。是特進引見之稱，無官定體也。'）而竇篤進位特進，得舉吏，見禮依三公。自二漢及魏晋以爲加官，從本官車服，無吏卒。太僕羊琇遜位，拜特進，加散騎常侍，無餘官，故給吏卒車服。其餘加特進者，唯食其禄賜，列其班位而已，不别給特進吏卒車服。晋惠帝元康中定令，特進位次諸公，在開府、驃騎上，冠進賢兩梁冠，黑介幘，五時朝服，佩水蒼玉。（食俸日四斛。太康二年，始賜春絹五十匹，秋絹百五十匹，綿百五十斤。元康元年，給菜田八頃，田騶八人。立夏後不及田者，食俸一年。置主簿、功曹史、門亭長、門下書佐各一人，給安車黑耳，駕御一人，軺車施耳後户一乘。）無章綬。齊時位從公，陳因之。後魏、北齊用人，皆以舊德就閑者居之。隋文帝以爲散官，不理事。煬帝即位，廢特進官。大唐爲文散官。"

［2］太僕：官名，掌皇帝車馬、田獵、兵器及全國牧業。三品。《通典》卷二五《職官》："周官有太僕下大夫，掌正王之服位，出入王之大命，似今太僕之職。一云周穆王置太僕正，以伯冏爲之，（冏，具永切。）掌輿馬。秦因之，在周官則校人掌馬，巾車掌車，及置太僕，兼其任也。漢初，夏侯嬰常爲之，（《漢書》曰：夏侯嬰爲沛公太僕，常奉車，自高帝至文帝，常爲太僕。又石慶爲太僕、御出，上問車中幾馬，慶以策數馬畢，曰：'六馬。'）領五監、（龍馬、閑駒、槖泉、騊駼、承華五監，各有長、丞。騊，徒刀切。駼，大胡切。）六厩，皆有令。（或曰，六厩謂未央、承華、騊駼、龍馬、輅軨、大厩也，馬皆萬匹。武帝承文、景蓄積，海内殷富，厩馬有四十萬匹。時匈奴數寇邊，遣衛青、霍去病發十萬騎，并負私從馬，凡十四萬匹，窮追，大破匈奴。漢馬死者十餘萬匹，匈奴雖病遠去，而漢亦馬少，無以復往。於是漢久不北擊匈

奴。數歲，滅兩越。是時天子巡邊，親至朔方，勒兵十八萬騎，以見武節。）王莽改太僕爲太御。後漢太僕與漢同，亦掌車馬，天子每出，奏駕上鹵簿用，大駕則執馭。（初，漢西京置六厩，東京約省，唯置一厩。趙岐字臺卿，爲太僕，持節安慰天下。祭肜字次孫，爲太僕。帝過孔子講堂，指子路室曰：‘此太僕之室也，太僕，吾之御侮也。’）魏因之。晋初有之，銀章青綬，五時朝服，進賢兩梁冠，佩水蒼玉，領典牧、乘黄、驊騮、龍馬等厩令。自元帝過江之後，或置或省。太僕既省，故驊騮厩爲門下之職。（潘尼字正叔，爲太僕，造《乘輿箴》。《晋諸公贊》云：‘郭展爲太僕，留心於養生，是以厩馬充多，征吴得以濟事。’）晋、宋以來，不常置，郊祀則權置太僕執轡，事畢則省。”

《唐六典》卷一七《太僕寺》：“太僕寺：卿一人，從三品；（《周禮》有太僕下大夫二人。穆王命伯冏爲太僕正。《漢書百官表》云：‘太僕，秦官，掌輿馬，秩中二千石，有兩丞。屬官有大厩、未央厩、家馬三令，各五丞、一尉；又車府、路軨、騎馬、駿馬四令、丞；又龍馬、閑駒、橐泉、騊駼、承華五監長、丞；又邊郡六牧師苑令，各三丞。又有中太僕，掌皇太后輿馬，不常置。’《漢官儀》云：‘天子駕出，太僕御屬車八十一乘。’後漢有車府、未央厩、長樂厩令丞，魏因之。晋太僕銀章、青綬，五時朝服，進賢兩梁冠，佩水蒼玉，品第四；丞一人，部丞五人；置功曹，主簿，五官等員；統典農，典虞都尉，典虞丞，牧官都尉，左、右、中典牧都尉，典牧令，諸羊牧丞，乘黄、驊騮、龍馬三厩令。過江省，其後又置。成帝永和七年，省併宗正。蓋有事則權置，無事則省。……）少卿二人，從四品上。太僕卿之職，掌邦國厩牧、車輿之政令，總乘黄、典厩、典牧、車府四署及諸監、牧之官屬；少卿爲之貳。凡國有大禮、大駕行幸，則供其五輅屬車之屬。凡監、牧所通羊、馬籍帳，則受而會之，以上於尚書駕部，以議其官吏之考課。凡四仲之月，祭馬祖、馬步、先牧、馬社。”　羊琇：字稚舒，本書卷九三有傳。

［3］散騎常侍：官名，三國魏文帝黄初年間置，侍從皇帝左右，諫諍得失，顧問應對，與侍中等共平尚書奏事。也用作宰相、諸公等加官，入宫議政。三品，秩比二千石。《通典》卷《職官》："自秦置散騎，又置中常侍，散騎騎並乘輿（並音步浪切。騎而散從，無常職。）後，中常侍得入禁中，皆無員。漢因之，並加官。散騎有常侍侍郎與侍中黄門侍郎。後漢中，初省散騎，而中常侍改用宦者。魏文帝黄初初，置散騎，合於中常侍，謂之散騎常侍。後用士人，始以孟達補之，久次者爲祭酒。（孟達字子度，自蜀降魏。魏文帝善達之姿才容觀，以爲散騎常侍。）散騎常侍掌規諫，不典事。貂璫插右，騎而散從。又有員外者，因曰員外散騎常侍。晋泰始中，令員外散騎常侍二人與散騎常侍通員直，因曰通直散騎常侍，亦武冠，右貂，金蟬，絳朝服，佩水蒼玉。（《山公啓事》曰：'郄詵才志器局，當爲黄散。'黄散謂黄門侍郎及散騎常侍。又曰'散騎常侍缺，當取素行者補之'，遂舉郄詵。又阮孚字遥集，爲散騎常侍，嘗以金貂换酒，爲所司彈糾，帝宥之。又曰賈充爲常侍，後改常侍爲侍中，未詳其義。散騎常侍、黄門侍郎，共平尚書奏事。）雖隸門下，而别爲一省。（潘岳云：'寓直散騎省。'）自魏至晋，共平尚書奏事，東晋乃罷之，而以中書職入散騎省，故散騎亦掌表詔焉。（鄭默字思元，爲散騎常侍。武帝出南郊，侍中以部陪乘，詔曰：'使鄭常侍。'謂默曰：'卿知何以得參乘？昔州内舉卿也。'爲十二郡中正舉也。又傅玄爲散騎常侍，與皇甫陶俱掌直諫。又華嶠字叔駿，加散騎常侍，班同中書。寺爲内臺，中書、散騎、著作及理禮音律，天文數術，南省文章，門下撰集，皆典掌統之。）……凡歷代散騎官，有郎騎常侍、（《漢書》有之。顔師古曰：'官爲郎而常侍，以侍天子，故爲郎騎常侍。'）散騎常侍、散騎侍郎、（魏初，與散騎常侍同置。）員外散騎常侍、（魏末置，齊梁用人卑雜。又朱异爲員外常侍、侍中、中領軍、中書舍人，四職並驅鹵簿，近代未之有也。又賀琛字國寶，遷員外散騎常侍，舊尚書南座，無貂，貂自琛始。）員外散騎侍郎、（晋武帝置。晋代名家，身有國制

者，起家多爲員外散騎侍郎。）通直散騎常侍、（按：魏末，散騎常侍又有在員外者。晋泰始十年，武帝使二人與散騎常侍通員直，故謂之通直散騎常侍。齊梁微輕。北齊張景仁除通直散騎常侍，及奏，御筆點除‘通直’字，遂爲正常侍。）通直散騎侍郎。（初，晋武帝置員外散騎侍郎。及大興中，元帝使二人與散騎侍郎通直，故謂之通直散騎侍郎。按；歷代常侍，或有員外者，或有通直者。故史傳中謂員外散騎侍郎或單謂之員外郎；謂通直散騎侍郎或單爲通直郎；其非員外及通直者，或謂之政員散騎侍郎，或單謂之政員郎。）”

《唐六典》卷八《門下省》：“左散騎常侍二人，從三品。（秦置散騎，又置中常侍。其散騎傍乘輿，專獻可替否；中常侍得出入禁中，常侍左右。漢因之，並用士人，無常員，皆加官，所加或列侯、將軍、卿大夫等。冠武冠，皆銀鐺附蟬爲文，貂尾爲飾，謂之貂蟬。後漢省散騎，而中常侍改用宦者。魏黄初復置散騎，與中常侍合爲一，直曰散騎常侍，復用士人。晋置四人，典章表、詔命、優文、策文等，雖隸門下，别爲一省，潘岳云‘寓直散騎之省’是也。又，領六散騎則有員外散騎常侍，無常員，魏末，散騎常侍有在員外者，因名焉。又有通直散騎常侍四人，晋太始十年，使二人與散騎常侍通員直，因名焉。又有散騎侍郎四人，魏與散騎常侍同置。自魏至晋，散騎常侍、侍郎與侍中、黄門侍郎共平章尚書奏事，江左乃罷之。又有員外散騎侍郎，無常員，晋武所置。又有通直散騎侍郎四人。東晋并中書入散騎省，故庾亮《讓中書箋》曰：‘方今并省，不宜多官。往以中書事并附散騎，此事宜也。方今喉舌之要則任在門下，章表詔命則取之散騎，殊無事復立中書也。’晋代此官選望甚重，時與黄門侍郎謂之黄散。《晋令》云：‘散騎常侍品第三，冠右貂、金蟬，絳朝服，佩水蒼玉。’……）左散騎常侍掌侍奉規諷，備顧問應對。”

[4]水蒼玉：深青色玉石，雜有斑紋。

[5]菜田八頃：頃，宋本作“項”。

［6］功曹史：官名，晋朝不開府將軍、太子二傅、特進、郡縣皆置的屬官，掌吏員賞罰任免事宜。

［7］門亭長：官名，職掌門衛。

［8］門下書佐：官名，晋朝特進、光禄大夫、司隸校尉、太子二傅等皆置，掌文書繕寫。

左右光禄大夫，假金章紫綬。光禄大夫加金章紫綬者，品秩第二，禄賜、班位、冠幘、車服、佩玉，置吏卒羽林及卒，[1]諸所賜給皆與特進同。其以爲加官者，唯假章綬、禄賜班位而已，不别給車服吏卒也。又卒贈此位，本已有卿官者，不復重給吏卒，其餘皆給。

［1］羽林：禁衛軍，負責保衛。《通典》卷二八《職官》："漢武太初元年，初置建章營騎，後更名羽林騎，言其爲國羽翼如林之盛。（顔師古曰：'如羽之疾，如林之多。'一云象天文羽林星，主車騎也。）宣帝令中郎將、騎都尉監羽林，謂之羽林中郎將，領郎百人，謂之羽林郎。選隴西、漢陽、安定、北地、西河、上郡良家子便弓馬者以爲之。一名巖郎，言其御侮巖除之下。（《後漢志》曰：'言從游獵，還宿殿階巖下室中，故號巖郎。'或説爲巖郎，取其巖屬素整也。）又置羽林左右監，（《後漢志》曰：'羽林左監一人，主羽林左騎，羽林右監一人，主羽林右騎，皆六百石。'）取從軍死事之子孫養之羽林，官教以五兵，號曰羽林孤兒。（五兵謂弓矢、殳、矛、戈、戟。）光武中興，以所征伐士勞苦者爲之。其後復簡五營高手，别爲左右監。羽林父死子繼，與虎賁同，所居之署，謂之寺。（延熹六年，減虎賁羽林住寺不任事者半俸。）二漢並屬光録勛。（後漢竇固、鄧彪並爲羽林。）魏羽林左右監與漢同。（夏侯玄爲右，桓範爲左。）晋罷羽林中郎將，又省一監，置一監而已。哀帝省。"

光禄大夫假銀章青綬者，品秩第三，位在金紫將軍下，諸卿上。漢時所置無定員，多以爲拜假賵贈之使，[1]及監護喪事。魏氏已來，轉復優重，不復以爲使命之官。其諸公告老者，皆家拜此位；及在朝顯職，復用加之。及晋受命，仍舊不改，復以爲優崇之制。而諸公遜位，不復加之，或更拜上公，或以本封食公禄。其諸卿尹中朝大官年老致仕者，[2]及内外之職加此者，前後甚衆。由是或因得開府，或進加金章紫綬，又復以爲禮贈之位。泰始中，唯太子詹事楊珧加給事中光禄大夫。[3]加兵之制，諸所供給依三品將軍。其餘自如舊制，終武、惠、孝懷三世。

[1]賵贈：贈送財物供辦喪事。

[2]致仕：仕，原本、宋本作“事”，殿本作“仕”，據殿本改。

[3]太子詹事：官名，東宫屬官，掌管東宫内外事務。兩晋南北朝東宫地位極重，官署齊備，擬於朝廷。太子詹事任總宫官，堪比朝廷之尚書令、領軍將軍，位權甚重。三品。《通典》卷三〇《職官》：“詹事，秦官，（應劭曰：‘詹，省也，給也。’）漢因之，掌皇后、太子家。（皇后、太子，各置詹事，隨其所在以名官。《漢官》曰：‘詹事，位在長秋上，亦宦者，主中諸官。’《後漢志》曰：‘初，成帝鴻嘉三年，省詹事職，并大長秋。是後，皇后當法駕出，則中謁中宦者職吏權兼詹事，奉引訖罷。宦者誅後，尚書選兼職吏一人奉引，此皆皇后詹事也。’）漢時，太子門大夫、庶子、洗馬、舍人，皆屬二傅。其太子家令丞、率更令丞、僕、中盾衛率等官，並屬詹事。（竇嬰字王孫，景帝時爲詹事。帝弟梁孝王，母竇太后愛之。酒酣，上曰：‘千秋萬歲後，傳梁王。’太后歡。嬰引酒卮進

上曰：‘天下者，高帝天下，父子相傳，漢之約也。上何以得傳梁王。’太后由是憎嬰。）後漢省詹事，而太子官悉屬少傅。魏復置詹事，領東宫衆務。晋不置，至咸寧元年，復置以掌宫事。（事具六傅篇。）及永康中，復不置。自太安以來，又置，終孝懷之代。其職擬尚書令，掌三令、四率、中庶子、庶子、洗馬、舍人等官。銀印青綬，介幘，進賢兩梁冠，絳朝服，佩水蒼玉。（晋卞壼爲詹事，時稱卞壼裁斷切直，忠於事上。）”

《唐六典》卷二六《太子詹事府》：“詹事一人，正三品；（《漢書百官表》：‘詹事，秦官，掌皇后、皇太子家，秩二千石。’應劭云：‘詹，省也，給也。’言給事太子。漢東宫屬官太子門大夫，庶子，洗馬，舍人屬二傅；率更，家令、丞，僕，中盾，衛率，厨，厩長、丞屬詹事。成帝省詹事，後漢因之，其太子官悉屬少傅，而太傅不領官屬。魏復置詹事，品第三，掌東宫内外衆務。晋初不置詹事，東宫諸署悉隸二傅。後以保、傅位尊，不宜親務，武帝咸寧初，用黄門侍郎楊珧爲詹事，掌東宫之任。珧遷爲少傅，復省。惠帝元康中復置。永康中，齊王冏輔政，復省。太安中復置，懷帝又省，江左復置。晋令：‘詹事，品第三，銀章、青綬，絳朝服，兩梁冠。局事擬尚書令，位視領、護將軍，中書令。長三令、四率、中庶子、庶子、洗馬、舍人。’其後用人漸重，或以令、僕射領之。……）少詹事一人，正四品上。（皇朝置。龍朔二年改爲少尹，咸亨元年復舊。天授中復爲少尹，神龍元年復舊。）太子詹事之職，統東宫三寺、十率府之政令，舉其綱紀，而修其職務；少詹事爲之貳。凡天子六官之典制，皆視其事而承受焉。”

楊珧：字文琚，本書卷四〇有傳。

給事中：官名，爲加官，所加爲三公、將軍、中書監令、博士、郎等。常侍從皇帝左右，諫諍糾彈，爲中朝要職。五品。《通典》卷二一《職官》：“給事中，加官也。秦置，漢因之，所加或大夫、博士、議郎。掌顧問應對。位次中常侍、侍中、黄門，無員。（《漢官表》曰凡‘侍中、左右曹、諸吏、散騎、中常侍，皆加官’

也。）諸給事中，日上朝謁，平尚書奏事，分爲左右曹，以有事殿中，故曰給事中。漢東京省。魏代復置，或爲加官，或爲正員。晋無加官，亦無常員，在散騎常侍下，給事黄門侍郎上，武冠，絳朝服。”

《唐六典》卷八《門下省》：“給事中四人，正五品上。（《漢書百官表》云：‘給事中亦加官，所加或大夫、博士、議郎，皆秦制。’《漢儀注》：‘諸給事中日上朝謁，平尚書奏事，分爲左、右，以有事殿中，故曰給事中。多名儒、國親爲之，掌左右顧問，位次中常侍。’後漢省其官。魏氏復置，或爲加官，或爲正員。晋氏無加官，亦無常員，隸散騎省，位次散騎常侍。《晋令》云：‘品第五，武冠，絳朝服。’……）給事中掌侍奉左右，分判省事。凡百司奏抄，侍中審定，則先讀而署之，以駁正違失。凡制敕宣行，大事則稱揚德澤，褒美功業，覆奏而請施行；小事則署而頒之。凡國之大獄，三司詳决，若刑名不當，輕重或失，則援法例退而裁之。凡發驛遣使，則審其事宜，與黄門侍郎給之；其緩者給傳；即不應給，罷之。凡文武六品已下授職，所司奏擬，則校其仕歷深淺，功狀殿最，訪其德行，量其才藝；若官非其人，理失其事，則白侍中而退量焉。（若文武進級至于三品、五品，則覆其入仕之階、考，會所由之狀而奏裁之。凡制敕文簿、授官甲曆，皆貯之於庫，監其檢覆，以出入焉。）其弘文館圖書繕寫、讎校，亦課而察之。凡天下冤滯未申及官吏刻害者，必聽其訟，與御史及中書舍人同計其事宜而申理之。（每日令御史一人共給事中、中書舍人受辭訟。若告言官人事害政者及抑屈者，奏聞；自外依常法。）”

光禄大夫與卿同秩中二千石，著進賢兩梁冠，黑介幘，五時朝服，佩水蒼玉，食奉日三斛。太康二年，始給春賜絹五十匹，秋絹百匹，綿百斤。惠帝元康元年，始給菜田六頃，田騶六人，置主簿、功曹史、門亭長、門下書佐各一人。

驃騎已下及諸大將軍不開府非持節都督者，品秩第二，其禄與特進同。置長史、司馬各一人，秩千石；主簿，功曹史，門下督，録事，兵鎧士賊曹，營軍、刺奸、帳下都督，功曹書佐門吏，門下書吏各一人。其假節爲都督者，所置與四征鎮加大將軍不開府爲都督者同。

四征鎮安平加大將軍不開府、持節都督者，品秩第二，置參佐吏卒、幕府兵騎如常都督制，唯朝會禄賜從二品將軍之例。然則持節、都督無定員，前漢遣使始有持節。光武建武初，征伐四方，始權時置督軍御史，[1]事竟罷。建安中，魏武爲相，始遣大將軍督之。二十一年，征孫權還，夏侯惇督二十六軍是也。[2]魏文帝黄初三年，始置都督諸州軍事，或領刺史。又上軍大將軍曹真都督中外諸軍事、假黄鉞，[3]則總統内外諸軍矣。魏明帝太和四年秋，宣帝征蜀，加號大都督。高貴鄉公正元二年，文帝都督中外諸軍，尋加大都督。及晋受禪，都督諸軍爲上，監諸軍次之，督諸軍爲下；使持節爲上，持節次之，假節爲下。使持節得殺二千石以下；持節殺無官位人，若軍事，得與使持節同；假節唯軍事得殺犯軍令者。江左以來，都督中外尤重，唯王導等權重者乃居之。

［1］督軍御史：以侍御史臨時奉命都統軍隊。後發展成常規督軍制度。《通典》卷三二《職官》："後漢光武建武初，征伐四方，始權置督軍御史，事竟罷。建安中，魏武爲相，始遣大將軍督之。

而袁紹分沮授所統諸軍爲三都督。（紹以沮授、郭圖、淳于瓊各典一軍。）魏武征孫權還，又使夏侯惇督二十六軍。

“魏文帝黄初三年，始置都督諸州軍事，或領刺史。又，上軍大將軍曹真都督中外諸軍，假黄鉞，則總統外内諸軍矣。明帝太和四年，司馬宣王征蜀，加號大都督。高貴鄉公正元二年，司馬文王都督中外諸軍，尋加大都督。

“晋受魏禪，則都督諸軍爲上，監諸軍次之，督諸軍爲下。使持節爲上，持節次之，假節爲下。使持節得殺二千石以下。持節殺無官位人，若軍事，得與使持節同。假節，唯軍事得殺犯軍令者。及伐吴之役，以賈充爲使持節、假黄鉞、大都督，總統六師。（兼給羽葆、鼓吹、緹幢、兵萬人、騎二千，置左右長史、司馬、從事中郎，增參軍、騎司馬各十人，帳下司馬二十人，大車、官騎各三十人。）太康中，都督知軍事，刺史理人，各用人也。惠帝末，乃并任，非要州則單爲刺史。（庾翼都督征討諸軍事，鎮襄陽，綏懷招納，立客館，置典賓參軍。）江左以來，都督中外尤重，唯王導等權重者乃居之。”

[2]夏侯惇：字元讓，三國時沛國譙縣（今安徽省亳州市）人。曹操初起時，常爲裨將，數從征伐，領東郡太守。曹操征陶謙時，留守濮陽（今河南省濮陽市南），爲吕布所襲。後從曹操征吕布，矢傷左目。復領陳留、濟陰太守，加建武將軍，封高安鄉侯。時值旱蝗，乃斷水作陂，率將士勸農。轉河南尹，遷伏波將軍，特受曹操親重。東漢建安二十二年（217），使督二十六軍，屯居巢（今安徽省蕪湖市東北）拒吴。魏黄初元年（220），曹丕拜爲大將軍。旋卒。

[3]都督中外諸軍事：官名，亦稱都督中外諸軍。全國最高軍事統帥，總統中央地方的内外諸軍，權力極大。魏晋南北朝置。《三國志·魏書·曹真傳》：“黄初三年還京都，以真爲上軍大將軍、都督中外諸軍事，假節鉞。”總統禁衛軍、地方軍在内的内外諸軍，爲全國最高軍事統帥，權力極大。不常置。如東晋時僅王導、王

敦、桓温、司馬道子和劉裕曾受此任。亦可稱爲“都督中外諸軍”“中外都督”“中外諸軍事”“中外諸軍”“中外”。初多以他官兼任，無品階。北魏孝文帝太和十七年（493）定爲一品下，二十三年改從一品。

三品將軍秩中二千石者，著武冠，平上黑幘，五時朝服，佩水蒼玉，食奉、春秋賜綿絹、菜田、田騶如光禄大夫諸卿制。置長史、司馬各一人，秩千石；主簿，功曹，門下都督，録事，兵鎧士賊曹，營軍、刺奸吏、帳下都督，[1]功曹書佐門吏，門下書吏各一人。

[1]營軍、刺奸吏、帳下都督：中華本校勘記：“‘營軍’、‘刺奸’、‘帳下’爲三督，‘吏’字疑衍。”

録尚書，案漢武時，左右曹諸吏分平尚書奏事，知樞要者始領尚書事。[1]張安世以車騎將軍，[2]霍光以大將軍，[3]王鳳以大司馬，[4]師丹以左將軍並領尚書事。[5]後漢章帝以太傅趙憙、太尉牟融並録尚書事。[6]尚書有録名，蓋自憙、融始，亦西京領尚書之任，猶唐虞大麓之職也。[7]和帝時，[8]太尉鄧彪爲太傅，[9]録尚書事，位上公，在三公上，漢制遂以爲常，每少帝立則置太傅録尚書事，猶古冢宰總已之義，薨輒罷之。自魏晋以後，亦公卿權重者爲之。

[1]知樞要者：主持要害部門的人。

[2]張安世：西漢京兆杜陵（今陝西省西安市東南）人，字子

孺，張湯之子。昭帝宣帝時，歷任給事尚書、尚書令、右將軍光禄勛等職。霍光死後，任大司馬車騎將軍、領尚書事。執掌樞機，以謹慎周密著稱，深得宣帝信任。

[3]霍光：西漢河東平陽（今山西省臨汾市西南）人，字子孟，霍去病異母弟。爲武帝所親信，武帝臨終，任其爲大司馬大將軍，封博陸侯，與金日磾等人輔佐少主。昭帝繼位後，誅除上官桀，先立後廢昌邑王劉賀，專擅朝政前後長達二十年。期間輕徭薄賦，與民休息，社會較安定。

[4]王鳳：西漢魏郡元城（今河北省大名縣東）人，字孝卿，元帝皇后王政君之兄。襲父爵爲陰平侯，成帝即位後任大司馬大將軍領尚書事，專擅朝政。

[5]師丹：西漢琅邪東武城（今山東省諸城縣）人，字仲公。元成之世歷任光禄大夫、少府、光禄勛、侍中、太子太傅等職。因反對授哀帝祖母傅太后尊號失帝意，被免官貶爵。　左將軍：官名。漢朝爲重號將軍之一，與前、右、後將軍並位上卿，位次上大將軍及驃騎、車騎、衛將軍。有兵事則典掌禁兵，戍衛京師，或任征伐。設長史、司馬等屬僚。平時無具體職務，一般兼任他官，常加諸史、散騎、給事中等號，成爲中朝官，宿衛皇帝左右，参與朝議。如加領尚書事銜則負責實際政務。不常置。魏、晋常設，權位漸低，僅爲武官名號，略高於一般雜號將軍，不典禁兵，不與朝政。三品。初猶領兵征戰，東晋南北朝成爲軍府名號，用作加官，常不載官品。南朝宋三品，北魏孝文帝太和十七年（493）定爲從二品上，二十三年定爲三品，北周正七命。隋朝廢。

[6]漢章帝：東漢皇帝，名劉炟，明帝第五子。公元75至88年在位。在位期間興儒奬學，鼓勵生育，社會安定，生産發展，有“明章之治”之譽。由於寬容外戚，開外戚專政之端。　趙憙：東漢南陽宛（今河南省南陽市）人，字伯陽。少事更始政權，後歸劉秀。歷東漢光武、明、章三朝，歷任平原太守、太僕、衛尉、太尉等職。　太尉：太，殿本作“大”。下文“太尉鄧彪”同。　牟

融：字子優，北海安丘（今山東省安丘市西南）人。少博學，以《大夏侯尚書》教授，門徒數百人。明帝時任司隸校尉、大鴻臚、大司農、司空等職。章帝即位後，以牟融先朝名臣，任之代趙憙爲太尉，與趙憙共參録尚書事。　録尚書事：官名，初爲職銜名，重臣加此名義始得總知國事，綜理政務，成爲真宰相。魏晋多以公卿權重者居之，總領尚書省政務，凡重號將軍、刺史皆得命曹授用，位在三公之上。《通典》卷二二《職官》："漢武帝時，左右曹諸吏分平尚書奏事，知樞要者始領尚書事。張安世以車騎將軍、霍光以大將軍、王鳳以大司馬、師丹以左將軍，並領尚書事。（張安世領尚書事，職典樞機，以謹慎周密自著。每言大政，已决，輒移病出。聞有詔令，乃驚，使吏之丞相府問焉。自朝廷大臣，莫知與議也。又，孔光字子夏，領尚書事，凡典樞機十餘年，守法度，修故事，不希指苟合。問：'温室省中樹皆何木也？'光答以他語，其謹密如此。）後漢章帝以太傅趙熹、太尉牟融並録尚書事。尚書有録名，蓋自熹、融始，亦西京領尚書之任，猶唐虞大麓之職也。和帝時，太尉鄧彪爲太傅，録尚書事，位在三公上，漢制遂以爲常。每少帝立，則置太傅録尚書事，猶古冢宰總己之義，薨輒罷之。（鄧彪録尚書事，後以老病，上還樞機職。又，李固、張禹、張防並録尚書事。）自魏晋以後，亦公卿權重者爲之，職無不總。（蜀蔣琬字公琰，爲録尚書事。時新喪諸葛亮，遠近悚懼。琬出類拔萃，處群寮之右，既無戚容，又無喜色，神守舉止，有如平日，由是衆情漸服。晋宗室會稽王道子及世子元顯，並録尚書事，時道子爲'東録'，元顯爲'西録'。晋康帝時，何充讓録表曰：'咸康中分置三録，王導録其一，荀崧、陸曄各録一條事。'晋江右有四録，則四人參録也。江右張華，江左庾亮，並經關上書七條。）凡重號將軍刺史，皆得命曹授用，唯不得施陳及加節。宋孝武孝建中，不欲威權外假，省録。大明末復置，此後或置或省。齊世録尚書及尚書令，並總領尚書臺二十曹，爲内臺主，行遇諸王以下皆禁駐，號爲'録公'。（齊明帝爲宣成王，録尚書。廢帝昭業思蒸魚，太官以無

‘録公’命，不與。）高帝崩，遺詔以褚彦回録尚書事。江左以來，無單爲録者，有司擬立優策，王儉議宜有策書，乃從之。（王儉議以爲：‘見居本官，别拜録，推理應有策書，而舊事不載。中朝以來，三公王侯，則優策並設，官品第二，策而不優。優者褒美，策者兼明委寄。尚書職居天官，政化之本。故尚書令品雖第三，拜必有策。録尚書品秩不見，而總任彌重，前代多與本官同拜，故不别有策。即事緣情，不容均之凡僚。宜有策書，用申重寄，既異王侯，不假優文。’從之。）北齊録尚書一人，位在令上，掌與令同，俱不糾察。自隋而無。”

［7］大麓：總領，總管。《尚書·舜典》：“納於大麓，烈風雷雨弗迷。”孔安國傳：“麓，録也。納舜使大録萬機之政，陰陽和，風雨時，各以其節，不有迷錯愆伏。”

［8］和帝：東漢皇帝，名劉肇，章帝子，公元 88 至 105 年在位。即位時年僅十歲，由竇太后及竇憲等專政。永元四年（92）與宦官滅竇氏親政。在位期間，曾派班超出使西域，至大秦。

［9］鄧彪：東漢南陽新野（今河南省新野縣）人，字智伯。章帝時歷任桂陽太守、太僕、奉車都尉、大司農、太尉等職。和帝時拜太傅，録尚書事。

尚書令，[1]秩千石，假銅印墨綬，冠進賢兩梁冠，納言幘，[2]五時朝服，佩水蒼玉，食奉月五十斛。受拜則策命之，以在端右故也。太康二年，始給賜絹，春三十匹，秋七十匹，綿七十斤。元康元年，始給菜田六頃，田騶六人，立夏後不及田者，食奉一年。始賈充爲尚書令，[3]以目疾表置省事吏四人，省事蓋自此始。

［1］尚書令：官名，秦漢時爲尚書署長官。秩位雖低，權力甚重。魏晉時沿置，爲尚書省長官，綜理全國政務，參議大政，爲高

級政務長官。三品。《通典》卷二二《職官》:“殷湯制官有冢宰,(伊尹制官,以三公攝冢宰。)君薨,則百官總己以聽於冢宰。周之冢宰爲天官,掌邦之理,六卿之職總屬焉,於百官無所不主。至秦,置尚書令。尚,主也。漢因之,銅印青綬。武帝用宦者,更爲中書謁者令。成帝去中書謁者令官,更以士人爲尚書令。(時弘恭、石顯相繼爲中書令,專權邪僻。前將軍蕭望之領尚書事,建言以爲‘尚書百官之本,國家樞機,宜以通明公正處之。武帝游宴後庭,故用宦者,非古制也。宜罷中書宦官。’)後漢衆務,悉歸尚書,三公但受成事而已。尚書令主贊奏事,總領紀綱,無所不統。與司隸校尉、御史中丞朝會皆專席而坐,京師號曰‘三獨坐’。故公爲令、僕射者,朝會不陛奏事。天子封禪,則尚書令奉玉牒檢兼藏封之禮。(後漢光武以侯霸爲尚書令,每春常下寬大之詔,奉四時之命,皆霸所建也。郭伋遷尚書令,處職機密,數納忠諫。陳忠爲尚書令,前後所奏,悉條於南宫閣上,以爲故事。鄭弘爲尚書令,亦著於南宫,以爲故事。郭賀字喬卿,爲尚書令,百姓歌之曰:‘厥德仁明郭喬卿,忠正朝廷上下平。’又,左雄字伯豪,爲尚書令。自雄在尚書,天下不敢謬選,十餘年間,稱爲得人。自雄掌納言,多所正肅。沈勛字異徵,詣南宫,賜酒,拜尚書令,持節臨辟雍,名冠百僚。荀彧字文若,爲尚書令,居中持重,焚毁故案,奇策密謀,不得盡聞。又舉荀攸可以代己。後攸爲尚書令,亦推賢進士。魏武帝曰:‘二荀令之論人,久而益信,没世不忘。’)魏晋印綬與漢同,冠進賢兩梁,納言幘,五時朝服,佩水蒼玉。受拜則策命之,以在端右故也。薨,於朝堂發哀。(陳矯字季弼,爲尚書令。魏明帝卒至尚書門,矯跪問曰:‘陛下欲何之?’帝曰:‘欲案行文書耳。’矯曰:‘此臣職分,非陛下所宜臨也。若臣不稱職,則請就黜。’帝慚,回車。晋樂廣爲尚書令,無當時稱,爲後人所思。又太熙元年,詔曰:‘夫總百揆之得失,管王政之開塞者,端右之職也。是以自漢代以來,慎選其人。議郎王戎可爲尚書令。’又,衛瓘字伯玉,拜尚書令,性嚴憚,以法御下,視尚書若參佐,尚書郎若掾屬。又熊遠啓曰：‘伏見吏部以太尉荀組爲尚書令，復領荆州牧。自三代以來，未聞以納言之官而出領牧伯者。’王彪之字叔虎，爲尚書令，與謝安共掌朝政。安每稱曰：‘朝之大事，衆不能决者，諮之王公，無不得判之。’）魏晋以下，任總機衡，事無大小，咸歸令僕。”

《唐六典》卷一《尚書都省》：“尚書令一人，正二品。（秦置尚書，有令、丞，屬少府。漢因之。武、昭後，其任稍重。《漢書》云：‘宣帝時任中尚書官。元帝時，弘恭、石顯相繼爲中書令；元帝被疾，不親政事，遂委任焉。及前將軍蕭望之領尚書事，知顯專權邪辟，建言以爲“尚書，百官之本，國家樞機，宜以通明公正處之。武帝游燕後庭，故用宦者，非古制也。宜罷中尚書宦官”。’中尚書，謂中書及尚書也，中書典尚書奏事，故連言之。及光武親總吏職，權歸尚書，三公但受成事而已。《漢官儀》云：‘尚書令主贊奏事，總典綱紀，無所不統，秩千石；故公爲之者，朝會不陛奏事，增秩二千石。天子所服五時衣賜尚書令、僕射。其三公、列卿、將軍、大夫、五營校尉行複道中，遇尚書令、僕射、左右丞、郎，皆回車預避。衛士傳呼，不得紆臺官；臺官過，乃得去。每朝會，尚書令、御史中丞、司隸校尉各獨座，故京師號曰“三獨座”。’晋氏尚書令假銅印、墨綬，冠進賢兩梁，納言幘，五時朝服，佩水蒼玉；受拜則策命之，以在端右故也。及賈充爲尚書令，以目疾表置省事吏四人。自魏至晋、宋、齊，秩皆千石，品並第三。……）尚書令掌總領百官，儀形端揆。”

［2］納言幘：古代頭巾，在兩梁進賢冠内，本書《輿服志》載：“幘後收又一重，方三寸。”

［3］賈充：字公閭，本書卷四〇有傳。

僕射，[1]服秩印綬與令同。案漢本置一人，至漢獻帝建安四年，以執金吾榮部爲尚書左僕射，[2]僕射分置左右，蓋自此始。經魏至晋，迄於江左，省置無恒，置二，則爲左右僕射，或不兩置，但曰尚書僕射。令闕，則左爲省主；若左右並闕，則置尚書僕射以主左事。

［1］僕射：官名，即尚書僕射。秦漢爲尚書令副貳，東漢建安四年（199）分置左、右，爲尚書省次官。三品。《通典》卷二二《職官》："僕射：秦官。漢因之，自侍中、尚書、博士、郎皆有之。古者重武官，有主射以督課。（古者重武官，以善射者掌事，故曰僕射。僕射者，僕役於射也。一云，僕，主也。）軍屯吏、騶、宰、永巷宮人皆有，取其領事之號。（凡此諸官，皆有僕射，隨所領之事以爲號也。若軍屯吏則曰軍屯僕射，永巷則曰永巷僕射。）成帝建始元年，初置尚書五人，以一人爲僕射，主封門，掌授廩假錢穀。（鄭崇字子游，爲尚書僕射，數直諫諍。每見，曳革履，上笑曰：'我識鄭尚書履聲。'後爲人所譖，上責崇曰：'君門如市，何欲禁切主上？'崇曰：'臣門如市，臣心如水。'上怒，下獄窮治，死獄中。）後漢尚書僕射一人，署尚書事。令不在，則奏下衆事，印綬與令同。（自漢以下，章服並與令同。）獻帝建安四年，以執金吾榮邵爲左僕射，衛臻爲右僕射。僕射分置左右，蓋自此始。（鍾離意字子游，拜尚書僕射。嘗賜胡侍子，當五十匹，尚書郎受詔，誤以三十匹。上怒，召郎，欲鞭之。意入曰：'臣位大罪重，郎位小罪輕，臣當先坐，然後及郎。'遂解衣當鞭。上釋之曰：'非鍾離尚書，幾誤降威於此郎。'又明帝作北宫，意諫止之，出爲魯相。及德陽殿成，百官大會。上笑曰：'鍾離尚書在，朕不得成此殿。'鮑永字君長，拜僕射，將兵案河東。永好文德，雖行大將軍事，常白襜，路稱'白衣尚書'。）經魏至晋，迄於江左，省置無恒。（魏徐宣字寶堅，爲左僕射，加侍中。車駕幸許昌，宣統留事。帝還，主者奏呈文書。詔曰：'吾省與僕射何異？'竟不視。又，時欲以賈詡爲僕射，詡辭曰：'尚書僕射，官之師長，天下所屬，其忝於國

朝何？’）置二，則爲左右僕射；或不兩置，但曰尚書僕射。（荀顗字景倩，其外生陳泰，啓顗代己。泰薨，代泰爲僕射，領吏部，四辭而受。顗承泰後，加之淑慎，綜覈名實，風俗澄一。又武帝詔曰：‘中軍將軍羊祜，秉德清劭，經緯文武，雖處腹心之任，不處樞機之重，非垂拱無爲之意也。其以祜爲尚書左僕射。’又司馬珪爲尚書右僕射，時年四十九，衆以爲美。又周顗爲左僕射，風德雖重，過江積年，恒飲酒，三日醒，時人謂爲‘三日僕射’。謝安亦爲僕射。）令闕，則左爲省主。若左右並闕，則置尚書僕射以主左事，置祠部尚書以掌右事，則尚書僕射、祠部尚書不恒置矣。（若無令，則左僕射爲省主，與令同。若左右並闕，則直置僕射，在其中間，總左右事。）……

“議曰：按僕射秦官，其名則微，其職甚細。東漢以後，雖委任漸重，職司會府，而非百寮師長之職也。又按，丞相亦秦官，秦氏每群臣上表，皆云‘丞相臣某’爲首。漢之宗臣蕭何爲丞相。漢儀：丞相進，天子御座爲起，在輿爲下；有疾，法駕至第問。得戮二千石，申屠嘉欲斬内史晁錯是也。霍光受顧託之重，當伊周之地，廢昌邑王，上表太后：‘丞相臣敞’爲首，‘大司馬、大將軍臣光’次之，其尊崇如此。中間嘗置左右丞相，亦嘗改爲相國，亦爲大司徒。大抵漢之丞相，是爲三公，於天下無所不統。後漢亦以三公爲宰相，則司徒本西漢丞相也。後或爲丞相，或爲相國，或爲大丞相，雖互爲之名，其實一也。曹公、司馬師、昭、趙王倫、王敦、王導、劉義宣、齊高帝、梁武帝、爾朱榮、侯景、陳武帝、齊獻武、隋文帝皆爲之。歷代多非尋常人臣之職，亦多爲贈官。然自秦以降，實居百寮之長。今尚書令總領衆務，舉持綱目，僕射貳之，誠爲崇重，且非統國政，宰天下之任，宜侍中、中書令，如直以尊崇則太師，不然上公、太尉始可師長命百寮也。龍朔中，天寶初，嘗改侍中、中書令爲左右相，遠協伊尹、仲虺爲左右相，周公、召公相成王爲左右之義，斯誠允當。或謂尚書令、僕射、録尚書之職，是官之師長。按前代録尚書霍光、張安世、王鳳、趙熹、牟融、鄧彪、張禹、李固、王導、褚彦回、齊明帝之徒，或是丞相，或是三公，或是大將軍、大司馬兼之，皆秉朝政，猶古冢宰，百官總己，實宰輔也，其時別自有令僕。今僕射雖嘗改爲丞相，名同而職異，品秩又未崇極，上有三師、三公、尚書令七人，豈得比前代丞相受任也？其襲舊名無實者，若今刺史皆云使持節，按前代使持節，得戮二千石；其王公以下封國，皆南面臣人，分茅建社；其開府儀同三司，則禮數班秩皆如三公，置府辟吏：今並豈有其實乎？此例甚衆，不能遍舉。安有僕射因改丞相之名，都無丞相之實，而爲百寮師長也？又與丞郎絶禮，若不隔品致敬，則諸司長官與隔品寮屬，其可絶禮乎？斯不然矣。”

《唐六典》卷一《尚書都省》：“尚書左丞相一人，右丞相一人，並從二品。（左、右丞相，本左、右僕射也。《漢書百官表》云：‘僕射，秦官，自侍中、尚書、博士、郎皆有僕射。古者重武官，有主射以督課，因所領之職以爲號。’若《尚書》則曰‘尚書僕射’。漢因秦。後漢建安四年，以執金吾榮邵爲尚書左僕射，分置左、右，蓋自此始。《漢官儀》：‘僕射，秩六百石；公爲之，加至二千石。’自晋以後，給省事吏三人。魏、晋、宋、齊秩皆六百石，品並第三。梁品猶第三，秩中二千石，班第十五。陳品加至第二。後魏、北齊及隋品皆從第二。自魏、晋以來，置二則爲左、右僕射；或不兩置，但曰尚書僕射。《宋百官階次》云：‘尚書僕射，勝右減左，望在二者之間。僕射職爲執法，置二則曰左右執法。又與列曹尚書分領諸曹郎。令闕，則左僕射爲省主。自東晋以來，祠部尚書多不置，以右僕射主之。若左、右僕射並闕，則置尚書僕射以掌左事，置祠部尚書以掌右事。’然則尚書僕射、祠部尚書不常置矣。隋置左、右僕射，從二品，皇朝因之。自漢已來，章服並與令同。龍朔二年改爲左、右匡政，咸亨元年復爲僕射。光宅元年更名左、右相，神龍元年復爲僕射。開元初，改爲左、右丞相。）左、右丞相掌總領六官，紀綱百揆，以貳令之職，今則專統焉。（初亦宰相之職也。開元中，張説兼之，後罷知政，猶爲丞相。自此已後，遂不知國政。）”

［2］以執金吾榮部爲尚書左僕射：執金吾，官名。掌京城警衛、管理武庫、護衛皇帝出行等。《通典》卷二八《職官》：“秦有中尉，掌徼循京師。（如淳曰：‘所謂游徼，徼循禁備盗賊也。’顔師古曰：‘徼謂遮繞。音工釣反。’）漢武帝太初元年，更名執金吾，（應劭曰：‘吾者，御也。掌執金革以御非常。’顔師古曰：‘金吾，鳥名也，主辟不祥。天子出，職主先導，以御非常，故執此鳥之象，因以名官。’）緹騎二百人，（緹騎無秩，比史食俸。）五百二十人輿服導從，光生滿路，群僚之中斯最壯矣。（光武微時，嘆曰：‘仕宦當爲執金吾。’）舊掌京師盗賊，考按疑事。郅都、寧成、王温舒、减宣等皆截理横噬，虎而冠者也。一切理辨，亦旋誅黜。（郅都爲中尉，見者側目，號爲蒼鷹。）後漢掌宫外戒，司非常水火之事，（衛尉巡行宫中，金吾徼巡宫外，相爲表裏，以擒奸討猾。）月三繞行宫外及主兵器。自中興，但專徼循，不與他政。魏武秉政，復爲中尉。晋初罷。直至後周，置武環率、武候率下大夫各二人。隋置左右武候府大將軍一人，將軍三人，掌車駕出入，先驅後殿，晝巡夜察，執捕奸非，烽候道路水草所宜，巡狩師田則掌其營禁。煬帝大業三年，改爲左右武候衛，所領軍士名佽飛。（漢《百官表》曰：‘漢有左弋令，武帝太初元年，更名佽飛，掌弋射，屬少府。光武省之。隋氏采舊名。’）”

《唐六典》卷二五《左右金吾衛》：“左、右金吾衛，大將軍各一人，正三品。（《漢書·百官表》：‘中尉，秦官，掌徼巡京師。武帝太初元年更名執金吾，秩中二千石，有兩丞、候、司馬、千人。屬官有中壘、寺互、武庫、都船四令丞。又式道左、右、中候及京、輔都尉皆屬焉。’又後漢掌宫外及京師盗賊、水火，考按疑事；衛尉巡行宫中，執金吾徼巡宫外，相爲表裏，所以戒不虞也。漢末，魏武執政，復爲中尉。晋、宋、齊、梁、陳並不置。）”

列曹尚書，案尚書本漢承秦置，及武帝游宴後庭，始用宦者主中書，以司馬遷爲之，[1]中間遂罷其官，以爲中書之職。至成帝建始四年，罷中書宦者，又置尚書五人，一人爲僕射，而四人分爲四曹，通掌圖書秘記章奏之事，各有其任。其一曰常侍曹，主丞相御史公卿事。其二曰二千石曹，主刺史郡國事。其三曰民曹，主吏民上書事。其四曰主客曹，主外國夷狄事。後成帝又置三公曹，主斷獄，是爲五曹。後漢光武以三公曹主歲盡考課諸州郡事，改常侍曹爲吏部曹，主選舉祠祀事，民曹主繕修功作鹽池園苑事，客曹主護駕羌胡朝賀事，二千石曹主辭訟事，中都官曹主水火盜賊事，合爲六曹。并令僕二人，謂之八座。尚書雖有曹名，不以爲號。靈帝以侍中梁鵠爲選部尚書，[2]於此始見曹名。及魏改選部爲吏部，主選部事，又有左民、客曹、五兵、[3]度支，[4]凡五曹尚書、二僕射、一令爲八座。及晋置吏部、三公、客曹、駕部、[5]屯田、度支六曹，而無五兵。咸寧二年，省駕部尚書。四年，省一僕射，又置駕部尚書。太康中，有吏部、殿中及五兵、[6]田曹、度支、左民爲六曹尚書，又無駕部、三公、客曹。惠帝世又有右民尚書，止於六曹，不知此時省何曹也。及渡江，有吏部、祠部、五兵、左民、度支五尚書。祠部尚書常與右僕射通職，不恒置，以右僕射攝之，若右僕射闕，則以祠部尚書攝知右事。

[1]司馬遷：西漢左馮翊夏陽（今陝西省韓城市南）人，字子長。繼承父親遺志著史。因替李陵投降匈奴辯解，受腐刑。受刑後

忍辱發憤，完成《史記》，成爲偉大的史學家。

[2]靈帝：東漢靈帝，名劉宏，章帝玄孫，公元167至189年在位。在位期間政治黑暗，民不聊生，致使爆發黄巾起義。　侍中：官名，東漢建安中與給事黄門侍郎出入禁中，省尚書事。曹魏時爲門下之侍中省長官，常侍衛皇帝左右，掌顧問應對、諫諍糾察、平議奏事、駁奏異議等，權力甚重。三品，秩千石。《通典》卷二一《職官》："侍中者，周公戒成王立政之篇所云'常伯''常任'以爲左右，即其任也。（《漢官》曰：'選於侯伯，轉補衮闕，言其道可常尊，故曰常伯。'《周禮》有太僕，干寶注云：'若漢侍中。'）秦爲侍中，（《晋志》曰：'黄帝時風后爲侍中。'此皆出於兵家及讖緯之文，不足徵也。劉昭釋太尉，其義詳矣。）本丞相史也，使五人往來殿内東廂奏事，故謂之侍中。漢侍中爲加官。凡侍中、左右曹、諸吏、散騎、中常侍，皆爲加官。（《漢儀》注：'諸吏給事中日上朝謁，平尚書奏事，分爲左右曹。'）所加或列侯、將軍、卿大夫、將、都尉、尚書、太醫、太官令至郎中，（無員。將謂郎將以下也。自列侯下至郎中，皆得有此加官。）多至數十人。侍中、中常侍得入禁中，諸曹受尚書事，諸吏得舉法。漢侍中冠武弁大冠，亦曰'惠文冠'，加金璫，附蟬爲文，貂尾爲飾。（侍中服則左貂，常侍服則右貂。金取堅剛，百鍊不耗；蟬取居高食潔；貂取内勁捍而外温潤。此本趙武靈王胡服之制，秦破趙，得其冠，以賜侍中。）便繁左右，與帝升降。舊用儒者，然貴子弟榮其觀好，至乃襁抱，坐受寵位，貝帶脂粉，綺襦紈蔥，鵕鸃冠，（惠帝時，侍中鵕鸃冠，貝帶傅脂粉。張辟彊年十五，桑弘羊年十三，並爲侍中。鵕，思狻切。鸃，魚奇切。鵕鸃似鳳凰，神鳥。）直侍左右，分掌乘輿服物，下至褻器武子之屬。（蘇則與吉茂同隱於太白山。後則爲侍中，侍中舊親省起居，故謂之'執武子'。茂見則，嘲曰：'仕進不止執武子。'則笑曰：'誠不能效汝蹇蹇鹿車驅。'）武帝時，孔安國爲侍中，以其儒者，特聽掌御唾壺，朝廷榮之。本有僕射一人，（秦漢以侍中功高者一人爲僕射。）後漢光武改僕射爲祭

酒，或置或否，而又屬少府，掌贊導衆事，顧問應對。（桓帝末，侍中皇蟬參乘，問貂璫何法，不知所出；又問地震，云不爲灾。還宫，左遷議郎。）法駕出，則多識者一人負國璽，操斬白蛇劍，參乘；餘皆騎，在乘輿後。獻帝即位，初置六人，贊法駕則正直一人負璽陪乘。（大駕出，則次直侍中護駕，正直侍中負璽參乘，不帶劍，餘皆騎從。）殿内門下衆事皆掌之。（馮魴字孝孫，父子兄弟並帶青紫，三代侍中。又劉淑爲侍中，補政二百餘事，悉有篇章。又戴憑字次仲，拜侍中。帝令群臣説經，更相難詰，義不通，輒奪其席以益通者，憑遂重坐五十餘席，故語曰：‘解經不窮戴侍中。’盧植爲侍中，董卓欲廢帝，唯植獨正色止之。）後選侍中，皆舊儒高德，學識淵懿，仰瞻俯視，切問近對，喻旨公卿，上殿稱制，秉笏陪見。舊在尚書令、僕射下，尚書上。司隸校尉見侍中，執板揖。侍中舊與中官俱止禁中，因武帝時侍中馬何羅挾刃謀逆，由是出禁外，有事乃召之，畢即出。王莽秉政，侍中復入，與中官共止禁中。章帝元和中，郭舉與後宫通，拔佩刀驚上，舉伏誅，侍中由是復出外。秦漢無定員，（蔡質《漢儀》曰：‘員本八人。’《漢官》曰‘無員’。侍中舍有八區，論者因言員本八人。省其門題尚書寺，此孝明帝治於東宫尚書模也。）魏晋以來置四人，别加官者則非數。（辛毗字佐理，爲侍中。文帝欲徙冀州人家十萬户實河南，時連蝗，民饑，毗諫其不可。帝不答，起入内，毗隨而引其裾，帝奮衣不還。良久乃出，曰：‘佐理，卿持我何太急耶？’遂徙其半。王粲爲侍中，《曹植集·贈粲詩》曰：‘戴蟬珥貂，朱衣皓帶。入侍帷幄，出擁華蓋。’）御登樓，與散騎常侍扶，侍中居左，常侍居右，備切問近對，拾遺補闕。及江左興寧四年，桓温奏省二人。後復舊。（晋武帝時，彭權爲侍中，帝問侍臣：‘髦頭之義何也？’權曰：‘《秦紀》云：秦國有奇怪獸，觸山截波，無不崩潰，唯畏髦頭，故使持之以衛至尊也。’又嵇紹字延祖，晋惠帝時爲侍中。王師敗績，左右皆奔散，唯紹儼然端冕，以身捍衛，遂遇害於帝側，血濺御服。及事定，左右欲浣之，帝曰：‘此是嵇侍中血，勿去之。’又庾珉爲侍中，隨孝懷没胡在平陽。劉聰大會，使帝著青衣行酒，珉不勝悲憤，跪受號哭，聰殺之，後贈貞侯。又褚翜字謀遠，爲侍中。蘇峻作亂，王師敗績，火及宫室，手抱天子，登太極殿。峻兵人，叱翜令下，翜不動，曰：‘蘇冠軍來覲至尊，軍人豈得逼斥宫禁！’於是兵士不敢上太極殿。峻執政，猶以爲侍中。時鍾雅亦爲侍中，謀奉天子出投義軍，事覺，爲峻所害。又王爽爲侍中，孝武崩，王國寶夜欲開門，入爲遺詔。爽拒之曰：‘皇帝晏駕，太子未至，輒入者斬。’國寶懼，乃止。）侍中，漢代爲親近之職，魏晋選用，稍增華重，而大意不異。（晋任愷字元褒，爲侍中，萬機大小，多管綜之。性中正，以社稷爲己任。惡賈充之爲人，不欲久執朝政。或爲充謀曰：‘愷總門下樞要，得與上親接，宜啓令典選，使得漸疏，此一都令史事耳。九流難精，間隙易乘。’充因稱愷才能，宜在官人之職，即日以愷爲吏部尚書，由是侍觀轉稀。）武冠，絳朝服，佩水蒼玉。舊遷列曹尚書，美遷中領護、吏部尚書。”

《唐六典》卷八《門下省》：“侍中二人，正三品。（《漢書·百官表》云：‘侍中皆加官，所加或列侯、將軍、卿大夫，無員，多至數十人，得入禁中，諸曹受尚書事，皆秦制。’《漢官》云：‘秩比三千石。’董巴《輿服志》：‘侍中冠武弁大冠，亦曰惠文冠，加金璫附蟬爲文，貂尾爲飾。侍中服之則左貂，常侍則右貂。金取堅剛，百鍊不耗；蟬取居高飲清；貂取内勁悍，外温潤。本趙武靈王胡服之制，秦滅趙，得其冠，賜侍中焉。’漢制分掌乘輿服物，功高者一人爲僕射。後漢初亦加官，出宣帝命，入備顧問。法駕出，多識者一人參乘，兼負傳國璽，操斬白虵劍；餘皆騎，在乘輿車後。從駕入廟祠，天子上堂盥，以巾奉酒。光武改僕射爲祭酒。蔡質《漢官典職》曰：‘侍中在尚書僕射下，尚書上。舊與中官俱止禁中宿直，廬在石渠門外；武帝時，侍中僕射馬何羅挾刃謀逆，由是侍中出禁外。王莽秉政，復止禁中。章帝元和中，侍中郭舉與後宫通，伏誅，由是復出外。’靈帝時，侍中舍有八區，論者因言員有八人，未詳也。《獻帝起居注》云：‘初置侍中六人，出入禁中，近侍帷幄，省尚書事。’魏氏侍中置四人，省祭酒，而加官不在數，服秩依漢氏，掌儐贊威儀。大駕出，則次直侍中護駕；正直侍中負璽陪乘，不帶劍；餘皆騎從。御登殿，與散騎常侍對扶，侍中居左，常侍居右，備切問近對，拾遺補闕。《晋令》：‘侍中品第三，武冠，絳朝服，佩水蒼玉。’東晋桓温奏省二人，後又復舊。……）侍中之職，掌出納帝命，緝熙皇極，總典吏職，贊相禮儀，以和萬邦，以弼庶務，所謂佐天子而統大政者也。凡軍國之務，與中書令參而總焉，坐而論之，舉而行之，此其大較也。凡下之通于上，其制有六：一曰奏抄，（謂祭祀，支度國用，授六品已下官，斷流已上罪及除、免、官當者，並爲奏抄。）二曰奏彈，（謂御史糺劾百司不法之事。）三曰露布，（謂諸軍破賊，申尚書兵部而聞奏焉。）四曰議，（謂朝之疑事，下公卿議，理有異同，奏而裁之。）五曰表，六曰狀。（蔡邕《獨斷》：‘凡群臣上書通於天子者四品：一曰章，二曰奏，三曰表，四曰駁議。章者，稱“稽首上以聞”，謝恩、陳事，詣闕通者也。奏者，上言“稽首言”，下言“稽首以聞”，其中有所請；若罪法劾案公府送御史臺，卿、校送謁者臺通者也。表者，上言“臣某言”，下言“臣某誠惶誠恐，頓首頓首，死罪死罪”，左方下附曰“某官某甲上”，以詣尚書通者也。公卿、校尉、諸將不言姓，大夫以下皆言姓。報章曰“聞”，報奏曰“可”，其表文尚書報所由云“已奏如書”。凡章、表以啓封，其言密事得皂囊。其有疑事，公卿百官會議而執異意者曰駁議，曰“某主甲議以爲如是”，下言“愚戇議異”；其合於上意者，文報曰“某官某甲議可”。漢承秦法，群臣上書皆言“昧死言”，王莽慕古，改“昧死”曰“稽首”，光武因而不改。’章表制度，自漢已後，多相因循。《隋令》有奏抄、奏彈、露布等，皇朝因之。其駁議、表、狀等至今常行。其奏抄、露布侍中審，自餘不審。）皆審署申覆而施行焉。（覆奏畫可訖，留門下省爲案。更寫一通，侍中注‘制可’，印縫，署送尚書省施行。）

“凡法駕行幸，則負寶以從。（秦、漢初置侍中，主諸御物，品秩亦卑。晉、魏已來，其任漸重。至隋，乃爲宰相之任。負寶之儀，因而不改，抑非尊崇宰輔之意。）大朝會、大祭祀，則版奏中嚴外辦，以爲出入之節；輿駕還宫，則請解嚴，所以告禮成也。凡大祭祀，皇帝致齋，既朝，則請就齋室；將奠，則奉玉及幣以進；盥手，則取匜以沃；洗爵，則酌罍水以奉；乃贊酌泛齊，進福酒以成其禮焉。若饗宗廟，則進瓚而贊酌鬱酒以裸；既裸，則贊酌醴齊；其餘如饗神祇之禮。藉田，則奉耒以贊事。（《唐禮》：'廪犧令供耒，司農卿受之，以授侍中。'）

"凡諸侯王及四夷之君長朝見，則承詔而勞問之；臨軒命使册后及太子，則承詔以命之。（《唐禮》：'侍中前，承詔，降，宣詔曰："册某氏女爲后，命公等持節展禮。"'册太子亦如之。）

"凡制敕慰問外方之臣及徵召者，則監其封題。若發驛遣使，則給其傳符，以通天下之信。凡官爵廢置，刑政損益，皆授之於記事之官；既書於策，則監其記注焉。凡文武職事六品已下，所司進擬，則量其階資，校其才用，以審定之；若擬職不當，隨其便屈，退而量焉。"

梁鵠：東漢安定烏氏（今寧夏回族自治區固原市東南）人，字孟皇，曾任凉州刺史，靈帝時爲選部尚書。精通書法。

[3]五兵：官名，即五兵尚書。屬尚書省，掌軍事，主管全國軍事行政。三國時領中兵、外兵、騎兵、别兵、都兵五郎曹。西晋時分中兵、外兵爲左右，共領七郎曹，仍稱五兵。三品。《通典》卷二三《職官》："周禮夏官，大司馬之職，掌以九伐之法正邦國，制軍詰禁，以糾邦國。領校人、牧師、職方、司兵之屬，即今兵部之任也。魏置五兵尚書，（《周官》有司兵，掌五兵、五盾，各辨其物與其等，以待軍事。五兵之名，當出於此。鄭司農云：'五兵者，戈、殳、戟、酋矛、夷矛也。'）五兵謂中兵、外兵、騎兵、别兵、都兵也。晋初無，太康中乃有五兵尚書，而又分中兵、外兵各爲左右。（按晋雖分中兵、外兵爲左右，與舊五兵爲七曹，然尚書唯置五兵而已，無七兵尚書之名。至後魏始有七兵尚書耳。今諸

家著述或謂晋太康中置七兵尚書，誤矣。）”

《唐六典》卷五《尚書兵部》：“兵部尚書一人，正三品。（《周官》夏官卿也。漢置五曹，未有主兵之任也。魏始置五兵尚書，謂中兵、外兵、騎兵、别兵、都兵也。晋太始中，省五兵尚書；太康中，又置七兵尚書，以舊五兵尚書中兵、外兵分爲左右。東晋及宋又爲五兵，孝武大明二年又省之，順帝昇明元年又置。）”

［4］度支：官名，即度支尚書，尚書省度支曹長官，掌全國財政的收支及事役、漕運、物價、屯田之政令。三品。《通典》卷二三《職官》：“《周禮・地官》，大司徒之職，掌建邦之土地之圖，與其人民之數。（按今户部之職與地官之任，雖亦頗同，若徵其承受，考其沿襲，則户部合出於度支。度支，主計算之官也。算計之任，本出於《周禮・天官》之司會云。）又太宰之屬有司會，以九貢之法致邦國之財用，以九賦之法令田野之財用，以九功之法令民職之財用，以九式之法均節邦之財用，掌國之官府郊野縣都之百物財用，凡在書契版圖者之貳，以逆群吏之治，而聽其會計。（逆謂受而鈎考之，可知得失多少。）漢置尚書郎四人，其一人主財帛委輸。至魏文帝，置度支尚書寺，專掌軍國支計。吴有户部，（吴孫休初即位，户部尚書階下讀奏。）而晋有度支，（晋當陽侯杜元凱爲度支尚書，内以利民，外以救邊，備物置用，以濟當時之益者五十餘條。又張華爲度支尚書，量計運漕，决定廟算。）皆主算也。”

《唐六典》卷三《户部尚書》：“户部尚書一人，正三品。（周之地官卿也。漢成帝置尚書五人，其三曰民曹，主吏人上書事。後漢以民曹兼主繕修功作，當工官之任。魏置左民尚書，晋初省之，太康中又置。惠帝時有右民尚書。東晋及宋、齊並置左民尚書，梁、陳並置左户尚書，並掌户籍，兼知工官之事。）”

［5］駕部：官署名。魏晋南朝爲尚書省諸曹之一，設郎（郎中）爲長官。西晋一度設尚書主之。掌車輿畜牧之政。當時戰争頻繁，故馬政尤重。或説魏隸左民尚書，西晋初有“駕部尚書”，當隸之。

［6］殿中：官名，此爲殿中尚書，爲尚書省六曹尚書之一。西晋武帝太康（280—289）中始置，職掌不詳。東晋南朝省，唯設殿中郎領尚書省殿中曹。

左右丞，[1]自漢武帝建始四年置尚書，而便置丞四人。及光武始減其二，[2]唯置左右丞，左右丞蓋自此始也。自此至晋不改。晋左丞主臺内禁令，宗廟祠祀，朝儀禮制，選用署吏，急假；[3]右丞掌臺内庫藏廬舍，凡諸器用之物，及廩振人租布，[4]刑獄兵器，督録遠道文書章表奏事。八座郎初拜，皆沿漢舊制，並集都座交禮，遷職又解交焉。

［1］左右丞：官名，即尚書左右丞。尚書左丞，尚書省佐官，位次尚書，居尚書右丞上。與右丞共掌尚書都省庶務，率諸都令史監督稽核諸尚書曹、郎曹政務。左丞又掌督録近道文書章奏，監察糾彈尚書令、僕射、尚書等文武百官，號稱“監司”，權勢甚重。尚書右丞，尚書省佐官，位次尚書，居尚書左丞下。與左丞共掌尚書都省庶務，率諸都令史監督稽核諸尚書曹、郎曹政務，糾舉彈劾百官。右丞又掌本省庫藏廬舍，督録遠道州郡文書章奏，凡兵士百官名籍、内外庫藏穀帛、刑獄訴訟、軍械、田地、州郡租布、行政區劃、州郡縣長官免贈收捕等文書奏事皆屬之。皆爲六品。《通典》卷二四《職官》：“左右丞：秦置尚書丞二人，屬少府。漢因之。至成帝建始四年，置丞四人。及後漢光武，始減其二，唯置左、右丞，佐令、僕之事，臺中紀綱，無所不總。左丞主吏民章報及騶伯史，（黄香字文彊，拜左丞，功滿當遷，和帝留，增秩。後拜尚書，遷僕射。）右丞與僕射皆掌授廩假錢穀，又假署印綬及紙筆墨諸財用庫藏。（楊喬爲右丞，行值太常辛柔，柔不避車，喬奏柔不敬，

下廷尉。）左、右丞闕，以次夕郎補之，三歲爲刺史。漢御史中丞、侍御史行複道中，遇尚書及丞、郎，避車執版揖，丞、郎坐車，舉手禮之，車過遠，乃去。尚書言左、右丞，敢告知如詔書律令。郎見左、右丞，對揖無敬，稱曰左、右君。丞、郎見尚書，執版揖，稱曰'明時'。郎見令、僕，執版拜，朝賀對揖。魏晋左、右丞銅印，青黑綬，進賢一梁冠，介幘，絳朝服。左丞主臺内禁令，寢廟祠祀，朝儀禮制，選用署吏，急假兼糾彈之事；（傅咸《答辛曠詩序》曰：'尚書左丞，彈八座以下，居萬機之會，乃皇朝之司直，天臺之管轄。'又郤詵爲左丞，奏推吏部尚書崔洪。洪曰：'我舉郤丞，而還奏我，此挽弓自射之謂也。'）右丞掌臺内庫藏廬舍，凡諸器用之物及刑獄兵器，督録遠道文書章表奏事。"

《唐六典》：卷一《尚書都省》："左丞一人，正四品上；右丞一人，正四品下。（司馬彪《續漢書》云：'尚書丞一人，秦所置，漢因之。至成帝建始四年置列曹尚書，更置丞四人。至光武減其二，惟置左、右丞各一人。'丞者，承也，言承助令、僕總理臺事也。然漢列曹尚書四人，成帝加至五人，彪言成帝置列曹尚書，恐誤也。《漢官儀》云：'尚書令、左丞，總領綱紀，無所不統；僕射、右丞，掌領廪假錢穀。'晋傅咸云：'左丞得奏彈八座。'魏晋已來，左丞主臺内禁令，宗廟祠祀，朝儀禮制，選用置吏，糾諸不法，無所回避；右丞掌庫藏、廬舍，凡諸器用之物，刑獄、兵器。然則右減於左，其來尚矣。魏、晋、宋已來，左、右丞銅印、墨綬，絳朝服，進賢一梁冠。自魏至宋、齊，品皆第六，秩四百石。……）左、右丞掌管轄省事，糾舉憲章，以辨六官之儀制，而正百僚之文法，分而視焉。（若左闕，則右兼知其事；右闕，則左亦如之。若御史有糾劾不當，兼得彈奏。）"

[2]減其二：二，殿本作"三"。

[3]急假：中華本校勘記："《御覽》二一三引《晋書百官表志注》、《職官分紀》八引本志並作'給假'。"

[4]人租布："《斠注》：《御覽》二一三引《晋書百官表志注》

作‘民户租布’。按：《書鈔》六八、《職官分紀》八引亦皆有‘户’字。”

尚書郎，[1]西漢舊置四人，以分掌尚書。其一人主匈奴單于營部，一人主羌夷吏民，一人主户口墾田，一人主財帛委輸。[2]及光武分尚書爲六曹之後，合置三十四人，秩四百石，并左右丞爲三十六人。郎主作文書起草，更直五日於建禮門内。[3]尚書郎初從三署詣臺試，守尚書郎，中歲滿稱尚書郎，滿三年稱侍郎，選有吏能者爲之。至魏，尚書郎有殿中、吏部、駕部、金部、[4]虞曹、[5]比部、[6]南主客、祠部、度支、庫部、[7]農部、[8]水部、[9]儀曹、[10]三公、倉部、[11]民曹、二千石、中兵、[12]外兵、[13]都兵、[14]别兵、[15]考功、[16]定課，[17]凡二十三郎。[18]青龍二年，尚書陳矯奏置都官、[19]騎兵，[20]合凡二十五郎。每一郎缺，白試諸孝廉能結文案者五人，[21]謹封奏其姓名以補之。及晋受命，武帝罷農部、定課，置直事、[22]殿中、祠部、儀曹、吏部、三公、比部、金部、倉部、度支、都官、二千石、左民、右民、虞曹、屯田、起部、[23]水部、左右主客、駕部、車部、庫部、左右中兵、左右外兵、别兵、都兵、騎兵、左右士、北主客、南主客，爲三十四曹郎。後又置運曹，凡三十五曹，置郎二十三人，更相統攝。及江左，無直事、右民、屯田、車部、别兵、都兵、騎兵、左右士、運曹十曹郎。康穆以後，又無虞曹、二千石二郎，但有殿中、祠部、吏部、儀曹、三公、比部、金部、倉部、度支、都官、左民、起部、水部、主客、駕部、庫部、中兵、外兵十八曹郎。後又省主客、起部、水部，餘十五曹云。

[1]尚書郎：官名。東漢之制，取孝廉中之有才能者入尚書臺，在皇帝左右處理政務，初入臺稱守尚書郎中，滿一年稱尚書郎，滿三年稱侍郎。魏晋以後尚書各曹有侍郎、郎中等官，綜理政務，通稱爲尚書郎。六品。《唐六典》卷一《尚書都省》："左司郎中一人，右司郎中一人，並從五品上。（尚書郎，漢初置四人：一人主匈奴單于誉部，一人主羌夷吏民，一人主户口墾田，一人主財帛委輸。光武分尚書爲六曹郎，合三十四郎，而史闕曹名。魏有殿中、吏部、駕部、金部、虞曹、比部、南主客、祠部、度支、庫部、農部、水部、儀曹、三公、倉部、民曹、二千石、中兵、外兵、别兵、都兵、考功、定課、都官、騎兵，凡二十五曹郎。晋氏又加直事、屯田、起部、車部、左士、右士、運曹，其民曹、中兵、外兵分爲左、右，主客又分爲左、右、南、北，無農部、定課、考功，凡三十五曹，置郎二十三人，更相統攝。東晋置殿中、祠部、吏部、儀曹、三公、比部、金部、倉部、度支、都官、左民、駕部、庫部、中兵、外兵十五曹。……《漢書·天文志》：'南宫二十五星曰"哀烏郎位"。'漢明帝時，館陶公主爲子求郎，不許，而賜錢千萬；謂群臣曰：'郎官上應列宿，出宰百里，非其人則民受其殃。'漢制：尚書郎主作文書起草，更直於建禮門内。臺給青縑白綾被，或以錦被，帷帳，氈蓐，晝通中枕。太官供食物，湯官供餅餌、五熟果食，五日壹美食，下天子一等。給尚書郎指使二人、女侍史二人，皆選端正，執香爐、香囊，從入臺，護衣服。奏事建禮門内，得神仙門；神仙門内，得明光殿、神仙殿，因得省中。省中皆胡粉塗壁，畫古賢列女，以丹漆地，謂之丹墀。尚書郎握蘭，含鷄舌香，奏事與黄門侍郎對揖，黄門侍郎稱'已聞'，乃出。丞、郎月賜赤管大筆一雙，隃麋墨一枚。御史中丞、侍御史行複道中，

遇尚書丞、郎，皆避車執板往揖，丞、郎坐車舉手禮之，車過，乃去。及晉、宋、齊、梁，尚書官上朝及下禁斷行人，猶其制也。《漢官儀》：‘丞、郎見令、僕射，執絜拜；朝賀，對揖。丞、郎見尚書，執絜對揖，稱曰“明時”。郎見左、右丞，對揖，呼曰“左、右君”。’漢制：八座、丞、郎初拜，並集都堂交禮；遷，又解交。至宋已後，唯八座解交，而丞、郎不解交也。自晋已後，八座及丞、郎多不奏事。梁武帝天監初，詔曰：‘自禮闈陵替，歷兹永久，郎署備員，無取職事，粃糠文案，貴尚虛閑，空有趨墀之名，了無握蘭之實。曹郎可依昔奏事。’自是始奏事矣。初，秦置郎中令，其屬官有五官中郎將、左右中郎將，秩皆比二千石，是爲三署。署中有中郎、侍郎、郎中。郎中秩比三百石，侍郎秩比四百石，中郎秩比六百石，並無員數，多至千人，分隸三署，主執戟宿衛宫殿門，出充車騎。漢因之。故馮唐爲郎中署長，揚雄爲侍郎，並其任也。《漢官》云：‘尚書郎初從三署郎選詣尚書臺試，每一郎缺，則試五人，先試箋、奏。初入臺，稱郎中；滿歲，稱侍郎；視事五年，遷大縣令。亦參用孝廉爲之。其郎中、侍郎之名，皆因三署舊號也。客曹郎主胡羌事，劇遷二千石或刺史；其次遷爲縣令，秩滿自占縣，詔書賜錢三萬，與三臺祖餞。’然漢言郎者，多非尚書郎。漢文時，直不疑買金償同舍郎；漢武時，顔駟爲郎，三代不遇；及諸言以貲爲郎，父任爲郎，兄任爲郎，皆三署郎也。至後漢，二署猶難分，有尚書及曹名冠首者，即尚書郎也。魏、二晋以後，無三署郎矣。自漢以來，尚書諸曹並通謂之尚書郎。漢代兩置，其職則同。魏、晋、宋、齊惟置郎中，梁、陳兩置，後魏、北齊惟置郎中。）”

[2]委輸：轉運，運輸。

[3]建禮門：洛陽宫門之一。《太平御覽》卷一八三《居處部・門》：“洛陽故宫名曰：洛陽有飛兔門、含章門、建禮門、廣懷門、明禮門。”

[4]金部：官名，即金部郎，尚書省金部曹長官。亦稱金部郎

中，資深勤能者可轉侍郎。六品。《通典》卷二三《職官》："金部郎中一人。（《周官》有職金，掌金玉、錫石、丹青之戒令。魏尚書有金部郎，其後歷代多有之。北齊金部主才量尺度、内外諸庫藏文帳。隋盧昌衡字子均，祖孝徵薦爲尚書金部郎，每謂人曰：'吾用盧子均爲尚書郎，自謂無愧幽明矣。'隋初爲金部侍郎，煬帝除'侍'字。武德中，加'中'字。龍朔二年，改金部爲司珍，咸亨初復舊。天寶中改爲司金，至德初復舊。掌庫藏金寶貨物，權衡度量等事。自開元二年置鑄錢使，皆以他官爲之。）"

《唐六典》卷三《尚書户部》："金部郎中一人，從五品上；（漢置尚書郎四人，其一人主財帛委輸，蓋金部郎曹之任也。歷魏、晋、宋、齊、後魏、北齊並有金部郎中，梁、陳、隋爲侍郎，煬帝但曰'郎'，皇朝因之。武德三年加'中'字。龍朔二年改爲司珍大夫，咸亨元年復故。）員外郎一人，從六品上；（隋開皇六年置，煬帝改曰承務郎，皇朝爲員外郎。龍朔、咸亨隨曹改復。）主事三人，從九品上。金部郎中、員外郎掌庫藏出納之節，金寶財貨之用，權衡度量之制，皆總其文籍而頒其節制。凡度以北方秬黍中者一黍之廣爲分，十分爲寸，十寸爲尺，一尺二寸爲大尺，十尺爲丈。凡量以秬黍中者容一千二百爲龠，二龠爲合，十合爲升，十升爲斗，三斗爲大斗，十斗爲斛。凡權衡以秬黍中者百黍之重爲銖，二十四銖爲兩，三兩爲大兩，十六兩爲斤。凡積秬黍爲度、量、權衡者，調鍾律，測晷景，合湯藥及冠冕之制則用之；内、外官司悉用大者。凡庫藏出納皆行文傍，季終而會之。若承命出給，則於中書省覆而行之。百司應請月俸，則符、牒到，所由皆遞覆而行之。乃置木契，與應出物之司相合，以次行用，隨符、牒而合之，以明出納之恡。凡有互市，皆爲之節制。凡縑、帛之類，必定其長短廣狹之制，端、匹、屯、綟之差焉。凡賜物十段，則約率而給之：絹三匹，布三端，綿四屯。若雜綵十段，則絲布二匹、紬二匹、綾二匹、縵四匹。若賜蕃客錦綵，率十段則錦一張、綾二匹、縵三匹、綿四屯。凡遣使覆囚，則給以時服一具，隨四時而與之。若諸使經二季不還，則給以時服一副，每歲再給而止。……（其尋常出使過二季不還者，當處斟量，并典各給時服一副。去本任五百里内充使者，不在給限。）凡時服稱一具者，全給之；一副者，減給之。正、冬之會，稱束帛有差者，皆賜絹，五品已上五匹，六品已下三匹。命婦會，則視其夫、子。”

[5]虞曹：官名，即虞曹郎，尚書省虞曹長官，亦稱虞曹郎中，資深勤能者可轉侍郎。六品。《通典》卷二三《職官》：“虞部郎中一人。（虞部，蓋古虞人之遺職。至魏，尚書有虞曹郎中，晋因之。梁、陳曰侍郎。後魏、北齊虞曹掌地圖、山川、近遠園囿、田獵、雜味等，並屬虞部尚書。後周有虞部下大夫一人，掌山澤草木鳥獸而阜蕃之；又有小虞部，並屬大司馬。）”

《唐六典》卷七《尚書工部》：“虞部郎中一人，從五品上；（《周禮·地官》有山虞、澤虞，蓋虞部之職也。魏始有虞曹郎中一人，晋因之，宋、齊省，梁、陳爲侍郎。後魏、北齊並有虞曹郎中，後周冬官有虞部下大夫一人，隋虞部侍郎，煬帝但曰虞部郎。梁、陳、後魏、北齊並祠部尚書領之，隋工部尚書領之，皇朝因焉。……）員外郎一人，從六品上；（後周依《周官》，有山虞、澤虞中士，蓋今虞部員外郎之任也。隋開皇六年置，煬帝改曰承務郎，皇朝復改爲虞部員外郎。龍朔、咸亨隨曹改復。）主事二人，從九品上。虞部郎中、員外郎掌天下虞衡、山澤之事，而辨其時禁。凡采捕、畋獵，必以其時。冬、春之交，水蟲孕育，捕魚之器，不施川澤；春、夏之交，陸禽孕育，餧獸之藥，不入原野；夏苗之盛，不得蹂藉；秋實之登，不得焚燎。若虎豹豺狼之害，則不拘其時，聽爲檻阱，獲則賞之，大小有差。凡京兆、河南二都，其近爲四郊，三百里皆不得弋獵、采捕。凡五岳及名山能蘊靈産異，興雲致雨，有利於人者，皆禁其樵采，時禱祭焉。凡殿中、太僕所管閑厩馬，兩都皆五百里供其芻藁。其關内、隴右、西使、北使、南使諸牧監馬、牛、駝、羊皆貯藁及茭草。其柴炭、木橦進内及供百官、蕃客，並於農隙納之。”

［6］比部：官名，即比部郎，尚書省比部曹長官，亦稱比部郎中，資深勤能者可轉侍郎。六品。《通典》卷二三《職官》："比部郎中一人。（魏尚書有比部曹，晋因之。宋時比部主法制。齊梁陳皆有比部曹。後魏亦然。北齊掌詔書、律令、勾檢等事。後周曰計部中大夫，蓋其任也。隋初爲比部侍郎，煬帝除'侍'字。武德中，加'中'字。龍朔二年，改爲司計大夫，咸亨元年復舊。天寶十一年，又改比部爲司計，至德初復舊。掌内外諸司公廨及公私債負、徒役公程、贓物帳及勾用度物。）"

《唐六典》卷六《尚書刑部》："比部郎中一人，從五品上；（魏氏置，歷晋、宋、齊、後魏、北齊皆有郎中。後周天官府有計部中大夫，蓋其任也。梁、陳、隋並爲侍郎，煬帝曰比部郎。自晋、宋、齊、梁、陳皆吏部尚書領比部，後魏、北齊及隋則都官尚書領之，皇朝因焉。武德三年加'中'字。龍朔二年改爲司計大夫，咸亨元年復故。）員外郎一人，從六品上；主事四人，從九品上。比部郎中、員外郎掌句諸司百寮俸料、公廨、贓贖、【調斂、徒役課程、逋懸數物，以周知内外之經費而總勾之。凡内官料俸以品第高下爲差，外官以州、縣、府之上、中、下爲差。凡税天下户錢以充州、縣官月料，皆分公廨本錢之利。羈縻州所補漢官，給以當土之物。關、監之官，以品第爲差，其給以年支輕貨。鎮、軍司馬判官俸禄同京官。鎮戍之官，以鎮】戍上、中、下爲差。每季一申省，諸州歲終而申省，比部總句覆之。凡倉庫出内，營造傭市，丁匠功程，贓贖賦斂，勛賞賜與，軍資器仗，和糴屯收，亦句覆之。"比，宋本作"北"。

［7］庫部：官名，即庫部郎，尚書省庫部曹長官，亦稱庫部郎中，資深勤能者可轉侍郎。六品。《通典》卷二三《職官》："庫部郎中一人。（《周官》有司甲，掌戈、盾、弓、矢之長，各辨其物，以待軍事。魏尚書有庫部郎，晋因之。宋庫部主兵仗。文帝宴，會有荒服外歸化人，帝問尚書庫部郎顧琛曰：'庫中仗有幾許？'琛詭對曰：'有十萬人仗。'舊武庫仗多秘不言，帝既問失言，及琛詭

對，善之。歷代或有或缺。後魏、北齊庫部屬度支尚書，掌凡戎仗器用。後周有武藏中大夫。隋屬兵部。初爲庫部侍郎，煬帝除‘侍’字。武德中，加‘中’字。龍朔二年，改爲司庫大夫，咸亨初復舊。天寶十一年，又改庫部爲司庫，至德初復舊。掌軍器、儀仗、鹵簿法式及乘輿等。）”

《唐六典》卷五《尚書兵部》：“庫部郎中一人，從五品上；（《周禮·夏官》有司甲下大夫，爲司戈盾、弓矢之長，各辨其物以待軍事，今庫部郎中之任也。魏氏始置庫部郎曹，歷晋、宋、齊、後魏、北齊並有庫部郎中，梁、陳爲侍郎。後周夏官府有武藏中大夫一人，隋文帝爲庫部侍郎，煬帝曰庫部郎。宋、齊、梁、陳並都官尚書領庫部，後魏、北齊度支尚書領，隋則兵部尚書領焉。武德三年加‘中’字。龍朔二年改爲司庫大夫，咸亨元年復故。）員外郎一人，從六品上；主事二人，從九品上。庫部郎中、員外郎掌邦國軍州之戎器、儀仗，及冬至、元正之陳設，並祠祭、喪葬之羽儀，諸軍州之甲仗，皆辨其出入之數，量其繕造之功，以分給焉。”

[8]農部：官名，即農部郎，尚書省農部曹長官，亦稱農部郎中，後改稱屯田郎中。資深勤能者可轉侍郎。六品。《通典》卷二三《職官》：“屯田郎中一人。（漢成帝置尚書郎四人，其一人掌户口、墾田，蓋尚書屯田郎之始也。至魏，尚書有農部郎，又其職也。至晋始有屯田尚書。及太康中，謂之田曹，後復爲屯田。江左及宋齊則左民郎中兼知屯田事，梁陳則曰侍郎，後魏、北齊並爲屯田郎。）”

《唐六典》卷七《尚書工部》：“屯田郎中一人，從五品上；（漢尚書郎四人，其一人主户口墾田，蓋兼屯田之任也。故氾勝之爲侍郎，教田三輔是也。魏有農部郎曹，晋始置屯田郎中，東晋及宋、齊並左民郎中兼知屯田事，後魏、北齊並置屯田郎中。梁、陳、隋並爲侍郎，亦郎中之任也。煬帝曰屯田郎。後魏、北齊祠部尚書領屯田，陳左户部尚書領屯田，隋則工部尚書領之，皇朝因稱郎中。龍朔二年改爲司田大夫，咸亨元年復故。）員外郎一人，從六品上；主事二人，從九品上。屯田郎中、員外郎掌天下屯田之政令。凡軍、州邊防鎮守轉運不給，則設屯田以益軍儲。其水陸腴瘠，播植地宜，功庸煩省，收率等級，咸取决焉。諸屯分田役力，各有程數。凡天下諸軍、州管屯，總九百九十有二，大者五十頃，小者二十頃。凡當屯之中，地有良薄，歲有豐儉，各定爲三等。凡屯皆有屯官、屯副。”

［9］水部：官名，即水部郎，尚書省水部曹長官，亦稱水部郎中，資深勤能者可轉侍郎。六品。《通典》卷二三《職官》：“水部郎中一人。（《周禮·夏官》有司險，掌設國之五溝、五塗而達其道路，蓋其職也。魏尚書有水部郎。歷代或置或否。後魏、北齊有水部，屬都官尚書，亦掌舟船津梁之事。後周有司水大夫。隋初爲水部侍郎，屬工部。煬帝除‘侍’字。武德三年，加‘中’字。龍朔二年，改爲司川大夫，咸亨元年復舊。天寶中，改水部爲司水，至德初復舊。掌川瀆、津濟、船艫、浮橋、渠堰、漁捕、運漕、水碾磑等事。）”

《唐六典》卷七《尚書工部》：“水部郎中一人，從五品上；（魏置水部郎中。歷晋、宋、齊、後魏、北齊並有水部郎中，梁、陳爲侍郎。後周冬官府有司水中大夫，隋文帝爲水部侍郎，煬帝但曰水部郎。宋、齊、梁、陳、後魏、北齊並都官尚書領之，隋工部尚書領之，皇朝因焉。武德三年加“中”字。龍朔二年改爲司川大夫，咸亨元年復故。）員外郎一人，從六品上；主事二人，從九品上。水部郎中、員外郎掌天下川瀆、陂池之政令，以導達溝洫，堰決河渠。凡舟檝、溉灌之利，咸總而舉之。凡天下水泉三億三萬三千五百五十有九，其在遐荒絶域，殆不可得而知矣。其江、河自西極達於東溟，中國之大川者也；其餘百三十有五水，是爲中川者也；其千二百五十有二水，斯爲小川者也。若渭、洛、汾、濟、漳、淇、淮、漢，皆亘達方域，通濟舳艫，徙有之無，利於生人者矣。其餘陂澤，魚鼈、莞蒲、秔稻之利，蓋不可得而備云。”

[10]儀曹：官名，即儀曹郎，尚書省儀曹長官，亦稱郎中，資深勤能者可轉侍郎。六品。《通典》卷二三《職官》："郎中一人。(《周官·春官》肆師下大夫，亦頗同今任。魏尚書有儀曹郎，掌吉凶禮制。歷代多有，例在吏部篇。宋、齊儀曹屬祠部。《梁書》曰：'武帝謂徐勉云："今帝業初構，須一人有學藝、解朝儀者，爲尚書儀曹郎。"勉曰："孔休源識具清通，詳練故事，自晋宋起居注，略誦上口。"遂拜爲儀曹郎。'後周依《周官》。隋初爲禮部侍郎，煬帝除'侍'字，又改爲儀曹郎。武德初，改爲禮部郎中。龍朔二年，改爲司禮大夫，咸亨初復舊。其後曹改而官不易。掌禮樂、學校、儀式、制度、衣冠、符印、表疏、册命、祥瑞、鋪設、喪葬，贈賻及宫人等。)"

《唐六典》卷四《尚書禮部》："郎中一人，從五品上。(《周官·大宗伯》屬官有下大夫，蓋郎中之任也。魏、晋、宋、齊、梁、陳、後魏、北齊有殿中郎、儀曹郎，而殿中掌表疏，儀曹掌吉凶禮制，皆禮部之職也。後周依《周官》。隋初，禮部曹置侍郎一人，煬帝除'侍'字，又改爲儀曹。皇朝因稱郎中。武德三年復爲禮部，龍朔二年改爲司禮大夫。咸亨、光宅、神龍隨曹改復。)"

[11]倉部：官名，即倉部郎，尚書省倉部曹屬官，亦稱倉部郎中，資深勤能者可轉侍郎。六品。《通典》卷二三《職官》："倉部郎中一人。(《周官》有倉人，主藏九穀。又有廩人，主藏九穀之數，賙賜稍食。魏尚書有倉部郎，後魏有太倉尚書，亦其任也。故《後魏書》曰：'李訢爲太倉尚書，攝南部事，令千里之外，户别轉運，詣倉輸之，所在委積，延停歲月，大爲困弊。'歷代多有倉部曹，皆掌倉廩之事。後周有地官屬司倉下大夫。隋初爲倉部侍郎，煬帝除'侍'字。武德中，加'中'字。龍朔二年，改倉部爲司庾，咸亨初復舊。天寶中，改爲司儲，至德初復舊。掌諸倉廩之事。開元二十六年以後置出納使，皆以他官爲之。)"

《唐六典》卷三《尚書户部》："倉部郎中一人，從五品上；(《周禮·地官》有廩人下大夫之職，爲舍人、倉人、司禄之長，掌九穀之數，賙賜稍食，以知足否，蓋倉部之任也。自魏、晋、宋、齊、後魏、北齊並有倉部郎中，梁、陳爲侍郎。後周地官府有司倉下大夫一人。隋初置倉部侍郎，煬帝但曰‘郎’。宋、齊、梁、陳、後魏、北齊並以度支尚書領倉部；開皇三年，改度支爲民部，領之。皇朝因隋，曰倉部郎，武德三年加‘中’字。龍朔二年改曰司庾大夫，咸亨元年復故。）員外郎一人，從六品上；主事三人，從九品上。倉部郎中、員外郎掌國之倉庾，受納租稅，出給禄廩之事。凡京官每年禄：正一品七百石，從一品六百石，正二品五百石，從二品四百六十石，正三品四百石，從三品三百六十石，正四品三百石，從四品二百六十石，正五品二百石，從五品一百六十石，正六品一百石，下以十石爲差，至從七品七十石，正八品六十七石，下以五石爲差，至從九品五十二石。外官降一等。春、夏二季則春給之，秋、冬二季則秋給之。有閏者不别給。乃置木契一百枚以與出給之司相合，以次行用，隨符、牒而給之。凡在京諸司官人及諸色人應給倉食者，皆給貯米，本司據見在供養。九品以上給白米。流外長上者，外别給兩口糧。諸牧尉給五口糧，牧長四口糧。（兩口準丁，餘準中男給。）諸牧監獸醫上番日，及衛士、防人已上征行若在鎮及番還，並在外諸監、關、津番官。（上番日給。）土人任者，若尉、史，並給身糧。諸官奴婢皆給公糧，其官户上番充役者亦如之。凡致仕之官五品已上及解官充侍者，各給半禄。即還官者，通計前禄以充後數。凡都之東租納於都之含嘉倉，自含嘉倉轉運以實京之太倉。自洛至陝運於陸，自陝至京運於水，量其遞運節制，置使以監統之。凡王公已下，每年户别據已受田及借荒等，具所種苗頃畝，造青苗簿，諸州以七月已前申尚書省；至徵收時，畝别納粟二升，以爲義倉。凡義倉之粟唯荒年給糧，不得雜用。”

[12]中兵：官名，即中兵郎，尚書省中兵曹長官，亦稱中兵郎中，屬五兵尚書。西晋時分設左右，東晋時合二爲一。六品。

[13]外兵：官名，即外兵郎，尚書省外兵曹長官，亦稱外兵郎

中，屬五兵尚書。西晋時分設左右，東晋時合二爲一。六品。

[14]都兵：官名，即都兵郎，尚書省都兵曹長官，亦稱都兵郎中，屬五兵尚書。六品。

[15]别兵：官名，即别兵郎，尚書省别兵曹長官，屬五兵尚書，掌少數民族軍隊之政令軍務。六品。

[16]考功：官名，即考功郎，尚書省考功曹長官，掌考課官吏，亦稱考功郎中，資深勤能者可轉侍郎。六品。《通典》卷二三《職官》："考功郎中一人。（漢元帝時，京房作考功課吏之法，然其職不在尚書。至光武，改尚書三公曹，主歲書考課，課諸州郡。魏尚書有考功、定課二曹。宋元嘉三十年，又置功論郎，並其任也。例在吏部郎中篇。後魏考功郎掌考第、孝秀。北齊考功郎中亦掌考第及孝秀貢士。隋文帝置考功侍郎，煬帝改爲考功郎。武德初復爲考功郎中，龍朔二年，改考功爲司績，咸亨初復舊。掌考察内外百官及功臣家傳、碑、頌、誄、謚等事。）"

《唐六典》卷二《尚書吏部》："考功郎中一人，從五品上；（《漢官儀》：'曹郎二人，掌天下歲盡集課。'魏尚書郎曹有考功郎中一人。宋、齊並置功論郎中，梁有秩論侍郎，並考功郎中之任也。北齊有考功郎中。隋文帝置考功侍郎，煬帝改爲考功郎，皇朝改爲考功郎中。龍朔二年改爲司績大夫，咸亨元年復故。）員外郎一人，從六品上；主事三人，從九品上。考功郎中、員外郎之職，掌内外文武官吏之考課。凡應考之官，皆具録當年功過、行能，本司及本州長官對衆讀，議其優劣，定爲九等考第，各於其所由司準額校定，然後送省。内外文武官，量遠近，以程限之有差。其外官附朝集使送簿至省。每年别敕定京官位望高者二人，其一人校京官考，一人校外官考。又定給事中、中書舍人各一人，其一人監京官考，一人監外官考。郎中判京官考，員外郎判外官考。其檢覆同者，皆以功過上使。京官則集應考之人對讀注定，外官對朝集使注定訖，各以奏聞。其親王及中書門下與京官三品已上、外官五大都督，並以功過狀奏，聽裁。凡考課之法有四善：一曰德義有聞，二曰清慎明著，三曰公平可稱，四曰恪勤匪懈。善狀之外，有二十七最：一曰獻替可否，拾遺補闕，爲近侍之最；二曰銓衡人物，擢盡才良，爲選司之最；三曰揚清激濁，褒貶必當，爲考校之最；四曰禮制儀式，動合經典，爲禮官之最；五曰音律克諧，不失節奏，爲樂官之最；六曰決斷不滯，與奪合理，爲判事之最；七曰部統有方，警守無失，爲宿衛之最；八曰兵士調習，戎裝充備，爲督領之最；九曰推鞫得情，處斷平允，爲法官之最；十曰讎校精審，明於刊定，爲校正之最；十一曰承旨敷奏，吐納明敏，爲宣納之最；十二曰訓導有方，生徒充業，爲學官之最；十三曰賞罰嚴明，攻戰必勝，爲將帥之最；十四曰禮義興行，肅清所部，爲政教之最；十五曰詳録典正，詞理兼舉，爲文史之最；十六曰訪察精審，彈舉必當，爲糾正之最；十七曰明於勘覆，稽失無隱，爲句檢之最；十八曰職事修理，供承强濟，爲監掌之最；十九曰功課皆充，丁匠無怨，爲役使之最；二十曰耕耨以時，收穫剩課，爲屯官之最；二十一曰謹於蓋藏，明於出納，爲倉庫之最；二十二曰推步盈虚，究理精密，爲曆官之最；二十三曰占候醫卜，效驗居多，爲方術之最；二十四譏察有方，行旅無壅，爲關津之最；二十五曰市鄽不擾，奸濫不行，爲市肆之最；二十六曰牧養肥碩，蕃息孳多，爲牧官之最；二十七曰邊境肅清，城隍修理，爲鎮防之最。一最已上有四善爲上上；一最已上有三善，或無最而有四善爲上中；一最已上有二善，或無最而有三善爲上下；一最已上有一善，或無最而有二善爲中上；一最已上，或無最而有一善爲中中；職事粗理，善最弗聞爲中下；愛憎任情，處斷乖理爲下上；背公向私，職務廢闕爲下中；居官諂詐，貪濁有狀爲下下。若於善最之外别可嘉尚，及罪雖成殿、情狀可矜，雖不成殿而情狀可責者，省校之日，皆聽考官臨時量定。”

[17]定課：官名，即定課郎，亦作定科郎，尚書定科曹長官，掌制定律令。六品。

[18]凡二十三郎：三，殿本作“五”。

［19］陳矯：三國時廣陵東陽（今江蘇省盱眙縣東）人，字季弼，本姓劉，嗣外祖改姓陳。歷曹魏武、文、明三帝，歷任司空掾、征南將軍長史、樂陵太守、魏郡太守，官至尚書令。　都官：都官郎，尚書省都官曹長官，亦稱都官郎中，資深勤能者可轉侍郎。掌刑獄。六品。

［20］騎兵：官名，即騎兵郎，尚書省騎兵曹長官，亦稱騎兵郎中，管理騎兵事務，屬五兵尚書。六品。

［21］白試：没有官職的人參加的考試。　孝廉：漢代選拔人才的科目。

［22］直事：官名，即直事郎，尚書省直事曹長官。六品。

［23］起部：官名，即起部郎，尚書省起部曹長官，亦稱起部郎中，資深勤能者可轉侍郎。六品。《唐六典》卷七《尚書工部》："郎中一人，從五品上；（蓋《周禮》大司空屬官下大夫，郎中之任也。晋、宋、齊、後魏、北齊皆有起部郎中，梁、陳改置起部侍郎，後周置冬官小司空下大夫。……）員外郎一人，從六品上；主事三人，從九品上。郎中、員外郎掌經營興造之衆務，凡城池之修濬，土木之繕葺，工匠之程式，咸經度之。"

侍中，案黄帝時風后爲侍中，[1]於周爲常伯之任，[2]秦取古名置侍中，漢因之。秦漢俱無定員，以功高者一人爲僕射。魏晋以來置四人，别加官者則非數。掌儐贊威儀，大駕出則次直侍中護駕，正直侍中負璽陪乘，不帶劍，餘皆騎從。御登殿，與散騎常侍對扶，[3]侍中居左，常侍居右。備切問近對，拾遺補闕。及江左哀帝興寧四年，[4]桓温奏省二人，[5]後復舊。

［1］風后：相傳爲黄帝大臣。《史記》卷一《五帝本紀》：黄帝

“舉風后、力牧、常先、大鴻以治民”。

[2]常伯：皇帝近臣泛稱。《尚書·主政》：“王左右常伯、常任。”孔穎達疏：“王之親近左右，常所長事，謂三公也。”

[3]對扶：中華本校勘記：“《初學記》一一、《御覽》二一九引《齊職儀》作‘對挾’，相對夾輔之意。”

[4]哀帝興寧四年：中華本校勘記：“興寧只三年，必有誤字。”

[5]桓温：字元子，本書卷九八有傳。

給事黄門侍郎，[1]秦官也。漢已後並因之，與侍中俱管門下衆事，無員。及晋，置員四人。

[1]給事黄門侍郎：官名，魏晋時爲侍中省或門下省次官。與侍中俱掌門下衆事，職掌略同，地位隨皇帝旨意或侍中地位而定。五品。《通典》卷二一《職官》：“門下侍郎。秦官有黄門侍郎，漢因之，（劉向《與子歆書》曰：‘今若年少，得黄門侍郎，要處也。’）與侍中俱管門下衆事，無員。郊廟則一人執蓋，臨軒朝會則一人執麾。凡禁門黄闥，故號黄門；其官給事於黄闥之内，故曰黄門侍郎。初，秦漢别有給事黄門之職，（揚雄爲給事黄門。）後漢併爲一官，故有給事黄門侍郎，掌侍從左右，給事中使，關通中外。及諸王朝見於殿上，引王就座。無員，屬少府。（又《漢舊儀》曰：‘屬黄門令。’）日暮，入對青瑣門拜，故謂之夕郎。（《宫闥簿》曰：‘青瑣門在南宫。’衛權注《吴都賦》曰：‘青瑣，户邊青鏤也。’）獻帝初即位，置侍中、給事黄門侍郎，員各六人，出入禁中，近侍帷幄，省尚書事。後改給事黄門侍郎爲侍中侍郎，去給事黄門之號，旋復故。初，誅黄門後，侍中、侍郎出入禁闥，機事頗露。由是王允乃奏比尚書，不得出入，不通賓客，自此始。（荀悦爲黄門侍郎。郭况以后弟，小心謙慎，年十六爲黄門侍郎。）魏晋以來，給事黄門侍郎並爲侍衛之官，員四人。（魏杜君名恕，

字務伯，爲黄門侍郎，每政有得失，常引綱維以正言。吴孫丞爲黄門侍郎，與顧榮俱爲侍臣。吴歸命詔曰：‘自今以後，用侍郎當如皇室丞、顧榮儔也。’《山公啓事》曰：‘黄門侍郎和嶠，最有才，可爲吏部郎。’詔曰：‘欲令在左右，更求其次。’又曰：‘黄門侍郎荀彧，清和理正，動可觀采，真侍衛之美者。’）”

《唐六典》卷八《黄門侍郎》：“黄門侍郎二人，正四品上。（《晋職官志》云：‘黄門侍郎，秦官也，無常員，掌侍從左右。漢因之，秩六百石。’劉向《誡子歆書》曰：‘今若年少，得黄門侍郎，要處也。’應劭曰：‘黄門侍郎每日暮向青瑣門拜，謂之“夕郎”。’初，秦又有給事黄門之職，漢因之。至後漢，并二官曰給事黄門侍郎，掌侍從左右，關通中外，諸王朝見則引王就坐。至獻帝時，與侍中各置六員，出入禁中，近侍帷幄，省尚書事；後又改爲侍中侍郎，尋復舊，爲給事黄門侍郎。魏氏置四人。東晋桓温奏省二人，後又復舊，所掌與侍中俱，置四人，管門下衆事，與散騎常侍並清華，而代謂之黄散焉。《晋令》云：‘品第五，秩六百石，武冠，絳朝服。’……）黄門侍郎掌貳侍中之職，凡政之弛張，事之與奪，皆參議焉。若大祭祀，則從升壇以陪禮；皇帝盥手，則奉巾以進；既帨，則奠巾于篚，奉匏爵以贊獻。凡元正、冬至天子視朝，則以天下祥瑞奏聞。”

散騎常侍，本秦官也。秦置散騎，又置中常侍，[1]散騎騎從乘輿車後，中常侍得入禁中，皆無員，亦以爲加官。漢東京初，省散騎，而中常侍用宦者。魏文帝黄初初，置散騎，合之於中常侍，[2]同掌規諫，[3]不典事，貂璫插右，騎而散從，至晋不改。及元康中，惠帝始以宦者董猛爲中常侍，後遂止。常爲顯職。

[1]中常侍：官名，秦漢時爲加官，始稱常侍，元帝後稱中常

侍。東漢改爲正式官員，侍從皇帝左右，出入宫禁顧問應對。和帝以後權任日重，有“在日月之側，聲勢震天下”之稱。曹魏時與散騎合併，稱散騎常侍。孫吴稱“散騎中常侍”，簡稱中常侍。十六國漢、成漢置爲高級宦官，地位與諸少卿相等，侍從帝后左右，傳達詔命，受理尚書門下奏事，職權甚重。三品。《通典》卷二六《職官》：“漢制，置侍中、中常侍各一人，省尚書事，黄門侍郎一人，傳發書奏，皆用姓族。後漢中常侍贊導内事，顧問應對。永平中，始定員數，中常侍四人，（《漢舊儀》曰：‘秩千石，得出入卧内，舉法省中。’省中即禁中也。成帝外家王禁貴重，朝中爲諱禁曰省。）小黄門十人。自明帝以後，員數稍增，改以金璫右貂，兼領卿署之職。自和熹太后以女主稱制，不接公卿，乃以閹人爲常侍、小黄門，通命兩宫，自此以來，悉用閹人，不調他士。自安迄桓，權任尤重，手握王爵，口含天憲。桓帝既與宦官謀誅梁冀，乃封宦者五人，（單超、徐璜、具瑗、左悺、唐衡也。）同日爲侯，皆食邑，故世號‘五侯’焉。（宦者鄭衆字季産，事和帝，一心王室。每策勛班賞，辭多受少，由是常與議事。中官用權，自衆始也。又和帝時，中常侍蔡倫數犯顔匡弼。有宦者曹騰，歷常侍、長秋，封費亭侯，用事省闥三十餘年，奉事四帝，未嘗有過。其所進達，皆海内名人。又有宦者奇音、良賀等，皆清儉，足以勸俗也。楊秉爲太尉，奏請免中常侍侯覽、具瑗等官。尚書召對秉掾屬曰：‘公府外職，而劾近官，經典漢制，有故事否？’秉使對曰：‘春秋趙鞅以晋陽之甲，逐君側之惡。又傳曰：“除君之惡，惟力是視。”鄧通戲慢，申屠嘉召責，文帝請之。漢制故事，三公之職，無所不統。’帝不得已，遂免覽官，削瑗國。）及袁紹大誅宦者之後，永巷、掖庭復用士人，闈闈出入，莫有禁切，侍中、侍郎、門部騶宰，中外雜錯，醜聲彰聞。魏改漢制，太后三卿在九卿下；晋復舊，在同號卿上，有后則置，無后則闕。”

［2］合之於中常侍：常侍，原本、宋本、殿本無此二字，據中華本校勘記補。

[3]同掌規諫：同，殿本作“司”。

給事中，秦官也。所加或大夫、博士、議郎，掌顧問應對，位次中常侍。漢因之。及漢東京省，魏世復置，至晋不改。在散騎常侍下，給事黄門侍郎上，無員。

通直散騎常侍，案魏末散騎常侍又有在員外者。泰始十年，武帝使二人與散騎常侍通員直，故謂之通直散騎常侍。江左置四人。

員外散騎常侍，魏末置，無員。

散騎侍郎四人，魏初與散騎常侍同置。自魏至晋，散騎常侍、侍郎與侍中、黄門侍郎共平尚書奏事，江左乃罷。

通直散騎侍郎四人。初，武帝置員外散騎侍郎，及太興元年，元帝使二人與散騎侍郎通員直，故謂之通直散騎侍郎，後增爲四人。

員外散騎侍郎，武帝置，無員。

奉朝請，本不爲官，無員。漢東京罷三公、外戚、宗室、諸侯多奉朝請。奉朝請者，奉朝會請召而已。武帝亦以宗室、外戚爲奉車、駙馬、騎三都尉而奉朝請焉。[1]元帝爲晋王，以參軍爲奉車都尉，掾屬爲駙馬都尉，行參軍舍人爲騎都尉，皆奉朝請。後罷奉車、騎二都尉，唯留駙馬都尉奉朝請。諸尚公主者劉惔、桓温皆爲之。[2]

[1]奉車、駙馬、騎三都尉：官名，即奉車都尉、駙馬都尉、

騎都尉。皆六品。《通典》卷二九《職官》："奉車、駙馬、騎三都尉，並漢武帝元鼎二年初置。（李陵爲騎都尉。至更始時，官亂，謡曰：'爛羊胃，騎都尉。'）舊無員，或以冠常侍，或卿尹校尉左遷爲之。奉車掌御乘輿車，（《漢官》曰三人。）駙馬掌駙馬，（駙馬，非正駕車，皆爲副馬。一曰：駙，近也，疾也。）騎都尉本監羽林騎，（漢官十人。）又竇嬰爲朝請，（竇太后除嬰門籍，不得入朝請。漢律：諸侯春朝天子曰朝，秋曰請。）後漢並屬光禄勛。奉朝請無員，本不爲官，漢東京罷省三公、外戚、皇室、諸侯多奉朝請。奉朝請者，奉朝會請召而已。晋武帝亦以皇室、外戚爲三都尉而奉朝請焉。元帝爲晋王，以參軍爲奉車都尉，掾屬爲駙馬都尉，行參軍舍人爲騎都尉，皆奉朝請。後罷奉車、騎二都尉，唯留駙馬都尉奉朝請而已。諸尚公主者，若劉惔、桓温等皆爲之。"

[2]劉惔：字真長，本書卷七五有傳。

中書監及令，[1]案漢武帝游宴後庭，始使宦者典事尚書，謂之中書謁者，置令、僕射。成帝改中書謁者令曰中謁者令，罷僕射。漢東京省中謁者令，而有中官謁者令，非其職也。魏武帝爲魏王，置秘書令，典尚書奏事。文帝黄初初改爲中書，置監、令，以秘書左丞劉放爲中書監，[2]右丞孫資爲中書令；[3]監、令蓋自此始也。及晋因之，並置員一人。[4]

[1]中書監及令：中書監，官名，中書省長官之一。三國魏文帝初年分秘書置中書省，長官爲中書監、中書令。掌收納奏章、草擬詔令。平常不分高下，入朝時監略高於令。三品。令，中書令，官名，掌收納尚書奏事、傳達皇帝詔旨。三國魏文帝初年分秘書置中書省，設中書監和中書令，職權甚重。三品。《通典》卷二一

《職官》:“舜攝位，命龍作納言，出入帝命。《周官》，内史掌王之八柄，爵、禄、廢、置、生、殺、與、奪，‘執國法及國令之貳，以考政事’。蓋今中書之任。其所置中書之名，因漢武帝游宴後庭，始以宦者典事尚書，謂之中書謁者，置令、僕射。（不言謁者，省文也。）元帝時，令弘恭，僕射石顯，秉勢用事，權傾内外。蕭望之以爲中書政本，宜以賢明之選，更置士人，自武帝故用宦者，掌出入奏事，非舊制也。成帝建始四年，改中書謁者令曰中謁者令，更以士人爲之，皆屬少府。漢東京省中謁者令官。（時有中官謁者令，非其職也。）魏武帝爲魏王，置秘書令，典尚書奏事，又其任也。文帝黄初初，改爲中書令，又置監，以秘書左丞劉放爲中書監，右丞孫資爲中書令，並掌機密。中書監、令，始於此也。及明帝時，中書監、令，號爲專任，其權重矣。（時中護軍蔣濟上疏諫曰:‘夫人臣太重者國危，左右太親者身蔽，古之至誡。權在下者，則衆心慢上，勢之常也。今外所言，輒云中書，實握事要，日在目前，儻因疲倦之間有所割制，衆臣見其能推移於事，即亦回附向之。請分任衆官，不使聖明之朝有專吏之名也。’）晋因之，置監、令一人，始皆同車，後乃異焉。（初，監、令常同車入朝。及和嶠爲令，荀勖爲監，嶠意抗，鄙荀巧佞，以意氣加之，專車而坐，自此監令乃使異車。）魏晋以來，中書監、令掌贊詔命，記會時事，典作文書。（司馬景王命中書令虞松作表，再呈，不可意。松竭思不能改正，鍾會視其草，爲定五字，松大悦服。又荀勖爲中書監，使子組草詔。傅祗爲監，病風，又使息暢爲啓。華廙爲監，時戎事多不洩，廙啓武帝，召授子薈草詔。前後相承，以子弟管之，自此始也。又王獻之爲中書令，啓瑯琊王爲中書監，表曰:‘中書職掌詔命，非輕才所能獨任。自晋建國，嘗命宰相參領。中興以來，益重其任，故能王言彌徽，德音四塞者也。’……）以其地在樞近，多承寵任，是以人固其位，謂之‘鳳凰池’焉。（荀勖守中書監、侍中，毗贊朝政。及遷尚書令，勖久在中書，專管機事，失之甚愠。人有賀者，勖怒曰:‘奪我鳳凰池，諸公何賀焉!’）晋制，銅印墨綬，進賢兩梁冠，絳朝服，佩水蒼玉，乘軺車。（《吴紀》亮爲尚書令，其子騭爲中書令，每朝會，吴主以屏風隔其坐。《晋書》曰：張華爲監，裴楷爲令，共掌機密。又王洽字敬和，爲中書令，時年二十九。後洽子隃又爲中書令，時謂爲奕世令德。）東晋嘗併其職入散騎省，尋復置之。"

《唐六典》卷九《中書令》："中書令二人，正三品。（《周官》：'内史掌王之八柄，掌書王命。'蓋中書之任也。漢中書謁者令、丞屬少府。自武帝游宴後庭，故用宦者。司馬遷被腐刑之後爲中書令，即其任也。不言'謁者'，省文也。宣帝時任中尚書官弘恭、石顯，皆宦者，恭爲令，顯爲僕射。元帝即位，恭死，顯代爲中書令。元帝以中人無外黨，遂委以政事，事無大小，皆因决白，貴幸傾朝，公卿已下畏之，重足一迹。成帝改中書謁者令曰中謁者令，罷中書宦官，更以士人爲之。《漢舊儀》云：'領贊尚書出入奏事，秩千石。'後漢省。獻帝時，魏武爲魏王，置秘書令，典尚書奏事，此又中書之任也。魏黄初，改秘書令典尚書奏事爲中書令，又置監與令各一人，秩並千石，以秘書左丞劉放爲中書監，右丞孫資爲中書令，二人用事，權自此重矣。魏制監右於令，故孟康自中書令遷中書監，時以爲美也。魏中書典尚書奏事，若密詔下州郡及邊將，則不由尚書。晋氏監、令並第三品，秩千石，銅印、墨綬，進賢兩梁冠，絳朝服，佩水蒼玉，軺車。監、令掌贊詔命，記會時事，典作文書。舊尚書并掌詔奏，既有中書官，而詔悉由中書也。故荀勗從中書監爲尚書令，人賀之，乃發恚曰：'奪我鳳皇池，何賀之有？'東晋朝更重其職，多以諸公領之。中興之後，以中書之任并入散騎省，後復置之。……）中書令之職，掌軍國之政令，緝熙帝載，統和天人。入則告之，出則奉之，以厘萬邦，以度百揆，蓋以佐天子而執大政者也。"

［2］秘書左丞：官名，東漢建安十八年（213）曹操爲魏公後置，典尚書奏事，屬秘書令，權任頗重。《通典》卷二五《職官》："丞：魏武帝置秘書令及丞一人，典尚書奏事。後文帝黄初中，欲

以何禎爲秘書丞，而秘書先自有丞，乃以禎爲秘書右丞。（文帝徵何禎，至爲秘書郎，月餘，禎因事，帝令問外曰：‘吾本用禎爲丞，何故爲郎？’按主者罪，遂改爲丞。時秘書舊丞尚未轉，乃以禎爲右丞。）其後遂有左右二丞，劉放爲左丞，孫資爲右丞，後省。（魏薛夏字宣聲，爲秘書丞，帝常與推論書傳，呼之不名，謂之‘薛君’。）晋復置秘書丞，銅印墨綬，進賢一梁冠，絳朝服。（嵇紹、司馬彪、傅暢、王謐等並爲此官。）”

《唐六典》卷一〇《秘書省》：“丞一人，從五品上。（漢獻帝建安中，魏武爲魏王，置秘書令及二丞，典尚書奏事，並中書之任也。《魏志》‘劉劭，建安末自秘書郎轉秘書丞’是也。魏文黄初中，分秘書立中書，以秘書左丞劉放爲中書監，秘書右丞孫資爲中書令，而秘書置丞一人，秩四百石。《魏志》云：‘何楨，文帝時上《許都賦》，帝異之，公車徵到爲秘書郎。後月餘，楨閲事，帝問外：“吾本用楨爲丞，何故爲郎？”案主者罪，遂改爲丞。時秘書丞尚未轉，遂以楨爲右丞。’晋武并秘書入中書，謂之中書秘書丞。惠帝又置秘書丞二人。《晋令》：‘秘書丞品第六，銅印、墨綬，進賢一梁冠，絳朝服。’《晋書》稱：‘桓石綏爲秘書丞，啓校四部圖書。’……）”

劉放：三國時涿郡（今河北省涿州市）人，字子棄。曹操時任司空軍事、秘書郎。文帝時任中書監，加給事中，掌機密。明帝時加散騎常侍。明帝病重，乃與孫資謀使明帝詔司馬懿、曹爽輔政。官至左光禄大夫，驃騎將軍。

[3]孫資：三國時太原中都（今山西省平遥縣西南）人，字彦龍。東漢建安初任曹操丞相軍事，後遷秘書郎。文帝時爲中書令，加給事中，掌機密。明帝病重時與劉放共謀使司馬懿、曹爽輔政。後加右光禄大夫，轉衛將軍，官至侍中、領中書令。

[4]並置員一人：殿本無“員”字。

中書侍郎，[1]魏黄初初，中書既置監、令，又置通事郎，次黄門郎。黄門郎已署事過，通事乃署名。已署，奏以入，爲帝省讀，書可。及晋，改曰中書侍郎，員四人。中書侍郎蓋此始也。及江左初，改中書侍郎曰通事郎，尋復爲中書侍郎。

[1]中書侍郎：官名，三國魏文帝黄初初年設中書省，在長官中書監、中書令以下有通事郎，後增設中書郎，亦稱中書侍郎。掌草擬詔書，外出執行重要使命等。五品。《通典》卷二一《職官》："中書侍郎。漢置中書，領尚書事，有丞、郎。魏黄初初，中書既置監、令，又置通事郎，（《魏志》曰：'掌詔草，即漢尚書郎之位。'）次黄門郎。黄門郎已署事過，通事乃署名。已署奏以入，爲帝省讀，書可。後改通事郎爲中書侍郎。（明帝詔舉中書郎，謂盧毓曰：'得人與否，在盧生耳。'又魏末張華遷長史，兼中書郎，朝議表奏，多見施用。）晋置四員，及江左初，又改爲通事郎，尋復爲中書侍郎。其職副掌王言，更入直省五日，從駕則正直從，次直守。（張華兼中書郎，從駕征鍾會，掌書疏表檄。又《荀勖集》：泰始中，中書郎張華、王濟猶尚自起草，及後，遂失舊體。又嵇含字君道，爲中書郎，書檄雲集，含初不立草。又華廙爲人弘雅，加以名家子孫，以婦父盧毓典選，至三十五，爲中書通事郎。又王濛爲中書郎四年，無人對，以濛難比肩故也。）"

《唐六典》卷九《中書侍郎》："中書侍郎二人，正四品上。（按《環濟要略》：漢置中書，掌密詔，有令、僕、丞、郎。《漢舊儀》云：'置中書領尚書事，掌匈奴營部一郎，民曹一郎，謁者一郎。'魏黄初，中書置監、令，又置通事郎，次黄門郎，即中書侍郎之任也。《魏志》：'明帝詔舉中書郎，謂盧毓曰："得人與否，在盧生耳。"'又：'司馬宣王辟王伯輿，擢爲中書侍郎。'則其名起於魏氏。《晋令》：'中書侍郎四人，品第四，給五時朝服，進賢一梁冠。’晋氏每一郎入直西省，專掌詔草，更直省五日；從駕，則正直從，次直守。東晋又改爲通事郎，尋復舊。……）中書侍郎掌貳令之職，凡邦國之庶務，朝廷之大政，皆參議焉。凡臨軒册命大臣，令爲之使，則持册書以授之。（若自内册，則以册書授使者。册后則奉琮、璽及綬，册太子則奉璽、綬，皆以授使者。）凡四夷來朝，臨軒則受其表疏，升于西階而奏之；若獻贄幣則受之，以授於所司。”

中書舍人，案晋初初置舍人、通事各一人，[1]江左合舍人通事謂之通事舍人，[2]掌呈奏案章。[3]後省，而以中書侍郎一人直西省，又掌詔命。

[1]通事各一人：一，原本、宋本、殿本作“十”，據中華本校勘記改。

[2]江左合舍人通事：合，原本、宋本、殿本作“令”，據中華本改。

[3]掌呈奏案章：原本、宋本、殿本無“章”字。中華本校勘記：“各本均作‘掌呈奏案’，無‘章’字，文義不具。今據《宋書·百官志》下、《通典》二一及《職官分紀》七引補‘章’字。”

秘書監，[1]案漢桓帝延熹二年置秘書監，[2]後省。魏武爲魏王，置秘書令、丞。[3]及文帝黄初初，置中書令，典尚書奏事，而秘書改令爲監。後以何禎爲秘書丞，[4]而秘書先自有丞，乃以禎爲秘書右丞。及晋受命，武帝以秘書并中書省，其秘書著作之局不廢。惠帝永平中，復置秘書監，其屬官有丞，有郎，[5]并統著作省。

[1]秘書監：官名，秘書省長官，掌管藝文圖籍、課試署吏，統著作局，掌國史修撰並管理中外三閣圖書。三品。《通典》卷二五《職官》："《周官》太史掌建邦之六典；又有外史，掌四方之志、三皇五帝之書。漢氏圖籍所在，有石渠、石室、延閣、廣内，貯之於外府。又有御史中丞居殿中，掌蘭臺秘書及麒麟、天禄二閣，藏之於内禁。後漢圖書在東觀，桓帝延熹二年，始置秘書監一人，掌典圖書古今文字，考合同異，屬太常，（以其掌圖書秘記，故曰秘書。）後省。魏武帝又置秘書令，典尚書奏事。（即中書令之任。）文帝黄初初，乃置中書令，典尚書奏事，而秘書改令爲監，掌藝文圖籍之事。初屬少府，後乃不屬。（自王肅爲監，乃不屬。）其蘭臺亦藏書籍，而御史掌之。（魏薛夏云：'蘭臺爲外臺，秘書爲内閣。'）晋武帝以秘書併入中書省。其秘書著作之局不廢。惠帝永平中，復别置秘書監，并統著作局，掌三閣圖書。自是秘書之府，始居於外。其監，銅印墨綬，進賢兩梁冠，絳朝服，佩水蒼玉。（華嶠爲秘書監，南省文章、門下撰集皆統之。《嶠集·謝秘書監表》曰：'劉向父子，世典史籍，馬融博通，三入東觀，非臣庸賤所敢投迹。'華譚爲秘書監，自負宿名，意甚不快，曰：'臣老矣，將待死秘閣。汲黯之言，復存於今日。'上不悦。温嶠表曰：'國史之興，將明得失，使一代之典，焕然可觀。'今之秘書著作是也。）"

《唐六典》卷一〇《秘書省》："秘書省：監一人，從三品；（《周禮·春官》：'太史掌建邦之六典。'又：'小史掌邦國之志，定繫代。'又：'外史掌四方之志，三皇、五帝之書。'並秘書之任也。秦則博士官所職，禁人藏書。漢氏除挾書之律，開獻書之路，置寫書之官，又令謁者陳農求遺書於天下，故文籍往往而出，並藏之書府。在外則有太常、太史、博士掌之，内則有延閣、廣内、石渠之藏。又，御史中丞在殿中掌蘭臺秘書圖籍。又，未央宫中有麒麟閣、天禄閣，亦藏書。劉向、楊雄典校，皆在禁中，謂之中書，猶今言内庫書也。後漢則藏之東觀，亦禁中也。至桓帝延熹二年，始置秘書監，屬太常，掌禁中圖書秘記，故曰秘書。《漢官》云：‘秘書監一人，秩六百石。’魏武爲魏王，置秘書令，典尚書奏事，即中書之任也，兼掌圖書秘記。文帝黄初中，分秘書立中書，因置監、令，乃以散騎常侍王象領秘書監，撰《皇覽》。魏氏蘭臺亦藏書，御史掌焉。《魏略》：‘薛夏云：“蘭臺爲外臺，秘書爲内閣。”’是也。魏初，秘書屬少府。及王肅爲監，以爲秘書之職即漢東觀之任，安可復屬少府！自此之後，不復屬焉。至晋武，又以秘書并入中書。惠帝永平元年詔：‘秘書典綜經籍，考校古今，中書自有職務，遠相統攝，於事不專。宜令復别置秘書寺，掌中外三閣圖書。’自是，秘書寺始外置焉。《晋令》云：‘品第五，絳朝服，銅印、墨綬，進賢兩梁冠，佩水蒼玉。’……）少監二人，從四品上；丞一人，從五品上。秘書監之職，掌邦國經籍圖書之事。有二局：一曰著作，二曰太史，皆率其屬而修其職；少監爲之貳焉。丞掌判省事。”

［2］延熹二年：二，殿本作“三”。

［3］秘書令、丞：秘書令即秘書監。秘書丞，《通典》卷二六《職官》：“魏武帝置秘書令及丞一人，典尚書奏事。後文帝黄初中，欲以何禎爲秘書丞，而秘書先自有丞，乃以禎爲秘書右丞。（文帝徵何禎，至爲秘書郎，月餘，禎因事，帝令問外曰：‘吾本用禎爲丞，何故爲郎？’按主者罪，遂改爲丞。時秘書舊丞尚未轉，乃以禎爲右丞。）其後遂有左右二丞，劉放爲左丞，孫資爲右丞，後省。（魏薛夏字宣聲，爲秘書丞，帝常與推論書傳，呼之不名，謂之‘薛君’。）晋復置秘書丞，銅印墨綬，進賢一梁冠，絳朝服。（嵇紹、司馬彪、傅暢、王謐等並爲此官。）”

《唐六典》卷一〇《秘書省》：“丞一人，從五品上。（漢獻帝建安中，魏武爲魏王，置秘書令及二丞，典尚書奏事，並中書之任也。《魏志》‘劉劭，建安末自秘書郎轉秘書丞’是也。魏文黄初中，分秘書立中書，以秘書左丞劉放爲中書監，秘書右丞孫資爲中書令，而秘書置丞一人，秩四百石。《魏志》云：‘何楨，文帝時上

《許都賦》，帝異之，公車徵到爲秘書郎。後月餘，楨閱事，帝問外："吾本用楨爲丞，何故爲郎？"案主者罪，遂改爲丞。時秘書丞尚未轉，遂以楨爲右丞。'晋武并秘書入中書，謂之中書秘書丞。惠帝又置秘書丞二人。《晋令》：'秘書丞品第六，銅印、墨綬，進賢一梁冠，絳朝服。'《晋書》稱：'桓石綏爲秘書丞，啓校四部圖書。'）"

［4］何禎：禎，原本作小字"御名"二字，宋本、殿本作"禎"，據宋本、殿本、中華本改用本字。本段下文"禎爲秘書右丞"同。

［5］郎：秘書郎。《通典》卷二六《職官》："秘書郎：後漢馬融（字季長。）爲秘書郎，詣東觀典校書。及魏武建國，又置秘書郎，嘗以劉劭爲之，出乘鹿車。（王肅表曰：'臣以爲秘書職於三臺爲近密，中書郎在尚書丞、郎上，秘書丞、郎宜次尚書郎下，不然則宜次侍御史下。秘書丞、郎俱四百石，遷宜比尚書郎，出亦宜爲郡，此陛下崇儒術之盛旨也。尚書郎、侍御史皆乘犢車，而秘書丞、郎獨乘鹿車。不得朝服，又恐非陛下轉臺郎以爲秘書丞、郎之本意也。'）晋秘書郎掌中外三閣經書，校閱脱誤。進賢一梁冠，絳朝服。亦謂之郎中。武帝分秘書圖籍爲甲乙丙丁四部，使秘書郎中四人各掌其一。（左太冲爲《三都賦》，自以所見不博，求爲秘書郎中。又鄭默字思元，爲秘書郎，删省舊文，除其浮穢。中書令虞松曰：'而今而後，朱紫别矣。'鍾會、左太冲、劉隗等並爲此官。）"

著作郎，[1]周左史之任也。漢東京圖籍在東觀，故使名儒著作東觀，有其名，尚未有官。魏明帝太和中，詔置著作郎，於此始有其官，隸中書省。及晋受命，武帝以繆徵爲中書著作郎。元康二年，詔曰："著作舊屬中書。而秘書既典文籍，今改中書著作爲秘書著作。"

於是改隸秘書省。後別自置省而猶隸秘書。著作郎一人，謂之大著作郎，專掌史任，又置佐著作郎八人。著作郎始到職，必撰名臣傳一人。

［1］著作郎：官名，三國時爲著作局長官，隸屬中書省。西晋時著作局别自署省，長官仍爲著作郎，改隸屬秘書省。西晋後亦稱大著作郎、大著作、著作，掌國史及起居注的修撰。兩晋南北朝時爲清要之官，多由有名望的文學之士擔任，也用司空、侍中、尚書等官典領。職閑位重，南朝時多爲貴族起家官。六品。《通典》卷二六《職官》："著作郎：漢東京圖書悉在東觀，故使名儒碩學入直東觀，撰述國史，謂之著作東觀，皆以他官領焉，蓋有著作之任，而未爲官員也。（蘭臺令史班固、傅毅，睢陽令陳宗，長陵令尹敏，司隸從事孟異及楊彪等，並著作東觀。）魏明帝太和中，始置著作郎官，隸中書省，專掌國史。（衛覬字伯儒，以侍中尚書典著作。）晋元康二年，詔曰：'著作舊屬中書，而秘書既典文籍，宜改中書著作爲秘書著作。'於是改隸秘書，後别自置省，（謂之著作省。）而猶隸秘書。著作郎一人，謂之大著作，專掌史任。（李充字弘度，爲大著作。於時典籍混亂，充删除煩重，分作四部，秘閣以爲永制。又曰：荀勖以中書監、孫盛以秘書監並領著作。孫綽以散騎常侍及陳壽並爲大著作。又應亨祖嘉讓著作表曰：'自司隸校尉奉至臣父，五代著作不絶，邦族以爲美談。'）進賢兩梁冠，介幘，絳朝服。（王隱待詔著作，單衣介幘，月朔詣於著作省，亦其任也。）宋、齊與晋同。梁制一梁冠，而無印綬。（以上並大著作。）魏氏又置佐著作郎，亦屬中書。晋佐著作郎八人，進賢一梁冠，絳朝服。秘書監自調補之。（太元四年詔：'秘書無監，使吏部選佐著作郎，有監復舊。'又《閤纂集》云：'鄒湛謂秘書監華嶠曰："閤纂可佐著作。"嶠曰："此職閑重，勢貴多争，不暇求才。"'按此則大著作亦監自調也。）晋制，佐著作郎始到職，必撰名臣傳一人；宋初，

以國朝始建，未有合撰者，其制遂廢矣。宋、齊以來，遂遷‘佐’於下，謂之著作佐郎，亦掌國史，集注起居。”

《唐六典》卷一〇《秘書省》：“著作局：著作郎二人，從五品上；（《續漢書》稱班固、傅毅以蘭臺令史，陳宗以洛陽令，尹敏以長陵令，孟冀以司隸校尉，並著作東觀。然皆佗官兼著作之名，而未正其官。至魏明帝太和中，置著作郎，隸中書省。晋惠帝元康二年，詔曰：‘著作舊屬中書，而秘書既别典文籍，今改中書著作爲秘書著作。’後又别自名省，曰著作省，而猶隸秘書。魏、晋著作郎一人，俗謂之大著作，專掌史任，亦或爲兼官。《晋令》：‘著作郎品第六，進賢一梁冠，絳朝服。’《晋書》稱陳壽作《益部耆舊傳》，武帝善之，以爲著作郎；張載作《劍閣銘》，世祖以爲能，除著作郎；孫楚自佐著作郎轉著作郎，此皆謂大著作也。又：荀勖以中書監，干寶、虞預、徐廣以散騎常侍，孫綽以給事中，伏滔以游擊將軍，孫盛以秘書監，並兼領著作。又：陳郡王隱待詔著作，單衣介幘，朝朔望於著作省，亦其任也。……）著作佐郎四人，從六品上；（著作佐郎修國史。《宋百官春秋》云：‘常道鄉公咸熙百官名有著作佐郎三人。’晋定員八人；哀帝興寧二年，大司馬桓温表省四人；孝武帝寧康元年復置八人。《晋令》：‘著作佐郎品第六，進賢一梁冠，絳朝服。’孝武太元四年詔：‘秘書監自選著作佐郎，今並無監，使吏部選，有監復舊焉。’宋、齊並同。晋制：著作佐郎始到職，必撰名臣傳一人。宋氏之初，國朝始建，未有合撰者，此制遂替矣。……）校書郎二人，正九品上；正字二人，正九品下。著作郎掌修撰碑志、祝文、祭文，與佐郎分判局事。”

太常、[1]光禄勛、[2]衛尉、[3]太僕、廷尉、[4]大鴻臚、[5]宗正、[6]大司農、[7]少府、[8]將作大匠、[9]太后三卿、[10]大長秋，[11]皆爲列卿，各置丞、功曹、主簿、五官等員。

[1]太常：官名，漢代稱奉常，本掌禮樂宗廟、社稷祭祀，魏晋時此職掌歸尚書裁定，太常成爲閑職。三品。《通典》卷二五《职官》："今太常者，亦唐虞伯夷爲秩宗兼夔典樂之任也。周時曰宗伯，爲春官，掌邦禮。秦改曰奉常，漢初曰太常，欲令國家盛大常存，故稱太常。(顏師古曰：'太常者，王之旌也，畫日月焉。王者有大事則建以行，禮官主奉持之，故曰奉常，後改爲太，尊大之義也。')惠帝更名奉常，景帝六年，更名太常。(惠帝時，叔孫通爲太常，定宗廟儀法及定漢儀法，皆叔孫通所著論也。又任越爲太常，坐太廟酒酸免。孔臧爲太常，坐南陵橋壞免。王莽改太常卿爲秩宗。)後漢秩與漢同。每祭祀，前奏其禮儀；及行事，贊天子。每選試博士，奏其能否。大射、養老、大喪，皆奏其儀。每月前晦，察行陵廟。助祭則平冕七旒。漢舊常以列侯忠敬孝慎者居之；後漢不必侯也。舊制陵縣悉屬，歲舉孝廉，後漢則否。(後漢周澤爲太常，清絜修行，卧疾齋宫，其妻窺問所苦，澤怒，以妻干齋禁，收送獄。時爲之語曰：'生世不諧，作太常妻。一歲三百六十日，三百五十九日齋。一日不齋醉如泥，既得作事復低迷。'又桓榮及子郁皆爲太常。初，榮受學章句，減其煩辭，後郁又删定，由是有《桓君大小太常章句》。又劉愷爲太常卿，論議常引大義，諸儒爲之語曰：'難經忼忼劉太常。'忼，呼郎切。)建安中爲奉常。魏黄初元年改爲太常。魏晋皆銀章青綬，進賢兩梁冠，絳朝服，佩水蒼玉。(魏夏侯玄爲太常，多所注改。晋王祥爲太常，高貴鄉公命爲三老。又鄭默字思元，爲太常。山濤欲舉一親爲博士，見默，語曰：'卿似尹翁歸，令吾不敢言。'柔而能整也。又蔡謨字道明，拜太常。咸康四年，臨軒，門下奏'非祭祀宴饗則無設樂'。奏宜金石，帝納焉。臨軒作樂自此始。)"

《唐六典》卷一四《太常寺》："太常寺：卿一人，正三品；(唐、虞之時，伯夷作秩宗，典三禮；又夔典樂，以教胄子。《周官》：'大宗伯卿一人，掌建邦天神、人鬼、地祇之禮。'秦曰奉常，典宗廟禮儀。至漢高祖，名曰太常。惠帝復曰奉常，景帝又曰太常。漢制以列侯忠孝敬慎者居之，秩中二千石。王莽改曰秩宗。後漢太常掌禮儀、祭祀；及行事，掌贊天子；大射、養老、大喪，皆奏其禮儀；每月前晦，察行陵廟；并選試博士，奏其能否。魏因之。晋太常置功曹、主簿、五官等員，品第三，銀章、青綬，進賢兩梁冠，五時朝服，佩水蒼玉。……）少卿二人，正四品上。（《周禮》有小宗伯中大夫二人。秦、漢無聞。後魏太和十五年，初置少卿官，太常少卿一人，第三品上；至二十二年，降爲正四品上。……）太常卿之職，掌邦國禮樂、郊廟、社稷之事，以八署分而理焉：一曰郊社，二曰太廟，（開元二十四年，敕廢太廟署，令少卿一人知太廟事。）三曰諸陵，四曰太樂，五曰鼓吹，六曰太醫，七曰太卜，八曰廩犧，總其官屬，行其政令；少卿爲之貳。凡國有大禮，則贊相禮儀；有司攝事，爲之亞獻；率太樂之官屬，設樂縣以供其事。燕會亦如之。若三公行園陵，則爲之副，公服乘輅，備鹵簿，而奉其禮。若大祭祀，則先省其牲器。凡大卜占國之大事及祭祀卜則日，皆往莅之於太廟南門之外。（中祀以上，則太常卿莅卜；若小祀及非大事，則太卜令莅卜也。）凡大駕巡幸，出師克獲，皆擇日告於太廟。（太廟有修造，亦如之。）凡仲春薦冰，及四時品物甘滋新成者，皆薦焉。凡有事於宗廟，少卿帥太祝、齋郎入薦香燭，整拂神幄，出入神主；將享，則與良醞令實尊罍。凡備大享之器物有四院，各以其物而分貯焉。"

[2]光禄勛：官名，侍從皇帝左右，掌宫廷宿衛。西晋時兼掌原屬少府的一部分宫廷供御事務。三品。《通典》卷二五《職官》："秦有郎中令，（主郎内諸官，故曰郎中令。掌宫殿掖門户，漢因之。石建爲郎中令，奏事，事已下，建省讀，驚曰：'書馬者，與尾而五，今乃不足一，獲譴死矣！'其謹慎如此。）至武帝太初元年，更名光禄勛。（應劭曰：'光，明也；禄，爵也；勛，功也。'如淳曰：'勛之言閽也。閽，古主門之官。光禄主宫門故也。'張安世爲光禄勛，郎有醉，小便殿上，主事行法。安世曰：'何以知其不覆水也？'郎有淫官婢，婢兄自言，安世曰：'奴以恚怒，誣污衣

冠。’告署搗奴，其隱人過失如此。王莽改光禄勛爲司中。）後漢曰光禄勛，所掌同，典三署郎更直執戟宿衛，考其德行而進退之。（漢東京三署郎有德應四科者，歲舉茂才二人、四行二人。及三署郎罷省，光禄勛猶依舊舉四行衣冠子弟以充之。）郊祀之事，掌三獻。光禄勛居禁中。如宋之殿中御史。有獄在殿門外，謂之光禄外部。兩漢自光禄、太中、中散、諫議等大夫，及謁者僕射、羽林郎、郎中、侍郎，五官、武賁、左右等中郎將，奉車、駙馬二都尉，車、户、騎三將，（如淳曰：‘主車曰車郎，主户衛曰户郎。’並屬光禄勛。後漢張湛字子孝，拜光禄勛。光武臨朝，或有惰容，湛輒陳諫其失。常乘白馬，上後見湛，輒曰：‘白馬生且復諫矣。’又杜林字伯山，爲光禄勛，内供奉宿衛，外總三署，周密敬慎，選舉稱平。郎有好學者，輒見誘進，朝夕滿堂，士以此高而慕附。又荀爽爲光禄勛，視事三日，册拜司空。）建安末，復改光禄勛爲郎中令。魏黄初元年，復爲光禄勛。東晋哀帝興寧二年，省光禄勛，併司徒。孝武寧康元年，復置。自魏晋以後，無復三署郎，而光禄不復居禁中，唯外官朝會，則以名到焉。二臺奏劾，則符光禄加禁止，解禁止亦如之。（禁入殿省，光禄主殿門故也。）”

《唐六典》卷一五《光禄寺》：“光禄寺：卿一人，從三品；（《漢書·百官表》云：‘郎中令，秦官，武帝太初元年，更名光禄勛，掌宫殿門户，秩中二千石。’今雖取其名，職務則别。後漢兼掌郊祀三獻。獻帝末，又改爲郎中令。魏文帝黄初元年，復爲光禄勛。晋光禄勛有署丞、功曹、主簿、五官等員。東晋哀帝興寧二年，省并司徒；孝武帝寧康元年，復置。魏、晋已來無三署郎，光禄勛不復居禁中，宫殿門户猶屬焉。……）少卿二人，從四品上。光禄卿之職，掌邦國酒醴膳羞之事，總太官、珍羞、良醞、掌醢四署之官屬，修其儲備，謹其出納；少卿爲之貳。凡國有大祭祀，則省牲、鑊，視濯、溉。若三公攝祭，則爲之終獻。朝會、燕饗，則節其等差，量其豐約以供焉。”

[3]衛尉：官名，掌宫廷禁衛，兼管武庫、冶鑄，領江北冶令

三十九員、南北東西諸督冶掾。三品。《通典》卷二五《職官》:“衛尉，秦官，掌門衛屯兵。漢因之。(《漢舊儀》曰:‘衛尉寺在宫内。’胡廣云:‘主宫闕之内衛士，於周垣下爲區盧。區廬者，若今之仗宿屋。’)景帝初，更名中大夫令，後元年復爲衛尉。又有長樂、建章、甘泉衛尉，皆掌其宫，其職略同，而不常置。(顔師古曰:‘各隨所掌之宫，以爲官名。’)後漢有衛尉卿一人，職與漢同。晋銀章青綬，五時朝服，武冠，佩水蒼玉，掌冶鑄，領冶令三十九。(户五千三百五十。冶在江北;而江南唯有梅根及冶塘二冶，皆屬揚州，不屬衛尉。)晋江左不置衛尉。”

《唐六典》卷一六《衛尉寺》:“衛尉寺:卿一人，從三品;(《漢書·百官表》云:‘衛尉，秦官也，掌宫門衛屯兵。漢因之。景帝中六年，更名中大夫令;後元年，復爲衛尉。屬官有公車司馬、衛士、旅賁三令、丞;又諸屯衛候司馬二十二官皆屬焉。又有長樂、建章、甘泉衛尉，各掌其宫之職，不常置。’後漢衛尉又有南宫、北宫衛士令、丞，餘同前漢。荀綽《百官表》:‘衛尉，品第三，銀章、青綬，五時朝服，武冠，佩水蒼玉。’過江省，宋孝建元年復置，齊因之。……)少卿二人，從四品上。衛尉卿之職，掌邦國器械、文物之政令，總武庫、武器、守宫三署之官屬;少卿爲之貳。凡天下兵器入京師者，皆籍其名數而藏之。凡大祭祀、大朝會，則供其羽儀、節鉞、金鼓、帷帟、茵席之屬。其應供宿衛者，每歲二時閲之，其有損弊者，則移于少府監及金吾修之。”

[4]廷尉:官名，中央最高司法審判機構長官，負責會審朝中有罪文武大臣，覆核審决郡國疑獄等。三品。秩中二千石。《通典》卷二五《職官》:“今大理者，亦舜攝帝位，皋繇作士，正五刑，周秋官之任。(《韓詩外傳》曰:‘晋文公使李離爲大理，過聽殺人，自拘於廷，遂伏劍死。君子曰忠與仁。’《新序》曰:‘楚昭王時，石奢爲理，有殺人者，奢追之，則其父也。奢曰:“以父成政，不孝;不行君法，非忠。”遂刎頸而死於廷。’又《家語》曰:‘季羔爲衛士師，刖人之足。俄而衛有亂，季羔逃，刖者守門，謂羔曰:

“彼者缺。”羔曰：“君子不隧。”又曰：“此有室。”季羔入焉。既罷，羔問曰：“吾親刖子之足，而逃我，何也？”刖者曰：“曩者，君理人以法令，先君後臣，欲臣之免也，臣知之。臨當論刑，君愀然不樂，見於顏色，臣又知之。君豈私臣哉！天生君子，其道固然，此臣之所脱君也。”孔子聞之曰：“善哉！爲吏者用法，一思仁恕則樹德，如嚴暴則樹怨，公以行之，其子羔乎？”’）秦爲廷尉，漢因之，掌刑辟，凡獄必質之朝廷，與衆共之之義也。兵獄同制，故曰廷尉。（此應劭注也。顏師古曰：‘廷，平也。理獄貴平，故以爲號。’）景帝中六年，更名大理；武帝建元四年，復爲廷尉；哀帝元壽二年，復爲大理。（《漢書》云：張釋之字季，爲廷尉。文帝出，嘗有人從渭橋下走，乘輿馬驚，捕之，屬廷尉。釋之奏其犯蹕，當罰金。上怒，釋之曰：‘法者，所與天下公共也。且以其時而立誅之則已，今既下廷尉，廷尉，天下之平也。今一傾，而天下用法皆爲之輕重，民安所措其手足乎？’後又有盜高廟座前玉環者，文帝欲族之，釋之奏當棄市。上大怒，釋之曰：‘法如是也。今盜宗廟器而族之，如令愚民取長陵一抔土，陛下何以加其法乎？’衆皆呼爲張廷尉。又張湯爲廷尉，决大獄，欲傅古義，乃請博士弟子理《尚書》《春秋》，補廷尉史，平亭疑法。奏讞疑事，必先爲上分别其源，以揚主之明，言此自天子意，非由有司也。奏事有善則讓曰：‘監、掾、史某所爲也。’亭者，平也，均也。又杜周爲廷尉，而善伺上所欲。客有讓周曰：‘君爲天下决平，不循三尺法，專以人主意旨爲獄，獄者固如是乎？’周曰：‘三尺安出哉？前主所是者著爲律，後主所是者疏爲令。當時爲是，何古之法乎？’三尺者，以三尺竹簡書法律也。又于定國爲廷尉，朝廷稱之曰：‘張釋之爲廷尉，天下無冤民；于定國爲廷尉，民自以爲不冤。’王莽時，改大理爲作士矣。）後漢廷尉卿，凡郡國讞疑，（讞，質也。）皆處當以報。（傅賢爲廷尉，每冬至斷獄，遲迴流涕。又盛吉爲廷尉，每冬至節，罪囚當斷，夜省坐狀，其妻執燭，吉持丹筆，夫妻相向垂淚。又楊賜爲廷尉，乃嘆曰：‘昔“三后成功，惟殷於民”，而皋繇不與焉。’蓋吝之也，遂以世非法家，固辭。漢官儀曰：‘光武時有疑獄，見廷尉，曹史張禹所問輒對，處當詳理，於是策免廷尉，以禹代之。雖越次而授，亦足以厲其臣節。’）皆以世家爲之，而郭氏尤盛。（郭躬爲廷尉。躬家世掌法，務在寬平，乃條諸重文可從輕者四十一事奏之，事皆施行，著於令。）建安中，復爲大理。（鍾繇以大理爲相國。）魏黄初元年，改爲廷尉。（鍾毓字雉叔，爲廷尉，聽君父亡没，臣子得爲理謗；及士爲侯，其妻不復改嫁，毓所制也。）歷代皆爲廷尉。”

《唐六典》卷一八《大理寺》：“卿一人，從三品；（《尚書》云：‘帝曰：“咎繇，汝作士，五刑有服。”’孔安國注曰：‘士，理官也。’《周官》爲司寇。《韓詩外傳》云：‘晋文公使李離爲理。’理，謂察理刑獄也。《史記·天官書》：‘斗魁四星，貴人之牢，曰大理。’《漢書·百官表》云：‘廷尉，秦官，掌刑辟，有正、左右監。景帝更名大理，秩中二千石。武帝復爲廷尉。宣帝置左、右廷尉平，哀帝復爲大理。王莽改曰“作士”。’後漢復爲廷尉。魏初爲大理，後復爲廷尉，置律博士。晋置丞、主簿、明法、掾。歷宋、齊，皆爲廷尉。梁爲秋卿，班第十一。陳因之。後魏置少卿、司直。北齊及隋爲大理寺，隋置評事，皇朝因之。龍朔二年改爲詳刑寺正卿，咸亨元年復爲大理。光宅元年改爲司刑寺，神龍元年復故。兩漢卿秩中二千石，魏、晋、宋、齊、梁、陳俱第三品。後魏第二品上，太和以後降爲第三品。隋正第三品，皇朝降爲從三品。）少卿二人，從四品上。大理卿之職，掌邦國折獄詳刑之事。以五聽察其情：一曰氣聽，二曰色聽，三曰視聽，四曰聲聽，五曰詞聽。以三慮盡其理：一曰明慎以讞疑獄，二曰哀矜以雪冤獄，三曰公平以鞫庶獄。少卿爲之貳。凡諸司百官所送犯徒刑已上，九品已上犯除、免、官當，庶人犯流、死已上者，詳而質之，以上刑部，仍於中書門下詳覆。其杖刑已下則決之。若禁囚有推決未盡、留繫未結者，五日一慮。若淹延久繫，不被推詰；或其狀可知，而推證未盡；或訟一人數事及被訟人有數事，重事實而輕事未决者，咸慮而决之。凡中外官吏有犯，經斷奏訖而猶稱冤者，則審詳其狀。（開元八年敕：‘内外官犯贓賄及私坐成殿、公坐官當已上有合許雪及減罪者，並令大理審詳犯狀，申刑部詳覆；知實冤濫，乃録送中書門下。其有遠年斷雪，近請除痕，亦準此。其餘具《刑部格》。’）凡吏曹補署法官，則與刑部尚書、侍郎議其人可否，然後注擬。”

[5]大鴻臚：官名，九卿之一，掌賓客迎送接待，贊襄引導朝會百官等。三品。《通典》卷二六《職官》：“《周官》大行人，掌大賓客之禮。（《周禮》又有象胥。干寶注云：‘若晋鴻臚也。’）秦官有典客，掌諸侯及歸義蠻夷。（《史記》曰：‘韓信亡楚歸漢，爲連敖。’徐廣注云：‘連敖，典客。’）漢改爲鴻臚。（應劭曰：‘郊廟行禮，贊導九賓。鴻，聲也；臚，傳也。’所以傳聲贊導，故曰鴻臚。）景帝中二年，令諸侯王薨、列侯初封及之國，大鴻臚奏謚、誄、策，（應劭曰：‘皇帝延諸侯王，賓王諸侯，皆屬大鴻臚。故其薨，奏其行迹，賜與謚及哀策誄文。’）列侯薨及諸侯太傅初除之官，大行奏謚、誄、策。（《周禮》有大行人、小行人，主謚官，故以名之。臣瓚曰：‘大行是官名，掌九儀之制，以賓諸侯者。’顔師古曰：‘事之尊重者遣大鴻臚，而輕賤者遣大行人。’）中六年，改大鴻臚爲大行令。武帝太初元年，更名大鴻臚，又更名其屬官行人爲大行令。（其屬官又有郡邸長丞，主諸郡之邸在京師者。至後漢省，但令郎理郡邸。）秦時又有典屬國官，掌蠻夷降者。漢因之，成帝河平元年省之，并大鴻臚。王莽改曰典樂。後漢大鴻臚卿一人。諸王入朝，當郊迎，典其禮儀及郡國上計，餘職與漢同。凡皇子拜王，贊授印綬。及拜諸侯、諸侯嗣子及四方夷狄封者，臺下鴻臚召拜之。王薨，則使吊之及拜王嗣。（郭況爲大鴻臚，帝數賜金帛，京師號況家爲‘金穴’，言富實也。陳紀字元方，拜大鴻臚，卒官。父寔爲太丘長，子群爲三公。天下以爲公慚卿，卿慚長。）魏及晋初皆有之。（魏韓宣字景然，爲大鴻臚。始，南陽韓暨以宿儒在宣前爲大鴻臚。及宣在官，亦稱職。故鴻臚中爲之語曰：‘大鴻臚，小鴻臚，前後理行曷相如。’）自東晋至於宋、齊，

有事則權置兼官，畢則省。”

《唐六典》卷一八《鴻臚寺》：“鴻臚寺：卿一人，從三品；（《周官》：‘大行人掌大賓客之禮。’秦官有典客，掌諸侯及歸義蠻夷。漢改爲鴻臚。景帝中二年令：諸侯王薨、列侯初封及之國，大鴻臚奏謚、誄、策；列侯薨及諸侯太傅初除之官，大行奏謚、誄策。中六年，改大鴻臚爲大行令。武帝太初元年，更名大鴻臚，又更名其屬官行人爲大行令。秦時又有典屬國官，掌蠻夷降者，漢因之。成帝河平元年省之，并大鴻臚。後漢大鴻臚卿一人，諸王入朝，當郊迎，典其禮儀，及郡國上計；餘職與漢同。凡皇子拜王，贊授印綬；及拜諸侯，諸侯嗣子及四方夷狄封者，臺下鴻臚召拜之。王薨，則使使吊之及拜王嗣。魏及晋初皆有之。自東晋至於宋、齊，有事則權置兼官，畢則省。……）少卿二人，從四品上。鴻臚卿之職，掌賓客及凶儀之事，領典客、司儀二署，以率其官屬，而供其職務；少卿爲之貳。凡四方夷狄君長朝見者，辨其等位，以賓待之。凡二王之後及夷狄君長之子襲官爵者，皆辨其嫡庶，詳其可否，以上尚書。若諸蕃大酋渠有封建禮命，則受册而往其國。凡天下寺觀三綱及京都大德，皆取其道德高妙爲衆所推者補充，上尚書祠部。凡皇帝、皇太子爲五服之親及大臣發哀臨吊，則贊相焉。凡詔葬大臣，一品則卿護其喪事；二品則少卿；三品，丞一人往，皆命司儀，以示禮制也。”大，殿本作“太”。

[6]宗正：官名，又稱宗正卿、大宗正。掌皇族事務。曹魏時多以皇族擔任，兩晋有時兼以外姓。三品。《通典》卷二五《職官》：“《周官》，小宗伯掌三族之别，以辨其親疏。秦置宗正，掌親屬。漢因之，更以叙九族。平帝元始四年，更名宗伯。五年，又於郡國置宗師，以糾皇室親族世氏，致教訓焉，選有德義者爲之。有冤失職者，宗師得因郵亭上書宗伯，請以聞。（爲書付郵亭，令送至宗伯。）常以正月賜宗伯帛十匹。王莽併宗伯於秩宗。後漢曰宗正，卿一人，掌序録王國嫡庶之次，及諸皇室親屬遠近，郡國歲因計上皇族名籍。若有犯法當髡以上，先上諸宗正，宗正以聞，乃報

決。（胡廣曰：'宗正又歲一理諸王世譜，差敘秩第。'髡，口昆切。）兩漢皆以皇族爲之，不以他族。（楚元王子郢客、劉辟彊、劉德等迭爲此官。又《後漢書》曰：'劉軼字君文，梁孝王之胤，爲宗正，卒官，遂世掌焉。'）魏亦然。晋兼以庶姓。（《山公啓事》曰：'羊祜忠篤寬厚，然不長理劇。宗正卿缺，不審可轉作否。'）咸寧三年，又置宗師，以扶風王亮爲之，使皇室戚屬奉率德義，所有施行，必令諮之。（梁王肜亦爲宗師。）東晋省之，屬太常。（桓温奏省。）"

《唐六典》卷一六《宗正寺》："宗正寺：卿一人，從三品；（《石氏星經》云：'宗正二星，在帝座東南。'《周禮》：'小宗伯掌三族之别，以辨親疏。'《漢百官表》云：'宗正，秦官，掌親屬。平帝元始四年，更名宗伯。王莽并其官於秩宗。'光武復置。《續漢書·百官志》：'宗正掌序録王國嫡庶之次，宗室親屬遠近。'漢宗正之官不以他族，楚元王子郢客、劉辟强、劉德等遞爲之。魏亦以宗室居之。晋桓温奏省屬太常。……）少卿二人，從四品上；丞二人，從六品上；主簿二人，從七品上；録事一人，從九品上。宗正卿之職，掌皇九族、六親之屬籍，以别昭穆之序，紀親疏之列，並領崇玄署；少卿爲之貳。……凡大祭祀及册命、朝會之禮，皇親、諸親應陪位豫會者，則爲之簿書，以申司封。若皇親爲王公，子孫應襲封者，亦如之。"

[7]大司農：官名，掌管全國財政和各地的屯田。三品。《通典》卷二六《職官》："少皞氏以九扈爲九農正。（扈，鳥也。扈有九種，以爲農號，各隨其宜，以教人事。）舜攝帝位，命棄爲后稷。周則爲太府下大夫。秦爲理粟内史，掌穀貨。漢景帝更名大農令，武帝太初初，更名大司農。掌九穀六畜之供膳羞者，（見《宋志》。《漢書》曰'主穀貨'。）凡郡國諸倉、農監、都水六十五官皆屬焉。（毋將崇字君房，爲執金吾。上發武庫兵送董賢及乳母，崇以爲：'武庫兵器，天下公用，繕修造作，皆度大司農錢。自乘輿不以給供養，勞賜一出少府，蓋不以本藏給末用，不以人力供私費

也。’王莽改曰羲和，後更爲納言。）後漢大司農掌諸錢穀金帛，（鄭弘字巨君，遷大司農，在位一月，料遣諸徒，歲月已過，竟者七百餘人。弘舉吏黄固爲尚書，謂弘曰：‘舊常一歲不能遣數百人，明府一月而遣且千人，何其多能也?’弘曰：‘不應一人爲多，宜遣萬人爲少。’又鄭玄爲大司農，給安車一乘，卒官。又劉據爲大司農，以職事被譴，靈帝召詣尚書，傳呼促步，將加捶撻。尚書令左雄奏曰：‘九卿位亞三公，行有佩玉之節，動有庠序之儀。孝明永平始加扑罰，非古典也。’帝從之，九卿於此始免捶扑。又鄭衆字仲師，徵爲大司農。是時，朝廷議欲改弊農田、鹽鐵事，衆諫以爲不可，詔切責，至被舉劾，衆執之不移。）郡國四時上月旦見錢穀簿，其逋未畢，各具别之。邊郡諸官請調度者，皆爲給報，損多益寡，取相給足。初，郡國鹽官、鐵官並屬司農，中興皆屬郡縣。建安中爲大農。魏黄初元年，又改爲司農。（大司農桓範出奔，謂曹爽曰：‘大司農印在吾手，所在得開倉而食。’範爲司農，以清省稱。）晋初因之，渡江，哀帝末，省司農并都水，孝武復置。”

《唐六典》卷一九《司農寺》：“卿一人，從三品；（《左傳》：‘少昊氏九扈爲九農正。’《尚書》：‘舜命棄爲后稷，播時百穀。’《周官·冢宰》有太府下大夫，鄭氏注云：‘若今司農。’《漢書·百官表》云：‘治粟内史，秦官，掌穀貨，有兩丞。景帝更名大農令，武帝更名大司農，秩中二千石。屬官有太倉、均輸、平準、都内、籍田五令丞，斡官、鐵市兩長丞；又郡國諸倉農監、都水六十五官長丞皆屬焉。又有搜粟都尉，武帝軍官，不常置。王莽改大司農曰羲和，後更爲納言。’後漢改爲大司農，魏因之，品第三。晋置功曹、主簿、録事等員，哀帝省併都水，孝武帝復置。……）少卿二人，從四品上。司農卿之職，掌邦國倉儲委積之政令，總上林、太倉、鈎盾、導官四署與諸監之官屬，舊屬官又有太和、玉山、九成宫農圃等三監，開元二十三年省。謹其出納而修其職務；少卿爲之貳。凡京、都百司官吏禄廩，皆仰給焉。凡朝會、祭祀、供御所須，及百官常料，則率署、監所貯之物以供其事。凡孟春吉亥，皇帝親籍田之禮，有事於先農，則奉進耒耜。季冬藏冰，祭司寒以黑牡秬黍。仲春啓冰亦如之。”

[8]少府：官名，掌管宫廷手工業。三品。《通典》卷二七《職官》：“少府，秦官。漢因之，是爲九卿，掌山海池澤之税，以給供養。（應劭曰：‘山海池澤之税，名曰禁錢，以給私養，自别爲藏。少者，小也，故稱少府。’顏師古曰：‘大司農供軍國之用，少府以養天子也。’天子曰少府，諸侯曰私府，漢時官有私府長，掌禁錢。後光武改屬司農也。王莽曰共工。）後漢少府卿一人，掌中服御之諸物，衣服、寶貨、珍膳之屬，朝賀則給璧。（後漢東平王蒼爲驃騎，正月朔朝，蒼當入賀。故事，少府給璧。時陰就爲少府，貴傲不奉法，漏將盡，而求璧不得。蒼掾朱暉，遥見少府主簿持璧，乃往紿曰：‘試請睹之。’既得而馳奉之，就復以他璧朝。紿，徒改反。）凡中書謁者，尚書令、僕，侍中，中常侍，黄門，御史中丞以下皆屬焉。（孔融字文舉，以將作大匠爲少府。）晋制，銀章青綬，五時朝服，進賢兩梁冠，絳朝服，佩水蒼玉。哀帝末，省并丹陽尹，孝武復置。”

《唐六典》卷二二《少府監》：“少府監：監一人，從三品；（《漢書·百官表》云：‘少府，秦官，掌山海池澤之税，以給供養；有六丞。其屬官有尚書、符節、太醫、太官、湯官、導官、樂府、若盧、考工室、左弋居室、甘泉居室、左右司空、東織、西織、東園匠十六官令丞，又胞人、都水、均官三長丞，又上林中十池監，又中書謁者、黄門、鈎盾、尚方、御府、永巷、内者、宦者八官令丞，諸僕射、署長、中黄門皆屬焉。’少府者，天子之私府，所以供奉之職皆在焉。王莽改曰共工。後漢復爲少府，其尚書、侍中、符節皆屬焉，餘職多所并省。《漢官解詁》云：‘少府主供養，陂池、禁錢，服御、口實，掖庭、中宫。’魏因之。晋置功曹、主簿、五官等員；少府，銀章、青綬，五時朝服，進賢兩梁冠，絳朝服，佩水蒼玉，品第三，統材官校尉、中左右三尚方、中黄左右藏、左校、甄官、平準、奚官等令，左校坊、鄴中黄左右藏、油官等丞。

及過江，唯置一尚方，又省御府。至哀帝時，桓温表省少府，以并於丹陽尹。孝武復置。……）少監二人，從四品下。少府監之職，掌百工伎巧之政令，總中尚、左尚、右尚、織染、掌冶五署之官屬，庀其工徒，謹其繕作；少監爲之貳。凡天子之服御，百官之儀制，展采備物，率其屬以供焉。"

[9]將作大匠：官名，掌領徒隸修建宮室、宗廟、陵墓及其他土木工程。《通典》卷二七《職官》："今將作，亦少皞氏以五雉爲五工正，以利器用。（雉有五種，故曰五雉。）唐虞共工，《周官》考工之官，蓋其職也。秦有將作少府，掌治宮室。漢景帝中元六年，更名將作大匠。後漢位次河南尹，中元二年省，以謁者領之。章帝建初元年，復置。初以任隗爲之，掌修作宗廟、路寢、宮室、陵園木土之功，并樹桐梓之類列於道側。（《後漢志》注曰：'古者制以表道。'《續漢書》曰：'李固字子堅，遷大匠，常推賢貢士。孔融以將作大匠遷少府。'）魏晋因之。江左至宋、齊，皆有事則置，無事則省。"

《唐六典》卷二三《將作監》："將作監：大匠一人，從三品；（《左傳》云：'少昊氏五雉爲五工正。'《周官·冬官》掌百工之職。《漢書·百官表》云：'將作少府，秦官，掌治宮室，有兩丞、左右中候。景帝改曰將作大匠，秩二千石。屬官有石庫、東園主章、左右前後中校七令、丞，又主章長、丞。武帝改東園主章曰木工。成帝省中候及左、右、前、後、中校五丞。'後漢光武中元二年省，常以謁者兼之；至章帝建初元年又置。魏因之。晋將作大匠置功曹、主簿、五官等員，掌土木之役。過江後及宋、齊並不常置。……）少匠二人，從四品下。將作大匠之職，掌供邦國修建土木工匠之政令，總四署、三監、百工之官屬，以供其職事；少匠貳焉。凡西京之大内，大明、興慶宮，東都之大内、上陽宮，其内外郭、臺、殿、樓、閣并仗舍等，苑内宮、亭，中書、門下、左右羽林軍、左右萬騎仗、十二閑廄屋宇等，謂之内作。凡山陵及京、都之太廟，郊社諸壇、廟；京、都諸城門；尚書、殿中、秘書、内侍省，御史臺，九寺，三監，十六衛，諸街使，弩坊，温湯，東宫諸司，王府官舍屋宇；諸街、橋、道等：並謂之外作。凡有建造營葺，分功度用，皆以委焉。凡修理宫廟，太常先擇日以聞，然後興作。”

[10]太后三卿：太后宫所置衛尉、少府、太僕合稱。

[11]大長秋：官名，宣達皇后旨意，領受皇帝詔命。魏晋南北朝時領諸宦者，管理宫闈。三品。《唐六典》卷一二《内侍省》：“内侍四人，從四品上；（《石氏星經》：‘宦者四星，在帝座西。’《周禮》有内小臣、閽人、寺人。鄭玄云：‘今謂之宦人。’《詩》有巷伯，寺人孟子之作。春秋時皆謂之寺人。戰國時，趙有宦者令繆賢。《漢書·百官表》云：‘少府，秦官。屬官有中書謁者等令、丞，諸僕射署官皆屬焉。’又云：‘詹事，掌皇后、太子家，屬官有中長秋、私府，諸宦官皆屬焉。成帝省，併屬大長秋。’又云：‘將行，秦官。景帝更名大長秋，或用中人，或用士人，秩二千石。’後漢常用宦者，掌奉宣中宫命，凡給賜宗親及謁見關通之，出則從。屬官有丞，中宫僕，謁者、私府署令。又少府屬官有中常侍，畫室、玉堂等署長，冗從僕射，掖庭、永巷、御府、祠祀、鈎盾等令，暴室、永安丞，皆宦者。又太后所居宫卿少府，職如長秋，位在同名卿上。魏改在九卿下。晋大長秋卿有后則置，無后則省。……）内常侍六人，正五品下。内侍之職，掌在内侍奉，出入宫掖，宣傳制令。惣掖庭、宫闈、奚官、内僕、内府五局之官屬。内常侍爲之貳。凡季春吉日，皇后親蠶於功桑，享先蠶於北郊，則升壇執儀。”

太常，有博士、協律校尉員，又統太學諸博士、祭酒及太史、[1]太廟、[2]太樂、[3]鼓吹、[4]陵等令，[5]太史又别置靈臺丞。

［1］太史：官名，即太史令，屬太常。掌天時、星曆、歲終奏新年曆。記録瑞應、灾異等。七品。《通典》卷二六《职官》："太史局令：昔少皞以鳥名官，其鳳鳥氏爲曆正。至顓頊，命南正重以司天，北正黎以司地。唐虞之際，羲氏、和氏紹重、黎之後，代序天地。夏有太史終古者，當桀之暴，知其將亡，乃執其圖法而奔於殷。殷太史高勢見紂之亂，載其圖法出奔於周。周官太史掌建邦之六典，正歲年以序事，頒告朔於邦國。（魯昭公二年，晋韓宣子聘魯，觀書於太史氏，見《易》象與魯《春秋》，曰：'周禮盡在魯矣。'）又有馮（音憑，下同。）相氏視天文之次序，保章氏掌天文之變。當周宣王時，太史官失其守，而爲司馬氏，司馬氏世典周史。惠、襄之間，司馬氏適晋，（周惠王、襄王有子頽、叔帶之難，故司馬氏奔晋。）晋中軍隨會奔秦，而司馬氏入梁。（晋太史屠黍見晋之亂，以其圖法歸周。）秦爲太史令。（胡母敬之爲太史令，作博學七章。）漢武置太史公，以司馬談爲之，位在丞相上，天下計書，先上太史，副上丞相。談卒，其子遷嗣之。遷死後，宣帝以其官爲令，行太史公文書而已。（瓚曰：'《百官表》無太史公。茂陵中書司馬談以太史丞爲太史令也。'張壽王亦爲太史令。）後漢太史令掌天時、星曆；凡歲將終，奏新年曆；凡國祭祀、喪娶之事，掌奏良日及時節禁忌；國有瑞應、灾異，則掌記之。（張衡字平子，爲太史令，造渾天儀，鑄銅爲之。獻帝時，太史令王立曰：'前太白守天關，與熒惑會，金火交會，革命之象。漢祚終矣。晋魏必有興者。'後數言於帝曰：'天命有去就，五行不常盛，伏火者土，承漢者魏，能安天下者曹姓，惟委任曹氏而已。'曹公聞之，使人語立曰：'知公忠於朝廷，天道深遠，幸勿多言。'）秦漢以來，太史之任，蓋併周之太史、馮相、保章三職。自漢、晋、宋、齊，並屬太常，銅印墨綬，進賢一梁冠，絳朝服。"

《唐六典》卷一〇《秘書省》："太史局：令二人，從五品下；（《左傳》云：'昔少昊氏以鳥紀官。鳳鳥氏，曆正也。'顓頊命南正重司天，北正黎司地；唐、虞之際，羲氏、和氏紹重、黎之後，掌天地四時之官，並太史之任也。《周官》：‘太史掌建邦之六典，正歲年以序事，頒告朔於邦國。’《左傳》曰：‘天子有日官。’即太史也。《漢書·百官表》太史屬太常。《茂陵書》稱：‘司馬談爲太史令。’後漢太史令一人，秩六百石，掌天時、星曆、祥瑞、妖灾，凡歲將終，奏新年曆而已。魏因之。晉太史令品第七，秩六百石，銅印、墨綬，進賢一梁冠，絳朝服。江左，高瑩以侍中、陳卓以義熙守、吴道欣以殿中侍御史兼領太史。……）丞二人，從七品下；令史二人，書令史四人。太史令掌觀察天文，稽定曆數。凡日月星辰之變，風雲氣色之異，率其屬而占候焉。其屬有司曆、靈臺郎、挈壺正。凡玄象器物，天文圖書，苟非其任，不得與焉。觀生不得讀占書，所見徵祥灾異，密封聞奏，漏泄有刑。每季録所見灾祥送門下、中書省入起居注，歲終總録，封送史館。每年預造來歲曆，頒于天下。”

[2]太廟：官名，此指太廟令，隸屬太常，掌帝王祖廟灑掃。七品。《通典》卷二五《職官》：“太廟令：漢有諸廟寢園令、長、丞。（《宋志》曰：‘漢西京曰長，東京曰令。’）晉有太廟令。宋太廟令領齋郎二十四人。齊梁以下皆有。（後魏有太常齋郎。《漢書》曰：‘田千秋爲高廟寢郎。’）舊屬太常，大唐開元二十五年二月敕：‘宗廟所奉，尊敬之極，因以名署，情所未安，宜令禮官詳擇所宜奏聞。’至五月，太常少卿韋縚奏曰：‘謹詳經典，兼尋令式，宗廟享薦，皆主奉常，别置署司，事非稽古。其太廟署請廢省，本司專奉其事。’許之。二十五年敕：‘宗正設官，實司屬籍。而陵寢崇敬，宗廟惟嚴，割隸太常，殊乖本系奉先之旨，深所未委。自今已後，諸廟置並隸宗正寺。’”

[3]太樂：官名，此指太樂令，又作大樂令，隸屬太常，掌重大祭祀活動及大饗時的樂舞。七品。《通典》卷二五《職官》：“太樂署：周官有大司樂，掌成均之法，亦謂之樂尹，以樂舞教國子。（《左傳》楚鍾建爲樂尹，即大司樂也。）秦漢奉常屬官有太樂令及丞，又少府屬官并有樂府令、丞。後漢永平三年，改太樂爲大予樂

令，掌伎樂人，凡國祭饗，掌諸奏樂。（盧植《禮注》云：‘大予令如古大胥。漢太樂律：卑者之子，不得舞宗廟之酎。除吏二千石到六百石及關内侯到五大夫子，取適子高五尺以上，年十二到三十，顏色和順，身體循理者，以爲舞人。’）魏復曰太樂令、丞，晋亦有之。”

《唐六典》卷一四《太樂署》：“太樂署：令一人，從七品下；（《周禮》：‘大司樂中大夫二人，樂師下大夫四人。大司樂掌成均之法，以樂舞教國子《雲門大卷》《大咸》《大韶》《大夏》《大濩》《大武》之舞。樂師掌國學之政，教國子帗舞、羽舞、皇舞、旄舞、干舞、人舞之節。’又有‘太師下大夫二人，掌六律、六同，以合陰陽之聲’。至秦、漢，奉常屬官有太樂令、丞，又少府屬官有樂府令、丞。後漢太予樂令一人，六百石。魏復爲大樂令、丞。黄初中，以杜夔爲之，使正雅樂。時，散騎侍郎鄧静善咏雅樂，歌師尹胡能習宗祀之曲，舞師馮肅曉知前代諸儛，夔與創定，遷協律都尉。至晋元帝，并太樂於鼓吹。……）丞一人，從八品下；樂正八人，從九品下；典事八人；文武二舞郎一百四十人。太樂令掌教樂人調合鍾律，以供邦國之祭祀、饗燕；丞爲之貳。”

[4]鼓吹：官名，即鼓吹令，鼓吹署長官，隸屬太常，掌管皇帝儀仗所用鼓吹樂隊。七品。《通典》卷二五《職官》：“鼓吹署：《周禮》有鼓人，掌六鼓四金之音。後漢有承華令，典黄門鼓吹，屬少府。晋置鼓吹令、丞，屬太常。元帝省太樂并鼓吹，哀帝復省鼓吹而存太樂。梁有鼓吹令、丞，又有清商署。北齊鼓吹令、丞及清商部並屬太常。隋有鼓吹、清商二令、丞，至煬帝，罷清商署。大唐鼓吹署令、丞各一人，所掌頗與太樂同。”

《唐六典》卷一四《鼓吹署》：“鼓吹署：令一人，從七品下；（《周禮》：‘鼓人中士六人，掌六鼓、四金之音。’所謂雷鼓、靈鼓、路鼓、鼖鼓、鼛鼓、晋鼓，金錞和鼓、金鐲節鼓、金鐃止鼓、金鐸通鼓。崔豹《古今注》云：‘漢代鼓角横吹者，始張騫使西域，得《摩訶兜勒》一曲。其後，李延年因之音爲二十八解，若《隴頭水》《赤之楊》《黄覃子》《望行人》《出關》《入關》《出塞》《入塞》之曲是也。其短簫鐃歌者，雜出漢代，多戰陣之聲，若《思悲翁》《艾如張》《上之回》《戰城南》《芳樹上邪》《玄雲》《朱鷺》之曲是也。’後漢少府屬官有承華令，典黄門鼓吹百三十五人、百戲師二十七人。晋遂置鼓吹令、丞，屬太常。元帝省太樂，并於鼓吹；哀帝又省鼓吹，而存太樂。……）丞一人，從八品下；樂正四人，從九品下。鼓吹令掌鼓吹施用調習之節，以備鹵簿之儀；丞爲之貳。凡大駕行幸，鹵簿則分前、後二部以統之。”

[5]陵令：官名，隸屬太常，掌管理守衛帝王陵寢。七品。《通典》卷二五《職官》：“諸陵署：漢有諸陵園寢官，屬太常。（長陵令，秩二千石，爲高祖陵也，故尊其秩。）元帝永光元年，分諸陵邑屬三輔。（《史記》曰：‘司馬相如爲孝文園令。’）後漢每陵園令各一人，掌按行掃除，丞及校長各一人。（校長，主戒盜賊。晋宋皆曰令。）”

《唐六典》卷一四《太常寺》：“獻陵、昭陵、乾陵、定陵、橋陵、恭陵署：令各一人，從五品上；（《周禮》有冢人下大夫二人、中士四人，掌公墓之地，辨其兆域，先王之葬居中，以昭穆爲左右。至漢，奉常管諸陵縣，諸陵亦各有令、丞。至元帝永光元年，分諸陵邑屬三輔。後漢先帝陵令每陵各一人，秩六百石，每陵所皆置萬户。晋太常統陵令、丞、主簿、録事、户曹史、禁備吏各一人，侍一人；凡吏四人，卒一人。……）丞一人，從七品下；（漢、魏、晋諸陵並有丞；宋、齊、梁、陳並有陵令，無丞；北齊有丞。隋諸陵丞各一人，有主衣、主輦、主藥等員；皇朝因之。）録事一人；陵户。陵令掌先帝山陵，率户守衛之事；丞爲之貳。凡朔望、元正、冬至、寒食，皆修享於諸陵。”

太常博士，[1]魏官也。魏文帝初置，晋因之。掌引導乘輿。王公已下應追謚者，則博士議定之。

[1]太常博士：官名，秦漢時博士名義上屬太常，備諮詢顧問。魏晋時由於國子博士、太學博士專掌經學傳授，參議禮儀制度，遂别置太常博士，掌引導乘輿，擬議王公以下謚號，參議朝廷禮儀典章。六品。《唐六典》卷一四《太常寺》："太常博士四人，從七品上；(《漢書·百官表》云：'博士，秦官，掌通古今，秩比六百石，員多至數十人。'高祖時，叔孫通始爲博士，定禮制。後漢置十四人，魏因之。《晋中興書》：'博士之職，端委佩玉，朝之大典，必詢度焉。當道正詞，克厭人望，然後爲可。'……）諸者十人；贊引二十人。太常博士掌辨五禮之儀式，奉先王之法制；適變隨時而損益焉。凡大祭祀及有大禮，則與太常卿以導贊其儀。凡王公已上擬謚，皆迹其功德而爲之褒貶。無爵稱子。養德丘園，聲實名著，則謚曰先生。大行則大名，小行則小名之。若大祭祀，卿省其牲器，謁者爲之導。若小祀及公卿大夫有嘉禮，亦命謁者以贊相焉。"

協律校尉，[1]漢協律都尉之職也，魏杜夔爲之。[2]及晋，改爲協律校尉。

[1]協律校尉：官名，亦稱協律都尉、協律郎、協律中郎等。掌協調律吕。《通典》卷二五《職官》："漢曰協律都尉，李延年爲之。(武帝以李延年善新聲，故爲此官。)後漢亦有之，魏杜夔亦爲之。(魏武平荆州，初得杜夔，知音識舊樂，故爲此官。)晋改爲協律校尉。後魏有協律郎，又有協律中郎。北齊及隋協律郎皆二人。大唐因之。掌舉麾節樂，調和律吕，監試樂人典課。"

《唐六典》卷一四《太常寺》："協律郎二人，正八品上。(《漢書》：'武帝時，李延年善新聲，以爲協律都尉。'後漢亦有之。至魏武帝平荆州，得杜夔，能識舊樂章，以爲協律都尉。晋改爲協律校尉。宋、齊亦有其官。梁太常屬官有協律校尉。後魏有協律郎。太和初，協律中郎從四品下，協律郎從五品上；至二十三年，協律郎正八品下。北齊太常屬官有協律郎二人。隋太常寺協律郎二人，皇朝因之。）協律郎掌和六律、六呂，以辨四時之氣，八風五音之節。陽爲六律，所以統氣類物：仲冬爲黄鍾，孟春爲太簇，季春爲姑洗，仲夏爲蕤賓，孟秋爲夷則，季秋爲無射。陰爲六呂，所以旅陽宣氣：季冬爲大呂，仲春爲夾鍾，孟夏爲仲呂，季夏爲林鍾，仲秋爲南呂，孟冬爲應鍾。凡律管之數起於九，以九相乘，八十一以爲宫；三分去一，五十四以爲徵；三分益一，七十二以爲商；三分去一，四十八以爲羽；三分益一，六十四以爲角。黄鍾爲宫，大簇爲商，姑洗爲角，林鍾爲徵，南呂爲羽，還相爲宫，以生其聲焉。凡大樂、鼓吹教樂則監試，爲之課限。凡教樂，淫聲、過聲、凶聲、慢聲皆禁之。使陽而不敢散，陰而不敢集，剛氣不怒，柔氣不慴，暢於中，發於外，以應天地之和。若大祭祀、饗燕，奏樂於庭，則升堂執麾以爲之節制：舉麾，鼓柷，而後樂作；偃麾，戛敔，而後止。”

［2］杜夔：東漢末河南（今河南省洛陽市）人，字公良。善音樂，初任雅樂郎。漢末避亂荆州，後歸曹操，任軍謀祭酒，参太樂事。官至太樂令、協律都尉。

晋初承魏制，置博士十九人。及咸寧四年，武帝初立國子學，[1]定置國子祭酒、博士各一人，[2]助教十五人，以教生徒。博士皆取履行清淳，通明典義者，若散騎常侍、中書侍郎、太子中庶子以上，乃得召試。及江左初，減爲九人。元帝末，增《儀禮》《春秋公羊》博士各一人，合爲十一人。後又增爲十六人，不復分掌《五經》，而謂之太學博士也。孝武太元十年，損國子助教員爲十人。

［1］及咸寧四年，武帝初立國子學：據本書《武帝紀》、《宋書》卷一四《禮志上》、《通典》卷五三，“四年”當爲“二年”之誤。　國子學，中央立最高儒學學府，隸屬太常，設國子祭酒、博士、助教。收納貴族子弟。

［2］國子祭酒：官名，國子學的長官，主管國子學，掌教授儒學，參議禮制。五品。《通典》卷二七《職官》：“孫卿在齊爲三老，稱祭酒。（胡廣曰：‘凡官名祭酒，皆一位之元長。古者，賓得主人饌，則老者一人舉酒以祭地。’故以祭酒爲稱。漢之侍中，魏之散騎常侍，功高者並爲祭酒，用其義也。公府有祭酒，亦因其名。）漢吴王濞年老不朝，爲劉氏祭酒，則祭酒之名久矣。王莽以安車駟馬迎夏侯勝爲講學祭酒，勝推而不受。又漢置博士，至東京，凡十四人，而聰明有威重者一人爲祭酒，謂之博士祭酒，蓋本曰僕射，中興轉爲祭酒。（昭帝增博士弟子員滿百人，宣帝末增倍之。元帝時，詔能通一經者皆復。數年，郡國置五經百石卒史。成帝末，增弟子員三千人。平帝時，王莽增元士之子得受業如弟子，勿以爲員，歲課甲科四十人爲郎中，乙科二十人爲太子舍人，丙科四十人補文學掌故。後漢安帝薄於藝文，博士倚席不講，學舍頽弊，鞠爲園蔬，牧兒芻豎至於薪刈其下。順帝感翟酺之言，乃更修黌宇，凡所搆二百四十房，千八百五十室。試明經下第補弟子，增甲乙之科員各十人，餘郡國耆儒皆補郎、舍人。）魏因之。晋武帝咸寧四年，初立國子學，置國子祭酒一人。（永嘉中，又置儒林祭酒，以杜夷爲之。）國子，周之舊名，周官有師氏之職，即魏國子祭酒。（《周禮·師氏》以三德三行教國子。又有保氏而養國子以道，教之六藝也。）晋介幘皂朝服，進賢兩梁冠，佩水蒼玉。舊視侍中、列曹尚書。（劉毅、嵇紹並爲此官。又袁瑰字山甫，爲國子祭酒。時屢經喪亂，禮教陵遲。瑰上疏求立學徒，帝從之。國學之興，自瑰始也。又裴頠爲祭酒，奏立太學，起講堂，築門闕，刻石寫《五經》也。）”

《唐六典》卷二一《國子監》：“國子監：祭酒一人，從三品；

（《周禮》：'師氏以三德、三行教國子：一曰至德，二曰敏德，三曰孝德；一曰孝行，二曰友行，三曰順行。凡國之貴游子弟學焉。'又：'保氏養國子以道，教之六藝，謂禮、樂、射、御、書、數。'《漢官儀》云：'漢置博士祭酒一人，秩六百石。'後漢以博士聰明有威重者一人爲祭酒。韋昭辨《釋名》曰：'祭酒者，凡讌饗必尊長老，以酒祭先，故曰祭酒。'徐廣曰：'古人具饌，則賓中長者舉酒祭地，示有先也。'魏因之。晋武帝立國子學，置祭酒一人。《晋令》曰：'祭酒博士當爲訓範，總統學中衆事。'傅暢《諸公讚》云：'裴頠爲國子祭酒，奏立國子太學，起講堂，築門闕，刻石寫《五經》。'《百官志》：'祭酒，皂朝服，介幘，進賢兩梁冠，佩水蒼玉，官品第三。'東晋及宋、齊並同。……）司業二人，從四品下。國子監祭酒、司業之職，掌邦國儒學訓導之政令，有六學焉：一曰國子，二曰太學，三曰四門，四曰律學，五曰書學，六曰算學。凡春、秋二分之月，上丁釋奠于先聖孔宣父，以先師顔回配，七十二弟子及先儒二十二賢從祀焉。祭以太牢，樂用登歌、軒縣、六佾之舞。若與大祭祀相遇，則改用中丁。祭酒爲初獻，司業爲亞獻，博士爲終獻。若皇太子釋奠則贊相禮儀，祭酒爲之亞獻。皇帝視學，皇太子齒胄，則執經講義焉。凡釋奠之日，則集諸生執經論議，奏請京文武七品以上清官並與觀焉。凡教授之經，以《周易》《尚書》《周禮》《儀禮》《禮記》《毛詩》《春秋左氏傳》《公羊傳》《穀梁傳》各爲一經；《孝經》《論語》《老子》，學者兼習之。每歲終，考其學官訓導功業之多少，而爲之殿最。"

光禄勛，統武賁中郎將、[1]羽林郎將、[2]冗從僕射、[3]羽林左監、[4]五官左右中郎將、[5]東園匠、[6]太官、[7]御府、[8]守宫、[9]黄門、[10]掖庭、[11]清商、[12]華林園、[13]暴室等令。[14]哀帝興寧二年，省光禄勛，并司徒。孝武寧康元年復置。

［1］武賁中郎將：官名，光禄勛屬官，統率宿衛兵。“武”爲唐人爲避“虎”之字。《通典》卷二九《職官》：“周官有虎賁氏，掌領虎士八百人，軍旅會同，君宿於外，則守王閑。（閑，梐枑行馬也。梐音陛，枑音護。）漢武帝建元三年，初置期門，比郎中，蓋以微行出游，選材力之士，執兵從送，期之諸門，故名期門。無員，多至千人。平帝元始元年，更名虎賁郎，（舊曰虎奔，言如虎之奔。）置中郎將領之，故有虎賁中郎將，主虎賁宿衛，冠插兩鶡尾，（鶡，鷙鳥之中果勁者，每有攫撮，應爪摧碎。尾，上黨所貢也。後漢崔鈞爲武賁中郎將，服武弁，戴鶡尾。攫音钁。）紗縠單衣、虎文錦葱，餘郎亦然。凡有虎賁中郎、虎賁侍郎、虎賁郎中、節從虎賁，皆父死子繼。若死王事，亦如之。前賢亦多爲者。（後漢馬援、孔融並爲虎賁中郎將。魏桓階字伯緒，爲虎賁中郎將，遷尚書，典選。）大唐無。”

［2］羽林郎將：官名，屬光禄勛，統率羽林郎，負責禁衛宫殿城門。《唐六典》卷二五《左右羽林軍》：“左、右羽林軍衛，大將軍各一人，正三品。（漢置南、北軍，掌衛京師。南軍，若今諸衛也；北軍，若今左、右羽林也。吕后崩，周勃以北軍兵誅諸吕。至武帝，置羽林，掌送從，以次期門，名曰建章營騎，屬光禄勛，置令、丞以領之。後更名羽林騎，兼象天有羽林星主車騎也；又云：‘爲國羽翼，如林之盛。’以隴西、漢陽、安定、北地、西河、上郡良家子便弓馬者爲之。取從軍死事之子孫養羽林，官教以五兵，號爲‘羽林孤兒’。宣帝令中郎將、騎都尉監羽林，秩比二千石。光武以征伐之任勞苦者及五郡良家子以充之，父死，子代之；又簡五營高手，別爲左、右監，秩比六百石。魏羽林監品第五。晋光禄勛屬官有羽林郎將、羽林左、右監，品第五，銅印、墨綬，武冠，絳朝服；其侍陞殿，著鶡尾冠，紗縠單衣。哀帝時，桓温執政，省羽林中郎將，唯置一監；宋高祖復置。……）”

［3］冗從僕射：官名。東漢有中黄門冗從僕射，以宦官任之，掌皇宫禁衛。三國魏因其名而改置，任用士人，統營兵，負責宫禁

侍衛，屬光禄勛。員一人，五品。西晋沿置，與虎賁中郎將、羽林監合稱三將。五品。東晋以後無營兵。

［4］羽林左監：官名，隸屬羽林中郎將，主管羽林左騎。五品。《通典》卷二八《職官》："漢武太初元年，初置建章營騎，後更名羽林騎，言其爲國羽翼如林之盛。（顔師古曰：'如羽之疾，如林之多。'一云象天文羽林星，主車騎也。）宣帝令中郎將、騎都尉監羽林，謂之羽林中郎將，領郎百人，謂之羽林郎。選隴西、漢陽、安定、北地、西河、上郡良家子便弓馬者以爲之。一名巖郎，言其御侮巖除之下。（《後漢志》曰：'言從游獵，還宿殿階巖下室中，故號巖郎。'或説爲巖郎，取其巖屬素整也。）又置羽林左右監，（《後漢志》曰：'羽林左監一人，主羽林左騎，羽林右監一人，主羽林右騎，皆六百石。'）取從軍死事之子孫養之羽林，官教以五兵，號曰羽林孤兒。（五兵謂弓矢、殳、矛、戈、戟。）光武中興，以所征伐士勞苦者爲之。其後復簡五營高手，別爲左右監。羽林父死子繼，與虎賁同，所居之署，謂之寺。（延熹六年，减虎賁羽林住寺不任事者半俸。）二漢並屬光録勛。（後漢竇固、鄧彪並爲羽林。）魏羽林左右監與漢同。（夏侯玄爲右，桓範爲左。）晋罷羽林中郎將，又省一監，置一監而已。哀帝省。"

［5］五官左右中郎將：五官中郎將，官名，西漢隸屬光禄勛。東漢時統部分侍郎、郎中。東漢初年或參與戰事。東漢末由於曹操之子曹丕任此職，地位上升，在魏諸臣之上。晋沿漢制，在光禄勛下置五官、左、右三中郎將，爲皇帝近侍之官。《通典》卷二九《職官》："五官、左、右中郎將，皆秦官，漢因之，並領三署郎從。後漢之制，郡國舉孝廉以補之。三署郎年五十以上屬五官。（後漢黄琬，字子琰，爲五官中郎將。時陳蕃爲光禄勛，深相敬待，每與議事。舊制，光禄舉三署郎，以功高久次才德尤異者爲茂才四行。時權富子弟多以人事得舉，而貧約守志者見遺。京師謡曰：'欲得不能，光禄茂才。'於是蕃、琬同心，顯用志士。故蕃、琬皆爲權富郎所中傷也。）其次分屬左右署，左右郎將各領左右署郎。二署

皆有中郎、侍郎、郎中，三郎並屬光禄勛。（漢衛綰，文帝時，以戲車爲中郎將。戲車謂能左右超乘也。景帝幸上林，詔綰參乘，重其淳謹。又蘇武以中郎將持節使匈奴。又司馬相如拜中郎將，建節往使邛笮，縣令負弩矢前驅，蜀人以爲寵。又後漢左中郎將皇甫嵩、右中郎將朱儁並討黄巾，有大功。又建安十六年，魏公子丕爲五官中郎將，置官屬，以副丞相，位在魏國諸侯王上。）魏無三署郎，猶置左右中郎將。晋武帝省左右中郎將官。”

[6]東園匠：官名，即東園匠令，光禄勛屬官，主帝陵所需器物，入棺槨、冥器等喪葬用品。

[7]太官：官名，即太官令，又作大官令。秦漢三國屬少府，兩晋改隸屬光禄勛，掌宫廷飲食。七品。《通典》卷二五《職官》：“太官署令、丞：於周官爲膳夫、庖人、外饔中士、下士，蓋其任也。秦爲太官令、丞，屬少府。兩漢因之，桓帝延熹元年，使太官令得補二千石。魏亦屬少府。晋屬光禄勛。”

《唐六典》卷一五《光禄寺》：“太官署：令二人，從七品下；（《周禮》有庖人外饔中士，蓋其任也。秦、漢少府屬官有太官、湯官令丞，太官主膳食，湯官主餅餌。《漢官儀》：‘太官令秩一千石。’桓帝延熹元年，使太官令得補二千石，置四丞。魏氏因之。晋光禄勛屬官有太官令。……）丞四人，從八品下；監膳十人，從九品下；監膳史十五人，供膳二千四百人。太官令掌供膳之事；丞爲之貳。凡祭之日，則白卿詣諸厨省牲、鑊，取明水於陰鑑，取明火於陽燧，火以供爨，水以實尊。帥宰人以鑾刀割牲，取其毛、血，實之於豆，遂烹牲焉。又帥進饌者實簠、簋，設於饌幕之内。”

[8]御府：官名，即御府令，御府長官，兩漢曹魏屬少府，兩晋改隸屬光禄勛。掌宫廷金錢、衣服及刀劍、玉器等珍玩的庫藏、出納。《通典》卷二六《職官》：“尚衣局奉御：周官有司服中士，掌王之服，辨其名物。戰國有尚衣、尚冠之職。秦漢有御府令、丞，掌供御服，而屬少府。後漢又掌宦者，典官婢，作中衣服。魏因之。晋屬光禄勛，江東省。”

《唐六典》卷一一《殿中省》："尚衣局：奉御二人，從五品上；（《周禮》有司服中士二人，'掌王吉凶衣服，辨其名物與其用事'。戰國有尚衣、尚冠之職。秦、漢少府屬官有御府令、丞，掌供御服。後漢又掌宦者，典官婢作中衣服及補浣之事。魏因之。晋屬光禄勛，東晋省。……）直長四人，正七品下；主衣十六人。尚衣奉御掌供天子衣服，詳其制度，辨其名數，而供其進御；直長爲之貳。"

[9]守宫：官名，即守宫令，東漢屬少府，兩晋改屬光禄勛。掌御用文具、尚書臺財物、封泥等。《通典》卷二五《職官》："守宫署：漢有守宫令、丞，掌御紙筆墨及諸財用并封泥之事，屬少府。晋及北齊屬光禄勛，北齊守宫令掌張設之事。梁陳屬大匠卿。隋屬衛尉寺。大唐置令一人，掌諸鋪設帳幕、氈褥、床薦、几席之事。"

《唐六典》卷一一《殿中省》："尚舍局：奉御二人，從五品上；（《周禮》有掌舍，掌行所解止之處帷、幕、幄、帟之事。漢少府屬官有守宫令、丞，掌宫殿陳設。魏殿中監掌帳設監護之事。晋、宋已下，其職並在殿中監。……）直長六人，正七品下；幕士八千人。尚舍奉御掌殿庭張設，供其湯沐，而潔其灑掃；直長爲之貳。凡大駕行幸，預設三部帳幕，有古帳、大帳、次帳、小次帳、小帳，凡五等。"

[10]黄門：官名，此指黄門令。兩漢屬少府，魏晋改屬光禄勛。掌宫中乘輿狗馬倡優鼓吹等事。六品。

[11]掖庭：官名，即掖庭令，兩漢時隸屬少府，魏晋改隸屬光禄勛。掌後宫宫女及供御雜務，也管理宫中詔獄。兩漢時由宦者擔任，魏晋時任用士人。《通典》卷二七《職官》："掖庭局令：秦置永巷，漢武更名掖庭，置令，掌宫人簿帳、公桑、養蠶及女工等事。後漢掖庭令掌後宫貴人采女，又有永巷令，典官婢，皆宦者，並屬少府。大唐置二人。"

《唐六典》卷一二《内侍省》：掖庭局："令二人，從七品下；

（《詩》之巷伯也，至秦爲永巷，漢武帝更名掖庭，有令、丞。後漢掖庭令一人，六百石，左右丞、從丞各一人，掌後宫貴人衆采女事。魏、晋並有掖庭令、黄門令，而非宦者。）丞三人，從八品下。……掖庭局令掌宫禁女工之事。凡宫人名籍，司其除附；功桑養蠶，會其課業。丞掌判局事。計史掌料功程。博士掌教習宫人書、筭、衆藝。監作掌監當雜作。典事典諸工役。"

[12]清商：官名，即清商令。三國曹魏置，管理後宫門户宫女事務。有丞。《三國志·魏書·齊王紀》裴松之注引《魏書》："（帝）於陵雲台曲中施帷，見九親婦女……使保林李華、劉勛等與（郭）懷、（袁）信等戲，清商令令狐最呵華、勛曰：'諸女，上左右人，各有官職，何以得爾？'"晋沿置。隸光禄勛。南朝不置。

[13]華林園：此指華林園令，官名，三國魏始置，屬光禄勛。主管華林園林木。七品。

[14]暴室令：官名，三國魏始置，掌管理後宫受罰宫人。隸屬光禄勛。

衛尉，統武庫、[1]公車、[2]衛士、[3]諸冶等令，[4]左右都候，南北東西督冶掾。[5]及渡江，省衛尉。

[1]武庫：官名，即武庫令，執金吾屬官，主管兵器。《通典》卷二五《職官》："武庫令、丞：於周官司甲、司弓矢等下大夫，司戈盾等中士、下士，蓋其任也。兩漢曰武庫令，屬執金吾。後漢又有考工令、丞，屬太僕，主造兵器，成，付武庫令。魏晋因之，晋後屬衛尉。"

《唐六典》卷一六《衛尉寺》：武庫令："兩京各一人，從六品下；（《周禮》有司甲下大夫、司弓矢下大夫、司兵中士、司戈盾下士，並武庫之任也。漢屬執金吾。後漢太僕屬官有考工令、丞，主作兵器，弓、弩、刀、鎧之屬，成則付執金吾入武庫。又云：

'武庫令，六百石。'魏、晋因之。……）丞一人，從八品下；監事一人，正九品上。武庫令掌藏天下之兵仗器械，辨其名數，以備國用，丞爲之貳。"

[2]公車：官名，即公車令，又稱公車司馬令，隸屬衛尉。掌皇宫司馬門警衛，夜則巡邏宫中。《通典》卷二五《職官》："公車司馬令：秦屬衛尉，漢因之，掌殿司馬門，夜徼宫中，天下上章、四方貢獻及闕下凡所徵召公車者，皆總領之。（漢張釋之爲公車令，時太子與梁王共車入朝，不下司馬門，釋之遂劾其不敬。文帝免冠謝太后，太后詔赦之，然後得入。）後漢有丞二人，丞選曉諱，掌知非法。尉主闕門兵禁，戒非常。（胡廣曰：'諸門部各陳屯夾道，其旁當兵，以示威武，交節戟以遮誤出入也。'）晋江左以來，直曰公車令。"

[3]衛士：官名，即衛士令，隸屬衛尉，領未央宫衛士，管理宫城諸門警衛。

[4]諸冶：諸多冶令，負責冶煉銅、鐵等。西漢隸屬司農，東漢隸屬郡縣，西晋隸屬衛尉，東晋隸屬少府。

[5]南北東西督冶掾：冶，原本、宋本作"治"，殿本作"冶"，據殿本、中華本校勘記改。督冶掾，掌督諸郡縣冶令。分東西南北四部。

太僕，統典農、[1]典虞都尉，[2]典虞丞，[3]左右中典牧都尉，[4]車府、[5]典牧、[6]乘黄廐、[7]驊騮廐、[8]龍馬廐等令。[9]典牧又别置羊牧丞。太僕，自元帝渡江之後或省或置。太僕省，故驊騮爲門下之職。

[1]典農：官名，典農都尉省稱，三國時置，隸屬典農中郎將或典農校尉。掌縣級屯田事務。西晋隸屬太僕。七品。

[2]典虞都尉：官名，屬太僕卿，主田獵，並與典牧都尉共同

負責馬牛的牧養。六品。

［3］典虞丞：官名，職掌與典虞都尉同，位在典虞都尉下。

［4］左右中典牧都尉：典牧都尉，西晋置，分設左中右三部。掌牧養牲畜。六品。

［5］中華本“車府”“典牧”之間無標點符號分隔，似爲一職。然觀“車府、典牧、乘黄厩、驊騮厩、龍馬厩等令”之句可知，車府乃車府令，典牧乃典牧令，實爲兩職。《宋書》卷三九《百官志上》：“車府令，一人。丞一人。秦官也。二漢、魏、晋並隸太僕。太僕既省，隸尚書駕部。”况下文又有“典牧又别置羊牧丞”，即令下置丞之意。（參見劉華《〈晋書·職官志〉標點商榷一則》，《中國史研究》2007 年第 1 期）

［6］典牧：官名，即典牧令，隸屬太僕，掌畜牧事務。《通典》卷二五《職官》：“典牧署：於周官牧師下士四人，掌牧馬而頒之。秦漢邊郡置六牧師令，魏晋以下因之。隋有典牧、牛羊等署，各置令、丞。大唐有乘黄等四署，令、丞各四人，掌外牧及造酥酪脯腊之事。”

《唐六典》卷一七《太僕寺》：“典牧署：令三人，正八品上；（《周禮》：‘牧師下士四人，掌牧馬而頒之。’秦、漢太僕屬官有牧師苑令，皆在邊郡。歷魏、晋已下，皆牧監之職。……）丞四人，正九品上；監事八人，從九品下。典牧令掌諸牧雜畜給納之事；丞爲之貳。凡群牧所送羊、犢皆受之，而供於廪犧、尚食之用；諸司合供者，亦如之。”

［7］乘黄厩：官名，即乘黄厩令，亦稱乘黄令，隸屬太僕，掌皇帝乘輿及御厩馬匹。七品。《通典》卷二五《職官》：“乘黄署：後漢太僕有未央厩令。魏改爲乘黄厩。乘黄，古之神馬，因以爲名。（乘黄亦名飛黄，背有角，日行萬里。《淮南子》云：‘天下有道，飛黄伏皂。’一云：神黄，獸名，龍翼馬身，黄帝乘而仙。）晋以下因之。宋屬太常，銅印墨綬，進賢二梁冠，絳朝服。歷代皆有，悉掌乘輿。大唐令、丞各一人，掌乘輿車輅。”

《唐六典》卷一七《太僕寺》:“乘黄署:令一人,從七品下;(乘黄,古神馬名,亦曰飛黄,背有角,日行萬里。《六韜》云:‘乘黄震死。’《淮南子》云:‘天下有道,飛黄伏皂。’然車馬職仝。後漢有未央厩令、長樂厩丞。至魏,遂改爲乘黄厩,晋因之。……)丞一人,從八品下。乘黄令掌天子車輅,辨其名數與馴馭之法,丞爲之貳。”

[8]驊騮厩:官名,即驊騮厩令,西晋隸屬太僕,東晋以後隸屬門下。管理宫廷用馬。

[9]龍馬厩令:官名,西晋置,掌宫廷用馬,隸屬太僕。

廷尉,主刑法獄訟,屬官有正、監、評,[1]并有律博士員。

[1]正:廷尉正,亦稱大理正。《通典》卷二五《職官》:“秦置廷尉正,漢因之,後漢一人。(黄霸字次公。宣帝在民間時,知百姓苦吏急也,聞霸理法平,詔爲廷尉正。及夏侯勝非議,下廷尉獄,霸從勝受尚書。何敞六世祖比干,爲廷尉正,而務仁恕。時張湯亦爲廷尉,殘酷,比干常與争之,所存者千數。)魏晋謂正、監、平爲廷尉三官,(晋廷尉三官通視南臺持書,舊尚書郎下遷。梁制,服獬豸冠,介幘皂衣,銅印墨綬。)其後皆有。(魏司馬芝字子華,遷大理正。有盗官練置都厠上者,吏疑女工,收以付獄。芝曰:‘贓物先得而後訊其辭,若不勝掠,或至誣服。誣服之情,不可以折獄。且簡而易從,大人之化也。不失有罪,庸世之理耳。’魏武從之。晋江統字應元,爲廷尉正,作三刑議文。)隋開皇三年,增爲四員,煬帝增爲六員。大唐二人,通判寺事。龍朔二年,改爲詳刑大夫,咸亨初復舊。”

《唐六典》卷一八《大理寺》:“大理正二人,從五品下;(秦置廷尉正一人,漢因之,與‘監’及‘平’謂之廷尉三官,秩千石。魏氏第六品。晋置二人……品同魏氏。……）丞六人，從六品上；主簿二人，從七品上；録事二人，從九品上；獄丞四人，從九品下；司直六人，從六品上；評事十二人，從八品下。大理正掌参議刑獄、詳正科條之事。凡六丞斷罪有不當者，則以法正之。凡内外官及爵五品已上犯罪至棄市者，並監决。若車駕巡幸在京，則都一人留守，以總卿貳之職；在都，則京亦如之。”

監：廷尉監。《通典》卷二五《職官》：“秦置廷尉監。漢有左、右監，（邴吉字少卿，爲廷尉監。）光武省右監，唯有左監一人。（後漢陳咸爲監，執獄多恩，議人從輕。）魏晋以來無左右，而直云廷尉監。（《晋起居注》云：‘廷尉監陸鸞上表，求增築訊堂，圖畫先賢像，詔許之。’）”

評：廷尉評事。《通典》卷二五《職官》：“評事：漢宣帝地節三年，初於廷尉置左、右平，員四人。（宣帝詔曰：‘今遣廷吏與郡鞫獄，任輕禄薄，其爲置正平，員四人，其務平之。’涿郡太守鄭昌上言曰：‘聖王立法明刑者，非以爲理救衰亂之起也。今明主躬垂明聽，不置廷平，獄將自正。若開後嗣，不若删定律令。律令一定，愚民知所避就，奸吏無所弄法。今不正其本，而置廷平以理其末，代衰聽怠，則廷平將摇權而爲亂首也。’宣帝始置左、右平，而《三輔决録注》云‘何比干，漢武帝爲廷尉右平’，謬矣。）後漢光武省右平，唯有左平一人，掌平决詔獄，冠法冠。魏晋以來，無左右而直謂之廷尉評。”

大鴻臚，統大行、[1]典客、[2]園池、[3]華林園、鈎盾等令，[4]又有青宫列丞、鄴玄武苑丞。[5]及江左，有事則權置，無事則省。

[1]大行：官名，即大行令，西漢改行人令爲大行令。三國魏稱客館令，西晋復稱。百官朝會時，引領中二千石及以下官員行

禮。東晋時爲臨時設置之官。七品。

[2]典客：官名，即典客令，典客署長官，隸屬大鴻臚。掌接待少數民族事務。《通典》卷二六《職官》：“典客署：周官有掌客上士、中士。秦官有典客。漢改爲鴻臚，鴻臚屬官有大行令、丞。（本名行人，武帝改爲大行令、丞。）魏改大行令爲客館令，晋改爲典客。”

《唐六典》卷一八《鴻臚寺》：“典客署：令一人，從七品下；（《周禮》有掌客上士二人。漢鴻臚屬官有行人，武帝改爲大行令；魏改曰客館令，晋改曰典客。……）丞二人，從八品下；掌客十五人，正九品上。典客令掌二王後介公、酅公之版籍，及東夷、西戎、南蠻、北狄歸化在蕃者之名數；丞爲之貳。凡朝貢、宴享、送迎預焉，皆辨其等位而供其職事。凡酋渠首領朝見者，則館而以禮供之。若疾病，所司遣醫人給以湯藥。若身亡，使主、副及第三等已上官奏聞。其喪事所須，所司量給；欲還蕃者，則給轝遞至境。首領第四等已下不奏聞，但差車、牛送至墓所。諸蕃使主、副五品已上給帳、氈、席，六品已下給幕及食料。丞一人判厨事，季終則會之。若還蕃，其賜各有差，給於朝堂，典客佐其受領，教其拜謝之節焉。”

[3]園池：官名，即園池令，園池署長官，隸屬大鴻臚。主管園林。

[4]鈎盾令：官名，兩漢隸屬少府，魏晋隸屬大鴻臚。掌管皇家園囿。七品。

[5]鄴：縣名，治所在今河北省臨漳縣西南。

宗正，統皇族宗人圖諜，又統太醫令史，[1]又有司牧掾員。及渡江，哀帝省并太常，太醫以給門下省。[2]

[1]太醫令史：太，殿本作“大”。

[2]門下省：官署名。魏、晋、南朝初期爲門下諸省的泛稱。門下即黄門之下，其署設於宫禁中，其官得出入宫禁，爲皇帝的親近侍從官員。東漢有門下三寺，侍中、給事黄門侍郎等顧問侍從官員居侍中寺，中常侍、小黄門等宦官居東寺，禁衛軍將領則宿直西寺。三國魏、西晋門下設侍中省，置侍中、給事黄門侍郎各四員（加官無定員），常侍衛皇帝左右，出行則護駕，掌顧問應對，拾遺補闕，諫諍糾察，儐贊威儀，管理門下衆事，侍奉皇帝生活起居，與散騎省共平尚書奏事，有異議得駁奏之。散騎省置散騎常侍、給事中、通直散騎常侍、員外散騎常侍、散騎侍郎等官，亦常侍從皇帝左右，顧問應對，諫諍得失，與侍中省共平尚書奏事，有異議得駁奏。宰相、尚書等高級官員加門下職銜，始能出入殿省，入宫議政。東晋增設西省，以供禁軍值宿，遂有“門下三省”之稱。當時移中書省納奏、擬誥、出令之職歸門下之散騎省，後又常遣散騎、中書侍郎等官入直門下西省，草擬詔令，職參機密，頗爲貴重。侍中省兼統宫廷内侍諸署，受納吏民章奏、四方貢獻，管理宫廷醫藥、飲食、車馬等供奉事務，領公車、太醫，太官、驊騮厩諸署。

大司農，統太倉、[1]籍田、[2]導官三令，[3]襄國都水長，[4]東西南北部護漕掾。[5]及渡江，哀帝省并都水，孝武復置。

[1]太倉：官名，即太倉令，隸屬大司農，主受郡國漕穀，管理國家糧倉。七品。《通典》卷二六《職官》：“太倉署：於周官有廩人下大夫、上士。秦官有太倉令、丞。漢因之，屬大司農。後漢令主受郡國傳漕穀，其滎陽敖倉官，中興皆屬河南尹。歷代並有之。（晋江左以來，又有東倉、石頭倉，丞各一人。）”

《唐六典》卷一九《太倉署》：“太倉署：令三人，從七品下；（《石氏星經》：‘天倉六星，在婁南，倉穀所藏；南四星天庾，積厨粟之所；天囷十三星，囷，倉廩之屬，主御糧也。'《史記》云：'武王伐殷，散鉅橋之粟。'《周禮》有廩人下大夫、上士。秦、漢大司農屬官太倉令、丞各一人。文帝時，淳于意爲之。後漢太倉令一人，六百石。魏品第七，晋、宋、齊、梁、陳亦然。……）丞六人，從八品下；監事十人，從九品下。太倉署令掌九穀廩藏之事；丞爲之貳。凡鑿窖、置屋，皆銘甎爲庾斛之數，與其年月日，受領粟官吏姓名。又立牌如其銘焉。"

[2]籍田：官名，即籍田令，隸屬大司農，管理籍田之事。

[3]導官：官名，即導官令，西漢隸屬少府，東漢以後隸屬大司農。掌選擇供奉皇室所用糧食。七品。　統太倉、籍田、導官三令：原本、宋本作"統大箄、導官二令"，查汲古閣本同，殿本與中華本作"統太倉、籍田、導官三令"。原本意難解，據殿本、中華本改。

[4]都水長：官名，掌修護水利設施，收取魚税。太常、大司農、少府均設都水長，太常所屬主管皇帝陵園區域内的水利事務，大司農、少府所屬則主管地方水利事務。

[5]護漕掾：官名，西晋置，隸屬大司農，掌督漕運。分東西南北部。

少府，統材官校尉、[1]中左右三尚方、[2]中黄左右藏、[3]左校、[4]甄官、[5]平準、[6]奚官等令，[7]左校坊、[8]鄴中黄左右藏、油官等丞。[9]及渡江，哀帝省并丹楊尹，[10]孝武復置。自渡江唯置一尚方，又省御府。

[1]材官校尉：官名，三國魏文帝時置，隸屬少府。主管天下木材事務。東晋時改名材官將軍。六品。《唐六典》卷二三《將作監》："左校署：令二人，從八品下。（《周官》有攻木之工七，謂輪、輿、弓、廬、匠、車、梓也。秦、漢有左、右、前、後、中校

五令、丞。後漢唯置左、右校令、丞各一人，令六百石；又有材官校尉。魏并左校於材官。晋過江，省將作大匠，而左、右校隸少府；又改材官校尉爲將軍，罷左校令。宋、齊、梁、陳又有左校令、丞，别置材官將軍、司馬。）”

［2］尚方：官名，亦作上方。隸屬少府，掌役使工匠製造新奇貴重手工藝品及宫廷器用、刀劍等。從東漢至西晋，均分左中右三部。《通典》卷二七《職官》：“中尚署：《周官》爲玉府。秦置尚方令，漢因之。後漢主作手工作、御刀劍、玩好器物及寶玉作器。（宦者蔡倫爲尚方令，監作秘劍及諸器械，莫不精工堅密，爲後代法。）兩漢又有考工令，主作兵器，其職稍同。（考工令作兵器，兵器成則傳執金吾入武庫。及主織綵諸雜工，初屬少府，中屬主爵，光武時屬太僕。）漢末分尚方爲中、左、右三尚方。魏晋因之，自過江，唯置一尚方，哀帝以隸丹陽尹。”

《唐六典》卷二二《中尚署》：“中尚署：令一人，從六品上；（漢少府屬官有尚方令、丞。後漢尚方令一人，六百石，掌上手工作御刀劍、諸好器物及寶玉作器。和帝時，蔡倫爲尚方令，作秘劍，皆有龍泉、太阿之目；及諸器械，靡不牢固。其後分爲中、左、右三尚方。魏氏因之。晋過江左，唯置一尚方，哀帝以隸丹陽尹，孝武帝復舊。晋代掌造軍器。……）丞四人，從八品下；監作四人，從九品下。中尚署令掌供郊祀之圭璧，及歲時乘輿器玩，中宫服飾，彫文錯綵，珍麗之制，皆供焉；丞爲之貳。”

［3］中黄左右藏：中黄左藏令和中黄右藏令。東漢三國魏稱中藏府令，西晋改爲中黄藏令，并設左右。主管宫中金銀幣帛等庫藏。《通典》卷二六《職官》：“左、右藏署：周官有職幣上士、中士，掌邦財之幣；又外府中士，主泉藏；有玉府，掌王之金玉、兵器之藏；内府中士，主貨賄，藏在内也；職内上士，主泉貨所入：蓋其任也。後漢少府屬官有中藏府令、丞。魏因之。晋有左、右藏令，屬少府。晋江東置御史，掌庫曹，後分庫曹曰外左庫、内左庫。”

《唐六典》卷二〇《太府寺》："左藏署：令三人，從七品下；（《周禮》有外府中士，主泉藏之在外者，掌邦布之出入，以供百物，而待邦用也；又有職幣上士、中士，主貨幣之入也，並今左藏之職也。至秦、漢，則分在司農、少府。後漢少府屬官有中藏府令、丞各一人，掌中藏幣帛、金銀、貨物。魏氏因之。晋少府屬官有左、右藏令。東晋御史九人，各掌一曹，有庫曹御史，後復分庫曹置外左庫、内左庫。……）丞五人，從八品下；監事八人，從九品下。左藏令掌邦國庫藏之事；丞爲之貳。凡天下賦調，先於輸場簡其合尺度斤兩者，卿及御史監閲，然後納于庫藏，皆題以州縣、年月，所以别粗良，辨新舊也。凡出給，先勘木契，然後録其名數及請人姓名，署印送監門，乃聽出。若外給者，以墨印印之。凡藏院之内禁人然火及無故而入者。院内常四面持仗爲之防守，夜則擊柝分更以巡警焉。

右藏署：令二人，正八品上；（《周禮》有内府中士，主良貨賄，藏在内也；又有職内上士、中士，主泉貨所入，並今右藏之職。至秦、漢已來，則分在司農、少府，其職掌、廢置並與左藏同。……）丞三人，正九品上；監事四人，從九品下。右藏署令掌邦國寶貨之事；丞爲之貳。四方所獻金玉、珠貝、玩好之物皆藏之；出納、禁令；如左藏之職。"

[4]左校：官名，即左校令，漢代隸屬將作大匠，三國魏入材官校尉。西晋復置。隸屬少府，主天下木材。七品。《通典》卷二七《職官》："左、右校署：秦及漢初有左、右、前、後、中五校令，後唯置左、右校令。後漢因之，掌左、右工徒。（後漢度尚自右校令擢拜荆州刺史。）魏併左校、右校於材官。晋左、右校屬少府。"

《唐六典》卷二三《將作監》："左校署：令二人，從八品下；（《周官》有攻木之工七，謂輪、輿、弓、廬、匠、車、梓也。秦、漢有左、右、前、後、中校五令、丞。後漢唯置左、右校令、丞各一人，令六百石；又有材官校尉。魏并左校於材官。晋過江，省將作大匠，而左、右校隸少府；又改材官校尉爲將軍，罷左校令。……）丞四人，正九品下；監作十人，從九品下。左校令掌供營構梓匠之事，致其雜材，差其曲直，制其器用，程其功巧；丞爲之貳。凡宫室之制，自天子至于士庶，各有等差。凡樂縣簨虡，兵仗器械，及喪葬儀制，諸司什物，皆供焉。”

［5］甄官：官名，即甄官令，甄官署長官，隸屬少府。掌供磚瓦石器陶瓷等事。《通典》卷二七《職官》：“甄官署：令、丞一人。後漢有前、後、中甄官令，屬將作。晋有甄官署，掌磚瓦之事。宋、齊、北齊、隋悉有之。大唐因之，掌營磚石瓷瓦。”

《唐六典》卷二三《將作監》：“甄官署：令一人，從八品下；（《周禮》摶埴之工二，謂陶與旊也。後漢將作大匠屬官有前、後、中甄官令、丞。晋少府領甄官署，掌塼瓦之任。……）丞二人，正九品下；監作四人，從九品下。甄官令掌供琢石、陶土之事；丞爲之貳。凡石作之類，有石磬、石人、石獸、石柱、碑碣、碾磑，出有方土，用有物宜。凡磚瓦之作，瓶缶之器，大小高下，各有程準。凡喪葬則供其明器之屬，三品以上九十事，五品以上六十事，九品已上四十事。當壙、當野、祖明、地軸、䩣馬、偶人，其高各一尺；其餘音聲隊與僮僕之屬，威儀、服玩，各視生之品秩所有，以瓦、木爲之，其長率七寸。”

［6］平準：官名，即平準令，西漢時置，東漢一度改稱中準令，西晋復稱平準令。隸屬少府，掌平抑物價。《通典》卷二六《職官》：“平準署：周官有質人中士、下士，主平定物價。秦置平準令。漢因之，掌知物價及主練染，作彩色。（趙廣漢，州舉茂才，爲平準令。）後漢平準令、丞隸大司農，熹平四年，改平準爲中準，使宦者爲之，列於内署。自是諸署，悉以閹人爲令、丞。晋少府屬官有平準令。”

《唐六典》卷二〇《太府寺》：“平準署：令二人，從七品下；（《周禮》有質人中士、下士，主平定物價也。漢大司農屬官有平準令、丞。韋昭《辨釋名》云：‘平準，主平物價，使相依準。’

《史記》云：‘桑弘羊領大農令，以諸官各自市相争，以故物多騰躍，乃請置大農部丞數十人，分部主郡國；置平準於京師，受天下委輸，盡籠天下之貨物，貴則賣之，賤則買之，如此則富商大賈無所牟大利矣。所以置平準焉。’故趙廣漢廉潔下士，州舉茂才，爲平準令。後漢大司農屬官有平準令、丞各一人，令六百石，丞三百石，掌知物價及主練染，作采色。至和帝改平準爲中準，以宦者爲令、丞，列於内署。自是，諸署令悉用宦人。魏氏闕文。晋少府屬官有平準令、丞。……）丞四人，從八品下；監事六人，從九品下。平準令掌供官市易之事；丞爲之貳。凡百司不任用之物，則以時出貨；其没官物者，亦如之。”

[7]奚官令：官名，西晋始置，隸屬少府。掌管宫人疾病、罪罰、喪葬等事，管理使役從坐爲奴罪犯家屬。

[8]左校坊：官名，即左校坊丞，左校令屬官，西晋置，屬少府。

[9]油官：官名，即油官丞，西晋隸屬少府，東晋隸屬丹楊尹。掌油工事務。

[10]丹楊尹：官名，東晋京城所在郡府長官，掌京城行政諸務並詔獄，亦稱“京尹”。三品。楊，殿本作“揚”。

將作大匠，有事則置，無事則罷。

太后三卿，衛尉、少府、太僕，漢置，皆隨太后宫爲官號，在同名卿上，無太后則闕。魏改漢制，在九卿下。及晋復舊，在同號卿上。

大長秋，皇后卿也，有后則置，無后則省。

御史中丞，[1]本秦官也。秦時，御史大夫有二丞，[2]其一御史丞，其一爲中丞。中丞外督部刺史，内領侍御史，受公卿奏事，舉劾案章。漢因之，及成帝綏和元年，更名御史大夫爲大司空，置長史，而中丞官職如故。哀帝建平二年，復爲御史大夫。元壽二年，又爲大司空，而中丞出外爲御史臺主。[3]歷漢東京至晋因其制，以中丞爲臺主。

[1]御史中丞：官名，御史大夫副手，掌監察、執法，爲京師顯官，職權甚重。四品。《通典》卷二四《職官》："初，漢御史大夫有兩丞，一曰御史丞，一曰中丞，亦謂中丞爲御史中執法。（漢高帝詔徵賢良，御史大夫下相國，相國下諸侯王，御史中執法下郡守。晋灼曰：'中執法，中丞也。'）中丞在殿中蘭臺，掌圖籍秘書，（漢中丞有石室，以藏秘書、圖讖之屬。以其居殿中，故曰中丞。）外督部刺史，内領侍御史十五員，受公卿奏事，舉劾案章，蓋居殿中，察舉非法也。及御史大夫轉爲大司空，而中丞出外爲御史臺率，即今之御史大夫任也。（自此以後，並如今御史大夫也。）《周官》小宰之職，掌建邦之宫刑，以理王宫之政令，凡宫之糾禁，又其任也。（《周禮》'小宰'注曰：'若今御史中丞。'）初，御史大夫更名大司空，置長史，而中丞官職如故。武帝時，以中丞督司隸，司隸督丞相，丞相督司直，司直督刺史，刺史督二千石下至黑綬。（漢中丞，故二千石爲之，或選侍御史高第，執憲中司，出爲二千石。）哀帝元壽二年，御史中丞更名御史長史。後漢光武復改爲中丞，兩梁冠，銅印青綬。與尚書令、司隸校尉朝會，皆專席而坐，京師號爲'三獨坐'，言其尊也。凡中丞以下，並文官，屬少府。（以下謂侍御、侍書等。）魏初，改中丞爲宫正，舉鮑勛爲之，百僚嚴憚。（陳群及司馬宣王舉勛爲之。）後復爲中丞。晋亦因漢，以中丞爲臺主，與司隸分督百僚。自皇太子以下，無所不糾。初不得糾尚書，後亦糾之。（晋傅咸奏云：'司隸、中丞得糾太子而不得糾尚書，臣所未譬。'朝廷無以易之。又劉暾字長叔，兼中丞，奏免尚書僕射等十餘人，朝廷嘉之，遂以即真。晋元帝即尊號，省司

直，置中丞，皇太子以下悉得糾劾之。）中丞專糾行馬内，司隸專糾行馬外。雖制如是，然亦更奏衆官，實無其限。（王恬字元愉，爲中丞。簡文初即位，未解嚴，大司馬桓温屯中堂，夜吹警角，恬奏劾温大不敬，請理罪。明日，温見奏事，嘆曰：‘此兒乃敢彈我，真可畏也。’）”

又：“御史中丞，舊持書侍御史也。初，漢宣帝元鳳中，感路温舒尚德緩刑之言，季秋後請讞。時帝幸宣室齋居而决事，令侍御史二人持書，持書御史起於此也。後因别置，冠法冠，有印綬，與符節郎共平廷尉奏事，罪當輕重。後漢亦二人，銅印青綬，選明法律者爲之。（蔡質《漢儀》曰：‘選御史高第者補之。’）凡天下諸讞疑事，掌以法律當其是非。自桓帝之後，無所平理，苟充其位而已。魏置持書執法，掌奏劾，而持書侍御史掌律令，二官俱置。（《宋志》曰：‘魏置御史八人，有持書曹，掌度支運，課第曹掌考課。不知餘復何曹。’）晋置四人，泰始四年，又置黄沙獄持書侍御史一人，秩與中丞同，掌詔獄及廷尉不當者皆理之，後并河南，遂省黄沙持書侍御史。及太康中，又省持書侍御史二員。魏晋以來，持書侍御史分掌侍御史所掌諸曹，若尚書二丞。”

《唐六典》卷一三《御史中丞》：“中丞二人，正五品上。（《漢百官表》：‘御史大夫有兩丞，秩一千石。一曰中丞。’謂之‘中’者，以其列在殿中，掌蘭臺秘書。外督部刺史，内領侍御史，受公卿奏事，舉劾按章。及置司隸校尉，以御史中丞督司隸、司直，司隸、司直督刺史，刺史督二千石，下至墨綬。成帝綏和元年，改爲大司空。哀帝建平二年，改大司空復爲御史大夫；元壽二年，復爲大司空，而中丞出外爲臺主，更名御史長史。後漢復曰中丞。時，宣秉拜御史中丞，光武詔與司隸校尉、尚書令三官各專席而坐，京師號爲‘三獨座’。魏黄初，改中丞爲宫正。魏鮑勛以宫正忤旨，左遷持書執法。後又爲中丞。歷晋、宋、齊、梁、陳，並以中丞爲臺主，品第四。……）”

［2］御史大夫：官名，協助丞相處理天下政務，以監察執法爲

主要職掌。東漢稱司空。建安年間曹操罷三公，復置此官。三品。《通典》卷二四《職官》："御史大夫，秦官。（侍御史之率，故稱大夫。）漢因之，位上卿，銀印青綬，掌副丞相。故事，選郡守相高第爲御史大夫，任職者爲丞相。（《漢舊儀》：'拜御史大夫爲丞相，左右前後將軍贊，五官中郎將授印；拜御史大夫，二千石贊，左右郎將授印。'）成帝綏和元年，更名大司空。（成帝欲修璧雍，通三公官，故改御史大夫爲大司空。）金印紫綬，秩比丞相。御史大夫月俸四萬。哀帝建平二年，朱博奏請罷大司空，以御史大夫爲百僚帥，帝從之，遂復爲御史大夫，皆宰相之任。（事具宰相篇。）元壽二年，復爲大司空。（漢高帝以御史大夫周昌爲趙王相。上持御史大夫印，弄之，曰：'誰可以爲御史大夫者？'視趙堯曰：'無以易堯。'遂拜之。始堯爲昌符璽御史，有人謂昌曰：'君之吏趙堯奇才，必代君爲相。'昌曰：'堯刀筆小吏，何至是乎？'後果然。又倪寬爲御史大夫，以稱意任職，故久無所匡諫於上，官屬易之。張湯爲御史大夫，每朝奏事，日旰，天子忘食，丞相充位而已。又趙綰爲御史大夫，請無奏太皇太后事，即竇太后也，好黄老言，患其不用儒，故奪其政。又杜周爲御史大夫，後周子延年又爲御史大夫，以居父官，不敢當舊位，坐卧皆易其處。又貢禹字少翁，爲御史大夫，列於三公。自禹在位，數言得失，書數十上。）凡爲御史大夫，而丞相次也，其心冀幸丞相物故，（物，無也。故，事也。言無所復能於事。）或乃陰私相毁害，欲代之。（見《史記》。又曰：鄭弘爲大夫，守之數年不得。匡衡居之，未滿歲而丞相死，即代之。）後漢初，廢御史大夫。（更始至長安，以隗囂爲御史大夫。中元元年，光武東巡泰山，以張純視御史大夫，從封禪，禮畢罷。）至建安十三年，罷三公官，始復置之，以郗慮居焉，（華歆亦爲之。）不領中丞，置長史一人。魏黄初二年，又改御史大夫爲司空，末年復有大夫。而吴有左右焉。（《晉書》曰，魏以司空何曾爲晉國丞相，以王沈爲御史大夫是也。吴孫休以丁密、孟宗爲左右御史大夫。）晉初省之。此皆爲三公，非今御史大夫也。（今御史大夫，即漢以來御史中丞是也。後代或置大夫，皆中丞之互名，非漢舊大夫之任。唯劉聰僭號，置御史大夫，亞於三公，頗似漢制也。）”

《唐六典》卷一三《御史大夫》：“御史大夫一人，從三品；（《漢書》云：‘御史大夫，秦官，位上卿，銀印、青綬，掌副丞相。成帝綏和元年更名大司空，哀帝建平二年復爲御史大夫，元壽二年復爲大司空。’歷後漢，遂爲三公之官。獻帝建安十三年，又置御史大夫。魏黄初二年，又省。歷晋、宋、齊、梁、陳、後魏、北齊、後周，並不置大夫，而以中丞爲臺主。……）御史大夫之職，掌邦國刑憲、典章之政令，以肅正朝列；中丞爲之貳。凡天下之人有稱冤而無告者，與三司詰之。三司：御史大夫，中書，門下。大事奏裁，小事專達。凡中外百僚之事應彈劾者，御史言於大夫，大事則方幅奏彈，小事則署名而已。若有制使覆囚徒，則與刑部尚書參擇之。凡國有大禮，則乘輅車以爲之導。”

［3］御史臺：《通典》卷二四《職官》：“御史之名，周官有之，蓋掌贊書而授法令，非今任也。（王有命，則贊爲之辭，寫其理之法令，命來受者即授之。）戰國時亦有御史，秦趙澠池之會，各命書其事，又淳于髡謂齊王曰‘御史在後’，則皆記事之職也。至秦漢，爲糾察之任。（秦以御史監郡。漢初，叔孫通新定禮儀，以‘御史執法，舉不如儀者輒引而去’是也。）所居之署，漢謂之御史府，亦謂之御史大夫寺，（漢御史大夫寺，在大司馬門内，無塾，其門署用梓板，不雘色，題曰‘御史大夫寺’。）亦謂之憲臺。成帝時，御史府吏舍百餘區，井水皆竭，又其府中列柏樹，常有野烏數千栖宿其上，晨去暮來，號曰‘朝夕烏’，烏去不來者數月，長老異之，後果廢御史大夫爲大司空，是其徵也。後漢以來，謂之御史臺，亦謂之蘭臺寺。（顔師古曰：‘官曹通名爲寺。’後漢趙岐本名嘉，以生於御史臺，因字臺卿。又應劭《官儀》曰：‘廷尉案責上御史臺。’又謝靈運《晋書》曰：‘漢尚書爲中臺，御史爲憲臺，謁者爲外臺，是謂三臺。’後漢蔡邕以侍御史轉持書御史，遷尚書，三日之間，周歷三臺。）”

治書侍御史，[1]案漢宣帝幸宣室齋居而决事，[2]令侍御史二人治書侍側，後因别置，謂之治書侍御史，蓋其始也。及魏，又置治書執法，掌奏劾，而治書侍御史掌律令，二官俱置。及晋，唯置治書侍御史，員四人。泰始四年，又置黄沙獄治書侍御史一人，秩與中丞同，掌詔獄及廷尉不當者皆治之。後并河南，遂省黄沙治書侍御史。及太康中，又省治書侍御史二員。

[1]治書侍御史：官名，簡稱治書御史、御史治書、侍書。屬諸侍御史之一種，亦簡稱侍御史、侍御、御史。西漢時掌圖籍文書，東漢時屬御史臺，職掌也變爲審理疑獄、平廷尉奏事。魏晋南北朝時爲御史中丞佐貳，掌監察、彈劾高級官員，也奉命出使，緝拿犯官。六品。《唐六典》卷一三《御史臺》："侍御史四人，從六品下。(《周官·宗伯》屬官御史，'掌邦國都鄙及萬民之治令，以贊冢宰。凡治之者，受法令焉'。以其在殿柱之間，亦謂之柱下史。秦改爲侍御史。《史記》：'張蒼自秦時爲御史，主柱下方書。'即其任也。冠法冠，一名'柱後惠文'，以鐵爲柱，言其審固不撓也。法冠者，《秦事》云：'始皇滅楚，以其君冠賜御史。'亦名獬豸冠，以獬豸獸主觸不直，故執憲者以爲冠。漢因秦，置侍御史，秩六百石，員十五人。惠帝三年，相國奏遣御史監三輔不法事，有：辭訟者，盗賊者，鑄僞錢者，獄不直者，繇賦不平者，吏不廉者，吏苛刻者，逾侈及弩力十石以上者，非所當服者，凡九條。監者每二歲一更，常十一月奏事，三月還監焉。侍御史有綉衣直指，出討奸猾，治大獄；武帝制，不常置。後漢皆公府掾屬高第者爲之，所掌有五曹：曰令曹，掌律令；印曹，掌刻印；供曹，掌齋祠之事；尉馬曹，掌厩馬之事；乘曹，掌護駕。魏置八人，品第六，所掌凡八部，有持書曹、課第曹，其餘則史闕云。晋置九人，所掌有十三曹，曰：吏曹，課第曹，直事曹，印曹，中都督曹，外都督曹，媒

曹，符節曹，水曹，中壘曹，營軍曹，法曹，算曹。東晋初，省課第曹，置庫曹；後又分庫曹爲外左庫曹、内左庫曹焉。……）侍御史掌糾舉百僚，推鞫獄訟。其職有六：一曰奏彈，二曰三司，三曰西推，四曰東推，五曰贓贖，六曰理匭。凡有制敕付臺推者，則按其實狀以奏；若尋常之獄，推訖，斷於大理。凡事非大夫、中丞所劾而合彈奏者，則具其事爲狀，大夫、中丞押奏。大事則冠法冠，衣朱衣、纁裳、白紗中單以彈之；小事，常服而已。凡三司理事，則與給事中、中書舍人更直於朝堂受表。若三司所按而非其長官，則與刑部郎中、員外郎，大理司直、評事往訊之。"

[2]漢宣帝：西漢皇帝劉詢，字次卿，戾太子之孫。被霍光迎立爲帝，委政於霍光。史載他"選于定國爲廷尉，求明察寬恕黄霸等以爲廷平，季秋後請讞。時上常幸宣室，齋居而決事，獄刑號爲平矣"。　宣室：即宣室殿，漢代宫殿名。《史记》卷八四《屈原贾生列傳》："孝文帝方受釐，坐宣室。上因感鬼神事，而問鬼神之本。賈生因具道所以然之狀。"裴駰集解引蘇林曰："未央前正室。"司馬贞索隐引《三輔故事》云："宣室在未央殿北。"

侍御史，[1]案二漢所掌凡有五曹：一曰令曹，掌律令；二曰印曹，掌刻印；三曰供曹，掌齋祠；四曰尉馬曹，掌厩馬；五曰乘曹，掌護駕。魏置八人。及晋，置員九人，品同治書，而有十三曹：吏曹、課第曹、直事曹、印曹、中都督曹、外都督曹、媒曹、符節曹、水曹、中壘曹、營軍曹、法曹、算曹。及江左初，省課第曹，置庫曹，掌厩牧牛馬市租，後分曹，置外左庫、内左庫云。

[1]侍御史：官名，簡稱御史、侍御。御史臺屬官，曹魏時分

掌治書、課第等八曹，尚書、符節等三臺。西晋時分掌吏、課第、直事、印、中都督、外都督、媒、符節、水、中壘、軍營、法、算十三曹。六品。《通典》卷二四《職官》："侍御史，於周爲柱下史，老聃嘗爲之。秦時，張蒼爲御史，主柱下方書，亦其任也。又云蒼爲柱下御史，明習天下圖書計籍。（見《史記》。如淳曰：'方，板也，謂書事在板上也。秦以上置柱下史，蒼爲御史，主柱下事。或曰主四方文書也。'又《職官録》曰：'秦改御史爲柱下史。'）一名柱後史，謂以鐵爲柱，言其審固不橈也。（一云冠法冠，一名柱後惠文，以鐵爲柱也。法冠者，《秦事》云：'始皇滅楚，以其君冠賜御史，亦名獬豸冠。獬豸，獸名，一角，以觸不直也，故執法者冠之。'）亦爲侍御史。漢因之，凡十五員。（又《漢舊儀》曰：漢'御史員四十五人，皆六百石。其十五人衣絳，給事殿中，爲侍御史，宿廬在石渠門外，二人尚璽，四人持書給事，二人侍前，中丞一人領。餘三十人留寺，理百官事'。）侍御史，御史大夫自調更告入歸官，比丞相掾史，史白録。（白録，著録而已。）惠帝初，遣御史監三輔郡，其後又置監御史。（《漢官儀》曰：'侍御史出督州郡盗賊，運漕軍糧，言督軍糧侍御史。至後漢，復有護漕都尉官，建武七年省。'晋太元六年，又置督運御史官。）其舉郡國孝廉第四科云：'有能按章覆問，文中御史。'（嚴延年遷侍御史，劾霍光專廢立。）武帝時，侍御史又有綉衣直指者，出討奸猾，理大獄，而不常置。（直指而行，無苟私也。衣以綉者，尊寵之也。江充拜直指綉衣使，督三輔盗賊，禁察逾侈。時近臣多奢僭，充皆舉劾，請没入車馬，令身侍北軍擊匈奴，奏可。貴戚惶恐，見上叩頭，願得入錢贖罪。又王賀字翁孺，武帝時爲綉衣御史，逐捕群盗，皆縱而不誅。暴勝之亦爲之。至後漢，譙玄爲綉衣御史，持節，分行天下，觀覽風俗，所至專行誅賞。沈約云：'綉衣御史，光武省，順帝復置，魏罷之。'）後漢亦有侍御史員，察舉非法，受公卿群吏奏事，有違失舉劾之。凡郊廟之祠及大朝會、大封拜，則二人監威儀，有違失則劾奏。以公府掾屬高第補之，或故牧守、議郎、郎中爲之，唯德所在。初上稱守，滿歲拜真，出劇爲刺史、二千石，平遷補縣令。見中丞，執板揖。順帝復絶他選，專用宰士，有三缺，三府各一，舉劾案章，事無大小，尚書受成而已，威烈赫奕，莫之敢犯。真御史守中丞、持書，服其冠紱，上事言守，關移稱真。又按二漢侍御史所掌凡有五曹：一曰令曹，（掌律令。）二曰印曹，（掌刻印。）三曰供曹，（掌齋祀。）四曰尉馬曹，（掌厩馬。）五曰乘曹，（掌車駕。）豹尾之内，便爲禁省。（後漢桓典爲侍御史，執政無所避，常乘驄馬，京都畏之，爲之語曰：'行行且止，避驄馬御史。'又張綱爲侍御史，順帝漢安時，遣八使按行風俗，唯綱最年少官卑，餘皆宿儒重位，同日受命，各之所部。綱獨埋其車輪於洛陽都亭，曰：'豺狼當路，安問狐狸！'遂奏大將軍梁冀兄弟罪惡。又陳翔字子麟，拜侍御史，正旦朝賀，大將軍梁冀威儀不整，翔奏請收冀理罪，時人奇之。又楊秉字叔節，拜侍御史，京師咸稱有宰相之才。）魏置御史八人。當大會殿中，御史簪白筆，側陛而坐。帝問左右：'此何官？何主？'辛毗曰：'此謂御史，舊時簪筆以奏不法。當如今者，直備位，但毦筆耳。'晋侍御史九人，頗用郡守爲之，（《山公啓事》曰：'舊侍御史頗用郡守，今散二千石有才能尚少者可用不？'詔使八座詳之。毦音餌。）品同持書，而有十三曹。（十三曹者，謂吏曹、課第曹、直事曹、印曹、中都督曹、外都督曹、媒曹、符節曹、水曹、中壘曹、營軍曹、法曹、算曹。及江左初，省課第曹，置庫曹，掌厩牧馬牛市租。後分庫曹，置左庫、外左庫二曹。）"

殿中侍御史，[1]案魏蘭臺遣二御史居殿中，[2]伺察非法，即其始也。及晋，置四人，江左置二人。又案魏晋官品令又有禁防御史第七品，孝武太元中有檢校御史吴琨，[3]則此二職亦蘭臺之職也。

[1]殿中侍御史：官名，亦稱殿中御史，隸屬御史臺，掌糾察宫殿中違法。六品。《通典》卷二四《職官》："殿中侍御史。魏蘭臺遣二御史居殿中，察非法，即殿中侍御史之始也。晋置四人，江左多置二人。"

《唐六典》卷一三《御史臺》："殿中侍御史六人，從七品上。（魏氏御史二人居殿中察非法，故曰殿中侍御史。晋置四人，東晋省二人。……）"

[2]蘭臺：官署名，御史臺的别稱。蘭臺原爲西漢宫中收藏圖書檔案之處，由御史中丞掌管，故稱。

[3]檢校御史：官名，東晋時置，隸屬御史臺，掌監察宫外百官。六品。　吴琨：琨，原本、宋本作"崐"，殿本作"琨"，據殿本改。中華本校勘記："《斠注》：《通典》作'吴混之'。按：《通志》五四、《通考》五三、《職官分紀》一四引徐邈《晋紀》皆作'吴混之'。"

符節御史，[1]秦符璽令之職也。漢因之，位次御史中丞。至魏，别爲一臺，位次御史中丞，掌授節、銅武符、竹使符。及泰始九年，武帝省并蘭臺，置符節御史掌其事焉。

[1]符節御史：官名。《通典》卷二一《職官》："符寶郎。《周官》有典瑞、掌節二官，掌瑞節之事。（瑞、節，信也。典瑞屬春官，掌節屬地官。）秦漢有符節令、丞，領符璽郎。（昭帝幼冲，霍光秉政，殿中夜驚，光召求符璽，符璽郎不肯授。光奪之，郎按劍對曰：'臣頭可得，璽不可得也。'光壯之，增秩二等。）文帝二年，初與郡守爲銅虎符、竹使符之制，又皆屬焉。（應劭曰：'銅虎符第一至第五，國家當發兵，遣使者至郡合符，符合乃聽受之。竹使符者，以竹箭五枚，長五寸，鐫刻篆書第一至第五。'顔師古曰：'符，

與郡守各分其半，右留京師，左以與之。’）後漢有符節令，兩梁冠，位次御史中丞。别爲一臺，而符節令一人爲臺率，掌符節之事，屬少府。魏與後漢同。晋泰始九年，省并蘭臺，置符節御史掌其事。”

《唐六典》卷八《門下省》：“符寶郎四人，從六品上；（《周禮·地官》有掌節，《春官》又有典瑞，並其任也。自漢以來，唯旌節稱節，餘皆號符焉。寶即璽也。秦爲符璽令，《史記》云‘始皇出游會稽，丞相李斯、中車府令趙高從，高兼行符璽令事’是也。漢因秦，置符節令、丞，屬少府。漢官云：‘秩四百石。’《漢書》云：‘昭帝幼冲，霍光秉政。殿中夜驚，光召符璽郎取璽，郎不與，光奪之，郎按劍曰：“臣頭可得，璽不可得。”光壯之，增秩二等。’後漢則别爲一臺，亦屬少府，置符節令一人爲臺率，主符節事，凡遣使掌授節，領尚符璽郎中四人。兩漢皆傳秦六璽及傳國璽。魏符節令位次御史中丞。晋武帝太始元年，省併蘭臺，置符節御史。……）主寶六人；主符三十人；主節十八人。符寶郎掌天子之八寶及國之符節，辨其所用，有事則請於内，既事則奉而藏之。……凡大朝會，則捧寶以進於御座；車駕行幸，則奉寶以從於黄鉞之内。（今元正朝會則進神寶及受命寶；若行幸，則合八寶爲五轝，函籙封盛以從。）”

司隸校尉，[1]案漢武初置十三州，刺史各一人，又置司隸校尉，察三輔、[2]三河、[3]弘農七郡，[4]歷漢東京及魏晋，其官不替。屬官有功曹、都官從事、諸曹從事、部郡從事、主簿、録事、門下書佐、省事、記室書佐、諸曹書佐守從事、武猛從事等員，凡吏一百人，卒三十二人。及渡江，乃罷司隸校尉官，其職乃揚州刺史也。

［1］司隸校尉：官名，掌監察京師，糾察京都百官。三品。《通典》卷三二《職官》："司隸，周官也，掌五隸之法，辨其物而掌其政令，（五隸，謂罪隸、四翟之隸也。物謂衣服、兵器之屬。）帥其民而捕盜賊。

"漢武帝征和四年，初置司隸校尉，持節，從中都官徒千二百人，（中都官，京師諸官府。）捕巫蠱，督大奸猾。（督謂察視之。）後罷其兵。察三輔、三河、弘農。（《晋志》曰：'漢武帝初置十三州刺史各一人。又置司隸校尉，察三輔、三河、弘農七郡。'）元帝初元四年，去節，後諸葛豐爲司隸又加節，尋復去之。司隸去節，自豐始也。（諸葛豐爲司隸，無所回避，京師語曰：'間何闊，逢諸葛。'言間者何久闊不相見，以逢諸葛故也。侍中許章以外屬貴幸，賓客犯法，與章相連。豐欲劾奏，適逢章出，豐駐車舉節招章曰：'下！'欲收之。章馳去，豐奔車逐之，章突入殿得免。因此成帝遂收豐節。）成帝元延四年省。綏和二年，哀帝復置，但爲司隸，（除校尉字。）冠進賢冠，屬大司空，比司直。司隸掌察皇太子以下，行馬内事皆主之。專道而行，專席而坐。初除，皆謁兩府。（兩府謂丞相、御史也。惟涓勛初爲司隸，不肯謁丞相、御史大夫，後爲翟方進奏免。又《漢書》曰：'鮑宣字子都。明經，爲司隸。丞相孔光行園陵，官屬行馳道中，宣使斂止丞相掾史，没入其車馬，摧辱宰相。事下御史中丞，官欲捕，從事閉門不納。宣坐閉拒使者，大不敬，下獄。博士弟子王咸舉幡太學下，曰："欲救鮑司隸者，會此下。"諸生會者千餘人。朝日，遮丞相孔光自言，丞相車不得行。宣罪減死一等。《列異記》曰："自宣至子永孫昱，俱爲司隸校尉，其爲公皆復乘驄馬。京師歌之曰：'鮑氏驄，三入司隸再入公。馬雖疲，行步工。'"又王駿爲司隸校尉，奏免丞相匡衡。又蓋寬饒爲司隸，亦無所回避。）

"後漢復爲司隸校尉，所部河南尹、河内、右扶風、左馮翊、京兆尹、河東、弘農凡七郡，治河南洛陽。（《北齊書》曰：'後漢凡皇族不得典三河，蓋忌其親而惜形迹之地。'）無所不糾，唯不察三公。（後漢江馮上言‘宜令司隸校尉督察三公’，陳元議以爲不宜使有司省察公輔，乃止。）廷議處九卿上，朝賀處公卿下。（鮑永爲司隸，鮑恢爲都官從事，並不避强御。詔策曰：‘貴戚且當斂手，以避二鮑。’鮑永子昱，復爲司隸，初拜，使封胡降檄。光武遣問昱曰：‘有所怪否？’對曰：‘臣聞故事，通官文書不著姓，又當司徒露布，怪使司隸下書而著姓也。’上曰：‘吾欲令天下知忠臣之子復爲司隸。’又中常侍王甫、曹節等用事，尚書令陽球常唾手拊髀曰：‘當令陽球作司隸，此輩敢爾。’後及拜司隸，球列車騎導從，當入司隸府，雒陽賊捕掾皆故墨綬公府掾孝廉也，邀見道側。球怒曰：‘雒陽都邑，吏當得熊虎敢搏噬者，乃用鼷鼠當校尉車耶？不足污鞭杖，且舉撲之。’於是威風振烈。明日詣闕謝恩，遂表劾王甫，自臨考，父子皆死於杖下，乃磔甫屍，署曰‘賊臣王甫’。於是權門股慄，皆雀目鼠步。曹節見甫屍，乃收淚入言球罪。帝徙爲衛尉。球叩頭曰：‘願假臣一月，必令豺狼鴟鴞悉伏其辜。’又，李膺字元禮，拜司隸校尉。張讓弟朔爲野王令，貪殘無道，畏膺而逃藏讓舍柱中。膺率將吏破柱取朔，付獄殺之。讓訴冤於帝，帝召讓膺。膺曰：‘昔仲尼爲魯司寇，七日而誅少正卯。今臣到官已積旬，懼以淹流爲㑋，不意獲速疾之罪。乞留五日，克殄元惡。’帝謂讓曰：‘汝弟之罪也。’自是宦官屏氣，休沐不敢復出。帝問其故，並叩頭泣曰：‘畏李司隸。’）凡司隸屬官，有從事史十二人。其都官從事史，至爲雄劇，主察百官之犯法者。（胡騰字子升，辟荆州部南陽從事，遇桓帝南巡至南陽，千騎萬乘，呼召求索，不可堪。騰奏曰：‘天子無外，乘輿所在，即爲京師。請荆州刺史比司隸，臣比都官從事，南陽守比河南尹，宛令比雒陽令。’許之。於是大將軍亡馬，西曹掾召騰。騰乃作都官從事鵠頭召掾，掾乃覺，膝行辭謝，由是不敢輒有呼召。）

“魏晋司隸與二漢同。（劉聰僭號，置左右司隸。）司隸於端門外坐，在諸卿上，絶席。其入殿，按本品秩在諸卿下，不絶席。（魏鍾會爲司隸，雖在外司，時政損益，當世與奪，無不必綜。《晋諸公贊》云：劉毅字仲雄，爲司隸，奏太尉何曾、尚書劉寔父子及羊琇、張佗等所犯狼藉。司郡守令事相連及覩風投印綬者甚衆，皆以爲毅能繼諸葛豐、蓋寬饒。）初以司隸官屬制置如州儀，而俗稱之司州。見《太康記》。及魏晋，乃以京輔所部定名，置司州，以司隸校尉統之。及東晋渡江，罷司隸校尉官，變其職爲揚州刺史。"

［2］三輔：以長安爲中心的京畿地區，轄境相當於今陝西省中部地區。

［3］三河：河南、河内、河東三郡的合稱，相當今河南省伊河、洛河流域與黄河以北及山西省南部一帶。

［4］弘農：郡名，治所在弘農縣（今河南省靈寶市）。

謁者僕射，[1]秦官也，自漢至魏因之。魏置僕射，掌大拜授及百官班次，統謁者十人。及武帝省僕射，以謁者并蘭臺。江左復置僕射，後又省。

［1］謁者僕射：官名，謁者臺長官，名義上屬光禄勛。統領諸謁者，掌朝會司儀，傳達策書，護衛皇帝出行。五品。《通典》卷二一《職官》："秦置謁者。漢因之，掌儐贊受事，員七十人，選孝廉年未五十，威容嚴恪，能儐贊者爲之。（燕太子使荆軻劫始皇，變起兩楹之間，其後謁者持匕首刺腋。漢高帝偃武行文，故易之以版。）有僕射，冠高山冠。（言其矜莊賓遠，故以高山爲號。終軍爲謁者，使行郡國，建節出東關。關吏識之，曰：'此棄繻生。'）後漢謁者僕射爲謁者臺率，主謁者。銅印青綬。天子出，掌奉引。（謁者僕射見尚書令，對揖無敬。謁者見，執板拜。）謁者三十人。（《漢官儀》又曰三十五人。）謁者初上官，稱曰灌謁者，滿歲稱給事。（胡廣云：'灌者，明、章二帝服勤園陵，謁者灌柏，後遂假兹名焉。'馬融曰：'灌者，習所職也。'應奉曰：'高帝承秦，禮儀多闕。灌嬰服事七年，號大謁者。後人掌之，以姓灌章，列於漢書

也。’雷義爲灌謁者，使持節督郡國，行風俗，太守令長留者凡七十人。）和帝代，陳郡何熙爲謁者僕射，贊拜殿中，音動左右。然則又掌唱贊。（《漢舊儀》曰：‘謁者缺，選郎中美鬚眉、大音者以補之。功次當遷，欲留增秩者許之。’）二漢隸光禄勛。（後漢又有黎陽謁者，光武以幽、并兵騎定天下，故於黎陽立營，以謁者監之。兵騎千人，復除甚重，謁者任輕，多放情態。順帝改用府掾有清名威重者，遷超牧守焉。）魏置僕射，掌大拜授及百官班次，統謁者十人。及晋武，省僕射，以謁者并蘭臺。江左復置僕射，後又省。”

都水使者，漢水衡之職也。漢又有都水長丞，主陂池灌溉，保守河渠，屬太常。漢東京省都水，置河堤謁者，魏因之。[1]及武帝省水衡，[2]置都水使者一人，以河堤謁者爲都水官屬。及江左，省河堤謁者，置謁者六人。

[1]漢東京省都水，置河堤謁者，魏因之：中華本校勘記："《通典》三六魏官品，第四品有都水使者，第七品有都水參軍，第八品有都水使者令史，是魏有都水也。"

[2]及武帝省水衡：中華本校勘記："《斠注》：《通典·職官》一〇引《元康百官名》云，陳慎、戴熊俱以都水使者領水衡都尉，是志文誤也。按：《册府》六二〇明言晋武帝時有左右前後中五水衡，是武帝時有水衡也。"

中領軍將軍，[1]魏官也。漢建安四年，魏武丞相府自置，及拔漢中，以曹休爲中領軍。[2]文帝踐阼，[3]始置領軍將軍，以曹休爲之，主五校、[4]中壘、[5]武衛等三營。[6]武帝初省，使中軍將軍羊祜統二衛、[7]前、後、左、右、驍衛等營，即領軍之任也。懷帝永嘉中，改中軍曰中領軍。永昌元年，改曰北軍中候，尋復爲領軍。成帝世，復爲中候，尋復爲領軍。

[1]中領軍將軍：官名，亦稱中領軍。東漢建安中曹操改領軍置。與中護軍皆典禁兵，屬丞相府。三品。《通典》卷二八《職官》："初，魏武爲漢丞相，相府自置領軍，非漢官也。建安十二年，改爲中領軍，以史渙爲之，與護軍韓浩皆領禁兵。文帝受漢禪，始置領軍將軍，主五校、中壘、武衛三營。（魏文帝踐祚，始置領軍將軍，以曹休爲之。）晉武帝初省，使中軍將軍羊祜統二衛、前、後、左、右、驍騎七軍營兵，即領軍之任也。祜遷罷，復置北軍中候。懷帝永嘉中，改中軍曰中領軍。元帝永昌元年，復改曰北軍中候，尋復爲領軍。成帝時，復以爲中候，而陶侃居之，尋復爲領軍。魏晉領、護皆金章紫綬，中領、中護銀章青綬，武冠，絳朝服，佩水蒼玉。（晉郤鑒、庾亮、紀瞻、卞壼、陸曄、褚翼、王彪之、會稽王道子、沈嘉、武陵王遵、孔安國、謝混等並爲領軍。）"

《唐六典》卷二四《左右領軍衛》："左、右領軍衛，大將軍各一人，正三品。（漢建安十四年，魏武爲丞相，相府始置中領軍；既拔漢中，還長安，以曹休爲之，主五校、中壘、武衛等營。魏文帝爲魏王，又置領軍，而領軍差勝，中領微劣。晉因之，領軍與中領三將軍並置，領軍品第三，金章、紫綬；中領軍將軍第四品，銀章、青綬，武冠，絳朝服，佩水蒼玉。太始元年，武帝省領軍、北軍中候，中軍將軍羊祜統二衛、前、後、左、右、驍騎等七軍營兵。……）"

[2]曹休：三國時沛國譙縣（今安徽省亳州市）人，字文烈，曹操族子。歷任中領軍、領軍將軍、鎮南將軍、揚州牧、大司馬等職。明帝太和二年（228），因輕信孫吴鄱陽太守周魴詐降，大敗於

石亭。

[3]踐阼：阼，殿本作“祚”。

[4]五校：即屯騎、越騎、步兵、長水、射聲五校尉。《通典》卷三四《職官》：“屯騎校尉，（漢掌騎士，後漢初改爲驍騎，建武十五年復舊。）步兵校尉，（漢掌上林苑門屯兵。晋阮籍聞步兵厨營人善釀，有貯酒三百斛，乃求爲之。至隋屬鷹揚府。）越騎校尉，（漢掌越騎，越人内附以爲騎也。後漢初改爲青巾左校尉，建武十五年復舊。）長水校尉，（漢掌長水、宣曲胡騎，宣曲觀名，胡騎之屯於宣曲者。《宋志》引韋昭曰：‘長水校尉典胡騎，厩近長水，故以爲名。長水蓋關中小水名也。’又主烏桓騎也。）……射聲校尉，（漢掌待詔射聲士，工射者冥冥中聞聲射則中之，因以名也。須待所命而射，故曰待詔射聲。）”

[5]中壘：中壘營，擔任宫禁宿衛，曹芳正始六年（245），曹爽毁中壘營，以兵屬中領軍。

[6]武衛：官名，即武衛將軍。三國魏置，權任頗重。四品。《三國志·魏書·許褚傳》：“文帝踐阼，進封萬歲亭侯，遷武衛將軍，都督中軍宿衛禁兵。”權任很重。曹爽由此拜大將軍，受明帝遺詔輔命。三國吴置，權任亦重。西晋武帝泰始三年（267）罷，惠帝永康中趙王倫執政時復置。東晋或置或省。魏晋時皆四品。十六國漢、前凉、前秦、西凉、西秦、南凉、西燕亦置。

[7]羊祜：字叔子，本書卷三四有傳。

護軍將軍，[1]案本秦護軍都尉官也。漢因之，高祖以陳平爲護軍中尉，武帝復以爲護軍都尉，屬大司馬。魏武爲相，以韓浩爲護軍，[2]史涣爲領軍，[3]非漢官也。建安十二年，改護軍爲中護軍，[4]領軍爲中領軍，置長史、司馬。魏初，因置護軍將軍，主武官選，隷領軍，晋世則不隷也。元帝永昌元年，省護軍，并領軍。明帝太寧二年，復置領、護，各領營兵。江左以來，領軍不復别領營，總統二衛、驍騎、材官諸營，護軍猶别有營也。資重者爲領軍、護軍，[5]資輕者爲中領軍、中護軍。屬官有長史、司馬、功曹、主簿、五官，受命出征則置參軍。[6]

[1]護軍將軍：官名，東漢建安十二年（207）曹操改丞相府護軍爲中護軍，資重者可遷護軍將軍，典武官選舉，與中領軍同掌禁軍。曹魏時四品，西晋時三品。《通典》卷三四《職官》："秦有護軍都尉，漢因之。高帝時，以陳平爲護軍中尉，盡護諸將，然則復以都尉爲中尉。（陳平爲護軍中尉，人讒之曰：'平受諸將金，多者得善處，金少者得惡處。'）武帝元狩四年，以護軍都尉屬大司馬，於時復爲都尉矣。成帝綏和元年，居大司馬府，比司直。哀帝元壽元年，更名曰司寇。平帝元始元年，更名護軍。（初，韓安國以護軍將軍擊匈奴，趙充國以大將軍都尉擊武都也。）漢東京省。班固爲大將軍中護軍，隸將軍幕府，非漢朝列職。魏武帝爲丞相，以韓浩爲護軍，史奂爲領軍，亦非漢官也。建安十二年，改護軍爲中護軍，領軍爲中領軍。魏初因置護軍將軍，主武官選，隸領軍。晋世則不隸矣。（歷代史籍皆云護軍將軍主武官選，則領軍無主選之文。唯陶藻《職官要録》云'領軍將軍主武官選舉'，而護軍不言主選。又引曹昭叔《述孝詩叙》曰：'余年三十，遷中領軍，總六軍之要，秉選舉之機。'以此爲證。今按：漢高帝初，以陳平爲護軍中尉，令已主武官選矣，故平有受金之讒。又《魏略》云：'護軍之官，總統諸將，主武官選。前後當此官者，不能止貨賂。故蔣濟爲護軍，時有謡曰："欲求牙門，當得千匹；五百人督，得五百匹。"司馬宣王與濟善，聞此聲以問濟，濟無以解之。及夏侯玄代濟，故不能止絶人事。及晋景帝代玄爲中護軍，整頓法分，人莫敢犯者。'又王隱《晋書》曰：'景帝爲中護軍，作選用之法，舉

不越功，吏無私焉。’又《晋起居注》云：‘武帝詔曰“中護軍職典戎選，宜得幹才”，遂以羊琇爲之。’《宋志》又云主武官選。按此，則護軍主選明矣。而陶藻所言領軍主選及昭叔之叙者，當因省併之際，爲一之權宜，非歷代之恒制。）元帝永昌元年，省護軍并領軍。明帝太寧二年復置。魏晋江右領護各領營兵。江左以來，領軍不復别置營，總管二衛、驍騎、材官諸營，護軍猶别有營也。（周顗、庾亮、王羲之、謝安、王彪之等並爲護軍。）”

［2］韓浩：東漢末河内（今河南省沁陽市）人，字元嗣。曹操部將，建議屯田，從征烏桓、張魯，深得曹操信任，任中護軍、中領軍。

［3］史涣爲領軍：涣，原本、宋本、殿本皆作“奂”，據中華本校勘記改。

［4］中護軍：官名。《通典》卷三四《職官》：“秦有護軍都尉，漢因之。高帝時，以陳平爲護軍中尉，盡護諸將，然則復以都尉爲中尉。（陳平爲護軍中尉，人讒之曰：‘平受諸將金，多者得善處，金少者得惡處。’）武帝元狩四年，以護軍都尉屬大司馬，於時復爲都尉矣。（成帝綏和元年，居大司馬府，比司直。）哀帝元壽元年，更名曰司寇。平帝元始元年，更名護軍。（初，韓安國以護軍將軍擊匈奴，趙充國以大將軍都尉擊武都也。）漢東京省。班固爲大將軍中護軍，隸將軍幕府，非漢朝列職。魏武帝爲丞相，以韓浩爲護軍，史奂爲領軍，亦非漢官也。建安十二年，改護軍爲中護軍，領軍爲中領軍。魏初因置護軍將軍，主武官選，隸領軍。晋世則不隸矣。（歷代史籍皆云護軍將軍主武官選，則領軍無主選之文。唯陶藻《職官要録》云‘領軍將軍主武官選舉’，而護軍不言主選。又引曹昭叔《述孝詩叙》曰：‘余年三十，遷中領軍，總六軍之要，秉選舉之機。’以此爲證。今按：漢高帝初，以陳平爲護軍中尉，令已主武官選矣，故平有受金之讒。又《魏略》云：‘護軍之官，總統諸將，主武官選。前後當此官者，不能止貨賂。故蔣濟爲護軍，時有謡曰：“欲求牙門，當得千匹；五百人督，得五百

匹。”司馬宣王與濟善，聞此聲以問濟，濟無以解之。及夏侯玄代濟，故不能止絶人事。及晋景帝代玄爲中護軍，整頓法分，人莫敢犯者。’又王隱《晋書》曰：‘景帝爲中護軍，作選用之法，舉不越功，吏無私焉。’又《晋起居注》云：‘武帝詔曰“中護軍職典戎選，宜得幹才”，遂以羊琇爲之。’《宋志》又云主武官選。按此，則護軍主選明矣。而陶藻所言領軍主選及昭叔之叙者，當因省併之際，爲一之權宜，非歷代之恒制。）元帝永昌元年，省護軍并領軍。明帝太寧二年復置。魏晋江右領護各領營兵。江左以來，領軍不復别置營，總管二衛、驍騎、材官諸營，護軍猶别有營也。（周顗、庾亮、王羲之、謝安、王彪之等並爲護軍。）”

《唐六典》卷二《司勛郎中》：“護軍，比從三品。（秦有護軍都尉。漢高祖以陳平爲護軍中尉，盡護諸將。文帝時，韓安國爲護軍將軍。平帝元始元年，更名護軍都尉爲護軍。魏武帝以韋招爲中護軍將軍。晋中護軍將軍、護軍將軍等並銀章、青綬，武冠，絳朝服，品第四。宋、齊、梁、陳並有護軍將軍、中護軍之職。梁武廬江置鎮蠻護軍，武陵置安遠護軍。皇朝采之，爲勛官品職。）”

[5]領軍：官名，即領軍將軍。三國曹丕置，職掌同於中領軍，但任職者資位重於中領軍，簡稱領軍。爲禁衛軍最高統率，常由皇帝親信或宗室擔任。兩晋沿置。三品。《通典》卷二八《職官》：“初，魏武爲漢丞相，相府自置領軍，非漢官也。建安十二年，改爲中領軍，以史涣爲之，與護軍韓浩皆領禁兵。文帝受漢禪，始置領軍將軍，主五校、中壘、武衛三營。（魏文帝踐祚，始置領軍將軍，以曹休爲之。）晋武帝初省，使中軍將軍羊祜統二衛、前、後、左、右、驍騎七軍營兵，即領軍之任也。祜遷罷，復置北軍中候。懷帝永嘉中，改中軍曰中領軍。元帝永昌元年，復改曰北軍中候，尋復爲領軍。成帝時，復以爲中候，而陶侃居之，尋復爲領軍。魏晋領、護皆金章紫綬，中領、中護銀章青綬，武冠，絳朝服，佩水蒼玉。（晋郤鑒、庾亮、紀瞻、卞壼、陸曄、褚翼、王彪之、會稽王道子、沈嘉、武陵王遵、孔安國、謝混等並爲領軍。）”

[6]出征：征，殿本作“軍”。

左右衛將軍，[1]案文帝初置中衛及衛，武帝受命，[2]分爲左右衛，以羊琇爲左，趙序爲右。並置長史、司馬、功曹、主簿員，江左罷長史。

[1]左右衛將軍：官名。三國魏咸熙二年（265），司馬炎即晉王位，分中衛將軍爲左、右衛將軍。掌佽飛虎賁及前驅、由基、强弩三部司馬，屬下還有虎賁、羽林、上騎、異力、命中五部督，負責宫禁侍衛。西晋屬中軍將軍，後屬領軍將軍。爲禁衛軍主要統帥之一，權任很重。四品。《通典》卷二八《職官》：“漢京師有南北軍，掌理禁衛，（南軍若今諸衛，北軍若今羽林等軍。周勃馳入北軍是也。初有衛將軍。説在本篇。）魏末，晋文王又置中衛將軍。武帝受禪，分中衛爲左右衛將軍。（以羊琇爲左，趙序爲右。）並置佐吏，皆掌宿衛營兵，銀章青綬，武冠，絳朝服，佩水蒼玉。”

《唐六典》卷二四《左右衛》：“左、右衛，大將軍各一人，正三品；（《周禮》：‘制軍：萬二千五百人爲軍。天子六軍，大國三軍，次國二軍，小國一軍。軍將皆命卿。’《六韜》曰：‘古之王者遣將授鉞，曰：“從此，上至天，下至地，將軍任也。”’戰國亦有其職。秦、漢始置衛將軍，後漢及魏並因之，然增其班秩。晋文帝置臺，又置中衛將軍。武帝受命，分爲左、右二衛，各將軍一人，品第四，銀章、青綬，武冠，絳朝服，佩水蒼玉。……）將軍各二人，從三品。（後魏永光元年，始增置左、右衛將軍各二人，從三品上；太和二十二年，降爲第三品。北齊左、右衛府各將軍一人，各武衛將軍二人，皆有司馬、功曹、主簿、録事等員。隋左、右衛將軍各二人，皇朝因之。）左右衛大將軍、將軍之職，掌統領宫廷警衛之法令，以督其屬之隊仗，而總諸曹之職務；凡親、勛、翊五中郎將府及折衝府所隸者，皆總制焉。凡大朝會，率其屬以黄質鍪、甲、鎧，黄弓箭，黄刀，黄楯，黄稍，黄麾，麒麟旗，角端旗，赤熊旗之類，爲左、右厢之儀仗。每月，親、勛、翊五府之三衛及折衝府之驍騎應番上者，各受其名簿，以配所職。凡宿衛内廊閤門外，分爲五仗，皆坐於東、西廊下。若御坐正殿，則立於兩階之次。在正門之内，則以挾門隊坐於東、西厢。承天、嘉德二門之内，皆大將軍守之。諸門及内厢宿衛之仗，無將軍者，則以中郎將一人權代其職。若大駕行幸，則如鹵簿之法以從。”

[2]案文帝初置中衛及衛，武帝受命：殿本無後一“衛”字，作“案文帝初置中衛，及武帝受命”。

驍騎將軍、游擊將軍，[1]並漢雜號將軍也。魏置爲中軍。及晋，以領、護、左右衛、驍騎、游擊爲六軍。

[1]驍騎將軍：官名，三國魏爲内軍將領，統營兵。兩晋與領軍、護軍、左右衛、游擊諸將軍合稱六軍，擔當宿衛之任，是護衛宫廷的主要將領。四品。《通典》卷二四《職官》：“漢有驍衛將軍，謂之雜號將軍，武帝以李廣爲之，後省。後漢初，改屯衛爲驍騎。魏置爲中軍。晋領營兵，兼統宿衛。”

《唐六典》卷二四《左右驍衛》：“左、右驍衛，大將軍各一人，正三品；（漢武帝以李廣爲驍騎將軍，後省之。光武改屯騎爲驍騎。晋文帝置臺，以爲宿衛之官。歷宋、齊、梁、陳、後魏、北齊並有驍騎將軍之職。……）左右驍衛大將軍、將軍之職掌如左、右衛。其異者，大朝會建黄麾、鳳旗、飛黄旗、吉利旗、兕旗、太平旗。親府之翊衛、外府之豹騎番上者，則分配之。在正殿之前，則以胡禄隊坐於東、西廊下。若御坐正殿，則以隊仗次立於左、右衛下。在正門之外，則以挾門隊列於東、西厢。凡分兵以守諸門，則知左厢諸門之内事，右厢諸門之外事。若在皇城四面、宫城之内外，則與左、右衛分知助鋪之職。”

游擊將軍：官名。漢初始置，爲雜號將軍之一。武帝時有游擊將軍韓説。魏晋爲禁軍將領，與驍騎將軍分領命中虎賁，掌宿衛之任，隸中將軍（領軍將軍）。四品。十六國前凉、北燕亦置。南朝沿置。

左右前後軍將軍，[1]案魏明帝時有左軍，則左軍魏官也，至晋不改。武帝初又置前軍、右軍，泰始八年又置後軍，是爲四軍。

[1]左右前後軍將軍：即左軍將軍、右軍將軍、前軍將軍、後軍將軍，合稱四軍將軍。四品。左軍將軍，官名。三國魏置，四品。西晋時與前軍、後軍、右軍將軍合稱四軍。領營兵千人，掌宿衛。西晋初屬中軍將軍，後屬領军將軍（中領軍）。員一人，四品。東晋哀帝興寧二年（354）改爲游擊將軍，後復置此職。右軍將軍，官名，與左軍、後軍、前軍將軍合稱四軍將軍。西晋武帝泰始初置，各領營兵千人，掌宿衛，是護衛皇帝宫庭的主要禁軍將領之一。初屬中軍將軍，後改屬領軍將軍（中領軍）。員一人。東晋哀帝興寧二年（364），因不領營兵，罷，後復置，但不掌宫禁宿衛。孝武帝太元八年（383）淝水戰後，都督豫州諸軍事、豫州刺史桓伊自西中郎將遷此，後桓伊遷江州刺史，仍兼此，桓伊拜護軍將軍時，以右軍府千人自隨，配護軍府。四品。前軍將軍，官名。西晋武帝泰始初置，與後軍、左軍、右軍將軍合稱四軍將軍，各領營兵千人，是護衛皇帝宫禁的主要禁軍將領之一。員一人。東晋初猶領營兵，哀帝興寧二年，因不領營兵，罷。四品。後軍將軍，官名。西晋武帝泰始八年（272）置，與前軍、左軍、右軍將軍合稱四軍將軍，各領營兵千人，是護衛皇帝宫禁的主要禁軍將領之一。員一人。東晋初猶領營兵，哀帝興寧二年，因不領營兵，罷。四品。

屯騎、步兵、越騎、長水、射聲等校尉，是爲五校，並漢官也。魏晋逮於江左，猶領營兵，並置司馬、功曹、主簿。後省左軍、右軍、前軍、後軍爲鎮衛軍，其左右營校尉自如舊，皆中領軍統之。

二衛始制前驅、由基、强弩爲三部司馬，各置督史。左衛，熊渠武賁；右衛，佽飛武賁。二衛各五部督。其命中武賁，驍騎、游擊各領之。又置武賁、羽林、上騎、異力四部，并命中爲五督。其衛鎮四軍如五校，各置千人。更制殿中將軍，中郎、校尉、司馬比驍騎。[1]持椎斧武賁，[2]分屬二衛。尉中武賁、[3]持鈒冗從、[4]羽林司馬，[5]常從人數各有差。武帝甚重兵官，故軍校多選朝廷清望之士居之。先是，陳勰爲文帝所待，特有才用，明解軍令。帝爲晋王，委任使典兵事。及蜀破後，令勰受諸葛亮圍陣用兵倚伏之法，[6]又甲乙校標幟之制，勰悉暗練之，遂以勰爲殿中典兵中郎將，遷將軍。久之，武帝每出入，勰持白獸幡在乘輿左右，鹵簿陳列齊肅。太康末，武帝嘗出射雉，勰時已爲都水使者，散從。車駕逼暗乃還，漏已盡，當合函，[7]停乘輿，良久不得合，乃詔勰合之。勰舉白獸幡指麾，須臾之間而函成。皆謝勰閑解，甚爲武帝所任。

[1]比驍騎：比，原本、宋本、殿本作“此”，據中華本校勘記改。

[2]持椎斧武賁：持錘和斧的皇帝隨從侍衛。

[3]尉中武賁：中華本校勘記：“《食貨志》有殿中武賁，疑即此，此‘尉’字恐爲‘殿’字之形近誤。”

[4]持鈒：鈒，宋本作“披”。　冗從：皇帝的武職侍衛，屬冗從僕射。

[5]羽林司馬：宋本無“司”字。

[6]諸葛亮：三國時琅邪陽都（今山東省沂南縣南）人，字孔明。東漢末隨叔父諸葛玄依附荆州劉表，隱居躬耕於隆中。後加入劉備集團，協助劉備占領荆州、益州，實現三分之勢。劉備死後輔佐劉禪，南征南中，北伐曹魏，最終病逝於北伐前綫。

[7]合函：侍衛儀仗圍攏在皇帝車乘周圍。

太子太傅、少傅，[1]並古官也。[2]泰始三年，武帝始建官，[3]各置一人，尚未置詹事，官事無大小，[4]皆由二傅，並有功曹、主簿、五官。太傅中二千石，少傅二千石。其訓導者，太傅在前，少傅在後。皇太子先拜，諸傅然後答之。武帝後以儲副體尊，遂命諸公居之；以本位重，故或行或領。時侍中任愷，[5]武帝所親敬，復使領之，蓋一時之制也。咸寧元年，以給事黄門侍郎楊珧爲詹事，掌宫事，二傅不復領官屬。及楊珧爲衛將軍，領少傅，省詹事，遂崇廣傅訓，命太尉賈充領太保，司空齊王攸領太傅，[6]所置吏屬復如舊。二傅進賢兩梁冠，黑介幘，五時朝服，佩水蒼玉，食奉日三斛。太康二年，始給春賜絹五十匹，秋絹百匹，綿百斤。其後太尉汝南王亮、[7]車騎將軍楊駿、[8]司空衛瓘、[9]石鑒皆領傅保，[10]猶不置詹事，以終武帝之世。惠帝元康元年，復置詹事，二傅給菜田六頃，田騶六人，立夏後不及田者，食奉一年。置丞一人，秩千石；主簿、五官掾、功曹史、主記門下史、録事、户曹法曹倉曹賊曹功曹書佐、門下亭長、門下書佐、省事各一人，給赤耳安車一乘。[11]及愍懷建官，[12]乃置六傅，三太、三少，以景帝諱師，故改太師爲太保，[13]通省尚書事，詹事文書關由六傅。然自元康之後，諸傅或二或三，或四或六，[14]及永康中復不置詹事也。自太安已來置詹事，終孝懷之世。渡江之後，有太傅少傅，不立師保。

[1]太子太傅、少傅：太子東宫屬官，亦稱太子二傅。太子太傅爲“太子三師”之一。太子少傅爲“太子三少”之一。《通典》卷三〇《職官》：“太子師、保、二傅，殷周已有。（二傅爲太傅、少傅。《詩·小弁》篇，太子之傅作焉，以刺幽王。弁音步干反。）逮乎列國，秦亦有之。（孝公時，商鞅設法黥太子師傅是也。）漢高帝以叔孫通爲太子太傅，位次太常後，亦有少傅。（初，叔孫通爲太子太傅。高帝欲立趙王，廢太子，通諫曰：‘昔晋獻公以驪姬故廢太子，晋國亂者數十年。秦不早定扶蘇，終使滅祀。今太子仁孝，陛下必廢嫡立庶，臣願先伏誅，以頸血污地。’上曰：‘公罷，吾戲耳。’通曰：‘太子天下本，本一摇，天下振動，奈何以天下戲乎！’又高帝東征，留太子監關中兵，謂張良曰：‘子房雖病，强卧而傅太子。’時叔孫通爲太傅，留侯行少傅事。後太子幾廢，良立策，召四皓以免。又竇嬰爲太傅，景帝欲廢太子，嬰數争不得，因謝病屏居，田南山下。又疏廣字仲翁，爲太傅，兄子受爲少傅，父子並爲師傅，朝廷以爲榮。後皆請免，歸鄉里，公卿祖餞東都門外。百姓觀者嘆曰：‘賢哉二大夫。’初太子外祖許伯，以太子少，請使其弟舜監護太子家。廣曰：‘太子國儲副君，師友必天下英俊，不宜獨親外家。今官屬已備，若親暱外家，非所以廣太子德於天下也。’上善之。又夏侯勝字長公，爲太傅，卒官，太后以嘗受尚書於勝，素服五日，以報師傅之恩，儒者以爲榮。又萬石君石奮、韋玄成、丙吉並爲太傅。又匡衡、王丹並爲少傅。）後漢太傅禮如師，

不領官屬，而少傅主太子官屬。（光武大會百官曰：‘誰可傅太子者？’群臣承意，皆言太子舅執金吾陰識可。博士張佚曰：‘今陛下立太子，爲陰氏乎？爲天下乎？即爲陰氏，則陰侯可。爲天下，則宜用天下賢才。’上曰：‘欲署者，以輔太子也。今博士不難正朕，况太子乎！’即拜佚爲太傅，桓榮爲少傅。又明帝以鄧禹先帝名臣，拜太子太傅。）漢魏故事，太子於二傅執弟子禮，皆爲書不曰令。少傅稱臣，而太傅不臣。（吴薛綜，綜子瑩、瑩子兼，三代並爲太子少傅。）晋泰始三年，武帝始建置東宮，各置一人。尚未置詹事，宮事無大小，皆由二傅。少傅立草，太傅書真，以爲儲訓。並有功曹、主簿、五官。秩與後漢同。皇太子先拜，諸傅然後答之，如弟子事師之禮。二傅不得上疏曲敬。武帝後以儲副體尊，遂命諸公居之。以本位重，故或行或領。時侍中任愷，武帝所親敬，復使領之，蓋一時之制也。咸寧元年，以給事黄門侍郎楊珧爲詹事，掌宮事，二傅不復領官屬。及楊珧爲衛將軍，領少傅，復省詹事，遂崇廣傅訓，命太尉賈充領太保，司空齊王攸領太傅，所置吏屬復如舊。二傅皆進賢兩梁冠，黑介幘，五時朝服，佩水蒼玉。（《晋令》曰：‘太子太保銀印青綬。’）其後，太尉汝南王亮、車騎將軍楊駿、司空衛瓘、石鑒皆領傅、保，猶不置詹事，以終武帝之代。惠帝元康元年，復置詹事。（二傅給菜田六頃，田騶五十人，夏後不及田者，食俸一年。給赤耳安車一乘。）及愍懷建宮，乃置六傅，三太三少。（《晋書》曰：‘東宮舊制，月請錢五十萬，以備衆用。愍懷太子恒探取三月以供嬖寵。’）以景帝諱師，故改太師爲太帥，通省尚書事詹事，文書關由六傅。（《職官要録》曰：‘晋太子六傅，各有丞一人。’）自元康之後，諸傅或二或三，或四或六。渡江之後，有太傅少傅，不立師保。（晋王導爲太傅。時孝懷太子爲胡所害，始奉諱，有司奏天子三朝舉哀，群臣一哭而已。導以皇太子普天有情，群下宜同三朝之制。元帝從之。又齊王攸領太傅，作太傅箴，獻於太子。傅玄亦有少傅箴。又任愷、山濤、張華並爲少傅。又云衛瓘領少傅，加千兵百騎，鼓吹之府。《山公啓事》曰：‘太子保傅，不可不高盡天下之選。羊祜秉德尚義，可出入周旋，令太子每睹儀形。方任雖重，比此爲輕。又可朝會，與聞國議。’）”

《唐六典》卷二六《太子三師》：“太子太師一人，太傅一人，太保一人，並從一品。（《禮記》曰：‘三王之教太子，入則有保，出則有師。’《史記》：‘秦孝公使商鞅設法，而黥太子師、傅。’則秦有其職也。漢氏唯置太傅，秩二千石，屬官有太子門大夫、庶子、洗馬、舍人。至後漢，太子太傅秩中二千石，掌輔導太子，禮如師，不領官屬。至魏，太子太傅爲第三品。漢魏故事：皇太子於二傅執弟子禮，皆爲‘書’，不曰‘令’；太傅於太子不稱臣。晋初，東宫不置詹事，事由二傅，少傅立草，太傅書真。武帝後以爲儲副體尊，遂命諸公居之，而本司位重，或行或領也。咸寧中，備六傅之職：朗陵公何劭爲太子太師，避景帝諱，改爲‘帥’；安豐侯王戎爲太傅；武陵侯楊濟爲太保。其後或置或省。懷帝爲太弟，又備六傅。東晋明帝在儲宫，置保、傅之位，而無二師。《晋令》：‘太子太保品第三，進賢兩梁冠，絳朝服，佩水蒼玉，銀章、青綬。’……）太子三師，以道德輔教太子者也，至於動静起居，言語視聽，皆有以師焉。

“太子少師一人，少傅一人，少保一人，並正二品。太子三少掌奉皇太子以觀三師之道德而教諭焉。”

[2]並古官也：並，殿本作“皆”。

[3]武帝始建官：官，殿本作“宫”。中華本校勘記：“《通典》三〇、《通志》五五、《通考》六〇、《職官分紀》二七引‘官’作‘宫’。‘宫’指‘東宫’。”

[4]官事無大小：中華本校勘記：“‘官’疑‘宫’字之誤。《書鈔》六五引《晋起居注》引即作‘宫’。下文云‘掌宫事’亦可證。”

[5]任愷：字元褒，本書卷四五有傳。

[6]齊王攸：司馬攸，字大猷，本書卷三八有傳。

[7]汝南王亮：司馬亮，字子翼。本書卷五九有傳。

[8]楊駿：字文長，本書卷四〇有傳。

[9]衛瓘：字伯玉，本書卷三六有傳。

[10]石鑒：字林伯，本書卷四四有傳。

[11]赤耳安車：耳，殿本作“印”。

[12]愍懷建官：中華本校勘記：“‘官’亦當作‘宫’。《初學記》一〇引《晋公卿禮秩》、《職官分紀》二七引本志‘官’俱作‘宫’。”

[13]改太師爲太保：中華本校勘記：“李校：既置三太三少，若改‘師’爲‘保’，則有兩太保、兩少保。《通典》一二作‘太帥’，蓋避諱缺筆。按：《唐六典》二六亦云，‘避景帝諱改爲“帥”’。”

[14]或四或六：六，宋本作“大”。

中庶子四人，[1]職如侍中。

[1]中庶子：官名，東宫屬官。五品。《通典》卷三〇《職官》：“古者，天子有庶子之官，（《周官》謂之諸子。）職諸侯卿大夫之庶子，掌其戒令與其教理，有大事則帥國子而致於太子，唯所用之。秦因之，置中庶子、庶子員。（《宋志》云：‘後漢置中庶子。’按：齊人鄒陽上疏云‘秦皇帝任中庶子蒙嘉之言’，則庶子之爲秦官明矣。）漢因之，有庶子，員五人。史丹、王商、歐陽地餘並爲中庶子。王莽改曰中尚翼子。後漢員五人，職如侍中，而庶子無員，職如三署中郎。凡庶子主宫中并諸吏之適子及支庶版籍。魏因之。在吴爲親近之官。（吴張温言於孫權曰：‘中庶子官最親密，切問近對，宜用儁選。’由是以顧譚爲之。）晋中庶子、庶子各四員，職比侍中、散騎常侍及中書監令，皆以俊茂者爲之，或以郡守參選。（《山公啓事》曰：‘中庶子缺，宜得俊茂者。以濟陰太守劉儼、城陽太守石崇參選。’《晋書》曰：‘鄭默爲中庶子，朝廷以

爲太子官屬，宜稱陪臣。默上言皇太子體皇極之尊，無私於天下，宫臣皆受命天朝，不得同之藩國。事遂施行。’又温嶠爲中庶子，獻侍臣箴，甚見補益。又王珣啓以桓謙爲中庶子曰：‘東宫之選中庶子，總管門下，尤不可不得其才。’）若釋奠，中庶子扶左，庶子扶右。”

《唐六典》卷二六《太子左春坊》：“左庶子二人，正四品上。（《禮記》曰：‘古者，周天子有庶子之官，職諸侯、卿大夫之庶子，掌其戒令與其教理，别其等，正其位。國有大事，則率國子而致於太子，唯所用之。若有甲兵之事，則授之車甲，合其卒伍，置其有司，以軍法理之，司馬弗征。’至秦因之，置中庶子員。漢太子太傅屬官有庶子，王莽改曰中尚翼子。後漢太子少傅屬官有太子中庶子，員五人，秩六百石，職如侍中；庶子，無員數，秩四百石。庶子職如三署郎。《環濟要略》曰：‘庶子主宫中並諸吏之適子及支庶版籍。’魏因之。晋太子詹事有中庶子、庶子各四人，局擬散騎常侍，品第五；班同三令、四率，次中書侍郎下；絳朝服，武冠，平巾幘。高功中庶子與高功中舍人共掌禁令，糾正違闕，侍從左右，儐相威儀，盡規獻納，奏事文書皆典綜之。釋奠，中庶子扶左，庶子扶右。……）”

中舍人四人，[1]咸寧四年置，以舍人才學美者爲之，與中庶子共掌文翰，職如黄門侍郎，在中庶子下，洗馬上。[2]

[1]中舍人：官名，東宫屬官。六品。《通典》卷三〇《職官》：“中舍人：晋咸寧初，置中舍人四人，以舍人才學之美者爲之，與中庶子共掌文翰，在中庶子下，洗馬上。（晋陸雲爲中舍人。）凡奏事文書皆綜典之，監和嘗藥，月檢奏直臣名，更直五日，典文疏如中書郎。”

《唐六典》卷二六《太子右春坊》："太子中舍人二人，正五品下。（太子中舍人，本漢、魏太子舍人也。晋惠帝在儲宫，以舍人四人有文學才美者，與中庶子共理文書；至咸寧二年，齊王攸爲太傅，遂加名爲中舍人，位叙同尚書郎。其後資漸高，擬黄門侍郎，班同門大夫，次尚書郎下。高功中舍人與高功中庶子共掌禁令，糾正違闕，侍從左右，儐相威儀，盡規獻納，奏事文書，皆典給之，監合嘗藥。大、小會，二官舉案正直，從大、小駕，一人前部護駕，一人後部護駕，同中庶子。月檢奏直臣名，更直五日，典文疏，如中書郎。……）"

[2]洗馬：官名，東宫屬官。《通典》卷三〇《職官》："洗馬：秦官，漢亦曰先馬。（如淳曰：'前驅也。'《國語》曰：'句踐親爲夫差先馬。'先或作洗。又《漢書》：'汲黯及姊子司馬安並爲太子洗馬。安文深巧善宦，四至九卿。'）後漢員十六人，職如謁者，太子出則當直者前驅，導威儀也。漢選郎中補。安帝時，太子謁廟，洗馬高山冠。非乘從時，著小冠。魏因之。晋有八人，職如謁者，准秘書郎。進賢一梁冠，黑介幘，絳朝服。掌圖籍，釋奠講經則掌其事，餘與後漢同。（晋江統爲洗馬，太子頗好游宴，或闕朝侍，統以五事諫之。又陸機、鄧攸、傅咸並爲洗馬，又衛玠爲洗馬。）"

《唐六典》卷二六《太子左春坊》："司經局：洗馬二人，從五品下；（《國語》云：'勾踐爲夫差洗馬。'漢太子少傅屬官有太子洗馬。後漢員十六人，秩比六百石，職如謁者。太子出，則當直者一人在前導威儀，蓋洗馬之義也。魏因之。晋太子詹事屬官太子洗馬八人，掌皇太子圖籍經書；職如謁者，局準秘書郎；品第七；班同舍人，次中舍人下；絳朝服，進賢一梁冠，黑介幘。……）文學三人，正六品下；校書四人，正九品下；正字二人，從九品上。洗馬掌經、史、子、集四庫圖書刊緝之事，立正本、副本，貯本以備供進。凡天下之圖書上於東宫者，皆受而藏之。"

食官令一人,[1]職如太官令。

[1]食官令：官名，東宮屬官。七品。《通典》卷三〇《職官》："食官署令、丞：漢詹事屬官有食官令、長、丞。後漢亦有，而屬少傅，主飲食。晋太子食官令，職如太官令。"

《唐六典》卷二七《食官署》："食官署：令一人，從八品下；(漢詹事屬官有食官令、長、丞。後漢太子少傅屬官有太子食官令一人，秩六百石，主飲食。晋太子食官令職如太官令。……）丞二人，从九品下。食官令掌飲膳之事；丞爲之貳。凡爲酒醴，必辨其麴糵、黍秫、秔稻之宜，陶器、水火之用，以成乎沉浮、清濁之良；凡爲膳羞，必辨其牲牢、禽獸之名物，割烹、煎和之制度，以協乎五味、五香之正，然後可以供其享獻焉。凡四時之令節，供進及設食，得專營造，不用啓聞。其六品已下官於家令厨食者，元正、冬至、寒食亦供焉。左、右厢牙前坐日，職事官三品以上供十盤；宫臣六參日二十五盤；其食有餘，賜左、右春坊供奉官、詹事司直。若非坐日，供三盤。丞判署事。"

庶子四人，職比散騎常侍、中書監令。

舍人十六人,[1]職比散騎、中書等侍郎。

洗馬八人，職如謁者秘書，掌圖籍。釋奠講經則掌其事,[2]出則直者前驅，導威儀。

[1]舍人：官名，東宮屬官。七品。《通典》卷三〇《職官》："舍人：秦官也。漢因之，比郎中，選良家子孫。(晁錯、鄭當時並爲太子舍人。）後漢無員，更直宿衛，如三署郎中。凡帝初即位，未有太子，太子官屬皆罷，唯舍人不省，屬少府。魏因之。晋有十六人，職比散騎中書侍郎，從駕則正直從，次直守。妃出則次直從。(晋王衍以名門超爲太子舍人。又樂廣、潘岳、顧榮、夏侯湛

並爲之。元帝大興元年，以太子舅虞胤爲舍人，太子奏曰：‘舅甥宜崇敬，不欲降舅氏之親爲侍臣。’詔乃轉胤爲常侍。《山公啓事》曰：‘太子舍人夏侯湛有盛才而不長理人，有益臺閣。’）”

《唐六典》卷二六《太子右春坊》：“太子舍人四人，正六品上；（漢成帝時，太學弟子三千人。王莽秉政，歲課一科二十人爲太子舍人。晋十六人，品第七，班同食官令，在洗馬下，掌表、啓、牋、疏。高功一人，與高功庶子共掌一坊禁令，糾諸逋違。從駕，則正直從，次直守；妃出，則次直從。……）太子舍人掌侍從，行令書、令旨及表、啓之事。皇太子通表如諸臣之禮。諸臣及宫臣上皇太子，大事以牋，小事以啓，其封題皆曰‘上於右春坊’，通事舍人開封以進。其事可施行者，皆下於舍人，與庶子參詳之，然後進；不可者則否。”

［2］釋奠：古代在學校設置酒食以奠祭先聖先師的典禮。

率更令，[1]主宫殿門户及賞罰事，職如光禄勛、衛尉。

［1］率更令：官名，即太子率更令，東宫屬官。五品。《通典》卷三〇《職官》：“率更令，秦官。（顔師古曰：‘掌知漏刻，故曰率更。’）漢因之，有丞、主簿、庶子、舍人更直，職似光禄勛而屬詹事。後漢因之，後屬少傅。魏因之。晋主宫殿門户及賞罰事，職如光禄勛、衛尉，而屬詹事。”

《唐六典》卷二七《太子率更寺》：“太子率更寺：令一人，從四品上；（漢詹事府屬官有太子率更令、丞。後漢太子少傅屬官有太子率更令，秩千石，主庶子、舍人更直，職似光禄勛。魏因之。晋詹事屬官有太子率更令一人，銅印、墨綬，進賢兩梁冠，絳朝服；掌宫殿門户之禁，郎將屯衛之士；局擬光禄勛、衛尉。太康八年，進品第五。……）丞一人，從七品上；主薄一人，正九品下。

率更令之職，掌宗族次序，禮樂、刑罰及漏刻之政令。凡皇太子釋奠於先聖先師，講學齒胄，皆總其儀注，而爲之導引。若皇太子備禮出入，則乘軺車，位亞家令焉。”

家令，[1]主刑獄、穀貨、飲食，職比司農、少府。漢東京主食官令，食官令及晋自爲官，不復屬家令。

[1]家令：官名，即太子家令，東宫屬官。五品。《通典》卷三〇《職官》：“家令，秦官，屬詹事。（服虔曰：‘太子稱家，故曰家令。’）漢因之，有丞，（晁錯爲太子家令，以奇辯得幸太子，太子家號爲智囊。疏受亦爲太子家令。）主倉穀飲食，職似司農、少府。漢代太子食湯沐邑十縣，家令主之。後漢則屬少傅，主倉穀飲食。魏因之。晋又兼主刑獄、穀貨、飲食，職比廷尉、司農、少府。其家令、率更令及僕，爲太子三卿。太康八年，進品與中庶子、二率同。自漢至晋，家令在率更下，宋則居上。”

《唐六典》卷二七《太子家令寺》：“太子家令寺：家令一人，從四品上；（秦、漢詹事屬官有太子家令、丞。張晏云：‘太子稱家，故曰家令。’又《茂陵中書》：‘太子家令，秩八百石。’後漢太子少傅屬官有太子家令，秩一千石，主倉穀、飲食，又領食官令、丞。魏因之。晋家令品第五，銅印、墨綬，進賢兩梁冠，絳朝服，比司農、少府。晋太康八年，詔曰：‘太子家令、率更令、僕，東宫之達官也，宜進品第五，與中庶子、二率同。’……）丞二人，從七品上；主薄一人，正九品下家令之職，掌皇太子之飲膳、倉儲、庫藏之政令，總食官、典倉、司藏三署之官屬。凡皇太子備禮出入，則乘軺車，具威儀，先諸臣以導引。若祭祀、賓客，則供酒食，以爲獻主。若進獻、賜與，則奉金玉、貨幣，而以法式贊之。凡宫坊府署廨宇及牀几、茵蓐席、器物不供於將作、少府者，皆供之。”

僕,[1]主車馬、親族,[2]職如太僕、宗正。

[1]僕：官名，即太子僕，東宫屬官。五品。《通典》卷三〇《職官》："僕，秦官。漢因之，又有長丞，主車馬。(又有太子廄長一人，亦主車馬)。後漢因之，而屬少傅，職如太僕。太子五日一朝。其非太子朝日，即與中允入問起居。魏因之。晋主輿馬，兼主親族，如太僕、宗正。從駕乘安車，次家令而屬詹事。"

《唐六典》卷二七《太子僕寺》："太子僕寺：僕一人，從四品上；(漢詹事屬官有太子僕、長、丞。後漢太子少傅屬官有太子僕一人，秩千石，主車馬，職如太僕。太子五日一朝；非入朝日，遣僕及中允朝朝入，請問起居。魏因之。晋詹事屬官有太子僕，銅印、墨綬，進賢兩梁冠，絳朝服；主輿馬、親族，局擬太僕、宗正；太康八年，進品第五。……）丞一人，從七品上；主簿一人，正九品下。太子僕之職，掌車輿、騎乘、儀仗之政令及喪葬之禮物，辨其次叙與其出入，而供給之。"

[2]親族：族，原本、宋本作“秩”，殿本作“族”，據殿本改。

左右衛率,[1]案武帝建東宫,[2]置衛率，初曰中衛率。泰始五年，分爲左右，各領一軍。惠帝時，愍懷太子在東宫，又加前後二率。及江左，省前後二率，孝武太元中又置。[3]

[1]左右衛率：官名，即太子左右衛率，東宫屬官。五品。《通典》卷三〇《職官》："衛率府，秦官。漢因之，屬詹事。後漢主門衛徼循衛士，而屬少傅。魏因之。晋武帝建東宫，置衛率，初曰中衛率。泰始五年，分爲左右衛率，各領一軍。惠帝時，愍懷太子在東宫，又加前後二衛率。(《晋志》曰：‘凡太子出，前衛率導

在前，黄麾，左右二率從，使導輿車。後衛率從，在烏皮外。並帶戟執刀，其服並視左右衛將軍。’《山公啓事》曰：‘太子左率缺，侍衛威重，宜得其才無疾患者。城陽太守石崇，忠篤有文武，河東太守焦勝，清貞著信義，皆其選也。’劉卞爲愍懷太子左率，知賈后必害太子，乃問張華，華曰：‘君欲如何？’卞曰：‘東宫雋乂如林，四率精兵萬人。公居阿衡之任，若得公命，皇太子因朝，使録尚書事，廢賈后於金墉，兩黄門力耳。’華曰：‘廢立大事，恒懼禍甚，又非所能。’賈后微聞，遷卞爲雍州刺史，卞恐終露，乃服藥卒。）成都王穎爲太弟，又置中衛率，是爲五率。及江左，省前後率。孝武太元中，又置。”

《唐六典》卷二八《太子左右衛率府》：“太子左右衛率府，率各一人，正四品上；（秦、漢詹事屬官有太子衛率。後漢爲少傅屬官，秩四百石，主門衛士。魏因之。晋初爲中衛率，太始五年，分爲左、右二率。惠帝爲太子，加置前衛率；愍懷在東宫，又加後衛率。故元康之中凡四衛率。成都王穎爲太弟，又置中衛率，是爲五率。凡太子出，前衛率導，在前黄麾外；左、右二率從，俠導輿車；後衛率從，在烏皮外；並載戟執刀。四率各丞一人。服視左、右衛將軍，品第五，位同中庶子。過江，省前、後率，至孝武帝復置，宋又省。……）副率各二人，從四品上。左、右衛率掌東宫兵仗羽衛之政令，以總諸曹之事，凡親、勛、翊府及廣濟等五府屬焉；副率爲之貳。凡元正、冬至，皇太子朝宫臣及諸方使，則率衛府之屬以儀仗爲左、右厢之周衛。若皇太子備禮出入，則如鹵簿之法以從。每月，親、勛、翊三府之衛及廣濟等五府之超乘應番上者，配於所職。”

［2］武帝建東宫：武帝，原本、宋本、殿本作“惠帝”，據中華本校勘記改。

［3］太元中：太，殿本作“大”。

王置師、友、文學各一人，景帝諱，故改師爲傅。友者因文王、仲尼四友之名號。改太守爲内史，省相及僕。有郎中令、中尉、大農爲三卿。大國置左右常侍各一人，省郎中，置侍郎二人，典書、典祠、典衛、學官令、典書丞各一人，治書四人，中尉司馬、世子庶子、陵廟牧長各一人，謁者四人，中大夫六人，舍人十人，典府各一人。

咸寧三年，衛將軍楊珧與中書監荀勖以齊王攸有時望，[1]懼惠帝有後難，因追故司空裴秀立五等封建之旨，[2]從容共陳時宜於武帝，[3]以爲“古者建侯，所以藩衛王室。今吴寇未殄，方岳任大，而諸王爲帥，都督封國，既各不臣其統内，於事重非宜。又異姓諸將居邊，宜參以親戚，而諸王公皆在京都，非扞城之義，萬世之固”。帝初未之察，於是下詔議其制。有司奏從諸王公，更制户邑，皆中尉領兵。其平原、[4]汝南、[5]琅邪、[6]扶風、[7]齊爲大國，[8]梁、[9]趙、[10]樂安、[11]燕、[12]安平、[13]義陽爲次國，[14]其餘爲小國，皆制所近縣益滿萬户。又爲郡公制度如小國王，亦中尉領兵。郡侯如不滿五千户王，置一軍一千一百人，亦中尉領之。于時，唯特增魯公國户邑，[15]追進封故司空博陵公王沉爲郡公，[16]鉅平侯羊祜爲南城郡侯。又南宫王承、[17]隨王萬各於泰始中封爲縣王，[18]邑千户，至是改正縣王增邑爲三千户，制度如郡侯，亦置一軍。自此非皇子不得爲王，而諸王之支庶，皆皇家之近屬至親，亦各以土推恩受封。其大國次國始封王之支子爲公，承封王之支子爲侯，繼承封王之支子爲伯。小國五千户已上，始封王之支子爲子，不滿五千户始封王之支子及始封公侯之支子皆爲男，非此皆不得封。其公之制度如五千户國，侯之制度如不滿五千户國，亦置一軍千人，中尉領之，伯子男以下各有差而不置軍。大國始封之孫罷下軍，曾孫又罷上軍，次國始封子孫亦罷下軍，其餘皆以一軍爲常。大國中軍二千人，上下軍各千五百人，次國上軍二千人，下軍千人。其未之國者，大國置守土百人，次國八十人，小國六十人，郡侯縣公亦如小國制度。既行，所增徙各如本奏遣就國，而諸公皆戀京師，涕泣而去。及吴平後，齊王攸遂之國。

[1]荀勖：字公曾，本書卷三九有傳。

[2]裴秀：字季彦，本書卷三五有傳。

[3]從容：利用空閑機會。

[4]平原：郡國名，治所在平原縣（今山東省平原縣西南）。

[5]汝南：郡國名，西晋治所在新息縣（今河南省息縣西南），東晋移治懸瓠城（今河南省汝南縣）。

[6]琅邪：封國名，治所在今山東省臨沂市。

[7]扶風：封國名，治所在郿縣（今陝西省眉縣東渭河北岸）。

[8]齊：封國名，治所在臨淄（今山東省淄博市臨淄區）。

[9]梁：封國名，治所在睢陽縣（今河南省商丘市南）。

[10]趙：封國名，治所在房子縣（今河北省高邑縣西南）。

[11]樂安：郡國名，治所在高苑縣（今山東省鄒平市長山鎮）。

[12]燕：郡國名，治所在薊縣（今北京市西南）。

[13]安平：封國名，治所在信都縣（今河北省衡水市冀州

區）。

［14］義陽：封國名，治所在新野縣（今河南省新野縣南），東晋移至平陽縣（今河南省信陽市）。

［15］唯特增魯公國户邑：公國，殿本乙作“國公”。

［16］王沉：字處道，本書卷三九有傳。

［17］南宫王承：司馬承，司馬邕的庶子。

［18］隨王萬：中華本校勘記：“《斠注》：本傳‘萬’作‘邁’。”

中朝制，典書令在常侍下，侍郎上。及渡江，則侍郎次常侍，而典書令居三軍下。公國則無中尉、常侍、三軍，侯國又無大農、侍郎，伯子男唯典書以下，又無學官、令史職，皆以次損焉。公侯以下置官屬，隨國小大無定制，[1]其餘官司各有差。名山大澤不以封，鹽鐵金銀銅錫，始平之竹園，[2]别都宫室園囿，皆不爲屬國。其仕在天朝者，與之國同，皆自選其文武官。諸入作卿士而其世子年已壯者，皆遣莅國。其王公已下，茅社符璽，[3]車旗命服，一如泰始初故事。

［1］小大：殿本乙作“大小”。

［2］始平：郡名，西晋武帝置，治所在槐里縣（今陝西省興平市）。

［3］茅社：古代諸侯受封，持天子所授茅土歸國立社，稱作茅社。《尚書·禹貢》“厥貢惟土五色”孔安國傳：“王者封五色土爲社。建諸侯，則各割其方色土與之使立社，燾以黄土，苴以白茅，茅取其潔，黄取王者覆四方。”　符璽：印信。

州置刺史，别駕、[1]治中從事、[2]諸曹從事等員。所領中郡以上及江陽、[3]朱提郡，[4]郡各置部從事一人，小郡亦置一人。又有主簿，門亭長、録事、記室書佐、諸曹佐、守從事、武猛從事等。凡吏四十一人，卒二十人。諸州邊遠，或有山險，濱近寇賊羌夷者，又置弓馬從事五十餘人。徐州又置淮海，[5]凉州置河津，[6]諸州置都水從事各一人。凉、益州置吏八十五人，[7]卒二十人。荆州又置監佃督一人。[8]

[1]别駕：官名，别駕從事、别駕從事史省稱。州部佐官，因從刺史行部，别乘傳車，故稱。位居州吏之右。《通典》卷三二《職官》："别駕從事史一人，從刺史行部，别乘一乘傳車，故謂之别駕，漢制也。歷代皆有。（後漢周景爲荆河州，辟陳蕃爲别駕，蕃不就，景題别駕輿曰'陳仲舉座'，不復更辟，蕃惶恐起視職。袁紹領冀州，以審配爲别駕，委以腹心，并總幕府。紹又以田豐爲别駕，豐勸迎天子，紹不納。及敗，曰：'吾慚田别駕。'晋王祥爲徐州别駕，以股肱之忠，糾合義衆，州境獲寧。人歌曰：'海沂之康，實賴王祥。邦國不空，别駕之功。'《烈士傳》曰：'孔恂字巨卿，爲别駕，車舊有屏星，如刺史車，刺史因怒，欲去别駕車屏星。恂曰："徹去屏星，毁國舊儀，别駕可去，屏星不可省。"乃止。'《管寧集》辟文云：'州民管誕，燕雀之賤，栖朝桐之華。别駕者，明君之羽翼，宜得英儒。'《王丞相集》有教曰：'顧和理識清敏，劭今端右，宜得其才，以爲别駕。'《庾亮集·答郭豫書》云：'别駕，舊與刺史别乘同流，宣王化於萬里，其任居刺史之半。'……）"

[2]治中從事：官名，州刺史佐吏，主選署及文書案卷。身份雖低，職權甚重。《通典》卷三二《職官》："治中從事史一人，居

中治事，主衆曹文書，漢制也。歷代皆有。（蜀龐統以從事守耒陽令，不治，免官。魯肅遺先主書曰：'龐士元非百里之才，使處治中、别駕之任，始當展其驥足耳。'乃以爲治中。晋郗鑒爲治中。又，車胤爲桓温治中，有會不同，温輒云'無車公不樂'。梁眭褱字師卿，爲揚州治中，褱父終此官，乃固辭。武帝許聽，與府司馬换廨居之。）”

[3]江陽：郡名，治所在江陽縣（今四川省瀘州市）。

[4]朱提郡：治所在朱提縣（今雲南省昭通市）。

[5]徐州：古九州之一，西漢十三部刺史之一，東漢治所在郯縣（今山東省郯城縣），三國魏移治彭城縣（今江蘇省徐州市），東晋時改爲北徐州。

[6]凉州：西漢武帝十三部刺史之一。曹魏治所在姑臧縣（今甘肅省武威市）。

[7]益州：西漢武帝十三部刺史之一。治所在成都縣（今四川省成都市）。

[8]荆州：古九州之一，西漢十三部刺史之一，東漢治所在漢壽縣（今湖南省常德市東北），三國時曹魏治所在新野縣（今河南省新野縣），孫吴治所在江陵縣（今湖北省江陵縣），兩晋時定治江陵縣（今湖北省江陵縣）。

郡皆置太守，河南郡京師所在，則曰尹。諸王國以内史掌太守之任，又置主簿、[1]主記室、[2]門下賊曹、[3]議生、[4]門下史、[5]記室史、[6]録事史、[7]書佐、[8]循行、[9]幹、[10]小史、[11]五官掾、[12]功曹史、[13]功曹書佐、[14]循行小史、五官掾等員。郡國户不滿五千者，置職吏五十人，[15]散吏十三人；五千户以上，則職吏六十三人，散吏二十一人；萬户以上，職吏六十九人，散吏三十九人。郡國皆置文學掾一人。

［1］主簿：官名，漢朝中央及州郡官府均置。典領文書簿籍，經辦事務。丞相或三公府稱黄閣主簿，録省衆事，職權甚重。三國魏末丞相府置，員四人。西晋初三公及位從公者加兵，始置主簿。東晋則諸公皆置，員二人。與祭酒、舍人主閣内事。

［2］主記室：官名，亦稱主記室史，郡縣屬吏，主録記書，催期會。

［3］門下賊曹：官名，賊曹長官。郡縣皆置，與長官關係親近，故冠以“門下”，爲門下五吏之一。掌盗賊警衛事。

［4］議生：官名，郡縣屬吏中散吏，職掌謀畫議論。

［5］門下史：官名，郡縣官府親近屬官，掌衆雜事。位高於記室史。

［6］記室史：官名，郡府屬官，掌文書記録，位在主記室下。

［7］録事史：官名，郡守縣令屬吏，掌文簿。

［8］書佐：官名，州郡縣佐吏，主辦文書。魏晋南北朝時爲“西曹書佐”“門下書佐”“記室書佐”的省稱。

［9］循行：官名，亦作“修行”。爲郡府小吏。東漢魏晋皆置。

［10］幹：官名，官府中低級佐吏，主管文書。魏晋南北朝除郡縣外，中央一些部門也置。

［11］小史：官名，漢朝及魏晋郡縣屬吏中最卑微的吏職，掌處理雜務。

［12］五官掾：官名，省稱五官。漢朝郡國屬吏，地位僅次於功曹，祭祀居諸史之首，無固定職掌，凡功曹及諸曹員吏出缺即代理其職務。晋至南北朝沿置。晋朝中央政府諸卿、領軍、護軍、太子太傅、少傅等及諸郡、國皆置爲僚屬。

［13］功曹史：官名，郡縣官府所屬功曹之長，亦稱功曹、主吏。主選署功勞、職掌吏員賞罰任免事。在諸曹掾史中地位最高，

甚至超過郡丞、長史。三國時郡及晋朝不開府將軍、太子二傅、特進、郡縣皆置。

[14]功曹書佐：官名，東漢司隸校尉及州郡長官佐吏，主人事選用。晋朝後改爲西曹書佐。不開府將軍、太子二傅及郡皆置，爲功曹史之佐。

[15]職吏：原本、宋本、殿本作“吏職”，據中華本乙正。

縣大者置令，小者置長。有主簿、録事史、主記室史、門下書佐、幹、游徼、[1]議生、循行功曹史、小史、廷掾、[2]功曹史、小史書佐幹、户曹掾史幹、法曹門幹、金倉賊曹掾史、兵曹史、吏曹史、獄小史、獄門亭長、都亭長、賊捕掾等員。户不滿三百以下，職吏十八人，[3]散吏四人；三百以上，[4]職吏二十八人，散吏六人；五百以上，職吏四十人，散吏八人；千以上，職吏五十三人，散吏十二人；千五百以上，職吏六十八人；散吏一十八人；三千以上，職吏八十八人，散吏二十六人。

[1]游徼：官名，縣職而派往各鄉的巡視者。爲縣府屬吏，掌禁司奸盗。

[2]廷掾：官名，漢朝縣府掾屬，地位較高，經常巡行鄉下，兼有督郵之職。魏晋時地位漸低。

[3]十八人：宋本無“八”字。

[4]三百以上：上，殿本作“下”。

郡國及縣，農月皆隨所領户多少爲差，散吏爲勸農。又縣五百以上皆置鄉，三千以上置二鄉，五千以上置三鄉，萬以上置四鄉，鄉置嗇夫一人。[1]鄉户不滿千以下，置治書史一人；千以上置史、佐各一人，正一人；五千五百以上，置史一人，[2]佐二人。縣率百户置里吏一人，其土廣人稀，聽隨宜置里吏，限不得減五十户。户千以上，置校官掾一人。

[1]嗇夫：戰國時已見記載。漢時爲各部門職吏或鄉官。魏晋時爲鄉官。

[2]置史一人：史，殿本作“吏”。

縣皆置方略吏四人。洛陽縣置六部尉。[1]江左以後，建康亦置六部尉，餘大縣置二人，次縣、小縣各一人。鄴、長安置吏如三千户以上之制。

[1]六部尉：官名合稱。東漢與京師洛陽置左右東西南北六部尉，典兵，負責京師治安。魏晋沿置。

四中郎將，[1]並後漢置，歷魏及晋，並有其職，江左彌重。

[1]四中郎將：即東、西、南、北中郎將。東中郎將，官名，東漢靈帝時所置四中郎將之一，帥師征伐，時以董卓任之。魏晋南北朝時沿置，地位重要，多有較固定的轄區和治所。晋、南朝宋時多兼任刺史，或持節、都督相鄰數州軍事，銀印青綬。四品。西中郎將，官名，東漢獻帝時所置四中郎將之一，帥師征伐。魏晋南北朝沿之，或鎮守某地。魏、西晋多兼涼州刺史，東晋、南朝多兼豫州刺史，鎮歷陽，或持節都督司、豫、冀、並等州軍事，銀印青

綬。四品。北中郎將，官名，東漢末年所置四中郎將之一，帥師征伐，時以盧植任之。魏晋南北朝沿置，地位重要，多有較固定的轄區和治所。西晋時多鎮鄴，東晋及南朝常兼徐、兖等州刺史，或持節，都督徐、兖、幽、並等州軍事，銀印青綬。四品。南中郎將，官名，東漢末年與東、西、北中郎將並稱四中郎將，獻帝以曹植任之。魏晋南北朝沿置。多帥師征戰，職權頗重。或兼荆、江、梁等州刺史，或持節，銀印青綬。四品。

護羌、夷、蠻等校尉,[1]案武帝置南蠻校尉於襄陽,[2]西戎校尉於長安,[3]南夷校尉於寧州。[4]元康中，護羌校尉爲凉州刺史，西戎校尉爲雍州刺史,[5]南蠻校尉爲荆州刺史。及江左初，省南蠻校尉，尋又置於江陵,[6]改南夷校尉曰鎮蠻校尉。及安帝時，於襄陽置寧蠻校尉。

[1]護羌、夷、蠻等校尉：即護羌校尉、護夷校尉、護蠻校尉。護羌校尉，官名。西漢武帝置，持節統領羌族事務。東漢初罷。建武九年（33），復以牛邯爲護羌校尉。後或省或置。章帝以後遂爲常制。秩比二千石。有長史、司馬二人，多以邊郡太守、都尉轉任。除監護内附羌人各部落外，亦常將羌兵協同作戰，戍衛邊塞。魏、晋及北魏沿置。後凉、西凉、北凉亦置。

[2]襄陽：郡名，東漢建安十三年（208）置，治所在襄陽縣（今湖北省襄陽市），西晋移治宜城縣（今湖北省宜城市南）。

[3]長安：縣名，治所在今陝西省西安市西北。

[4]寧州：西晋置，治所在滇池縣（今雲南省昆明市晋寧區晋城鎮）。

[5]雍州：古九州之一。魏晋時治長安（今陝西省西安市西北）。

[6]江陵：縣名，治所在今湖北省江陵縣。

護匈奴、羌、戎、蠻、夷、越中郎將，[1]案武帝置四中郎將，或領刺史，或持節爲之。武帝又置平越中郎將，[2]居廣州，[3]主護南越。[4]

[1]護匈奴中郎將：官名。東漢置，亦作使匈奴中郎將或匈奴中郎將。監護南匈奴單于，參預司法事務，並助南匈奴防御北匈奴的侵擾。員一人，擁節，秩比二千石。設官府，官屬不固定，隨事而置，主要有副中郎將、副校尉、司馬、從事、掾史等。東漢末罷。三國魏明帝太和五年（231）復置，仍監護南匈奴事務，多以并州刺史兼任，使持節或假節，四品。晋朝沿置，四品。十六國前秦、後秦亦置。

[2]平越中郎將：官名。西晋武帝置，東晋、南朝沿置。主管南越事務。設府置僚佐，治廣州，多兼任廣州刺史。

[3]廣州：三國吴孫休分交州置，治所在番禺縣（今廣東省廣州市）。

[4]南越：今廣東廣西一帶。《通典·州郡·古南越》："自嶺而南，當唐虞三代，爲蠻夷之國，是百越之地，亦謂之南越。"

晋書　卷二五

志第十五

輿服

史臣曰：昔者乘雲效駕，卷領垂衣，[1]則黄帝皂衣纁裳，[2]放勛彤車白馬，[3]叶三微之序，[4]舍寅丑之建，[5]玄戈玉刃，作會相暉。若乃參旗分景，[6]帝車含曜，[7]又所以營衛南宮，增華北極。《月令》季夏之月，“命婦官染彩”，赬丹班次，[8]各有品章矣。高旗有日月之象，式視有威儀之選，衣兼韝珮，[9]衡載鳴和，[10]是以閑邪屏棄，[11]不可入也。若乃正名百物，[12]補緝四維，[13]疏懷山之水，[14]静傾天之害，[15]功尤彰者飾彌焕，德愈盛者服彌尊，莫不質良，用成其美。《書》曰：“明試以功，車服以庸。”[16]《禮記》曰：“鸞車，有虞氏之路也。鉤車，夏后氏之路也。大路，殷路也。乘路，周路也。”而韍火山龍，[17]以通其意。前史以爲聖人見鳥獸容貌，草木英華，始創衣冠，而玄黄殊采；見秋蓬孤轉，[18]杓觿旁建，[19]乃作輿輪，而方圓異則。遇物成象，觸類興端，周因於殷，其來已舊。成王之會，[20]壇垂陰羽，[21]五方之盛，有八十物者焉。宗馬鳥旌，奚往不格，殷公、曹叔，[22]此焉低首。《周禮》，巾車氏建大赤以朝，大白以戎。雅制弘多，式遵遺範，賓入異憲，師行殊則，是以有嚴有翼，用光其武，鈎膺鞗革，[23]乃暢其文。六服之冕，[24]五時之路，[25]王之常制，各有等差。逮禮業彫訛，[26]人情馳爽，諸侯征伐，憲度淪亡，一紫亂於齊飾，長纓混於鄒玩。[27]孔子曰："君子其學也博，其服也鄉。"[28]若乃豪傑不經，庶人干典，鷸冠於鄭伯之門，[29]躡珠履於春申之第。[30]及秦皇并國，攬其餘軌，豐貂東至，獬豸南來，[31]又有玄旗皂旒之制，旄頭罕車之飾，[32]寫九王之廷於咸陽北坂，[33]車輿之彩，各樹其文，所謂秦人大備，[34]而陳戰國之後車者也。及凝脂布網，[35]經書咸燼，削滅三代，以金根爲帝軫，[36]除棄六冕，[37]以袀玄爲祭服。[38]高祖入關，既因秦制。世宗挺英雄之略，[39]總文景之資，揚霓拂翳，[40]皮軒記鼓，[41]横汾河而祠后土，[42]登甘泉而祭昊天，[43]奉常獻儀，[44]謂之大駕，車千乘而騎萬匹。至於成帝，[45]以幸姬趙飛燕置屬車間豹尾中，[46]又揚雄所謂"彏天狼之威弧，[47]張曜日之靈旄"，駢羅列布，霧集雲合者也。於後王氏擅朝，[48]武車常軔，[49]赤眉之亂，文物無遺。建武十三年，吴漢平蜀，[50]始送葆車輿輦，[51]充庭之飾，漸以周備。明帝采《周官》《禮記》，[52]更服衮章，[53]天子冠通天而佩玉璽。[54]魏明以黼黻之美，[55]有疑於僭，於是隨章儧略，[56]而損者半焉。高堂隆奏曰：[57]"改正朔、殊徽號者，帝王所以神明其政、變民耳目也。”帝從其議，改青龍五年爲景初元年，服色尚黄，從地正也。世祖武皇帝接天人之貺，[58]開典午之基，[59]受終之禮，皆如唐虞故事。晋氏金行，而服色尚赤，豈有司失其傳歟！

[1]卷領垂衣：指原始的衣裳。《初學記》卷九《帝王部》注引《易》：“黄帝、堯、舜垂衣裳而治天下。”又引《淮南子》：“古有鍪頭而卷領以王天下。”注曰：“古者，蓋三皇以前。鍪頭，著兜帽，言未知制冠。卷領，皮衣屈而袂之。”

[2]皂衣纁裳：黑色的上衣，淺絳色的下衣。

[3]放勛：帝堯名。《尚書·堯典》：“曰若稽古，帝堯曰放勛。”　彤車：朱紅色的車。

[4]叶三微之序：協和三正的順序。三微，即三正，夏以寅（一月）爲正月，殷以丑（十二月）爲正月，周以子（十一月）爲正月，合稱三正。

[5]舍寅丑之建：指周朝以子（十一月）爲正月。

[6]参旗：星名。屬畢宿，共九星，在参星西。

[7]帝車：即北斗星。《史記》卷二七《天官書》：“斗爲帝車，運於中央，臨制四鄉。”

[8]赬（chēng）丹班次：按照顔色排序。赬丹，紅色。此指顔色。

[9]衣兼鞙珮：衣服上挂着玉珮。

[10]衡軾鳴和：車上響着和諧的鈴聲。衡軾，指車。鳴和，指車鈴響聲。

[11]閑邪屏棄：阻斷摒棄邪惡。

[12]正名百物：指黄帝的功績。《禮記·祭法》：“黄帝正名百物，以明民共財。”

［13］補緝四維：指女媧補天的事迹。《淮南子·覽冥訓》："往古之時，四極廢，九州裂"，"女媧煉五色石以補蒼天"。

［14］疏懷山之水：指大禹治水的功績。懷山，環山，把山包圍。

［15］静傾天之害：指堯爲民除害的功績。《淮南子·本經訓》："逮至堯之時，十日並出，焦禾稼，殺草木，而民無所食。猰貐、鑿齒、九嬰、大風、封豨、脩蛇皆爲民害。堯乃使羿誅鑿齒於疇華之野，殺九嬰於凶水之上，繳大風於青丘之澤，上射十日而下殺猰貐，斷脩蛇於洞庭，禽封豨於桑林，萬民皆喜，置堯以爲天子。"

［16］明試以功，車服以庸：語見《尚書·舜典》。意爲賜以車服以表其功。

［17］黻火山龍：衣服上表示等級的圖案。劉向《説苑·修文》："是故士服黼，大夫黻，諸侯火，天子山龍。"

［18］秋蓬孤轉：秋天的蓬草隨風翻飛。

［19］杓觿：指杓子和犧尊，古代酒器。

［20］成王：周成王，姬姓，名誦。周武王之子，繼位時年幼，由周公旦輔政。

［21］壇垂陰羽：羽，原本、宋本、殿本作"雨"，據中華本改。

［22］殷公：即微子啓，商帝乙之長子，紂同母庶兄。見紂荒淫，數諫不聽，乃出走。武王滅商，乃降周，封於宋。　曹叔：又稱叔振鐸、叔鐸、叔振。周文王之子，武王之弟。武王滅商後封於曹。

［23］鈎膺：馬頷上下垂的纓飾。《詩·小雅·采芑》："簟茀魚服，鈎膺鞗革。"毛亨傳："鈎膺，樊纓也。"　鞗（tiáo）革：《詩·小雅·蓼蕭》："既見君子，鞗革忡忡。"孔穎達疏："鞗革，轡首垂也。"

［24］六服：周王畿以外诸侯邦國的六個等級：侯服、甸服、男服、采服、衛服、蛮服。

［25］五時：春、夏、秋、冬、季夏五个時令。《吕氏春秋·任地》："五時見生而樹生，見死而穫死。"陳奇猷校释："五時者，春、夏、秋、冬、季夏也。本書《十二紀》，春屬木，夏屬火，秋屬金，冬屬水，而於季夏之末别出中央土一節，是以木、火、金、水、土五行配屬春、夏、秋、冬四季，即所謂五時也。"（陳奇猷：《吕氏春秋新校釋》，上海古籍出版社 2002 年版，第 1759 頁） 路：同"輅"。

［26］彫訛：凋敝、錯誤。

［27］長纓混於鄒玩：戴冠冕者和不戴冠冕者混同。長纓，繫帽子的絲帶，此指帽子。鄒玩，指不戴冠冕者。

［28］君子其學也博，其服也鄉：語見《禮記·儒行》。

［29］彯（piāo）鷸冠於鄭伯之門：典出《左傳·僖公二十四年》，鄭國子臧喜歡戴鷸鳥羽毛裝飾的帽子，鄭伯非常反感，便派殺手將其殺死。

［30］躡珠履於春申之第：典出《史記》卷七八《春申君列傳》："趙平原君使人於春申君，春申君舍之於上舍。趙使欲夸楚，爲玳瑁簪，刀劍室以珠玉飾之，請命春申君客。春申君客三千餘人，其上客皆躡珠履以見趙使，趙使大慚。"

［31］獬豸：獬豸冠，狀似獬豸的帽子。獬豸，傳説中的獨角獸。《通典》卷五七《禮·嘉禮》："秦滅楚，獲其君冠，賜御史。以纚爲展筩，鐵爲柱卷。（取其不曲撓也。一名柱後惠文冠。）執法者服之，或謂之獬豸冠。（獬豸，神羊，一角，能别曲直。楚王獲之，以爲冠。）漢晋至陳，歷代相因襲不易。"

［32］旄頭：古代皇帝儀仗中一種擔任先驅的騎兵。 罕車：插有旌旗的車子。罕，宋本作"空"。

［33］寫九王之廷於咸陽北坂：典出《史記》卷六《秦始皇本紀》："秦每破諸侯，寫放其宫室，作之咸陽北阪上，南臨渭，自雍門以東至涇、渭，殿屋複道周閣相屬。"九，殿本作"六"。

［34］大備：齊備。

［35］凝脂：凝固的膏脂。比喻法網严密。

［36］帝軫：皇帝的車乘。

［37］六冕：六種冕服。《周禮·春官·司服》：“掌王之吉凶衣服，辨其名物，與其用事。王之吉服，祀昊天上帝，則服大裘而冕，祀五帝亦如之；享先王則衮冕；享先公、饗射則鷩冕；祀四望山川則毳冕；祭社稷五祀則希冕；祭群小祀則玄冕。”

［38］袀玄：黑色的。此指黑色服裝。

［39］世宗：原本、宋本、殿本作“世祖”。按此指漢武帝劉徹，廟號“世宗”。中華本作“世宗”，據改。

［40］揚霓拂翳：語出班固《東都赋》：“羽旄掃霓，雲旗拂天。”此指旗幟高揚。

［41］皮軒記鼓：用虎皮裝飾的車子和計時的鼓。

［42］横汾河而祠后土：漢武帝渡過汾河去祠祭后土。西漢武帝元鼎四年（前113）十一月，在河東郡汾陰縣汾陰脽上建立后土祠。故址在今山西省萬榮縣榮河鎮西北。

［43］登甘泉而祭昊天：《史記》卷一二《孝武本紀》：“（武帝）又作甘泉宫，中爲臺室，畫天、地、泰一諸神，而置祭具以致天神。”

［44］奉常：官名，即太常。漢代稱奉常，本掌禮樂宗廟、社稷祭祀，魏晋時此職掌歸尚書裁定，太常成爲閑職。三品。

［45］至於成帝：原本、宋本無此四字，殿本有，據殿本、中華本校勘記補。

［46］趙飛燕：漢成帝皇后。原爲陽阿公主家歌女，因善舞體輕，故號“飛燕”。與其妹俱被召入宫中，姊妹專寵十餘年。哀帝即位後尊爲皇太后。哀帝死後被貶，旋廢爲庶人，自殺。

［47］揚雄：揚，原本、宋本作“楊”，殿本作“揚”，據殿本改。　彏（jué）天狼之威弧：張開射天狼的硬弓。

［48］王氏擅朝：指西漢末年王莽代漢。

［49］武車常軔：兵車永久堅固。

[50]吴漢：東漢初南陽宛（今河南省南陽市）人，字子顔。新莽末亡命漁陽，以販馬爲業。後爲劉秀偏將軍，遷大將軍。東漢建立後任大司馬。屢建戰功，雲臺二十八將之一。

[51]葆車：《後漢書》卷一《光武帝紀下》："益州傳送公孫述瞽師、郊廟樂器、葆車、輿輦，於是法物始備。"李賢注："葆車，謂上建羽葆也。合聚五采羽名爲葆。"　輿輦：《通典》卷六六《禮·嘉禮》："夏氏末代制輦。（按輦，人所輦也。傅玄子曰：'夏名輦曰余車。'）

"殷曰胡奴車。

"周曰輜車，即輦也。（不知何代去其輪。《司馬法》曰：'夏后氏二十人而輦，殷十八人而輦，周十五人而輦。'）王后輦車，組輓，有翣，羽蓋。（爲輇輪，人輓之以行。有翣，所以禦風塵也。以羽作小蓋，爲翳日。）

"秦以輦爲人君之乘。

"漢因之，以雕玉爲之，方徑六尺，或使人輓，或駕果下馬。

"魏晋小出則乘之，亦多乘輿。

"東晋過江，亡其制度。至太元中，謝安率意造焉，及破苻堅於淮上，獲京都舊輦，形制無差。義熙五年，劉裕執慕容超，獲金鉦輦。"

[52]《禮記》：宋本作"記禮"。

[53]衮章：帶有捲龍圖案的禮服。

[54]天子：天，原本作"太"，宋本、殿本作"天"，據宋本、殿本改。　冠通天：戴通天冠。《後漢書》卷三〇《輿服志下》："通天冠，高九寸，正竪，頂少邪却，乃直下爲鐵卷梁，前有山，展筒爲述，乘輿所常服。"《通典》卷五七《禮·嘉禮》："秦制通天冠，其狀遺失。

"漢因秦名，制高九寸，正竪，頂少邪却，乃直下爲鐵卷梁，前有山，展筒爲述，筒駮犀簪導，乘輿所常服。

"晋依漢制，前加金博山述，乘輿常服。（述即鷸也。鷸知天雨，故冠像焉。前有展筩。）”

［55］黼黻：禮服上漂亮的花紋。

［56］隨章償略：根據規定加以減損。

［57］高堂隆：三國時泰山平陽（今山東省新泰市西北）人，字升平。東漢建安中任曹操丞相軍議掾，曹魏明帝時任給事中、駙馬都尉、陳留太守、散騎常侍等職。通四經三禮、天文曆法。

［58］天人之貺：上天的賜予。

［59］典午：典爲司，午爲馬。指司馬氏。

玉、金、象、革、木等路，是爲五路，[1]並天子之法車，皆朱班漆輪，畫爲櫖文。[2]三十輻，[3]法月之數；重轂貳轄。[4]以赤油，[5]廣八寸，長三尺，注地，繫兩軸頭，謂之飛軨。金薄繆龍之爲輿倚較，[6]較重，爲文獸伏軾，[7]龍首銜軛，[8]左右吉陽筩，[9]鸞雀立衡，[10]櫖文畫轅及轓。[11]青蓋，黄爲裏，謂之黄屋。金華施橑末，[12]橑二十八以象宿。[13]兩箱之後，皆玳瑁爲鵾翅，[14]加以金銀彫飾，故世人亦謂之金鵾車。斜注旂旗於車之左，又加棨戟於車之右，[15]皆橐而施之。棨戟韜以黻綉，[16]上爲亞字，[17]繫大蛙蟆幡。軛長丈餘。於戟之杪，以牦牛尾，大如斗，置左騑馬軛上，是爲左纛。轅皆曲向上，取《禮緯》“山車垂句”之義，言不揉而能自曲。[18]

［1］五路：亦作五輅，古代帝王所乘的五種車子，即玉路、金路、象路、革路、木路。《通典》卷六四《禮・天子車輅》：“昔人皇氏乘雲駕六羽，出谷口，或云秖車也。及五龍氏乘龍，上下以理。古史考云：‘黄帝作車，至少昊始駕牛，及陶唐氏制彤車，乘

白馬，則馬駕之初也。'

"有虞氏因彤車而制鸞車。

"夏后氏因鸞車而制鉤車，（鉤之言不揉自曲。）俾車正奚仲建斿旒，尊卑上下，各有等級。

"殷因鉤車而制大輅。（《禮緯》曰'山車垂鉤'，乃鉤車之象。昔成湯用而郊祀，有山車之瑞。山車亦謂之桑根車，似金根之色，亦謂之大輅。）

"周因殷輅以制木輅，約木以加飾，爲王五輅。一曰玉輅，鍚，樊纓十有再就，建太常，十有二斿，以祀。（鍚，馬面當盧刻金爲之，所謂鏤鍚也。樊，馬大帶也。纓，馬鞅也。就，成也。皆以五采罽飾之。樊音盤，下同。）二曰金輅，無鍚，以金爲婁頷之鉤，樊纓九就，建大旂，以賓，同姓以封。三曰象輅，無鉤，以朱飾勒而已，樊纓七就，建大赤，以朝，異姓以封。皆以玉金象飾諸末而爲名。（凡言玉金象路，皆此義。）樊及纓，以五采罽飾之。四曰革輅，革鞔漆之，無他飾，以白黑飾韋爲龍勒條飾，樊纓五就，建大白，以即戎，以封四衛。（龍，駹也。以白黑飾韋雜色爲勒。）五曰木輅，不革鞔，漆之而已，以淺黑飾韋爲樊鵠色，飾韋爲纓，就數同於革輅，建大麾，以田，以封藩國。

"秦平九國，蕩滅典籍，舊制多亡。因金根車用金爲飾，謂金根車，而爲帝軫。玄旗皂斿，以從水德。復法水數，駕馬以六。（夏太康盤游無度，昆弟五人作歌曰'若朽索之馭六馬'，則六馬非始於秦制，但法水數，故相符爾。）

"漢武帝天漢四年，始定輿服之制。郊祀所乘，謂之大駕，備車千乘，騎萬匹，其儀甚盛，不必師古。及王莽篡位，武車常軔。（如振反。車輪木也。）赤眉之亂，文物無遺。

"後漢光武平公孫述，始獲葆車輿輦。而因舊制金根車，擬周之玉輅，最尊者也。輪皆朱斑重牙，貳轂兩轄，（轂外復有一轂抱轄，其外乃復設轄，抱銅置其中。《東京賦》曰：'重輪貳轄，疏轂飛軨。'注：'飛軨，畫緹油，繫於軸上。'）金薄繆龍，爲輿倚較，

（徐廣曰：‘繆，交錯之形也。較在箱上。’《説文》曰：‘櫎文畫蕃。’蕃，箱也。《通俗文》曰：‘車箱爲較。’）文虎伏軾，龍首銜軛，左右吉陽筩，（徒冬反。）鸞雀立衡，櫎文畫輈，羽蓋華蚤，（徐廣曰：‘翠羽蓋黄裏，所謂黄屋車也。金華施橑末，有二十八枚，即蓋弓也。’）建大旂，十有二斿，畫日月升龍，駕六馬，象鑣鏤鍚，金鋄方釳，（訖乞反。）插以翟尾，朱兼樊纓，赤罽易茸，金就十有二，左纛以牦牛尾爲之，在左騑馬軛上，大如斗，是爲德車。大駕則御鳳凰車，以金根爲副。（其駕玄馬六，因秦不改。或云始自漢制。許慎《五經異義》，説天子駕六馬，以經言‘時乘六龍以御天’。蓋乃陰陽之氣，乘六上下，非爲禮制。按《周官·校人》‘掌王馬之政，凡擇良馬而養乘之，乘馬一師四圉’，四馬爲乘。古《毛詩》説，天子至大夫同駕駟，皆有四方之事，《詩》云‘四牡彭彭’是也。）

“魏武王受漢獻帝命，乘金根車，駕六馬，設五時副車。至明帝景初中，山茌縣黄龍見，以爲魏得地統，服色尚黄，戎事乘黑首白馬。齊王正始中，詔出入必御輦乘輿。

“晋武帝承魏陳留王命，乘金根車，駕六馬，備五時副車。及受禪，設玉、金、象、革、木五輅，並爲法駕，旗斿服用，悉取周制，文物華藻，因金根車，更增其飾。朱斑漆輪，加畫櫎文。兩箱之後，加玳瑁爲鶡翅，金銀雕飾，時人亦謂爲金鶡車。邪注旂旗於車之左，又加棨戟於車之右，皆橐而施之。棨戟韜以黻綉，上爲亞字，繫大蛙蟆幡。軛長丈餘。於戟之杪，以牦牛尾，大如斗，置左騑馬軛上，是爲左纛。轅皆曲向上，取夏殷山車垂鈎之義。玉輅駕六黑馬，金、象、革、木駕駟，以黄金爲叉髦，插以翟尾。象鑣鏤鍚，金鋄方釳，繁纓赤罽易茸，金就十有二。五輅皆有鍚鑾之飾，和鈴之響，鈎膺玉瓖，龍輈華轙，（魚倚反。）朱幩。（音汾。）法駕行則五輅各有所主。復制金根車，去漢之文物，駕四馬，不建旗幟，上如畫輪車，下猶金根之飾。

“東晋元帝始建大輅、戎輅各一，（以殷人祀用大輅，周人即戎用戎輅故也。）因金根車飾，皆駕黑駟，是爲玄牡。安帝義熙中，平關洛，得姚興僞車輦，或時乘用焉。”

［2］櫙文：皇帝車駕上的紋飾。櫙，即“虡”之異體字，本義爲懸挂鐘磬的木柱。原本、宋本作“櫕”，殿本作“櫙”，據殿本改。

［3］輻：古代車輪上連接轂與輞的直木。

［4］重轂貳轄：雙轂雙轄。轂，車輪的中心部位，周圍與車輻的一端相接，中有圓孔，用以插軸。轄，車軸兩頭的金屬鍵，用以擋住車輪，不使脱落。

［5］赤油：塗上紅油的布帛。

［6］金薄繆龍之爲輿倚較：殿本於“龍”下有“繞”字。清周家禄《晋書校勘記》：“金薄繆龍”下脱“繞”字。倚較，即輢較，車厢兩旁板上的横木，供乘者倚靠。

［7］軾：車厢前的横木，供乘者憑扶。

［8］軛：用以架在拉車牛馬身上的器具。

［9］吉陽：吉祥。　筩：桶狀物。

［10］衡：車轅前的横木。

［11］轅及轓：車轅和車轓。車轓即擋泥板。

［12］橑末：橑，古代車傘蓋的骨架，傘弓子。末，原本、宋本、殿本作“朱”，據中華本校勘記改。

［13］宿：星宿。

［14］鶡：大鳥。

［15］棨（qǐ）戟：用作儀仗前導的戟，木質，塗漆或套繒衣。

［16］黻：殿本作“黼”。

［17］上爲亞字：亞，原本、宋本、殿本作“弫”，據中華本改。

［18］不揉而能自曲：不經過特殊加工而自己變彎。揉，烤木使之變彎或變直。

玉、金、象三路，各以其物飾車，因以爲名。革者漆革，木者漆木。其制，玉路最尊，建太常，[1]十有二旒，九仞委地，[2]畫日月升龍，以祀天。金路建大旂，九旒，以會萬國之賓，亦以賜上公及王子母弟。象路建大赤，通赤無畫，所以視朝，亦以賜諸侯。革路建大白，以即戎兵事，亦以賜四鎮諸侯。木路建大麾，以田獵，其麾色黑，亦以賜蕃國。[3]玉路駕六黑馬，餘四路皆駕四馬，馬並以黄金爲文髦，插以翟尾。[4]象鑣而鏤錫，[5]錫在馬面，所謂當顱者也。[6]金叉而方釳，[7]金叉謂以金叉爲文。釳以鐵爲之，[8]其大三寸，中央兩頭高，如山形，貫中以翟尾而結著之也。[9]繁纓赤罽易茸，[10]金就十有二。繁纓，[11]馬飾纓，在馬膺前，[12]如索裙。五路皆有錫鸞之飾，和鈴之響，鈎膺玉瓖，鈎膺，即繁纓也。瓖，馬帶玦名也。龍輈華轙，輈，車轅也，頭爲龍象。轙，謂車衡上環受鸞者也。朱幩。幩，飾也，人君以朱纏鑣扇汗，以爲飾也。法駕行則五路各有所主，不俱出；臨軒大會則陳乘輿、車輦、旌鼓於其殿庭。[13]

[1]太常：古代旌旗名。《尚書·君牙》："厥有成績，紀於太常。"孔安國傳："王之旌旗畫日月曰太常。"

[2]九仞：仞，殿本作"軔"。

[3]蕃國：蕃，殿本作"藩"。

[4]翟尾：野鷄的尾羽。翟，長尾野鷄。

[5]象鑣而鏤錫：鑣，原本、宋本、殿本作"鹿"，據中華本校勘記改。

[6]當顱：馬頭上的飾物，鏤金，位於馬額中央。《莊子·馬蹄》篇"齊之以月題"，《釋文》引司彪云："題，馬額上當顱如月

圖1　五輅。據宋摹本傳晉顧愷之《洛神賦圖》繪。
旂的旒數依乘輅者身份依次爲天子十二旒、
王公九旒、候伯七旒。圖中旂施九旒。

形者也。”《周禮·春官·宗伯》：“王之五路：一曰玉路，鍚，樊纓，十有再就，建大常，十有二斿，以祀。”鄭玄注：“王在焉曰路。玉路，以玉飾諸末。鍚，馬面當盧刻金爲之，所謂鏤鍚也。”賈公彦疏：“云‘鍚，馬面當盧刻金爲之，所謂鏤鍚也’者，《詩·大雅·韓奕》‘鉤膺鏤鍚’，毛傳云：‘鏤鍚，有金鏤其鍚也。’鄭箋云：‘眉上曰鍚，刻金飾之，今當盧也。’《説文·金部》云：‘鐊，馬頭飾也。’又《頁部》云：‘顱，項顱，首骨也。’案：鍚盧即鐊顱之省叚字。當盧，蓋馬鞁具之一。凡馬額上皆有革落，更以金飾之，則謂之鍚。故《左傳·桓三年》杜注云：‘鍚在馬額。’《急就篇》顔注云：‘鐊，馬面上飾也。以金銅爲之，俗謂之當顱。’《隋書·禮儀志》云：‘方釳當顱，蓋馬冠也。’案：當盧在馬額，其形蓋如半月，故《莊子·馬蹄》篇云‘齊之以月題’，釋文引司馬彪云‘月題，馬額上當顱，如月形者也。’”

［7］叒：馬頭上的飾具。叒，原本、宋本、殿本作“叜”，據中

華本改。本卷下文“叒”同。　方釳：馬頭上的飾具。

［8］釳以鐵爲之：釳，原本、宋本作“旄”，殿本作“釳”，據殿本、中華本校勘記改。

［9］結著之也：宋本無“之”字。

［10］赤罽：紅色的毛織物。

［11］繁纓：原本、宋本作“纓繁”，殿本作“繁纓”，據殿本、中華本校勘記乙正。

［12］在馬膺前：原本、宋本、殿本作“馬膺前在”，據中華本改。

［13］臨軒：皇帝不坐正殿而御前殿。殿前堂陛之間近檐處兩邊有檻楯，如車之軒，故稱。　旌：旌旗。《通典》卷六六《禮·嘉禮》：“黄帝振兵，教熊羆貔貅貙虎，制陣法，設五旗五麾。

“夏氏奚仲爲車正，建旗、斿、旐，以别尊卑等級。

“殷因之。

“周制，司常掌九旗：王建太常，諸侯建旂，孤卿建旜，大夫士建物，師都建旗，州里建旟，縣鄙建旐，道車載旞，斿車載旌。大麾以田，大帛以即戎。翿旌，龍旂。

“秦水德，旗斿皆尚黑。其制未詳。

“漢制，龍旂九斿，七仞，以象大火，鳥旟七斿，五仞，以象鶉火；熊旗六斿，五仞，以象參、伐；龜蛇旐四斿，四仞，以象營室；弧旌枉矢，以象弧也：此諸侯以下之所建也。”

車，坐乘者謂之安車，［1］倚乘者謂之立車，［2］亦謂之高車。案《周禮》，惟王后有安車也，王亦無之。自漢已來制乘輿，乃有之。有青立車、青安車、赤立車、赤安車、黄立車、黄安車、白立車、白安車、黑立車、黑安車，合十乘，名爲五時車，俗謂之五帝車。天子所御則駕六，其餘並駕四。建旂十二，各如車色。立車則正豎其旗，安車則邪注。[3]駕馬，馬亦各隨五時之色，白馬則朱其鬣尾。左右騑驂，金叉鏤錫，黃屋左纛，如金根之制，行則從後。五牛旗，平吴後所造，以五牛建旗，車設五牛，青赤在左，黃在中，白黑在右。豎旗於牛背，[4]行則使人輿之。牛之爲義，蓋取其負重致遠而安穩也。旗常纏不舒，所謂德車結旌也。天子親戎則舒，謂武車綏旌也。

[1]安車：古代坐乘的車輛。歷代史書對安車多有記載，一般供年老的高級官員及貴婦乘用。高官告老還鄉或徵召有重望的人，往往賜乘安車。《史記》卷五五《留侯世家》："上欲廢太子，立戚夫人子趙王如意。大臣多諫爭，未能得堅决者也。吕后恐，不知所爲。人或謂吕后曰：'留侯善畫計筴，上信用之。'吕后乃使建成侯吕澤劫留侯，曰：'君常爲上謀臣，今上欲易太子，君安得高枕而卧乎？'留侯曰：'始上數在困急之中，幸用臣筴。今天下安定，以愛欲易太子，骨肉之間，雖臣等百餘人何益。'吕澤彊要曰：'爲我畫計。'留侯曰：'此難以口舌爭也。顧上有不能致者，天下有四人。四人者年老矣，皆以爲上慢侮人，故逃匿山中，義不爲漢臣。然上高此四人。今公誠能無愛金玉璧帛，令太子爲書，卑辭安車，因使辯士固請，宜來。來，以爲客，時時從入朝，令上見之，則必異而問之。問之，上知此四人賢，則一助也。'於是吕后令吕澤使人奉太子書，卑辭厚禮，迎此四人。四人至，客建成侯所。"

[2]立車：古代站乘的車輛。《列女傳》卷四《貞順·孟姬傳》："孟姬者，華氏之長女，齊孝公之夫人也。好禮貞壹，過時不嫁。齊中求之，禮不備，終不往。躡男席，語不及外，遠別避嫌，齊中莫能備禮求焉。齊國稱其貞。孝公聞之，乃修禮親迎於華氏之室。父母送孟姬不下堂，母醮房之中，結其衿縭，誡之曰：'必敬必戒，無違宫事。'父誡之東階之上曰：'必夙興夜寐，無違命。其有大妨於王命者，亦勿從也。'諸母誡之兩階之間曰：'敬之敬之，

必終父母之命。夙夜無怠，尔之衿縭。父母之言謂何。’姑姊妹誡之門内曰：‘夙夜無愆，尔之衿鞶，無忘父母之言。’孝公親迎孟姬於其父母，三顧而出。親迎之綏，自御輪三，曲顧姬與，遂納於宫。三月廟見而後行夫婦之道。既居久之，公游於琅邪，華孟姬從，車奔，姬墮車碎，孝公使駟馬立車載姬以歸，姬使侍御者舒帷以自障蔽，而使傅母應使者曰：‘妾聞妃后逾閾必乘安車輜軿，下堂必從傅母保阿。進退則鳴玉環佩，内飾則結紐綢繆，野處則帷裳擁蔽。所以正心壹意，自斂制也。今立車無軿，非所敢受命也。野處無衛，非所敢久居也。三者失禮多矣。夫無禮而生，不若早死。’使者馳以告公，更取安車。比其反也，則自經矣，傅母救之不絶，傅母曰：‘使者至，輜軿已具。’姬氏蘇，然後乘而歸。君子謂孟姬好禮。禮，婦人出必輜軿，衣服綢繆。既嫁，歸問女昆弟，不問男昆弟。所以遠别也。《詩》曰：‘彼君子女，綢直如髮。’此之謂也。”

《新書》卷六《容經》：“立乘以經立之容，右持綏而左臂詘，存劍之緯，欲顧，顧不過轂，小禮據，中禮式，大禮下。立車之容。”

［3］邪注：斜着安放。

［4］牛背：背，宋本作“皆”。

金根車，駕四馬，不建旗幟，其上如畫輪車，下猶金根之飾。

耕根車，駕四馬，建赤旗，十有二旒，天子親耕所乘者也。一名芝車，一名三蓋車。置耒耜於軾上。魏景初元年，改正朔，易服色，色尚黄，牲用白，戎事乘黑首白馬，建大赤之旗，朝會則建大白，行殷之時也。泰始二年，有司奏：“宜如有虞遵唐故事，[1]皆用前代正朔服色，其金根、耕根車，並以建赤旗。”帝從之。

[1]唐：指唐堯。

輦，案自漢以來爲人君之乘，魏晉御小出即乘之。

戎車，[1]駕四馬，天子親戎所乘者也。載金鼓、羽旂、幢翳，置弩於軾上，其建矛麾悉斜注。

圖2　輦。據《文物》1972年第3期山西省大同市石家寨北魏司馬金龍墓出土漆屏繪。

[1]戎車：《通典》卷六四《禮·嘉禮》：“周巾車氏‘革輅即戎’，車僕掌戎輅之萃，（音倅。）廣（古曠反。）車之萃，闕車之萃，苹車之萃，輕（音罄。）車之萃。（萃猶副也。此五者，兵車，所謂五戎也。戎輅，王在軍所乘也。廣車，横陳之車也。闕車，所

用補闕之車也。苹猶屏也，所用對敵自蔽隱之車也。輕車，所用馳敵致師之車也。《孫子》八陳，有苹車之陳。)

“漢因周，有輕車，朱輪輿，不巾不蓋，建矛戟幢麾，轓（音福。）轓弩箙。(置弩於軾上，駕兩馬也。) 藏於武庫。大駕出，次屬車，在鹵簿中。(《孫子兵法》云：‘有巾有蓋，謂之武剛車。’武剛車者，爲先驅。又爲屬車、輕車，爲後殿也。) 戎車，其飾如耕車，蕃以矛麾金鼓羽析幢翳，轓胄甲弩之箙。(《通俗文》曰：‘箭箙謂之步叉。’)

“魏景初改正朔，戎事乘黑首白馬，建大赤之旗。泰始中，並建赤旗。

“晋制，輕車，駕二馬，古之戰車也。前後二十乘，分居左右。輿輪洞朱，建矛戟麾幢，置弩於軾上。大駕出，射聲校尉、司馬、吏士載，以次屬車後。”

獵車，[1]駕四馬，天子校獵所乘也。重輞漫輪，[2]繆龍繞之。[3]一名闟戟車，一名蹋猪車。魏文帝改名蹋獸車。《記》云“國君不乘奇車”，[4]奇車亦獵車也。古天子獵則乘木輅，[5]後人代以獵車也。

[1]獵車：《通典》卷六四《禮·嘉禮》：“周謂之奇車。(《曲禮》曰：‘國君不乘奇車。’注云：‘獵車也。’) 巾車氏‘木輅以田’。漢制，其飾如安車，重輞縵輪，繆龍繞之。一曰闟猪車，親校獵乘之。魏因漢制，改名蹋獸車。晋因魏制，一名闟戟車。”

[2]重輞漫輪：雙重車輞覆蓋整個車輪。車輞，車輪的外框。

[3]繆龍：交錯的龍形。

[4]國君不乘奇車：語見《禮記·曲禮上》。

[5]古天子獵則乘木輅：宋本作“天子獵則乘本輅”。

游車，[1]九乘，駕四，先驅之乘是也。

[1]游車：《通典》卷六四《禮·嘉禮》："漢制，九游車九乘，大駕爲先乘。晋宋因之，自後無聞。"

雲罕車，[1]駕四。

[1]雲罕車：插有旌旗的車。雲罕，旌旗。《文選·張衡〈東京賦〉》："雲罕九斿，閫戟轇輵。"薛綜注："雲罕，旌旗之别名也。"《文選·潘嶽〈藉田賦〉》："瓊鈒入蘂，雲罕晻藹。"吕向注："雲罕，幡也。"

皮軒車，[1]駕四，以獸皮爲軒。

[1]皮軒車：《通典》卷六四《禮·嘉禮》："漢制，皮軒車，以虎皮爲軒。晋宋相因，駕四馬，皆大夫載。自後無聞。"

鸞旗車，[1]駕四，先輅所載也。鸞旗者，謂析羽旄而編之，列繫幢傍也。

[1]鸞旗車：《通典》卷六四《禮·嘉禮》："漢制鸞旗車，編羽旄列繫幢傍。（胡廣曰：'以銅作鸞鳥於車衡上。'）晋宋因之，駕四馬，先路所載。"

建華車，[1]駕四，凡二乘，行則分居左右。

[1]建華車：《通典》卷六四《禮·嘉禮》："晋制，建華車，

二乘。駕四馬。大駕，分在左右行。自後無聞。”

輕車，[1]駕二，古之戰車也。[2]前後二十乘，分居左右。輿輪洞朱，不巾不蓋，建矛戟麾幢，置弩箙於軾上。[3]大駕、法駕出，射聲校尉、司馬、吏士、戰士載，[4]以次屬車。[5]

[1]輕車：輕便、速度快的車輛。如《通典》卷六五《禮·嘉禮》所載小使車："不立乘，駕四。""蘭輿皆朱，赤轂，赤屏泥，白蓋，赤帷裳。又别有小使車，赤轂皂蓋，追捕敕取者所乘。凡諸使車，皆朱班輪，赤衡軛。追鋒車，去小蓋，加通幰，如軺車，駕二。以迅速爲名，戎陣之間，是爲傳乘，軺車，古將軍所乘傳也。"

[2]古之戰車：戰，原本、宋本、殿本作"獸"，據中華本校勘記改。

[3]弩箙：盛弩矢的袋子。

[4]射聲校尉：官名，統宿衛兵，魏晋時隸屬中領軍。四品。司馬：官名，府署高級幕僚。掌參讚軍務、管理府内武職，位僅次於長史。魏晋南北朝時王府、公府、軍府、邊郡均置。八至六品。

[5]以次屬車：按照次序跟在車後。

司南車，[1]一名指南車，駕四馬，其下制如樓，三級，四角金龍銜羽葆，刻木爲仙人。衣羽衣，立車上，車雖回運而手常南指。大駕出行，爲先啓之乘。

[1]司南車：《通典》卷六四《禮·嘉禮》："黄帝與蚩尤戰於涿鹿之野，蚩尤作大霧，將士皆迷四方，黄帝於是作指南車以示

方，故後常建焉。(出崔豹《古今注》。)

“周致太平，越裳氏重譯來獻。使者迷其歸路，周公爲司南之制，使載之南，周年至國。故常爲先導，示服遠人，而正四方。(車法具在尚方故事，其制未詳。)

“後漢張衡始復創造。漢末喪亂，其器不存。

“魏明帝青龍中，令博士馬鈞紹而作焉。車上有木仙人，舉手恒指南。車箱回轉，所指微差。晉亂復亡。

“東晋義熙十三年，劉裕平長安，始得此車，復修之。一名司南車。駕駟其下，制如樓，三級，四角金龍銜羽葆。刻木爲仙人，衣羽衣，立車上，車雖回運，而手恒指南。大駕出行，爲先啓之乘。此車戎狄所制，機數不精，回曲頻驟，猶須人力正之。范陽人祖冲之，有巧思，常謂宜更造。”

記里鼓車，[1]駕四，形制如司南，其中有木人執槌向鼓，行一里則打一槌。

[1]記里鼓車：《通典》卷六四《禮・嘉禮》：“東晋安帝義熙十三年，劉裕滅後秦所獲，未詳其所由來。制如指南車，駕駟，中木人執槌向鼓，行一里則打一槌。(崔豹《古今注》云：‘亦名大章車，所以識道里也。車上爲二層，皆有木人執槌。行一里，下一層擊鼓；行十里，上一層擊鐲。尚方故事有其作法，然未詳。’）”

羊車，[1]一名輦車，其上如軺，[2]伏兔箱，漆畫輪軛。武帝時，護軍羊琇輒乘羊車，[3]司隸劉毅糾劾其罪。[4]

[1]羊車：《通典》卷六四《禮・嘉禮》：“晋制，羊車一名輦

車，上如軺，伏兔箱，漆畫輪。武帝泰始中，羊琇乘，司隸糾罪免官。”

[2]軺（yáo）：小車，輕車。

[3]護軍：官名，此爲中護軍的省稱。掌武官選舉，與中領軍同掌禁軍。曹魏四品，晋三品。　羊琇：字稚舒，本書卷九三有傳。　輒乘：擅自乘坐。

[4]司隸：官名，司隸校尉的省稱。三國魏時先治弘農，後治河南，轄司州所屬河南、河東、河内、弘農、平陽五郡。掌監察京師，糾察京都百官。西晋沿置。三品。　劉毅：字仲雄，本書卷四五有傳。

畫輪車，駕牛，以彩漆畫輪轂，故名曰畫輪車。上起四夾杖，左右開四望，[1]緑油幢，[2]朱絲絡，青交路，其上形制事事如輦，其下猶如犢車耳。古之貴者不乘牛車，漢武帝推恩之末，[3]諸侯寡弱，貧者至乘牛車，其後稍見貴之。自靈獻以來，天子至士遂以爲常乘，至尊出朝堂舉哀乘之。

圖3　牛車。據南京市砂石山出土南朝陶牛車繪。

[1]望：車窗。

[2]緑油幢：緑油布做的車幔帳。

[3]推恩：西漢武帝爲削弱諸侯力量而采取的一項措施。規定諸侯王得推恩將其封地分封給嫡長子以外的子弟，並由皇帝制定列侯封號。所封王子侯國歸郡統轄，諸侯王無權廢除或更改。此後諸侯王權勢和封地日益縮減，取得了削弱藩王勢力的效果。

屬車，[1]一曰副車，一曰貳車，一曰左車。漢因秦制，大駕屬車八十一乘，行則中央左右分爲行。

[1]屬車：《通典》卷六四《禮·嘉禮》："秦平天下，以諸侯所乘之車爲副。

"漢制，安車、立車各五乘，爲乘輿副車。輪皆朱斑重牙，貳轂兩轄，金薄繆龍，爲輿倚較，文虎伏軾，龍首銜軛，左右吉陽筩，鸞雀立衡，樕文畫輈，羽蓋華蚤，建大旂，十有二斿，畫日月升龍。駕六馬，象鑣鏤錫，金鍐方釳，插翟尾，朱兼樊纓，赤罽易茸，金就十有二，左纛以牦牛尾爲之，在左騑馬軛上，大如斗。其馬各如方色。白馬者，朱其髦尾爲朱鬣云。所御駕六，餘皆駕四，後從爲副車。(應劭《漢官鹵簿圖》曰：'乘輿大駕則御鳳凰車，以金根爲副。')

"魏因漢制，五時副車，置髦頭雲罕。

"晋制，五安車，五立車，合十乘，名五時車，俗謂五帝車。建旗十二斿，各如車色。立車則正豎其旗，安車則斜注。駕馬不易漢制。左右騑驂，金鍐鏤錫，黄屋左纛，如金根之制，行則從後。

"東晋過江，副車遺缺，有事權以馬車代之，建旗其上。其後制五色木牛，象五時車，豎旗於牛背，行則使人輿之。(牛之爲義，蓋取負重致遠而安穩。)旗常纏而不舒，(所謂德車結旌。)唯天子親戎，五旗舒旆。(所謂武車綏旌。)"

法駕屬車三十六乘。最後車懸豹尾，豹尾以前比之省中。屬車皆皂蓋朱裏云。

御衣車、御書車、御軺車、御藥車，並駕牛。

陽遂四望繐窗皂輪小形車，[1]駕牛。

[1]陽遂：車上采光的窗户。

象車，漢鹵簿最在前。武帝太康中平吴後，南越獻馴象，詔作大車駕之，以載黄門鼓吹數十人，使越人騎之。元正大會，駕象入庭。

中朝大駕鹵簿[1]

先象車，鼓吹一部，十三人，中道。次静室令，[2]駕一，中道。式道候二人，[3]駕一，分左右也。次洛陽尉二人，[4]騎，分左右。次洛陽亭長九人，[5]赤車，駕一，分三道，各吹正二人引。次洛陽令，[6]皂車，駕一，中道。次河南中部掾，[7]中道。河橋掾在左，[8]功曹史在右，[9]並駕一。次河南尹，[10]駕駟，戟吏六人。次河南主簿，[11]駕一，中道。次河南主記，[12]駕一，中道。次司隸部河南從事，[13]中道。都部從事居左，[14]别駕從事居右，[15]並駕一。次司隸校尉，駕三，戟吏八人。次司隸主簿，駕一，中道。次司隸主記，駕一，中道。次廷尉明法掾，[16]中道。五官掾居左，[17]功曹史居右，並駕一。次廷尉卿，[18]駕駟，戟吏六人。次廷尉主簿、主記，並駕一，在左。太僕引從如廷尉，[19]在中。宗正引從如廷尉，[20]在右。次太常，駕駟，中道，戟吏六人。太常外部掾居左，五官掾、功曹史居右，並駕一。次光禄引從，[21]中道。太常主簿、主記居左，衛尉引從居右，[22]並駕一。次太尉外督令史，[23]駕一，中道。次西、東、賊、倉、户等曹屬，[24]並駕一，引從。次太尉，駕駟，中道。太尉主簿、舍人各一人，祭酒二人，並駕一，在左。次司徒引從，[25]駕駟，中道。次司空引從，[26]駕駟，中道。三公騎令史戟各八人，鼓吹各一部，七人。次中護軍，[27]中道，駕駟。鹵簿左右各二行，戟楯在外，弓矢在内，鼓吹一部，七人。次步兵校尉在左，[28]長水校尉在右，[29]並駕一。各鹵簿左右二行，戟楯在外，刀楯在内，鼓吹各一部，七人。次射聲校尉在左，翊軍校尉在右，[30]並駕一。各鹵簿左右各二行，戟楯在外，刀楯在内，鼓吹各一部，七人。次驍騎將軍在左，[31]游擊將軍在右，[32]並駕一。皆鹵簿左右引各二行，戟楯在外，刀楯在内，鼓吹各一部，七人。騎隊，五在左，五在右，隊各五十匹，[33]命中督二人分領左右。各有戟吏二人，麾幢獨揭，鼓在隊前。次左將軍在左，[34]前將軍在右，[35]並駕一。皆鹵簿左右各二行，戟楯在外，刀楯在内，鼓吹各一部，七人。次黄門麾騎，中道。次黄門前部鼓吹，左右各一部，十三人，駕駟。八校尉佐仗，[36]左右各四行，外大戟楯，次九尺楯，次弓矢，次弩，並熊渠、佽飛督領之。[37]次司南車，駕駟，中道。護駕御史，[38]騎，夾左右。次謁者僕射，[39]駕駟，中道。次御史中丞，[40]駕一，中道。次武賁中郎將，[41]騎，中道。次九游車，[42]中道，武剛車夾左右，[43]並駕騶。次雲罕車，[44]駕駟，中道。次闟戟車，駕駟，中道，長戟邪偃向後。次皮軒車，駕駟，中道。次鸞旗車，中道，建華車分左右，並駕騶。次護駕尚書郎三人，都官郎中道，駕部在左，中兵在右，並騎。又有護駕尚書一人，騎，督攝前後無常。次相風，[45]中道。次司馬督，在前，中道。左右各司馬史三人引仗，左右各六行，外大戟楯二行，次九尺楯，次刀楯，次弓矢，次弩。次五時車，左右有遮列騎。次典兵中郎，中道，督攝前却無常。左殿中御史，[46]右殿中監，[47]並騎。次高蓋，中道，左罼，右罕。[48]次御史，中道，左右節郎各四人。次華蓋，[49]中道。次殿中司馬，[50]中道。殿中都尉在左，[51]殿中校尉在右，[52]左右各四行，細楯一行在弩内，又殿中司馬一行，殿中都尉一行，殿中校尉一行。次檉鼓，中道。次金根車，駕六馬，中道。太僕卿御，[53]大將軍參乘。左右又各增三行，爲九行。司馬史九人，引大戟楯二行，九尺楯一行，刀楯一行，由基一行，細弩一行，迹禽一行，椎斧一行，力人刀楯一行。連細楯，殿中司馬，殿中都尉，殿中校尉，爲左右各十二行。金根車建青旂十二，左將軍騎在左，右將軍騎在右，[54]殿中將軍持鑿腦斧夾車，[55]車後衣書主職步從，六行，合左右三十二行。次曲華蓋，中道。侍中、[56]散騎常侍、[57]黄門侍郎並騎，[58]分左右。次黄鉞車，駕一，在左，御麾騎在右。次相風，中道。次中書監騎左，[59]秘書監騎右。[60]次殿中御史騎左，殿中監騎右。次五牛旗，赤青在左，黄在中，白黑在右。次大輦，中道，太官令、丞在左，[61]太醫令、丞在右。[62]次金根車，駕駟，不建旗。次青立車，次青安車，次赤立車，次赤安車，次黄立車，次黄安車，次白立車，次白安車，次黑立車，次黑安車，合十乘，並駕駟。建旗十二，如車色。立車正豎旗，安車邪拖之。次蹋猪車，駕駟，中道，無旗。次耕根車，駕駟，中道，赤旗十二，熊渠督左，佽飛督右。次御軺車，次御四望車，次御衣車，次御書車，次御藥車，並駕牛，中道。次尚書令在左，[63]尚書僕射在右，[64]又尚書郎六人，[65]分次左右，並駕。又治書侍御史二人，[66]分左右，又侍御史二人，分次左右，又蘭臺令史分次左右，[67]並騎。[68]次豹尾車，駕一。自豹尾車後而鹵簿盡矣。但以神弩二十張夾道，至後部鼓吹，其五張神弩置一將，左右各二將。次輕車二十乘，左右分駕。次流蘇馬六十匹。[69]次金鉞車，駕三，中道。左右護駕尚書郎并令史，並騎，各一人。次金鉦車，駕三，中道。左右護駕侍御史并令史等，並騎，各一人。次黄門後部鼓吹，左右各十三人。次戟鼓車，駕牛，二乘，分左右。次左大鴻臚外部掾，[70]右五官掾、功曹史，並駕。次大鴻臚，駕駟，鉞吏六人。次大司農引從，[71]中道，左大鴻臚主簿、主記，右少府引從。[72]次三卿，並騎，吏四人，鈴下二人，[73]執馬鞭辟車六人，執方扇羽林十人，[74]朱衣。次領軍將軍，[75]中道。鹵簿左右各二行，九尺楯在外，弓矢在内，鼓吹如護軍。次後軍將軍在左，[76]右將軍在右，各鹵簿鼓吹如左軍、前軍。次越騎校尉在左,[77]屯騎校尉在右,[78]各鹵簿鼓吹如步兵、射聲。次領護驍騎、游軍校尉,[79]皆騎，吏四人，乘馬夾道，都督兵曹各一人，乘馬在中。騎將軍四人，騎校、鞉角、[80]金鼓、鈴下、信幡、軍校並駕一。功曹吏、主簿並騎從。幟扇幢麾各一騎，鼓吹一部，七騎。次領護軍，加大車斧，五官掾騎從。次騎十隊，隊各五十匹。將一人，持幢一人，鞉一人，並騎在前，督戰伯長各一人，並騎在後，羽林騎督、幽州突騎督分領之。郎簿十隊，隊各五十人。絳袍將一人，騎、鞉各一人,[81]在前，督戰伯長各一人,[82]步，在後。騎皆持稍。次大戟一隊，九尺楯一隊，刀楯一隊，弓一隊，弩一隊，隊各五十人。黑袴褶將一人,[83]騎校、鞉角各一人，步，在前，督戰伯長各一人，步，在後。金顔督將並領之。

[1]大駕鹵簿：帝王外出時扈從的儀仗隊。《通典》卷六六《禮・嘉禮》:“秦制，大駕屬車八十一乘，(周制，凡良車、散車不在等者，其用無常，以給游燕及恩惠之賜。從軍所載輜重財貨之車，車後開户。作之有功有沽，良車功多，散車功少。鄭玄曰:‘作之有功有沽。’沽，粗也，則屬車之流。及周之末，諸侯有貳車九乘。秦滅九國，兼其車服，故屬車八十一乘。薛綜曰:‘屬者，相連屬也，皆在後，爲三行。’）法駕半之。左右分行其車，皆皂蓋赤裏，朱轓轜，戈矛弩箙，尚書、御史所載。最後一乘懸豹尾，豹尾以前比省中。(《小學漢官篇》曰:‘豹尾過後，罷屯解圍。’胡廣曰:‘施之道路，故須過後，屯圍乃得解，皆所以戒不虞也。《淮南子》曰“軍正執豹皮，所以制正其衆”也。’省中即今之仗内。)

“漢制，乘輿大駕，備車千乘，騎萬匹，屬車八十一乘，公卿奉引，太僕御、大將軍參乘，祀天於甘泉用之。

“後漢明帝上原陵，（光武陵。）大喪並因前代爲大駕，用八十一乘。祀天南郊則法駕，用三十六乘。河南尹、執金吾、雒陽令奉引，奉車郎御，侍中參乘。前驅有九斿雲罕，（徐廣曰：‘斿車九乘，前史不記形也。’《史記》曰：‘武王克紂，百夫荷罕旗以先驅。’張平子《東京賦》曰：‘雲罕九斿。’薛綜曰：‘旌旗名。’鳳凰車，闟戟車，薛綜曰：‘闟之言函也，取四戟函車邊。’）皮軒車，鸞旗車，後有金鉦車，黄鉞車，（司馬法曰：‘夏執玄鉞，殷執白鉞，周仗黄鉞。’）黄門鼓車。黄門令校駕，祀天南郊。祀地、明堂省什三，宗廟尤省，謂之小駕。每出，太僕奉駕，中常侍、小黄門副；尚書主者，郎令史副；侍御史，蘭臺令史副。皆執注，以督整車騎，謂之護駕。春秋上陵，尤省於小駕，直事尚書一人從。”大駕，原本、宋本無“駕”字，殿本有，據殿本補。

[2]静室令：官名，皇帝出行儀仗的先行官。《後漢書》卷四四《張禹傳》注引《前書》曰：“舊典，天子行幸，所至必遣静室令先案行，清静殿中，以虞非常。”

[3]式道候：官名，式道左、中、右侯統稱，西漢時置，執金吾屬官，掌皇帝出行時清道。晋朝沿置。

[4]洛陽尉：官名，京師洛陽所設武官。

[5]洛陽亭長：官名，洛陽地方長官，主捕盗賊、理詞訟。

[6]洛陽令：官名，洛陽縣長官，屬河南尹。七品。

[7]河南中部掾：官名，東漢置，屬河南尹，掌監察屬縣。

[8]河橋掾：官名，西晋置，屬河南尹，職掌不詳。

[9]功曹史：官名，晋朝不開府將軍、太子二傅、特進、郡縣皆置的屬官，掌吏員賞罰任免事宜。　在右：在，原本、宋本作“左”，殿本作“在”，據殿本改。

[10]河南尹：官名，京都洛陽所在河南郡長官，主管京都事務。三品。《通典》卷三三《職官》：“河南尹，其地在周爲王城。成王命君陳分正東郊成周，曰‘尹兹東郊’。（蓋今河南牧之任，

亦留守之始。）秦兼天下，置三川守。（三川，河、洛、伊也。秦末李由爲三川守。）漢興，更名三川爲河南，後增守爲太守。王莽改太守爲大尹，改河南大尹爲保忠信卿。光武中興，徙都洛陽，改太守爲尹，章綬服秩與京兆同。主京都，特奉朝請。（李膺爲河南尹。）魏晋皆爲河南尹。（魏司馬芝爲河南尹，莫有及者。又晋傅嘏爲河南尹，有大益於民，皆隱其端迹，若不由己出。故當時無赫赫之名，人久而後安。）”

[11]河南主簿：官名，河南尹主簿。典領文書簿籍，省録衆事，職權甚重。

[12]河南主記：官名，河南尹主記室，主録記書，催期會。

[13]司隸部河南從事：官名，司隸校尉部主管監督河南的屬官。

[14]都部從事：官名，司隸校尉部主管監察京都的屬官。

[15]别駕從事：官名，亦稱别駕從事史，省稱别駕。州部佐官，因從刺史行部，别乘傳車，故稱。位居州吏之右。《通典》卷三二《職官》：“别駕從事史一人，從刺史行部，别乘一乘傳車，故謂之别駕，漢制也。歷代皆有。（後漢周景爲荆河州，辟陳蕃爲别駕，蕃不就，景題别駕輿曰‘陳仲舉座’，不復更辟，蕃惶恐起視職。袁紹領冀州，以審配爲别駕，委以腹心，并總幕府。紹又以田豐爲别駕，豐勸迎天子，紹不納。及敗，曰：‘吾慚田别駕。’晋王祥爲徐州别駕，以股肱之忠，糾合義衆，州境獲寧。人歌曰：‘海、沂之康，實賴王祥。邦國不空，别駕之功。’《烈士傳》曰：‘孔恂字巨卿，爲别駕，車舊有屏星，如刺史車，刺史因怒，欲去别駕車屏星。恂曰：“徹去屏星，毁國舊儀，别駕可去，屏星不可省。”乃止。’《管寧集》辟文云：‘州民管誕，燕雀之賤，栖朝桐之華。别駕者，明君之羽翼，宜得英儒。’《王丞相集》有教曰：‘顧和理識清敏，劭今端右，宜得其才，以爲别駕。’《庾亮集·答郭豫書》云：‘别駕，舊與刺史别乘同流，宣王化於萬里，其任居刺史之半。’梁時别駕官品，揚州視黄門郎，南徐州視散騎常侍。）”

[16]廷尉：官名，中央最高司法審判機構長官，負責會審朝中有罪文武大臣，覆核審決郡國疑獄等。三品，秩中二千石。《通典》卷二五《職官》："今大理者，亦舜攝帝位，皋繇作士，正五刑，周秋官之任。（《韓詩外傳》曰：'晉文公使李離爲大理，過聽殺人，自拘於廷，遂伏劍死。君子曰忠與仁。'《新序》曰：'楚昭王時，石奢爲理，有殺人者，奢追之，則其父也。奢曰："以父成政，不孝；不行君法，非忠。"遂刎頸而死於廷。'又《家語》曰：'季羔爲衛士師，刖人之足。俄而衛有亂，季羔逃，刖者守門，謂羔曰："彼者缺。"羔曰："君子不隧。"又曰："此有室。"季羔入焉。既罷，羔問曰："吾親刖子之足，而逃我，何也？"刖者曰："曩者，君理人以法令，先君後臣，欲臣之免也，臣知之。臨當論刑，君愀然不樂，見於顔色，臣又知之。君豈私臣哉！天生君子，其道固然，此臣之所脱君也。"孔子聞之曰："善哉！爲吏者用法，一思仁恕則樹德，如嚴暴則樹怨，公以行之，其子羔乎？"'）秦爲廷尉，漢因之，掌刑辟，凡獄必質之朝廷，與衆共之之義也。兵獄同制，故曰廷尉。（此應劭注也。顔師古曰：'廷，平也。理獄貴平，故以爲號。'）景帝中六年，更名大理；武帝建元四年，復爲廷尉；哀帝元壽二年，復爲大理。（《漢書》云：張釋之字季，爲廷尉。文帝出，嘗有人從渭橋下走，乘輿馬驚，捕之，屬廷尉。釋之奏其犯蹕，當罰金。上怒，釋之曰：'法者，所與天下公共也。且以其時而立誅之則已，今既下廷尉，廷尉，天下之平也，今一傾，而天下用法皆爲之輕重，民安所措其手足乎？'後又有盗高廟座前玉環者，文帝欲族之，釋之奏當棄市。上大怒，釋之曰：'法如是也。今盗宗廟器而族之，如令愚民取長陵一抔土，陛下何以加其法乎？'衆皆呼爲張廷尉。又張湯爲廷尉，決大獄，欲傅古義，乃請博士弟子理《尚書》《春秋》，補廷尉史，平亭疑法。奏讞疑事，必先爲上分别其源，以揚主之明，言此自天子意，非由有司也。奏事有善則讓曰：'監、掾、史某所爲也。'亭者，平也，均也。又杜周爲廷尉，而善伺上所欲。客有讓周曰：'君爲天下決平，不循三尺法，

專以人主意旨爲獄，獄者固如是乎？’周曰：‘三尺安出哉？前主所是者著爲律，後主所是者疏爲令。當時爲是，何古之法乎？’三尺者，以三尺竹簡書法律也。又于定國爲廷尉，朝廷稱之曰：‘張釋之爲廷尉，天下無冤民；于定國爲廷尉，民自以爲不冤。’王莽時，改大理爲作士矣。）後漢廷尉卿，凡郡國讞疑，（讞，質也。）皆處當以報。（傅賢爲廷尉，每冬至斷獄，遲迴流涕。又盛吉爲廷尉，每冬至節，罪囚當斷，夜省坐狀，其妻執燭，吉持丹筆，夫妻相向垂淚。又楊賜爲廷尉，乃嘆曰：‘昔“三后成功，惟殷於民”，而皋繇不與焉。’蓋吝之也，遂以世非法家，固辭。《漢官儀》曰：‘光武時有疑獄，見廷尉，曹史張禹所問輒對，處當詳理，於是策免廷尉，以禹代之。雖越次而授，亦足以厲其臣節。’）皆以世家爲之，而郭氏尤盛。（郭躬爲廷尉。躬家世掌法，務在寬平，乃條諸重文可從輕者四十一事奏之，事皆施行，著於令。）建安中，復爲大理。（鍾繇以大理爲相國。）魏黄初元年，改爲廷尉。（鍾毓字雉叔，爲廷尉，聽君父亡没，臣子得爲理謗；及士爲侯，其妻不復改嫁，毓所制也。）歷代皆爲廷尉。”

《唐六典》卷一八《大理寺》：“卿一人，從三品；（《尚書》云：‘帝曰：“咎繇，汝作士，五刑有服。”’孔安國注曰：‘士，理官也。’《周官》爲司寇。《韓詩外傳》云：‘晉文公使李離爲理。’理，謂察理刑獄也。《史記·天官書》：‘斗魁四星，貴人之牢，曰大理。’《漢書·百官表》云：‘廷尉，秦官，掌刑辟，有正、左右監。景帝更名大理，秩中二千石。武帝復爲廷尉。宣帝置左、右廷尉平，哀帝復爲大理。王莽改曰“作士”。’後漢復爲廷尉。魏初爲大理，後復爲廷尉，置律博士。晉置丞、主簿、明法、掾。歷宋、齊，皆爲廷尉。梁爲秋卿，班第十一。陳因之。後魏置少卿、司直。北齊及隋爲大理寺，隋置評事，皇朝因之。龍朔二年改爲詳刑寺正卿，咸亨元年復爲大理。光宅元年改爲司刑寺，神龍元年復故。兩漢卿秩中二千石，魏、晉、宋、齊、梁、陳俱第三品。後魏第二品上，太和以後降爲第三品。隋正第三品，皇朝降爲從三品。）

少卿二人，從四品上。（後魏置，爲第三品上；太和以後，降爲第四品上。北齊第四品，隋因之。皇朝置二人，降爲從四品上。）大理卿之職，掌邦國折獄詳刑之事。”

明法掾：官名，廷尉屬官，由明曉法律者擔任。

［17］五官掾：官名，省稱五官。郡國屬吏，地位僅次於功曹。無固定職掌，凡功曹及諸曹員吏出缺即代理其職務。晋朝中央政府諸卿、領軍、護軍、太子太傅、少傅及諸郡國皆置。

［18］廷尉卿：官名，對廷尉的尊稱。三品。

［19］太僕：官名，掌皇帝車馬、田獵、兵器及全國牧業。三品。《通典》卷二五《職官》：“周官有太僕下大夫，掌正王之服位，出入王之大命，似今太僕之職。一云周穆王置太僕正，以伯冏爲之，（冏，具永切。）掌輿馬。秦因之，在《周官》則校人掌馬，巾車掌車，及置太僕，兼其任也。漢初，夏侯嬰常爲之，（《漢書》曰：夏侯嬰爲沛公太僕，常奉車，自高帝至文帝，常爲太僕。又石慶爲太僕、御出，上問車中幾馬，慶以策數馬畢，曰：“六馬。”）領五監、（龍馬、閑駒、橐泉、騊駼、承華五監，各有長、丞。騊，徒刀切。駼，大胡切。）六厩，皆有令。（或曰，六厩謂未央、承華、騊駼、龍馬、輅軨、大厩也，馬皆萬匹。武帝承文、景蓄積，海内殷富，厩馬有四十萬匹。時匈奴數寇邊，遣衛青、霍去病發十萬騎，并負私從馬，凡十四萬匹，窮追，大破匈奴。漢馬死者十餘萬匹，匈奴雖病遠去，而漢亦馬少，無以復往。於是漢久不北擊匈奴。數歲，滅兩越。是時天子巡邊，親至朔方，勒兵十八萬騎，以見武節。）王莽改太僕爲太御。後漢太僕與漢同，亦掌車馬，天子每出，奏駕上鹵簿用，大駕則執馭。（初，漢西京置六厩，東京約省，唯置一厩。趙岐字臺卿，爲太僕，持節安慰天下。祭肜字次孫，爲太僕。帝過孔子講堂，指子路室曰：‘此太僕之室也，太僕，吾之禦侮也。’）魏因之。晋初有之，銀章青綬，五時朝服，進賢兩梁冠，佩水蒼玉，領典牧、乘黄、驊騮、龍馬等厩令。自元帝過江之後，或置或省。太僕既省，故驊騮厩爲門下之職。（潘尼字正

叔，爲太僕，造《乘輿箴》。《晋諸公贊》云：‘郭展爲太僕，留心於養生，是以厩馬充多，征吴得以濟事。’）晋、宋以來，不常置，郊祀則權置太僕執轡，事畢則省。”

《唐六典》卷一七《太僕寺》：“太僕寺：卿一人，從三品；（《周禮》有太僕下大夫二人。穆王命伯冏爲太僕正。《漢書·百官表》云：‘太僕，秦官，掌輿馬，秩中二千石，有兩丞。屬官有大厩、未央厩、家馬三令，各五丞、一尉；又車府、路軨、騎馬、駿馬四令、丞；又龍馬、閑駒、橐泉、騊駼、承華五監長、丞；又邊郡六牧師苑令，各三丞。又有中太僕，掌皇太后輿馬，不常置。’《漢官儀》云：‘天子駕出，太僕御屬車八十一乘。’後漢有車府，未央厩，長樂厩令、丞，魏因之。晋太僕銀章、青綬，五時朝服，進賢兩梁冠，佩水蒼玉，品第四；丞一人，部丞五人；置功曹、主簿、五官等員；統典農、典虞都尉，典虞丞，牧官都尉，左、右、中典牧都尉，典牧令，諸羊牧丞，乘黄、驊騮、龍馬三厩令。過江省，其後又置。成帝永和七年，省併宗正。蓋有事則權置，無事則省。……）太僕卿之職，掌邦國厩牧、車輿之政令，總乘黄、典厩、典牧、車府四署及諸監、牧之官屬；少卿爲之貳。凡國有大禮、大駕行幸，則供其五輅屬車之屬。凡監、牧所通羊、馬籍帳，則受而會之，以上於尚書駕部，以議其官吏之考課。凡四仲之月，祭馬祖、馬步、先牧、馬社。”　引從：引導跟從。

[20]宗正：官名，又稱宗正卿、大宗正。掌皇族事務。曹魏時多以皇族擔任，兩晋有時兼以外姓。三品。《通典》卷二五《職官》：“《周官》，小宗伯掌三族之别，以辨其親疏。秦置宗正，掌親屬。漢因之，更以叙九族。平帝元始四年，更名宗伯。五年，又於郡國置宗師，以糾皇室親族世氏，致教訓焉，選有德義者爲之。有冤失職者，宗師得因郵亭上書宗伯，請以聞。（爲書付郵亭，令送至宗伯。）常以正月賜宗伯帛十匹。王莽併宗伯於秩宗。後漢曰宗正，卿一人，掌序録王國嫡庶之次，及諸皇室親屬遠近，郡國歲因計上皇族名籍。若有犯法當髡以上，先上諸宗正，宗正以聞，乃報

决。（胡廣曰：‘宗正又歲一理諸王世譜，差叙秩第。’髡，口昆切。）兩漢皆以皇族爲之，不以他族。（楚元王子郢客、劉辟彊、劉德等迭爲此官。又《後漢書》曰：‘劉軼字君文，梁孝王之胤，爲宗正，卒官，遂世掌焉。’）魏亦然。晋兼以庶姓。（《山公啓事》曰：‘羊祜忠篤寬厚，然不長理劇。宗正卿缺，不審可轉作否。’）咸寧三年，又置宗師，以扶風王亮爲之，使皇室戚屬奉率德義，所有施行，必令諮之。（梁王肜亦爲宗師。）東晋省之，屬太常。（桓温奏省。）”

《唐六典》卷一六《宗正寺》：“宗正寺：卿一人，從三品；（《石氏星經》云：‘宗正二星，在帝座東南。’《周禮》：‘小宗伯掌三族之别，以辨親疏。’漢《百官表》云：‘宗正，秦官，掌親屬。平帝元始四年，更名宗伯。王莽并其官於秩宗。’光武復置。《續漢書·百官志》：‘宗正掌序録王國嫡庶之次，宗室親屬遠近。’漢宗正之官不以佗族，楚元王子郢客、劉辟强、劉德等遞爲之。魏亦以宗室居之。晋桓温奏省屬太常。……）少卿二人，從四品上；丞二人，從六品上；（漢宗正有丞，秩千石，歷魏、晋亦如之。東晋省。……）主薄二人，從七品上；録事一人，從九品上。宗正卿之職，掌皇九族、六親之屬籍，以别昭穆之序，紀親疏之列，並領崇玄署；少卿爲之貳。”

［21］光禄：官名，此指光禄勛。侍從皇帝左右，掌宫廷宿衛。西晋時兼掌原屬少府的一部分宫廷供御事務。三品。《通典》卷二五《職官》：“秦有郎中令，（主郎内諸官，故曰郎中令。）掌宫殿掖門户，漢因之。（石建爲郎中令，奏事，事已下，建省讀，驚曰：‘書馬者，與尾而五，今乃不足一，獲譴死矣！’其謹慎如此。）至武帝太初元年，更名光禄勛。（應劭曰：‘光，明也；禄，爵也；勛，功也。’如淳曰：‘勛之言閽也。閽，古主門之官。光禄主宫門故也。’張安世爲光禄勛，郎有醉，小便殿上，主事行法。安世曰：‘何以知其不覆水也？’郎有淫官婢，婢兄自言，安世曰：‘奴以恚怒，誣污衣冠。’告署擿奴，其隱人過失如此。王莽改光禄勛爲司

中。）後漢曰光禄勛，所掌同，典三署郎更直執戟宿衛，考其德行而進退之。（漢東京三署郎有德應四科者，歲舉茂才二人、四行二人。及三署郎罷省，光禄勛猶依舊舉四行衣冠子弟以充之。）郊祀之事，掌三獻。光禄勛居禁中。（如宋之殿中御史。）有獄在殿門外，謂之光禄外部。兩漢自光禄、太中、中散、諫議等大夫，及謁者僕射、羽林郎、郎中、侍郎，五官、武賁、左右等中郎將，奉車、駙馬二都尉，車、户、騎三將，（如淳曰：'主車曰車郎，主户衛曰户郎。'（並屬光禄勛。）後漢張湛字子孝，拜光禄勛。光武臨朝，或有惰容，湛輒陳諫其失。常乘白馬，上後見湛，輒曰：'白馬生且復諫矣。'又杜林字伯山，爲光禄勛，内供奉宿衛，外總三署，周密敬慎，選舉稱平。郎有好學者，輒見誘進，朝夕滿堂，士以此高而慕附。又荀爽爲光禄勛，視事三日，册拜司空。）建安末，復改光禄勛爲郎中令。魏黄初元年，復爲光禄勛。東晋哀帝興寧二年，省光禄勛，併司徒。孝武寧康元年，復置。自魏晋以後，無復三署郎，而光禄不復居禁中，唯外官朝會，則以名到焉。二臺奏劾，則符光禄加禁止，解禁止亦如之。（禁入殿省，光禄主殿門故也。）其宫殿門户，至宋文猶屬焉。"

《唐六典》卷一五《光禄寺》："光禄寺：卿一人，從三品；（《漢書·百官表》云：'郎中令，秦官，武帝太初元年，更名光禄勛，掌宫殿門户，秩中二千石。'今雖取其名，職務則别。後漢兼掌郊祀三獻。獻帝末，又改爲郎中令。魏文帝黄初元年，復爲光禄勛。晋光禄勛有署丞、功曹、主簿、五官等員。東晋哀帝興寧二年，省并司徒；孝武帝寧康元年，復置。魏、晋已來無三署郎，光禄勛不復居禁中，宫殿門户猶屬焉。……）少卿二人，從四品上。光禄卿之職，掌邦國酒醴膳羞之事，總太官、珍羞、良醖、掌醢四署之官屬，修其儲備，謹其出納；少卿爲之貳。凡國有大祭祀，則省牲、鑊，視濯、溉。若三公攝祭，則爲之終獻。朝會、燕饗，則節其等差，量其豐約以供焉。"

［22］衛尉：官名，掌宫廷禁衛，兼管武庫、冶鑄，領江北冶令

三十九員、南北東西諸督冶掾。三品。《通典》卷二五《職官》："衛尉，秦官，掌門衛屯兵。漢因之。(《漢舊儀》曰：'衛尉寺在宮內。'胡廣云：'主宮闕之内衛士，於周垣下爲區盧。區廬者，若今之仗宿屋。')景帝初，更名中大夫令，後元年復爲衛尉。又有長樂、建章、甘泉衛尉，皆掌其宮，其職略同，而不常置。(顔師古曰：'各隨所掌之宮，以爲官名。')後漢有衛尉卿一人，職與漢同。晋銀章青綬，五時朝服，武冠，佩水蒼玉，掌冶鑄，領冶令三十九。(户五千三百五十。冶在江北；而江南唯有梅根及冶塘二冶，皆屬揚州，不屬衛尉。)晋江左不置衛尉。"

《唐六典》卷一六《衛尉寺》："衛尉寺：卿一人，從三品；(《漢書·百官表》云：'衛尉，秦官也，掌宮門衛屯兵。漢因之。景帝中六年，更名中大夫令；後元年，復爲衛尉。屬官有公車司馬、衛士、旅賁三令、丞；又諸屯衛候司馬二十二官皆屬焉。又有長樂、建章、甘泉衛尉，各掌其宮之職，不常置。'後漢衛尉又有南宮、北宮衛士令、丞，餘同前漢。荀綽《百官表》：'衛尉，品第三，銀章、青綬，五時朝服，武冠，佩水蒼玉。'過江省。……)少卿二人，從四品上。衛尉卿之職，掌邦國器械、文物之政令，總武庫、武器、守宮三署之官屬；少卿爲之貳。凡天下兵器入京師者，皆籍其名數而藏之。凡大祭祀、大朝會，則供其羽儀、節鉞、金鼓、帷帟、茵席之屬。其應供宿衛者，每歲二時閱之，其有損弊者，則移于少府監及金吾修之。"

[23]太尉外督令史：官名，太尉屬官，職掌不詳。太尉，官名，曹操爲丞相後，太尉府屬官歸相府，晋時太尉雖爲八公之一、三公之首，實爲名譽宰相，多爲大臣加官。一品。《通典》卷二〇《職官》："太尉，秦官。(《月令》曰：'孟夏，太尉贊傑俊。'自上安下曰尉，故武官咸以爲號。)漢因之。應劭《漢官》謂太尉爲周官，非也。鄭玄注《月令》亦曰秦官。《尚書中候》云'舜爲太尉'。束皙據非秦官，以此追難玄焉。劉昭曰：'《緯》《候》衆書，貴尚神詭，出没隱顯，動挾誕怪。太尉官實司天，虞舜作宰，璿衡

賦政，當是據後位以書前職，非虞之實號也。太尉所職，即舜所掌，遂以同掌追稱太尉，乃《中候》之誤假，蓋非官之爲謬。康成淵博，自注《中候》，裁及注《禮》而忘舜位，豈其實哉！此是不發譏於《中候》，而正之於《月令》也。廣微之誚，未探碩意。’）金印紫綬，掌武事。漢文三年省，景帝三年復置，其尊與丞相等。（丞相衛綰病免。上議置丞相、太尉。藉福説田蚡曰：‘上以將軍爲丞相，必讓竇嬰；嬰爲相，將軍必爲太尉。太尉、相尊等耳，又有讓賢名。’蚡從之，皆如其謀。蚡音扶粉反。）五年，又省。元狩四年，更名大司馬。大司馬説在本篇。後漢建武二十七年，復舊名爲太尉公。每帝初即位，多與太傅同録尚書事，府門無闕。（論者云，王莽以大司馬篡盗神器，故貶其闕。）掌四方兵事功課，歲盡，則奏其殿最而行賞罰。凡郊祀之事，掌亞獻；大喪則告謚南郊。凡國有大造大疑，則與司徒、司空通而論之。國有過事，與二公通諫静之。靈帝末，以劉虞爲大司馬，而太尉如故。自此則大司馬與太尉始並置矣。（劉寵字祖榮，遷太尉，以日食免。又初第五倫爲會稽太守，署鄭弘爲督郵，舉孝廉。及弘爲太尉，而倫爲司空，位在下，每朝見，弘曲躬自卑。帝知其故，遂置雲母屏風，分隔其間，由此以爲故事。又陳蕃拜太尉，臨朝嘆曰：‘黄憲若在，不敢先佩印綬。’後坐辟召非其人，策罷。）魏亦有之。（王祥字休徵，爲太尉。司馬文王進爵爲王，祥與司徒何曾、司空荀顗並詣王。顗曰：‘相王尊重，今可相率而拜。’祥曰：‘相國勢位，誠爲尊貴。然要是魏之宰相，吾等魏之三公，公王相去，一階而已。班列大同，安有天子三公可輒拜人者耶？損魏朝之美，虧晋王之德，君子愛人以禮，吾不爲也。’及入，何曾、荀顗遂拜，祥獨長揖。文王謂祥曰：‘今日然後知君見顧之重也。’）晋太尉進賢三梁冠，介幘，絳朝服，金章紫綬，佩山玄玉。若郊廟，冕服七旒，玄衣纁裳，七章。”

《唐六典》卷一《三師》：“太尉一人，正一品；（《月令》云：‘命太尉，贊桀俊。’《漢書・百官表》云：‘太尉，秦官。’應劭曰：‘自上安下曰“尉”。’《齊職儀》云：‘太尉，品第一，金章、紫綬，進賢三梁冠，絳朝服，佩山玄玉。郊廟冕服、七旒，玄衣纁裳，服七章。'《春秋合誠圖》云：'堯坐舟中，與太尉舜臨觀鳳凰授圖。'《運斗樞》云：'舜以太尉爲天子。'然緯書通人皆疑其僞，故班氏所不取，而大國亦有其職。漢初或置或省，盧綰、周勃、灌嬰、周亞夫、田蚡並爲之。武帝元狩四年，置大司馬，當太尉之職。至後漢建武二十七年，省大司馬，又置太尉，以太僕趙熹爲之，而與司徒、司空爲三公。靈帝末，劉虞爲大司馬，而太尉如故，二職始兩置矣。漢制，三公府分部九卿，太尉所部太常、衛尉、光禄三卿。三公並置官屬，俸月三百五十斛。獻帝建安十三年，省三公官，置丞相。魏初又置，而兼置大司馬。晋以司馬望爲太尉。）"

［24］西、東、賊、倉、户等曹屬：皆官名。西曹屬，公府西曹掾屬官。東曹屬，公府東曹掾屬官。賊曹屬，公府賊曹掾屬官。倉曹屬，公府倉曹掾屬官。户曹屬，公府户曹掾屬官。

［25］司徒：官名，西漢哀帝元壽二年（前1）改丞相爲大司徒，東漢光武帝時改名爲司徒，東漢末又改爲丞相。三國魏恢復三公制，改丞相爲司徒，管理民政。兩晋沿制，爲八公之一，在太尉之下、司空之上。與丞相通職，一般不並置，爲名譽宰相。一品。《通典》卷二〇《職官》："司徒，古官。少皞祝鳩氏爲司徒。（司，主也。徒，衆也。）堯時，舜爲司徒。舜攝帝位，命禼爲司徒。禼玄孫之子曰微，亦爲夏司徒。周時，司徒爲地官，掌邦教。（《毛詩·緇衣》，美鄭武公也。父子爲周司徒，善於其職。）秦置丞相，省司徒。漢初因之。至哀帝元壽二年，罷丞相，置大司徒。後漢大司徒主徒衆，教以禮義。凡國有大疑大事，與太尉同。（蔡質《漢儀》曰：'司徒府與蒼龍闕對，厭於尊者，不敢號府。'應劭曰：'此不然。丞相舊位在長安時，府有四出門，隨時聽事。明帝本欲依之，迫於太尉、司空，但爲東西門耳。每國有大議，天子車駕親幸其殿。'）建武二十七年，去'大'，爲司徒公。（鄧禹爲大司徒，封侯，年二十四。靈帝賣官，廷尉崔烈入錢五百萬，以買司

徒，其拜日，天子亦臨軒，時人謂烈爲‘銅臭’。）建安末爲相國。魏黄初元年，改爲司徒。（華歆字子魚，爲司徒，家無擔石之儲。詔曰：‘司徒，國之俊老。今大官重膳，而司徒蔬食，甚無謂也。’特賜歆及妻、男等衣服。）晋司徒與丞相通職，更置迭廢，未嘗並立。至永嘉元年，始兩置焉。（王衍爲司徒，東海王越爲丞相，始兩置也。陳騫爲司徒，仰理萬機，俯澄邦教。又王戎字濬冲，爲司徒，高選長吏西曹掾，委任責成，常得無爲。又蔡謨字道明，遷司徒，謨固讓曰：‘若我作司徒，將爲後世哂，義不敢拜。’詔數十下，謨章表十餘上，陳以疾篤。帝臨軒，自旦至申，而徵不至。公卿以蔡公傲無人臣之禮，奏送謨廷尉。謨率子弟詣闕稽顙，詔免爲庶人。謨每嘆曰：‘若使劉王喬得南渡，司徒之美選也。’王喬名疇，少有重名。）”

《唐六典》卷一《三公》：“司徒一人，正一品。（《左傳》云：‘昔少昊氏以鳥名官，祝鳩氏爲司徒。’《尚書》：‘舜命契曰：“百姓不親，五品不遜，汝作司徒，敬敷五教在寬。”’周則爲卿官。《書》云：‘御事：司徒、司空、司馬。’又云：‘司徒掌邦教，敷五典，擾兆人。’秦置丞相，省司徒。漢因之。至哀帝元壽二年，更名大司徒，與大司馬、大司空爲三公。建武元年，以前將軍鄧禹爲大司徒。二十七年，朱祐議：‘契作司徒，禹作司空，並無“大”字。’遂下二府去焉。漢制，司徒所部太僕、鴻臚、廷尉三卿。漢末罷三公，置丞相。魏罷丞相，置三公，以華歆爲司徒。晋以何曾爲司徒。趙王倫篡位，以梁王肜爲丞相，省司徒；肜遷，復舊。永嘉元年，王夷甫爲司徒，東海王越爲丞相，則始兩置矣。成帝以王導爲丞相，以司徒府爲丞相府；導薨，復舊。）”

[26]司空：官名，魏晋南北朝爲名譽宰相，多爲大臣加官。晋八公之一，位在三公之末。一品。《通典》卷二〇《職官》：“司空，古官。（孔安國曰：‘司空，主空土以居人。’空，穴也。古者穿土爲穴以居人。）少皥鳲鳩氏爲司空。舜攝帝位，以禹爲司空。（《周禮正義》曰：‘禹自司空總百揆，乃分司空之職爲共工。’《虞書》

曰‘垂作共工，益作朕虞’是也。）离玄孫之子曰冥，亦爲夏司空。殷湯以咎單爲司空。《周禮》，司空爲冬官，掌邦事。凡營城起邑、復溝洫、修墳防之事，則議其利，建其功。四方水土功課，歲盡則奏其殿最而行賞罰。凡國有大造大疑，諫諍，與太尉同。秦無司空，置御史大夫。漢初因之。至成帝綏和元年，始更名御史大夫曰大司空。（初改爲司空，議者又以縣道官獄有司空，故復加爲大司空，亦所以别小大之文也。）金印紫綬，禄比丞相。哀帝建平二年，復爲御史大夫。元壽二年，復爲大司空。（何武字君卿，爲司空。事後母不篤，詔以其‘舉措煩碎，不合衆心，孝聲不聞，惡名流行。其上大司空印綬’。遂策免之。又彭宣字子佩，爲大司空。而王莽爲大司馬，專權。宣上書曰：‘三公鼎足承君，一足不任，則覆亂矣。臣老病，願上印綬。’）後漢初爲大司空。建武二十七年，去‘大’，爲司空公。（第五倫字伯魚，爲司空。奉公不撓，言議果决，以貞白稱。又張敏字伯達，爲司空。行大射禮，陪位頓仆，策免。又陳寵爲司空，府故事，以計吏至，時自公以下督屬籍，不通賓客，以防交關。寵去籍通客，以明無所不受，論者大之。《荀氏家傳》曰：‘荀爽字慈明。董卓秉政，徵之，起巖穴，九十五日而爲司空，時號爲白衣登三公。’）獻帝建安十三年，又罷司空，置御史大夫。御史大夫郤慮免，不復補。（荀綽《百官注》曰：‘獻帝置御史大夫，職如司空，不領侍御史。’）魏初，又置司空，冠綬及郊廟之服與太尉同。（鄭袤字林叔，爲司空。天子臨軒，遣就第拜授。袤謂使曰：‘魏以徐景山爲司空，徐公曰：“三公當上應天心，苟非其人，實傷和氣。”’固辭，見許。袤，莫侯反。）”

《唐六典》卷一《三公》：“司空一人，正一品。（《左傳》云：‘少昊氏以鳲鳩氏爲司空。’《書》：‘舜命禹：“汝作司空，平水土，惟時懋哉！”’孔安國曰：‘司空主空土以居人。’案：空，穴也，古者穴居。周以司空爲冬官，掌邦事。秦置御史大夫，省司空。漢因之。至成帝綏和元年，御史大夫何武建議依古置三公官，改御史大夫爲大司空。時，議者以縣、道官獄有司空，故加‘大’字以别之。哀帝建平二年，朱博駁議：‘古之帝王不必相襲。’五年，罷大司空，置御史大夫；元壽二年，復爲大司空。故與御史大夫不兩置。建武元年，用讖言，以野王令王梁爲大司空。二十七年，以朱祐議，去‘大’字。獻帝建安十三年，又省司空，置御史大夫。漢制，司空所部宗正、少府、司農三卿。魏省御史大夫，置司空。景初二年，以司隸校尉崔林爲司空。晋以荀顗爲司空。）”

[27]中護軍：官名，掌武官選舉，與中領軍同掌禁軍。曹魏四品，晋三品。

[28]步兵校尉：官名，東漢時隸屬北軍中候，爲北軍五校尉之一，魏晋時隸屬中領軍，領宿衛營兵。四品。

[29]長水校尉：官名，西漢時爲北軍八校尉之一，東漢時爲北軍五校尉之一，魏晋時隸屬中領軍，領宿衛營兵。四品。

[30]翊軍校尉：官名，西晋置，地位同北軍五校尉，大駕出行時與五校尉並行護駕。四品。

[31]驍騎將軍：官名，三國魏爲内軍將領，統營兵。兩晋與領軍、護軍、左右衛、游擊諸將軍合稱六軍，擔當宿衛之任，是護衛宫廷的主要將領。四品。《通典》卷二四《職官》：“漢有驍衛將軍，謂之雜號將軍，武帝以李廣爲之，後省。後漢初，改屯衛爲驍騎。魏置爲中軍。晋領營兵，兼統宿衛。”

《唐六典》卷二四《左右驍衛》：“左、右驍衛，大將軍各一人，正三品。（漢武帝以李廣爲驍騎將軍，後省之。光武改屯騎爲驍騎。晋文帝置臺，以爲宿衛之官。）”

[32]游擊將軍：官名。漢初始置，爲雜號將軍之一。武帝時有游擊將軍韓説。魏晋爲禁軍將領，與驍騎將軍分領命中虎賁，掌宿衛之任，隸中將軍（領軍將軍）。四品，十六國前凉、北燕亦置。南朝沿置。

[33]各五十匹：匹，殿本作“四”。

[34]左將軍：官名。漢朝爲重號將軍之一，與前、右、後將軍並爲上卿，位次上大將軍及驃騎、車騎、衛將軍。有兵事則典掌禁

兵，戍衛京師，或任征伐。設長史、司馬等屬僚。平時無具體職務，一般兼任他官，常加諸史、散騎、給事中等號，成爲中朝官，宿衛皇帝左右，參與朝議。如加領尚書事銜則負責實際政務。不常置。魏晋常設，權位漸低，僅爲武官名號，略高於一般雜號將軍，不典禁兵，不與朝政。初猶領兵征戰，東晋南北朝成爲軍府名號，用作加官，常不載官品。三品。

[35]前將軍：官名，漢朝爲重號將軍之一，與後、左、右將軍並爲上卿。魏晋時常設，權位較兩漢時漸低，僅爲武官名號，略高於一般雜號將軍，不典禁兵，不與朝政。三品。

[36]八校尉：此處校尉爲普通校尉官，非專職校尉。八者，即下面所説“左右各四行”。

[37]熊渠、佽飛督：官名，熊渠虎賁督和佽飛虎賁督。

[38]護駕御史：官名，皇帝出行護衛儀仗專設御史。六品。

[39]謁者僕射：官名，謁者臺長官，名義上屬光禄勛。統領諸謁者，掌朝會司儀，傳達策書，護衛皇帝出行。五品。《通典》卷二一《職官》：“秦置謁者。漢因之，掌儐贊受事，員七十人，選孝廉年未五十，威容嚴恪，能儐贊者爲之。（燕太子使荆軻劫始皇，變起兩楹之間，其後謁者持匕首刺腋。漢高帝偃武行文，故易之以版。）有僕射，冠高山冠。（言其矜莊賓遠，故以高山爲號。終軍爲謁者，使行郡國，建節出東關。關吏識之，曰：‘此棄繻生。’）後漢謁者僕射爲謁者臺率，主謁者。銅印青綬。天子出，掌奉引。（謁者僕射見尚書令，對揖無敬。謁者見，執板拜。）謁者三十人。（《漢官儀》又曰三十五人。）謁者初上官，稱曰灌謁者，滿歲稱給事。（胡廣云：‘灌者，明、章二帝服勤園陵，謁者灌柏，後遂假兹名焉。’馬融曰：‘灌者，習所職也。’應奉曰：‘高帝承秦，禮儀多闕。灌嬰服事七年，號大謁者。後人掌之，以姓灌章，列於漢書也。’雷義爲灌謁者，使持節督郡國，行風俗，太守令長留者凡七十人。）和帝代，陳郡何熙爲謁者僕射，贊拜殿中，音動左右。然則又掌唱贊。（《漢舊儀》曰：‘謁者缺，選郎中美鬚眉、大音者以

補之。功次當遷，欲留增秩者許之。’）二漢隸光禄勛。（後漢又有黎陽謁者，光武以幽、并兵騎定天下，故於黎陽立營，以謁者監之。兵騎千人，復除甚重，謁者任輕，多放情態。順帝改用府掾有清名威重者，遷超牧守焉。）魏置僕射，掌大拜授及百官班次，統謁者十人。及晋武，省僕射，以謁者併蘭臺。江左復置僕射，後又省。”

［40］御史中丞：官名，御史大夫副手，掌監察、執法，爲京師顯官，職權甚重。四品。《通典》卷二四《職官》：“初，漢御史大夫有兩丞，一曰御史丞，一曰中丞，亦謂中丞爲御史中執法。（漢高帝詔徵賢良，御史大夫下相國，相國下諸侯王，御史中執法下郡守。晋灼曰：‘中執法，中丞也。’）中丞在殿中蘭臺，掌圖籍秘書，（漢中丞有石室，以藏秘書、圖讖之屬。以其居殿中，故曰中丞。）外督部刺史，内領侍御史十五員，受公卿奏事，舉劾案章，蓋居殿中，察舉非法也。及御史大夫轉爲大司空，而中丞出外爲御史臺率，即今之御史大夫任也。（自此以後，並如今御史大夫也。）《周官》小宰之職，掌建邦之宫刑，以理王宫之政令，凡宫之糾禁，又其任也。（《周禮》‘小宰’注曰：‘若今御史中丞。’）初，御史大夫更名大司空，置長史，而中丞官職如故。武帝時，以中丞督司隸，司隸督丞相，丞相督司直，司直督刺史，刺史督二千石下至黑綬。（漢中丞，故二千石爲之，或選侍御史高第，執憲中司，出爲二千石。）哀帝元壽二年，御史中丞更名御史長史。後漢光武復改爲中丞，兩梁冠，銅印青綬。與尚書令、司隸校尉朝會，皆專席而坐，京師號爲‘三獨坐’，言其尊也。凡中丞以下，並文官，屬少府。（以下謂侍御、侍書等。）魏初，改中丞爲宫正，舉鮑勛爲之，百僚嚴憚。（陳群及司馬宣王舉勛爲之。）後復爲中丞。晋亦因漢，以中丞爲臺主，與司隸分督百僚。自皇太子以下，無所不糾。初不得糾尚書，後亦糾之。（晋傅咸奏云：‘司隸、中丞得糾太子而不得糾尚書，臣所未譬。’朝廷無以易之。又劉暾字長叔，兼中丞，奏免尚書僕射等十餘人，朝廷嘉之，遂以即真。晋元帝即尊號，省司

直，置中丞，皇太子以下悉得糾劾之。）中丞專糾行馬内，司隸專糾行馬外。雖制如是，然亦更奏衆官，實無其限。（王恬字元愉，爲中丞。簡文初即位，未解嚴，大司馬桓温屯中堂，夜吹警角，恬奏劾温大不敬，請理罪。明日，温見奏事，嘆曰：‘此兒乃敢彈我，真可畏也。’）”

“御史中丞，舊持書侍御史也。初，漢宣帝元鳳中，感路温舒尚德緩刑之言，季秋後請讞。時帝幸宣室齋居而决事，令侍御史二人持書，持書御史起於此也。後因别置，冠法冠，有印綬，與符節郎共平廷尉奏事，罪當輕重。後漢亦二人，銅印青綬，選明法律者爲之。（蔡質《漢儀》曰：‘選御史高第者補之。’）凡天下諸讞疑事，掌以法律當其是非。自桓帝之後，無所平理，苟充其位而已。魏置持書執法，掌奏劾，而持書侍御史掌律令，二官俱置。（《宋志》曰：‘魏置御史八人，有持書曹，掌度支運，課第曹掌考課。不知餘復何曹。’）晋置四人，泰始四年，又置黄沙獄持書侍御史一人，秩與中丞同，掌詔獄及廷尉不當者皆理之，後併河南，遂省黄沙持書侍御史。及太康中，又省持書侍御史二員。魏晋以來，持書侍御史分掌侍御史所掌諸曹，若尚書二丞。”

《唐六典》卷一三《御史中丞》：“中丞二人，正五品上。（《漢百官表》：‘御史大夫有兩丞，秩一千石。一曰中丞。’謂之‘中’者，以其列在殿中，掌蘭臺秘書。外督部刺史，内領侍御史，受公卿奏事，舉劾按章。及置司隸校尉，以御史中丞督司隸、司直，司隸、司直督刺史，刺史督二千石，下至墨綬。成帝綏和元年，改爲大司空。哀帝建平二年，改大司空復爲御史大夫；元壽二年，復爲大司空，而中丞出外爲臺主，更名御史長史。後漢復曰中丞。時，宣秉拜御史中丞，光武詔與司隸校尉、尚書令三官各專席而坐，京師號爲‘三獨座’。魏黄初，改中丞爲宫正。魏鮑勛以宫正忤旨，左遷持書執法。後又爲中丞。）”

[41]武賁中郎將：官名，光禄勛屬官，統率宿衛兵。“武”爲唐人避諱“虎”字。《通典》卷二九《職官》：“周官有虎賁氏，掌

領虎士八百人，軍旅會同，君宿於外，則守王閑。（閑，梐枑行馬也。梐音陛，枑音護。）漢武帝建元三年，初置期門，比郎中，蓋以微行出游，選材力之士，執兵從送，期之諸門，故名期門。無員，多至千人。平帝元始元年，更名虎賁郎，（舊曰虎奔，言如虎之奔。）置中郎將領之，故有虎賁中郎將，主虎賁宿衛，冠插兩鶡尾，（鶡，鷙鳥之中果勁者，每有攫撮，應爪摧碎。尾，上黨所貢也。後漢崔鈞爲武賁中郎將，服武弁，戴鶡尾。攫音钁。）紗縠單衣、虎文錦袴，餘郎亦然。凡有虎賁中郎、虎賁侍郎、虎賁郎中、節從虎賁，皆父死子繼。若死王事，亦如之。前賢亦多爲者。（後漢馬援、孔融並爲虎賁中郎將。魏桓階字伯緒，爲虎賁中郎將，遷尚書，典選。）大唐無。"

[42]九游車：插有九旒旌旗的車。

[43]武剛車：戰車名。

[44]雲罕車：插有雲罕旌旗的車。

[45]相風：儀仗中負責觀測風向者。

[46]殿中御史：官名，亦稱殿中侍御史，隸屬御史臺，掌糾察宫中違法者。六品。《通典》卷二四《職官》："殿中侍御史。魏蘭臺遣二御史居殿中，察非法，即殿中侍御史之始也。晋置四人，江左多置二人。"

《唐六典》卷一三《御史臺》："殿中侍御史六人，從七品上。（魏氏御史二人居殿中察非法，故曰殿中侍御史。晋置四人，東晋省二人。……）監察御史十人，正八品上。殿中侍御史掌殿庭供奉之儀式。（每朝，與侍御史隨仗入，位在中丞下，給事中、中書舍人後。）凡冬至、元正大朝會，則具服升殿。若皇帝郊祀、巡省，（謂大駕與鹵簿。）則具服從，於旌門往來檢察，視其文物之有虧闕則糾之。（非大備，則常服。）凡兩京城内則分知左、右巡，各察其所巡之内有不法之事。（謂左降、流移停匿不去，及妖訛、宿宵、蒲博、盗竊、獄訟冤濫、諸州綱典貿易隱盗、賦斂不如法式，諸此之類，咸舉按而奏之。若不能糾察及故縱、蔽匿者，則量其輕重而坐所由御史。）”

［47］右殿中監：右，宋本作“左”。殿中監，官名，三國魏置，掌殿中張設監護之事，領禁兵。兩晋及十六國後凉皆領禁兵，掌殿中宿衛，管理皇帝生活事務，亦代宣詔旨，地位雖低，頗有權勢。七品。

［48］右罕：宋本無“罕”字。

［49］華蓋：帝王或貴官車乘上的傘蓋，因十分華麗，故名。

［50］殿中司馬：官名，即殿中司馬督，西晋置，統領禁軍負責宫殿内的宿衛。六品。

［51］殿中都尉：官名，皇帝的侍衛官。皇帝出行時隨駕護衛，有時亦被派出宣詔及執行。十六國南凉亦置。八品。

［52］殿中校尉：官名，三國魏置，領兵侍衛殿内，位在殿中將軍、中郎將之下。由皇帝及執政大臣的親信充任。七品。

［53］太僕卿御：原本、宋本、殿本無‘御’字，據中華本校勘記補。

［54］左將軍騎在左，右將軍騎在右：原本、宋本、殿本無第二個“騎”字，殿本有，據殿本、中華本補。中華本校勘記：“姚鼐《惜抱軒筆記》謂當云左軍將軍、右軍將軍。此脱兩‘軍’字，與前引從之左將軍、右將軍無别矣。”左、右軍將軍，官名，與前軍、後軍將軍合稱四軍將軍，領營兵千人，掌宿衛。初屬中軍將軍，後屬領軍將軍。四品。

［55］殿中將軍：官名，三國魏置，掌典禁兵督守殿廷。西晋分隸屬左、右衛將軍，朝會宴饗及皇帝出入時護衛左右。六品。

［56］侍中：官名，東漢建安中與給事黄門侍郎出入禁中，省尚書事。曹魏時爲門下之侍中省長官，常侍衛皇帝左右，掌顧問應對、諫諍糾察、平議奏事、駁奏異議等，權力甚重。三品，秩千石。《通典》卷二一《職官》：“侍中者，周公戒成王《立政》之篇所云‘常伯’‘常任’以爲左右，即其任也。（《漢官》曰：‘選於侯伯，轉補衮闕，言其道可常尊，故曰常伯。’《周禮》有太僕，

干寶注云：‘若漢侍中。’）秦爲侍中，（《晋志》曰：‘黄帝時風后爲侍中。’此皆出於兵家及讖緯之文，不足徵也。劉昭釋太尉，其義詳矣。）本丞相史也，使五人往來殿内東廂奏事，故謂之侍中。漢侍中爲加官。凡侍中、左右曹、諸吏、散騎、中常侍，皆爲加官。（《漢儀》注：‘諸吏給事中日上朝謁，平尚書奏事，分爲左右曹。’）所加或列侯、將軍、卿大夫、將、都尉、尚書、太醫、太官令至郎中，（無員。將謂郎將以下也。自列侯下至郎中，皆得有此加官。）多至數十人。侍中、中常侍得入禁中，諸曹受尚書事，諸吏得舉法。漢侍中冠武弁大冠，亦曰‘惠文冠’，加金璫，附蟬爲文，貂尾爲飾。（侍中服則左貂，常侍服則右貂。金取堅剛，百錬不耗；蟬取居高食潔；貂取内勁捍而外温潤。此本趙武靈王胡服之制，秦破趙，得其冠，以賜侍中。）便繁左右，與帝升降。舊用儒者，然貴子弟榮其觀好，至乃襁抱，坐受寵位，貝帶脂粉，綺襦紈袴，鵔鸃冠，（惠帝時，侍中鵔鸃冠，貝帶傅脂粉。張辟彊年十五，桑弘羊年十三，並爲侍中。鵔，思狻切。鸃，魚奇切。鵔鸃似鳳凰，神鳥。）直侍左右，分掌乘輿服物，下至褻器武子之屬。（蘇則與吉茂同隱於太白山。後則爲侍中，侍中舊親省起居，故謂之‘執武子’。茂見則，嘲曰：‘仕進不止執武子。’則笑曰：‘誠不能效汝蹇蹇鹿車驅。’）武帝時，孔安國爲侍中，以其儒者，特聽掌御唾壺，朝廷榮之。本有僕射一人，（秦漢以侍中功高者一人爲僕射。）後漢光武改僕射爲祭酒，或置或否，而又屬少府，掌贊導衆事，顧問應對。（桓帝末，侍中皇蟬參乘，問貂璫何法，不知所出；又問地震，云不爲灾。還宫，左遷議郎。）法駕出，則多識者一人負國璽，操斬白蛇劍，參乘；餘皆騎，在乘輿後。獻帝即位，初置六人，贊法駕則正直一人負璽陪乘。（大駕出，則次直侍中護駕，正直侍中負璽參乘，不帶劍，餘皆騎從。）殿内門下衆事皆掌之。（馮魴字孝孫，父子兄弟並帶青紫，三代侍中。又劉淑爲侍中，補政二百餘事，悉有篇章。又戴憑字次仲，拜侍中。帝令群臣説經，更相難詰，義不通，輒奪其席以益通者，憑遂重坐五十餘席，故語曰：‘解經不窮戴侍中。’盧植爲侍中，董卓欲廢帝，唯植獨正色止之。）後選侍中，皆舊儒高德，學識淵懿，仰瞻俯視，切問近對，喻旨公卿，上殿稱制，秉笏陪見。舊在尚書令、僕射下，尚書上。司隸校尉見侍中，執板揖。侍中舊與中官俱止禁中，因武帝時侍中馬何羅挾刃謀逆，由是出禁外，有事乃召之，畢即出。王莽秉政，侍中復入，與中官共止禁中。章帝元和中，郭舉與後宮通，拔佩刀驚上，舉伏誅，侍中由是復出外。秦漢無定員，（蔡質《漢儀》曰：‘員本八人。’《漢官》曰‘無員’。侍中舍有八區，論者因言員本八人。省其門題尚書寺，此孝明帝治於東宫尚書模也。）魏晋以來置四人，别加官者則非數。（辛毗字佐理，爲侍中。文帝欲徙冀州人家十萬户實河南，時連蝗，民饑，毗諫其不可。帝不答，起入内，毗隨而引其裾，帝奮衣不還。良久乃出，曰：‘佐理，卿持我何太急耶？’遂徙其半。王粲爲侍中，《曹植集·贈粲詩》曰：‘戴蟬珥貂，朱衣皓帶。入侍帷幄，出擁華蓋。’）御登樓，與散騎常侍扶，侍中居左，常侍居右，備切問近對，拾遺補闕。及江左興寧四年，桓温奏省二人。後復舊。（晋武帝時，彭權爲侍中，帝問侍臣：‘髦頭之義何也？’權曰：‘《秦紀》云：秦國有奇怪獸，觸山截波，無不崩潰，唯畏髦頭，故使持之以衛至尊也。’又嵇紹字延祖，晋惠帝時爲侍中。王師敗績，左右皆奔散，唯紹儼然端冕，以身捍衛，遂遇害於帝側，血濺御服。及事定，左右欲浣之，帝曰：‘此是嵇侍中血，勿去之。’又庾珉爲侍中，隨孝懷没胡在平陽。劉聰大會，使帝著青衣行酒，珉不勝悲憤，跪受號哭，聰殺之，後贈貞侯。又褚翜字謀遠，爲侍中。蘇峻作亂，王師敗績，火及宫室，手抱天子，登太極殿。峻兵入，叱翜令下，翜不動，曰：‘蘇冠軍來覲至尊，軍人豈得逼斥宫禁！’於是兵士不敢上太極殿。峻執政，猶以爲侍中。時鍾雅亦爲侍中，謀奉天子出投義軍，事覺，爲峻所害。又王爽爲侍中，孝武崩，王國寶夜欲開門，入爲遺詔。爽拒之曰：‘皇帝晏駕，太子未至，輒入者斬。’國寶懼，乃止。）侍中，漢代爲親近之職，魏晋選用，稍增華重，而大意不異。（晋任愷字元褒，爲侍中，萬機大小，多管綜之。性中正，以社稷爲己任。惡賈充之爲人，不欲久執朝政。或爲充謀曰：‘愷總門下樞要，得與上親接，宜啓令典選，使得漸疏，此一都令史事耳。九流難精，間隙易乘。’充因稱愷才能，宜在官人之職，即日以愷爲吏部尚書，由是侍覲轉稀。）武冠，絳朝服，佩水蒼玉。舊遷列曹尚書，美遷中領護、吏部尚書。”

《唐六典》卷八《門下省》：“侍中二人，正三品。（《漢書·百官表》云：‘侍中皆加官，所加或列侯、將軍、卿大夫，無員，多至數十人，得入禁中，諸曹受尚書事，皆秦制。’《漢官》云：‘秩比三千石。’董巴《輿服志》：‘侍中冠武弁大冠，亦曰惠文冠，加金璫附蟬爲文，貂尾爲飾。侍中服之則左貂，常侍則右貂。金取堅剛，百鍊不耗；蟬取居高飲清；貂取内勁悍，外温潤。本趙武靈王胡服之制，秦滅趙，得其冠，賜侍中焉。’漢制分掌乘輿服物，功高者一人爲僕射。後漢初亦加官，出宣帝命，入備顧問。法駕出，多識者一人參乘，兼負傳國璽，操斬白蛇劍；餘皆騎，在乘輿車後。從駕入廟祠，天子上堂盥，以巾奉酒。光武改僕射爲祭酒。蔡質《漢官典職》曰：‘侍中在尚書僕射下，尚書上。舊與中官俱止禁中宿直，廬在石渠門外；武帝時，侍中僕射馬何羅挾刃謀逆，由是侍中出禁外。王莽秉政，復止禁中。章帝元和中，侍中郭舉與後宫通，伏誅，由是復出外。’靈帝時，侍中舍有八區，論者因言員有八人，未詳也。《獻帝起居注》云：‘初置侍中六人，出入禁中，近侍帷幄，省尚書事。’魏氏侍中置四人，省祭酒，而加官不在數，服秩依漢氏，掌儐贊威儀。大駕出，則次直侍中護駕；正直侍中負璽陪乘，不帶劍；餘皆騎從。御登殿，與散騎常侍對扶，侍中居左，常侍居右，備切問近對，拾遺補闕。《晋令》：‘侍中品第三，武冠，絳朝服，佩水蒼玉。’東晋桓温奏省二人，後又復舊。……）侍中之職，掌出納帝命，緝熙皇極，總典吏職，贊相禮儀，以和萬邦，以弼庶務，所謂佐天子而統大政者也。凡軍國之務，與中書令參而總焉，坐而論之，舉而行之，此其大較也。凡下之通于上，其制有六：一曰奏抄，二曰奏彈，三曰露布，四曰議，五曰表，六曰狀，皆審署申覆而施行焉。

“凡法駕行幸，則負寶以從。大朝會、大祭祀，則版奏中嚴外辦，以爲出入之節；輿駕還宫，則請解嚴，所以告禮成也。凡大祭祀，皇帝致齋，既朝，則請就齋室；將奠，則奉玉及幣以進；盥手，則取匜以沃；洗爵，則酌罍水以奉；乃贊酌泛齊，進福酒以成其禮焉。若饗宗廟，則進瓚而贊酌鬱酒以祼；既祼，則贊酌醴齊；其餘如饗神祇之禮。藉田，則奉耒以贊事。

“凡諸侯王及四夷之君長朝見，則承詔而勞問之；臨軒命使册后及太子，則承詔以命之。

“凡制敕慰問外方之臣及徵召者，則監其封題。若發驛遣使，則給其傳符，以通天下之信。凡官爵廢置，刑政損益，皆授之於記事之官；既書於策，則監其記注焉。凡文武職事六品已下，所司進擬，則量其階資，校其才用，以審定之；若擬職不當，隨其便屈，退而量焉。”

[57]散騎常侍：官名，三國魏文帝黄初年間置，侍從皇帝左右，諫諍得失，顧問應對，與侍中等共平尚書奏事。也用作宰相、諸公等加官，入宫議政。三品，秩比二千石。《通典》卷二一《職官》：“自秦置散騎，又置中常侍，散騎騎並乘輿（並音步浪切。騎而散從，無常職。）後，中常侍得入禁中，皆無員。漢因之，並加官。（説在《侍中》篇。）散騎有常侍、侍郎與侍中、黄門侍郎。後漢中，初省散騎，而中常侍改用宦者。魏文帝黄初初，置散騎，合於中常侍，謂之散騎常侍。後用士人，始以孟達補之，久次者爲祭酒。（孟達字子度，自蜀降魏。魏文帝善達之姿才容觀，以爲散騎常侍。）散騎常侍掌規諫，不典事。貂璫插右，騎而散從。又有員外者，因曰員外散騎常侍。晋泰始中，令員外散騎常侍二人與散騎常侍通員直，因曰通直散騎常侍，亦武冠，右貂，金蟬，絳朝服，佩水蒼玉。（《山公啓事》曰：‘郤詵才志器局，當爲黄散。’黄散謂黄門侍郎及散騎常侍。又曰‘散騎常侍缺，當取素行者補之’，

遂舉郤詵。又阮孚字遥集，爲散騎常侍，嘗以金貂换酒，爲所司彈糾，帝宥之。又曰賈充爲常侍，後改常侍爲侍中，未詳其義。散騎常侍、黄門侍郎，共平尚書奏事。）雖隸門下，而别爲一省。（潘岳云：‘寓直散騎省。’）自魏至晋，共平尚書奏事，東晋乃罷之，而以中書職入散騎省，故散騎亦掌表詔焉。（鄭默字思元，爲散騎常侍。武帝出南郊，侍中以部陪乘，詔曰：‘使鄭常侍。’謂默曰：‘卿知何以得參乘？昔州内舉卿也。’爲十二郡中正舉也。又傅玄爲散騎常侍，與皇甫陶俱掌直諫。又華嶠字叔駿，加散騎常侍，班同中書。寺爲内臺，中書、散騎、著作及理禮音律，天文數術，南省文章，門下撰集，皆典掌統之。）”

《唐六典》卷八《門下省》：“左散騎常侍二人，從三品。（秦置散騎，又置中常侍。其散騎傍乘輿，專獻可替否；中常侍得出入禁中，常侍左右。漢因之，並用士人，無常員，皆加官，所加或列侯、將軍、卿大夫等。冠武冠，皆銀鐺附蟬爲文，貂尾爲飾，謂之貂蟬。後漢省散騎，而中常侍改用宦者。魏黄初復置散騎，與中常侍合爲一，直曰散騎常侍，復用士人。晋置四人，典章表、詔命、優文、策文等，雖隸門下，别爲一省，潘岳云‘寓直散騎之省’是也。又，領六散騎則有員外散騎常侍，無常員，魏末，散騎常侍有在員外者，因名焉。又有通直散騎常侍四人，晋太始十年，使二人與散騎常侍通員直，因名焉。又有散騎侍郎四人，魏與散騎常侍同置。自魏至晋，散騎常侍、侍郎與侍中、黄門侍郎共平章尚書奏事，江左乃罷之。又有員外散騎侍郎，無常員，晋武所置。又有通直散騎侍郎四人。東晋并中書入散騎省，故庾亮《讓中書箋》曰：‘方今并省，不宜多官。往以中書事并附散騎，此事宜也。方今喉舌之要則任在門下，章表詔命則取之散騎，殊無事復立中書也。’晋代此官選望甚重，時與黄門侍郎謂之黄散。《晋令》云：‘散騎常侍品第三，冠右貂、金蟬，絳朝服，佩水蒼玉。’宋置散騎常侍四人，亦以加官，久次者爲祭酒，領六散騎焉；又置集書省領之。齊因省祭酒之號。梁因之，而加秩中二千石，後班第十二；高功一人爲祭酒，與散騎侍郎一人對掌禁令。……）左散騎常侍掌侍奉規諷，備顧問應對。”

[58]黄門侍郎：官名，魏晋時爲侍中省或門下省次官。侍從皇帝，顧問應對，多以重臣或外戚子弟擔任，位頗重要。五品。《通典》卷二一《職官》：“門下侍郎。秦官有黄門侍郎，漢因之，（劉向《與子歆書》曰：‘今若年少，得黄門侍郎，要處也。’）與侍中俱管門下衆事，無員。郊廟則一人執蓋，臨軒朝會則一人執麾。凡禁門黄闥，故號黄門；其官給事於黄闥之内，故曰黄門侍郎。初，秦漢别有給事黄門之職，（揚雄爲給事黄門。）後漢併爲一官，故有給事黄門侍郎，掌侍從左右，給事中使，關通中外。及諸王朝見於殿上，引王就座。無員，屬少府。（又《漢舊儀》曰：‘屬黄門令。’）日暮，入對青瑣門拜，故謂之夕郎。（《宫闈簿》曰：‘青瑣門在南宫。’衛權注《吴都賦》曰：‘青瑣，户邊青鏤也。’）獻帝初即位，置侍中、給事黄門侍郎，員各六人，出入禁中，近侍帷幄，省尚書事。後改給事黄門侍郎爲侍中侍郎，去給事黄門之號，旋復故。初，誅黄門後，侍中、侍郎出入禁闥，機事頗露。由是王允乃奏比尚書，不得出入，不通賓客，自此始。（荀悦爲黄門侍郎。郭况以后弟，小心謙慎，年十六爲黄門侍郎。）魏晋以來，給事黄門侍郎並爲侍衛之官，員四人。（魏杜君名恕，字務伯，爲黄門侍郎，每政有得失，常引綱維以正言。吴孫丞爲黄門侍郎，與顧榮俱爲侍臣。吴歸命詔曰：‘自今以後，用侍郎當如皇室丞、顧榮儔也。’《山公啓事》曰：‘黄門侍郎和嶠，最有才，可爲吏部郎。’詔曰：‘欲令在左右，更求其次。’又曰：‘黄門侍郎荀彧，清和理正，動可觀采，真侍衛之美者。’）”

《唐六典》卷八《黄門侍郎》：“黄門侍郎二人，正四品上。（《晋職官志》云：‘黄門侍郎，秦官也，無常員，掌侍從左右。漢因之，秩六百石。’劉向《誡子歆書》曰：‘今若年少，得黄門侍郎，要處也。’應劭曰：‘黄門侍郎每日暮向青瑣門拜，謂之“夕郎”。’初，秦又有給事黄門之職，漢因之。至後漢，并二官曰給事黄門侍郎，掌侍從左右，關通中外，諸王朝見則引王就坐。至獻帝時，與侍中各置六員，出入禁中，近侍帷幄，省尚書事；後又改爲侍中侍郎，尋復舊，爲給事黄門侍郎。魏氏置四人。東晋桓温奏省二人，後又復舊，所掌與侍中俱，置四人，管門下衆事，與散騎常侍並清華，而代謂之黄散焉。《晋令》云：‘品第五，秩六百石，武冠，絳朝服。’……）黄門侍郎掌貳侍中之職，凡政之弛張，事之與奪，皆參議焉。若大祭祀，則從升壇以陪禮；皇帝盥手，則奉巾以進；既帨，則奠巾於篚，奉匏爵以贊獻。凡元正、冬至天子視朝，則以天下祥瑞奏聞。”

[59]中書監：官名，中書省長官之一。三國魏文帝初年分秘書置中書省，長官爲中書監、中書令。掌收納奏章、草擬詔令。平常不分高下，入朝時監略高於令。三品。《通典》卷二一《職官》：“舜攝位，命龍作納言，出入帝命。《周官》，内史掌王之八柄，爵、禄、廢、置、生、殺、與、奪，‘執國法及國令之貳，以考政事’。蓋今中書之任。其所置中書之名，因漢武帝游宴後庭，始以宦者典事尚書，謂之中書謁者，置令、僕射。（不言謁者，省文也。）元帝時，令弘恭，僕射石顯，秉勢用事，權傾内外。蕭望之以爲中書政本，宜以賢明之選，更置士人，自武帝故用宦者，掌出入奏事，非舊制也。成帝建始四年，改中書謁者令曰中謁者令，更以士人爲之，皆屬少府。漢東京省中謁者令官。（時有中官謁者令，非其職也。）魏武帝爲魏王，置秘書令，典尚書奏事，又其任也。文帝黄初初，改爲中書令，又置監，以秘書左丞劉放爲中書監，右丞孫資爲中書令，並掌機密。中書監、令，始於此也。及明帝時，中書監、令，號爲專任，其權重矣。（時中護軍蔣濟上疏諫曰：‘夫人臣太重者國危，左右太親者身蔽，古之至誡。權在下者，則衆心慢上，勢之常也。今外所言，輒云中書，實握事要，日在目前，儻因疲倦之間有所割制，衆臣見其能推移於事，即亦回附向之。請分任衆官，不使聖明之朝有專吏之名也。’）晋因之，置監、令一人，始皆同車，後乃異焉。（初，監、令常同車入朝。及和嶠爲令，荀

勖爲監，嶠意抗，鄙荀巧佞，以意氣加之，專車而坐，自此監、令乃使異車。）魏晋以來，中書監、令掌贊詔命，記會時事，典作文書。（司馬景王命中書令虞松作表，再呈，不可意。松竭思不能改正，鍾會視其草，爲定五字，松大悦服。又荀勖爲中書監，使子組草詔。傅祗爲監，病風，又使息暢爲啓。華廙爲監，時戎事多不洩，廙啓武帝，召授子薈草詔。前後相承，以子弟管之，自此始也。又王獻之爲中書令，啓瑯琊王爲中書監，表曰：'中書職掌詔命，非輕才所能獨任。自晋建國，嘗命宰相參領。中興以來，益重其任，故能王言彌徽，德音四塞者也。'……）以其地在樞近，多承寵任，是以人固其位，謂之'鳳凰池'焉。（荀勖守中書監、侍中，毗贊朝政。及遷尚書令，勖久在中書，專管機事，失之甚悒。人有賀者，勖怒曰：'奪我鳳凰池，諸公何賀焉！'）晋制，銅印墨綬，進賢兩梁冠，絳朝服，佩水蒼玉，乘軺車。（吴紀亮爲尚書令，其子騭爲中書令，每朝會，吴主以屏風隔其坐。《晋書》曰：張華爲監，裴楷爲令，共掌機密。又王洽字敬和，爲中書令，時年二十九。後洽子珉又爲中書令，時謂爲奕世令德。）東晋嘗併其職入散騎省，尋復置之。"

《唐六典》卷九《中書令》："中書令二人，正三品。（《周官》：'内史掌王之八柄，掌書王命。'蓋中書之任也。漢中書謁者令、丞屬少府。自武帝游宴後庭，故用宦者。司馬遷被腐刑之後爲中書令，即其任也。不言'謁者'，省文也。宣帝時任中尚書官弘恭、石顯，皆宦者，恭爲令，顯爲僕射。元帝即位，恭死，顯代爲中書令。元帝以中人無外黨，遂委以政事，事無大小，皆因决白，貴幸傾朝，公卿已下畏之，重足一迹。成帝改中書謁者令曰中謁者令，罷中書宦官，更以士人爲之。《漢舊儀》云：'領贊尚書出入奏事，秩千石。'後漢省。獻帝時，魏武爲魏王，置秘書令，典尚書奏事，此又中書之任也。魏黄初，改秘書令典尚書奏事爲中書令，又置監與令各一人，秩並千石，以秘書左丞劉放爲中書監，右丞孫資爲中書令，二人用事，權自此重矣。魏制監右於令，故孟康自中書令遷中書監，時以爲美也。魏中書典尚書奏事，若密詔下州郡及邊將，則不由尚書。晋氏監、令並第三品，秩千石，銅印、墨綬，進賢兩梁冠，絳朝服，佩水蒼玉，軺車。監、令掌贊詔命，記會時事，典作文書。舊尚書并掌詔奏，既有中書官，而詔悉由中書也。故荀勖從中書監爲尚書令，人賀之，乃發恚曰：'奪我鳳皇池，何賀之有？'東晋朝更重其職，多以諸公領之。中興之後，以中書之任并入散騎省，後復置之。……）中書令之職，掌軍國之政令，緝熙帝載，統和天人。入則告之，出則奉之，以釐萬邦，以度百揆，蓋以佐天子而執大政者也。凡王言之制有七：一曰册書，二曰制書，三曰慰勞制書，四曰發日敕，五曰敕旨，六曰論事敕書，七曰敕牒，皆宣署申覆而施行焉。凡大祭祀群神，則從升壇以相禮；享宗廟，則從升阼階；親征纂嚴，則使戒敕百寮。册命親賢，臨軒則使讀册；若命之於朝，則宣而授之。凡册太子，則授璽、綬。凡制詔宣傳，文章獻納，皆授之於記事之官。"

[60]秘書監：官名，秘書省長官，掌管藝文圖籍、課試署吏，統著作局，掌國史修撰並管理中外三閣圖書。三品。《通典》卷二五《職官》："《周官》太史掌建邦之六典；又有外史，掌四方之志、三皇五帝之書。漢氏圖籍所在，有石渠、石室、延閣、廣内，貯之於外府。又有御史中丞居殿中，掌蘭臺秘書及麒麟、天禄二閣，藏之於内禁。後漢圖書在東觀，桓帝延熹二年，始置秘書監一人，掌典圖書古今文字，考合同異，屬太常，（以其掌圖書秘記，故曰秘書。）後省。魏武帝又置秘書令，典尚書奏事。（即中書令之任。）文帝黄初初，乃置中書令，典尚書奏事，而秘書改令爲監，掌藝文圖籍之事。初屬少府，後乃不屬。（自王肅爲監，乃不屬。）其蘭臺亦藏書籍，而御史掌之。（魏薛夏云：'蘭臺爲外臺，秘書爲内閣。'）晋武帝以秘書併入中書省。其秘書著作之局不廢。惠帝永平中，復别置秘書監，并統著作局，掌三閣圖書。自是秘書之府，始居於外。其監，銅印墨綬，進賢兩梁冠，絳朝服，佩水蒼玉。（華嶠爲秘書監，南省文章、門下撰集皆統之。《嶠集·謝秘書監

表》曰：‘劉向父子，世典史籍，馬融博通，三入東觀，非臣庸賤所敢投迹。’華譚爲秘書監，自負宿名，意甚不快，曰：‘臣老矣，將待死秘閣。汲黯之言，復存於今日。’上不悦。温嶠表曰：‘國史之興，將明得失，使一代之典，焕然可觀。’今之秘書著作是也。）”

《唐六典》卷一〇《秘書省》：“秘書省：監一人，從三品；（《周禮·春官》：‘太史掌建邦之六典。’又：‘小史掌邦國之志，定繫代。’又：‘外史掌四方之志，三皇、五帝之書。’並秘書之任也。秦則博士官所職，禁人藏書。漢氏除挾書之律，開獻書之路，置寫書之官，又令謁者陳農求遺書於天下，故文籍往往而出，並藏之書府。在外則有太常、太史、博士掌之，内則有延閣、廣内、石渠之藏。又，御史中丞在殿中掌蘭臺秘書圖籍。又，未央宫中有麒麟閣、天禄閣，亦藏書。劉向、楊雄典校，皆在禁中，謂之中書，猶今言内庫書也。後漢則藏之東觀，亦禁中也。至桓帝延熹二年，始置秘書監，屬太常，掌禁中圖書秘記，故曰秘書。《漢官》云：‘秘書監一人，秩六百石。’魏武爲魏王，置秘書令，典尚書奏事，即中書之任也，兼掌圖書秘記。文帝黄初中，分秘書立中書，因置監、令，乃以散騎常侍王象領秘書監，撰《皇覽》。魏氏蘭臺亦藏書，御史掌焉。《魏略》：‘薛夏云：“蘭臺爲外臺，秘書爲内閣。”’是也。魏初，秘書屬少府。及王肅爲監，以爲秘書之職即漢東觀之任，安可復屬少府！自此之後，不復屬焉。至晋武，又以秘書并入中書。惠帝永平元年詔：‘秘書典綜經籍，考校古今，中書自有職務，遠相統攝，於事不專。宜令復别置秘書寺，掌中外三閣圖書。’自是，秘書寺始外置焉。《晋令》云：‘品第五，絳朝服，銅印、墨綬，進賢兩梁冠，佩水蒼玉。’……）少監二人，從四品上；丞一人，從五品上。秘書監之職，掌邦國經籍圖書之事。有二局：一曰著作，二曰太史，皆率其屬而修其職；少監爲之貳焉。丞掌判省事。”

[61]太官令、丞：官名，太官令和太官丞。太官令，又作大官

令，秦漢三國屬少府，兩晋改隸屬光禄勛，掌宫廷飲食。七品。太官丞，亦稱太官令丞，太官令副貳。《通典》卷二五《職官》："太官署令、丞：於《周官》爲膳夫、庖人、外饔中士、下士，蓋其任也。秦爲太官令、丞，屬少府。兩漢因之，桓帝延熹元年，使太官令得補二千石。魏亦屬少府。晋屬光禄勛。"

《唐六典》卷一五《光禄寺》："太官署：令二人，從七品下；（《周禮》有庖人外饔中士，蓋其任也。秦、漢少府屬官有太官、湯官令、丞，太官主膳食，湯官主餅餌。《漢官儀》：'太官令秩一千石。'桓帝延熹元年，使太官令得補二千石，置四丞。魏氏因之。晋光禄勛屬官有太官令。……）丞四人，從八品下；監膳十人，從九品下；監膳史十五人，供膳二千四百人。太官令掌供膳之事；丞爲之貳。"

［62］太醫令、丞：官名，太醫令和太醫丞。太醫令，秦漢少府或太常，西晋屬宗正。掌宫廷醫療。七品。

［63］尚書令：官名，秦漢時爲尚書署長官。秩位雖低，權力甚重。魏晋時沿置，爲尚書省長官，綜理全國政務，參議大政，爲高級政務長官。三品。《通典》卷二二《職官》："殷湯制官有冢宰，（伊尹制官，以三公攝冢宰。）君薨，則百官總己以聽於冢宰。周之冢宰爲天官，掌邦之理，六卿之職總屬焉，於百官無所不主。至秦，置尚書令。尚，主也。漢因之，銅印青綬。武帝用宦者，更爲中書謁者令。成帝去中書謁者令官，更以士人爲尚書令。（時弘恭、石顯相繼爲中書令，專權邪僻。前將軍蕭望之領尚書事，建言以爲'尚書百官之本，國家樞機，宜以通明公正處之。武帝游宴後庭，故用宦者，非古制也。宜罷中書宦官'。）後漢衆務，悉歸尚書，三公但受成事而已。尚書令主贊奏事，總領紀綱，無所不統。與司隸校尉、御史中丞朝會皆專席而坐，京師號曰'三獨坐'。故公爲令、僕射者，朝會不陛奏事。天子封禪，則尚書令奉玉牒檢兼藏封之禮。（後漢光武以侯霸爲尚書令，每春常下寬大之詔，奉四時之命，皆霸所建也。郭伋遷尚書令，處職機密，數納忠諫。陳忠爲尚書

令，前後所奏，悉條於南宫閣上，以爲故事。鄭弘爲尚書令，亦著於南宫，以爲故事。郭賀字喬卿，爲尚書令，百姓歌之曰：‘厥德仁明郭喬卿，忠正朝廷上下平。’又，左雄字伯豪，爲尚書令。自雄在尚書，天下不敢謬選，十餘年間，稱爲得人。自雄掌納言，多所正肅。沈勛字異徵，詣南宫，賜酒，拜尚書令，持節臨辟雍，名冠百僚。荀彧字文若，爲尚書令，居中持重，焚毁故案，奇策密謀，不得盡聞。又舉荀攸可以代己。後攸爲尚書令，亦推賢進士。魏武帝曰：‘二荀令之論人，久而益信，没世不忘。’）魏晋印綬與漢同，冠進賢兩梁，納言幘，五時朝服，佩水蒼玉。受拜則策命之，以在端右故也。薨，於朝堂發哀。（陳矯字季弼，爲尚書令。魏明帝卒至尚書門，矯跪問曰：‘陛下欲何之？’帝曰：‘欲案行文書耳。’矯曰：‘此臣職分，非陛下所宜臨也。若臣不稱職，則請就黜。’帝慚，回車。晋樂廣爲尚書令，無當時稱，爲後人所思。又太熙元年，詔曰：‘夫總百揆之得失，管王政之開塞者，端右之職也。是以自漢代以來，慎選其人。議郎王戎可爲尚書令。’又，衛瓘字伯玉，拜尚書令，性嚴憚，以法御下，視尚書若參佐，尚書郎若掾屬。又熊遠啓曰：‘伏見吏部以太尉荀組爲尚書令，復領荆州牧。自三代以來，未聞以納言之官而出領牧伯者。’王彪之字叔虎，爲尚書令，與謝安共掌朝政。安每稱曰：‘朝之大事，衆不能決者，諮之王公，無不得判之。’）魏晋以下，任總機衡，事無大小，咸歸令僕。”

《唐六典》卷一《尚書都省》：“尚書令一人，正二品。（秦置尚書，有令、丞，屬少府。漢因之。武、昭後，其任稍重。《漢書》云：‘宣帝時任中尚書官。元帝時，弘恭、石顯相繼爲中書令；元帝被疾，不親政事，遂委任焉。及前將軍蕭望之領尚書事，知顯專權邪辟，建言以爲“尚書，百官之本，國家樞機，宜以通明公正處之。武帝游燕後庭，故用宦者，非古制也。宜罷中尚書宦官”。’中尚書，謂中書及尚書也，中書典尚書奏事，故連言之。及光武親總吏職，權歸尚書，三公但受成事而已。《漢官儀》云：‘尚書令主贊奏事，總典綱紀，無所不統，秩千石；故公爲之者，朝會不陛奏事，增秩二千石。天子所服五時衣賜尚書令、僕射。其三公、列卿、將軍、大夫、五營校尉行複道中，遇尚書令、僕射、左、右丞、郎，皆回車預避。衛士傳呼，不得紆臺官；臺官過，乃得去。每朝會，尚書令、御史中丞、司隸校尉各獨座，故京師號曰“三獨座”。’晋氏尚書令假銅印、墨綬，冠進賢兩梁，納言幘，五時朝服，佩水蒼玉；受拜則策命之，以在端右故也。及賈充爲尚書令，以目疾表置省事吏四人。自魏至晋、宋、齊，秩皆千石，品並第三。……後漢以尚書令、僕射及六曹尚書爲八座。魏氏省爲五曹，則僕射有二；若僕射省一，則尚書有六，率以爲常。今則以二丞相、六尚書爲八座。然後漢尚書稱臺，魏、晋已來爲省，皇朝因之。……）尚書令掌總領百官，儀形端揆。”

［64］尚書僕射：官名，秦漢爲尚書令副貳，東漢建安四年（199）分置左、右，爲尚書省次官。三品。《通典》卷二二《職官》：“僕射：秦官。漢因之，自侍中、尚書、博士、郎皆有之。古者重武官，有主射以督課。（古者重武官，以善射者掌事，故曰僕射。僕射者，僕役於射也。一云，僕，主也。）軍屯吏、騶、宰、永巷宫人皆有，取其領事之號。（凡此諸官，皆有僕射，隨所領之事以爲號也。若軍屯吏則曰軍屯僕射，永巷則曰永巷僕射。）成帝建始元年，初置尚書五人，以一人爲僕射，主封門，掌授廪假錢穀。（鄭崇字子游，爲尚書僕射，數直諫諍。每見，曳革履，上笑曰：‘我識鄭尚書履聲。’後爲人所譖，上責崇曰：‘君門如市，何欲禁切主上？’崇曰：‘臣門如市，臣心如水。’上怒，下獄窮治，死獄中。）後漢尚書僕射一人，署尚書事。令不在，則奏下衆事，印綬與令同。（自漢以下，章服並與令同。）獻帝建安四年，以執金吾榮邵爲左僕射，衛臻爲右僕射。僕射分置左右，蓋自此始。（鍾離意字子游，拜尚書僕射。嘗賜胡侍子，當五十匹，尚書郎受詔，誤以三十匹。上怒，召郎，欲鞭之。意入曰：‘臣位大罪重，郎位小罪輕，臣當先坐，然後及郎。’遂解衣當鞭。上釋之曰：‘非鍾離

尚書，幾誤降威於此郎。’又明帝作北宮，意諫止之，出爲魯相。及德陽殿成，百官大會。上笑曰：‘鍾離尚書在，朕不得成此殿。’鮑永字君長，拜僕射，將兵案河東。永好文德，雖行大將軍事，常白襜，路稱‘白衣尚書’。）經魏至晋，迄於江左，省置無恒。置二，則爲左右僕射；或不兩置，但曰尚書僕射。（荀顗字景倩，其外生陳泰，啓顗代己。泰薨，代泰爲僕射，領吏部，四辭而受。顗承泰後，加之淑慎，綜覈名實，風俗澄一。又武帝詔曰：‘中軍將軍羊祜，秉德清劭，經緯文武，雖處腹心之任，不處樞機之重，非垂拱無爲之意也。其以祜爲尚書左僕射。’又司馬珪爲尚書右僕射，時年四十九，衆以爲美。又周顗爲左僕射，風德雖重，過江積年，恒飲酒，三日醒，時人謂爲‘三日僕射’。謝安亦爲僕射。）令闕，則左爲省主。若左右並闕，則置尚書僕射以主左事，置祠部尚書以掌右事，則尚書僕射、祠部尚書不恒置矣。（若無令，則左僕射爲省主，與令同。若左右並闕，則直置僕射，在其中間，總左右事。）”

《唐六典》卷一《尚書都省》：“尚書左丞相一人，右丞相一人，並從二品。（左、右丞相，本左、右僕射也。《漢書·百官表》云：‘僕射，秦官，自侍中、尚書、博士、郎皆有僕射。古者重武官，有主射以督課，因所領之職以爲號。’若尚書則曰‘尚書僕射’。漢因秦。後漢建安四年，以執金吾榮邵爲尚書左僕射，分置左、右，蓋自此始。《漢官儀》：‘僕射，秩六百石；公爲之，加至二千石。’自晋以後，給省事吏三人。魏、晋、宋、齊秩皆六百石，品並第三。梁品猶第三，秩中二千石，班第十五。陳品加至第二。後魏、北齊及隋品皆從第二。自魏、晋以來，置二則爲左、右僕射；或不兩置，但曰尚書僕射。《宋百官階次》云：‘尚書僕射，勝右減左，望在二者之間。僕射職爲執法，置二則曰左右執法。又與列曹尚書分領諸曹郎。令闕，則左僕射爲省主。自東晋以來，祠部尚書多不置，以右僕射主之。若左、右僕射並闕，則置尚書僕射以掌左事，置祠部尚書以掌右事。’然則尚書僕射、祠部尚書不常置矣。……）左、右丞相掌總領六官，紀綱百揆，以貳令之職，今則專統焉。”

［65］尚書郎：官名。東漢之制，取孝廉中之有才能者入尚書臺，在皇帝左右處理政務，初入臺稱守尚書郎中，滿一年稱尚書郎，滿三年稱侍郎。魏晋以後尚書各曹有侍郎、郎中等官，綜理職務，通稱爲尚書郎。六品。《唐六典》卷一《尚書都省》：“左司郎中一人，右司郎中一人，並從五品上。（尚書郎，漢初置四人：一人主匈奴單于營部，一人主羌夷吏民，一人主户口墾田，一人主財帛委輸。光武分尚書爲六曹郎，合三十四郎，而史闕曹名。魏有殿中、吏部、駕部、金部、虞曹、比部、南主客、祠部、度支、庫部、農部、水部、儀曹、三公、倉部、民曹、二千石、中兵、外兵、别兵、都兵、考功、定課、都官、騎兵，凡二十五曹郎。晋氏又加直事、屯田、起部、車部、左士、右士、運曹，其民曹、中兵、外兵分爲左、右，主客又分爲左、右、南、北，無農部、定課、考功，凡三十五曹，置郎二十三人，更相統攝。東晋置殿中、祠部、吏部、儀曹、三公、比部、金部、倉部、度支、都官、左民、駕部、庫部、中兵、外兵十五曹。宋高祖加騎兵、主客、起部、水部，合爲十九曹。元嘉以後，又增删定、功論二曹，而省騎兵，凡二十曹郎。……）”

［66］治書侍御史：官名，簡稱治書御史、御史治書、侍書。屬諸侍御史之一種，亦簡稱侍御史、侍御、御史。西漢時掌圖籍文書，東漢時屬御史臺，職掌也變爲審理疑獄、平廷尉奏事。魏晋南北朝時爲御史中丞佐貳，掌監察、彈劾高級官員，也奉命出使，緝拿犯官。六品。

［67］蘭臺令史：官名，御史中丞屬官，掌書奏及印工文書，校訂宮廷藏書文字。魏晋時掌監察刑獄文書，位次侍御史。九品。

［68］並騎：騎，殿本作“駕”。

［69］流蘇馬：用彩色羽毛或彩綫裝飾的馬匹。

［70］左大鴻臚外部掾：官名，太常、大鴻臚屬官，職掌不詳。

［71］大司農：官名，掌管全國財政和各地的屯田。三品。《通典》卷二六《職官》："少皞氏以九鳲爲九農正。（鳲，鳥也。鳲有九種，以爲農號，各隨其宜，以教人事。）舜攝帝位，命棄爲后稷。周則爲太府下大夫。秦爲理粟内史，掌穀貨。漢景帝更名大農令，武帝太初初，更名大司農。掌九穀六畜之供膳羞者，（見《宋志》。《漢書》曰'主穀貨'。）凡郡國諸倉、農監、都水六十五官皆屬焉。（毋將崇字君房，爲執金吾。上發武庫兵送董賢及乳母，崇以爲：'武庫兵器，天下公用，繕修造作，皆度大司農錢。自乘輿不以給供養，勞賜一出少府，蓋不以本藏給末用，不以人力供私費也。'王莽改曰羲和，後更爲納言。）後漢大司農掌諸錢穀金帛，（鄭弘字巨君，遷大司農，在位一月，料遣諸徒，歲月已過，竟者七百餘人。弘舉吏黄固爲尚書，謂弘曰：'舊常一歲不能遣數百人，明府一月而遣且千人，何其多能也？'弘曰：'不應一人爲多，宜遣萬人爲少。'又鄭玄爲大司農，給安車一乘，卒官。又劉據爲大司農，以職事被譴，靈帝召詣尚書，傳呼促步，將加捶撻。尚書令左雄奏曰：'九卿位亞三公，行有佩玉之節，動有庠序之儀。孝明永平始加扑罰，非古典也。'帝從之，九卿於此始免捶扑。又鄭衆字仲師，徵爲大司農。是時，朝廷議欲改弊農田、鹽鐵事，衆諫以爲不可，詔切責，至被舉劾，衆執之不移。）郡國四時上月旦見錢穀簿，其逋未畢，各具别之。邊郡諸官請調度者，皆爲給報，損多益寡，取相給足。初，郡國鹽官、鐵官並屬司農，中興皆屬郡縣。建安中爲大農。魏黄初元年，又改爲司農。（大司農桓範出奔，謂曹爽曰：'大司農印在吾手，所在得開倉而食。'範爲司農，以清省稱。）晋初因之，渡江，哀帝末，省司農并都水，孝武復置。"

《唐六典》卷一九《司農寺》："卿一人，從三品；（《左傳》：'少昊氏九扈爲九農正。'《尚書》：'舜命棄爲后稷，播時百穀。'《周官·冢宰》有太府下大夫，鄭氏注云：'若今司農。'《漢書·百官表》云：'治粟内史，秦官，掌穀貨，有兩丞。景帝更名大農令，武帝更名大司農，秩中二千石。屬官有太倉、均輸、平準、都内、籍田五令丞，斡官、鐵市兩長丞；又郡國諸倉農監、都水六十五官長丞皆屬焉。又有搜粟都尉，武帝軍官，不常置。王莽改大司農曰羲和，後更爲納言。’後漢改爲大司農，魏因之，品第三。晋置功曹、主簿、録事等員，哀帝省併都水，孝武帝復置。……）少卿二人，從四品上。司農卿之職，掌邦國倉儲委積之政令，總上林、太倉、鈎盾、導官四署與諸監之官屬，謹其出納而修其職務；少卿爲之貳。凡京、都百司官吏禄廪，皆仰給焉。凡朝會、祭祀、供御所須，及百官常料，則率署、監所貯之物以供其事。凡孟春吉亥，皇帝親籍田之禮，有事於先農，則奉進耒耜。季冬藏冰，祭司寒以黑牡秬黍。仲春啓冰亦如之。”大司農，殿本無“司”字。

［72］右少府引從：少府，殿本作“少司府”。

［73］鈴下：侍衛、門卒或仆役。

［74］羽林十人：羽林，殿本作“羽林郎”。

［75］領軍將軍：官名，三國曹丕置，職掌同於中領軍，但任職者資位重於中領軍，簡稱領軍。爲禁衛軍最高統帥，常由皇帝親信或宗室擔任。兩晋沿置。三品。

［76］次後軍將軍在左：中華本校勘記：“‘後軍將軍’當作‘後將軍’，前、後、左、右四將軍本漢官，魏晋因之，又别有前軍、後軍、左軍、右軍四將軍，則宿衛之職。前者金印，後者銀印，見《宋書·禮志》五，不相混同也。”

［77］越騎校尉：官名，西漢北軍八校尉之一，東漢五校尉之一，隸屬北軍中候。魏晋以後隸屬中領軍（領軍將軍）。四品。

［78］屯騎校尉：官名，北軍五校尉之一，隸屬中領軍，掌本營騎士，戍衛京師。四品。

［79］驍騎：官名，此指驍騎校尉，掌北軍宿衛兵。　游軍校尉：中華本校勘記：“周校：‘游擊’誤‘游軍’。”

［80］鞉角：鞉鼓和號角。

［81］騎、鞉各一人：殿本於“鞉”下有一“角”字。

［82］督戰伯長各一人：各，原本、宋本無此字，殿本有，據殿

本補。

[83]袴褶：服裝名。以褶爲上衣，褌爲下衣，故稱。名起於漢末，始爲騎服。盛行於南北朝，亦作常服和朝服。

皇太子安車，[1]駕三，左右騑。朱班輪，倚獸較，伏鹿軾。九旒，畫降龍。青蓋，金華蚤二十八枚。[2]黑櫕文畫轓，[3]文輈，黄金塗五采。[4]亦謂之鸞路。非法駕則乘畫輪車，上開四望，緑油幢，朱絲繩絡，兩箱裏飾以金錦，黄金塗五采。其副車三乘，形制如所乘，但不畫輪耳。

[1]皇太子安車：《通典》卷六五《禮·嘉禮》："周制，巾車氏掌王五輅，金輅，建大旂，以封同姓。（同姓，謂王子母弟，率以功德出封，若魯衛之屬。）

"漢皇太子、皇子皆安車，朱班輪，飛軨，青蓋，金花，倚虎伏鹿，櫕文畫轓文輈，吉陽筩，金塗五末。旂九斿降龍。皇子爲王，錫以乘之。皇孫緑車以從。皆左右騑，三馬。（名皇孫車。）

"魏因之。文帝問：'東平王有輅，爲是特賜乎？'鄭稱對曰：'天子五輅，金輅以封，同姓諸侯得與天子同乘金輅，非特賜。'

"晋因魏。安車而駕三馬，非法駕則乘畫輪車，上開四望，緑油幢，朱絲繩絡，兩箱裏飾以金錦，黄金塗五末。其副車三乘，形制如所乘，但不畫輪耳。王青蓋車，皇孫緑蓋車，並駕三，左右騑。

"東晋安帝時，乘後山安車，制如金輅。"

[2]蚤（zǎo）：車輻榫入牙中的小的一頭。《周禮·考工記·輪人》："爲輪，眡其綆，欲其蚤之正也。"鄭玄注："蚤當爲爪，謂輻入牙中者也。"孫詒讓正義："車輻大頭名股，蚤爲小頭，對股言之與人手爪相類，故以蚤爲名。"

[3]櫎：原本、宋本作“襀”，殿本作“櫎”，據殿本改。本卷下文“櫎”同。

[4]黄金塗五采：中華本校勘記：“《商榷》：‘采’當作‘末’。下文重句同。”

王青蓋車，皇孫緑蓋車，並駕三，左右騑。

雲母車，以雲母飾犢車。臣下不得乘，以賜王公耳。

皂輪車，駕四牛，形制猶如犢車，但皂漆輪轂，上加青油幢，朱絲繩絡。諸王三公有勛德者特加之。位至公或四望、三望、夾望車。

油幢車，駕牛，形制如皂輪，但不漆轂耳。王公大臣有勛德者特給之。[1]

[1]有勛德者：宋本無“者”字。

通幰車，[1]駕牛，猶如今犢車制，但舉其幰通覆車上也。諸王、三公並乘之。

[1]通幰車：被帷幔整個罩起來的車子。幰，原本、宋本、殿本作“幔”。按，幔爲張在屋内的帳幕，幰爲車上的帷幔。中華本作“幰”，據改。本卷下文“幰”同。

諸公給朝車駕四、安車黑耳駕三各一乘，[1]皂輪犢車各一乘。自祭酒掾屬以下及令史，[2]皆皂零，辟朝服。其武官公又别給大車。

[1]諸公給朝車：《通典》卷六五《禮·嘉禮》記述公侯車路："周制，巾車掌王五輅，'象輅以封異姓，革輅以封四衛，木輅以封藩國'。（異姓，王甥舅也。四衛，四方諸侯守衛者，蠻服以内也。蕃國，謂九州之外，夷服、鎮服、蕃服也。）又曰：'服車五乘：（服車，服事者之車也。）孤乘夏篆，（謂五色畫轂約也。）卿乘夏縵，（夏縵，亦五采畫，無篆。）大夫乘墨車，（墨車，不畫，但以漆革車而已。）士乘棧車，（不革鞔而漆也。）庶人乘役車。（方箱可載任器以供役。）'

"漢景帝中元五年，始詔六百石以上施車轓，得銅五末，軛有吉陽筩。中二千石以上右騑，三百石以上皂布蓋，千石以上皂繒覆蓋，二百石以下白布蓋，皆有四維杠衣。賈人不得乘馬車。除吏赤畫杠，其餘皆青。（《古今注》曰：'武帝天漢四年，令諸侯王大國朱輪，特虎居前，左兕右麋。小國特熊居前，麋皆居左右。'）大使車，立乘，駕駟，赤帷裳。持節者，重導從：賊曹車、斧車、督車、功曹車，皆兩；大車，璅弩十二人；辟車四人；從車四乘。小使車，不立乘，有騑，赤屏泥油，重絳帷。導無斧車。近小使車，蘭輿赤轂，白蓋赤帷，此追捕考按，有所敕取者所乘。諸使車皆朱班輪，四輻，赤衡軛。公、卿、二千石，郊廟、明堂、祀陵，法出，皆大車，立乘，駕駟；他出，乘安車。大行載車，其飾如金根車，加施組連璧交絡四角，金龍首銜璧，垂五綵，析羽流蘇前後，雲氣畫帷裳，櫖文畫轓，長輿車等。駕布施馬。（布施馬者，純白駱馬也，以黑藥灼其身爲武文。）公卿以下至縣三百石，五吏、賊曹、督賊功曹，皆帶劍，三車導；主簿、主記，兩車爲從。縣令以上，加導斧車。牛車，武帝推恩之末，諸侯有寡弱者，乘牛車，其後牛車稍通貴者所乘。

"後漢制，公侯乘安車，朱班輪，飛軨，倚鹿較，伏熊軾，皂繒蓋，黑轓，右騑，旂九斿，鏤錫叉旄，朱鑣朱鹿，朱文，絳扇汗，青翅鷰尾。卿以下有騑者，緹扇汗。中二千石、二千石皆皂蓋，朱兩轓。千石、六百石朱左轓。

“晋制，雲母車，以雲母飾犢車，以賜王公。皁輪車，駕四牛，形如犢車，皁漆輪轂，上加青油幢，朱絲繩絡，諸王三公有勛德者特加之。位至公，或四望、三望、夾望車。油幢車，駕牛，如犢車、皁輪，但不漆轂，王公大臣有勛德者特給之。通幰車，駕牛，如犢車，但舉其幰通覆車上，諸王三公並乘之。武帝詔給魏舒陽燧四望小車。三望如四望。油幢絡車，似三望而減，王公加禮者乘，次三望。平乘車，（竹簟子壁，檳榆爲輪。）通幰，（其後形龍牽，金塗支子花紐，轅頭後梢沓伏神承塗。庶人亦然。）三公諸王所乘。自四望至平乘，皆銅校飾。諸公給朝車駕駟、安車黑耳駕三。自祭酒掾下及令史，皆皁零。特進以下，諸將軍非持節都督者，給安車黑耳駕二。三公、九卿、二千石，皆大車立乘，駕四。去位致仕告老，賜安車駕四。郡縣公侯，安車駕二，右騑，皆朱班輪，倚鹿較，伏熊軾，皁繒蓋。旗旂，公八，侯七，卿五，皆畫降龍。中二千石、二千石，皆皁蓋，朱兩轓，銅五末，駕二。千石、六百石，朱左轓。王公之元子攝命理國者，安車，駕三，旗七旂，封侯之元子五旂。大使車，立乘，駕四，赤帷裳，騶騎導從，公卿二千石郊廟上陵從駕所乘。小使車，不立乘，駕四，輕車之流也。蘭輿皆朱，赤轂，赤屏泥，白蓋，赤帷裳。又别有小使車，赤轂皁蓋，追捕敕取者所乘。凡諸使車，皆朱班輪，赤衡軛。追鋒車，去小蓋，加通幰，如軺車，駕二。以迅速爲名，戎陣之間，是爲傳乘，軺車，古將軍所乘傳也。（按漢貴輜軿而賤軺車，魏晋貴軺車而賤輜軿。三品將軍以上、尚書令軺車黑耳有後户，僕射但有後户無耳，並皁輪也。）”

［2］祭酒：官名，王公府屬官，主内閣事，又稱東、西閣祭酒。

特進及車騎將軍、驃騎將軍以下諸大將軍不開府非持節都督者，[1]給安車黑耳駕二，軺車施耳後户一乘。

[1]特進：官名，三國兩晋時表示有特殊地位，或用作安置閑退大臣。二品。　車騎將軍：官名，魏晋南北朝時位次於驃騎將軍，在諸名號將軍之上，多作爲軍府名號，以加授大臣及重要州郡長官。二品，開府位從公者一品。　驃騎將軍：官名，西漢時爲重號將軍，東漢以後，居諸名號將軍之首，僅作爲軍府名號加授大臣或重要州郡長官。二品，開府位從公者一品。

三公、九卿、中二千石、二千石、河南尹、謁者僕射，郊廟明堂法出，皆大車立乘，駕駟。前後導從大車駕二，右騑。他出乘安車。其去位致仕告老，賜安車駟馬。

郡縣公侯，安車駕二，右騑。皆朱班輪，倚鹿較，伏熊軾，黑轓，[1]皂繒蓋。

[1]黑轓：轓：殿本作“細”。中華本校勘記：“李校：‘轓’當作‘幡’，《續漢志》作‘幡’。”

公旗旂八旒，侯七旒，卿五旒，皆畫降龍。

中二千石、二千石，皆皂蓋，朱兩轓，銅五采，駕二。中二千石以上，右騑。千石、六百石，朱左轓。車轓長六尺，下屈廣八寸，上業廣尺二寸，九丈，十二初，[1]後謙一寸，若月初生，示不敢自滿也。

[1]九丈，十二初：中華本校勘記：“《續漢志》上作‘九文，十二初’。”

王公之世子攝命理國者，安車，駕三，旗旂七旒，其封侯之世子五旒。

太康四年，制："依漢故事，給九卿朝車駕四及安車各一乘。"八年，詔："諸尚書軍校加侍中常侍者，皆給傳事乘軺車，給劍，得入殿省中，與侍臣升降相隨。"

大使車，立乘，駕四，赤帷裳，騶騎導從。舊公卿二千石郊廟上陵從駕，乘大使車，他出乘安車。[1]

[1]他出乘安車：殿本"車"後有一"也"字。

小使車，不立乘，駕四，輕車之流也。蘭輿皆朱，赤轂，赤屏泥，白蓋，赤帷裳，從騶騎四十人。又別有小使車，赤轂皂蓋，追捕考案有所執取者之所乘也。凡諸使車皆朱班輪，赤衡軛。

追鋒車，去小平蓋，加通幰，如軺車，駕二。追鋒之名，蓋取其迅速也，施於戎陣之間，是爲傳乘。

軺車，古之時軍車也。一馬曰軺車，二馬曰軺傳。漢世貴輜軿而賤軺車，[1]魏晋重軺車而賤輜軿。三品將軍以上、尚書令軺車黑耳有後户，僕射但有後户無耳，並皂輪。尚書及四品將軍則無後户，漆轂輪。其中書監令如僕射、侍中、黄門、散騎，初拜及謁陵廟，亦得乘之。

[1]輜軿：輜車和軿車。泛指有屏蔽的車子。

圖4　軺車。據宋摹本傳顧愷之《列女仁智圖》“衛靈夫人”故事之“伯玉車”形象繪。

皇太后、皇后法駕，[1]乘重翟羽蓋金根車，駕青輅，[2]青帷裳，雲檏畫轅，黄金塗五采，蓋爪施金華，[3]駕三，左右騑。其廟見小駕，則乘紫罽軿車，雲檏畫輈，黄金塗五采，駕三。非法駕則皇太后乘輦，皇后乘畫輪車。皇后先蠶，乘油畫雲母安車，駕六騩馬；騩，淺黑色。油畫兩轅安車，駕五騩馬，爲副。又，金薄石山軿、紫絳罽軿車，皆駕三騩馬，爲副。女旄頭十二人，持棨戟二人，共載安車，儷駕。女尚輦十二人，乘輜車，儷駕。女長御八人，乘安車，儷駕。三夫人油軿車，[4]駕兩馬，左騑。其貴人駕節畫輈。三夫人助蠶，乘青交路，安車，駕三，皆以紫絳罽軿車，九嬪世婦乘軿車，駕三。

[1]皇太后、皇后法駕：《通典》卷二五《禮·嘉禮》："周禮，王后之五輅：重翟，錫面朱總；（重翟，翟，雉羽，兩重爲蔽，從王祭祀所乘也。）厭翟，勒面繢總；（厭翟，次其羽，使相迫近，厭其本也。勒面謂以如玉龍勒之韋爲當面飾。繢總，以畫繒爲之，從王賓饗所乘也。）安車，雕面鷖總。皆有容蓋。（安車，坐乘車也。凡婦人車，皆坐乘。容謂幨車。鷖總，青黑色繒爲之，無蔽。朝見於王所乘，去飾。）翟車，貝面組總，有幄；（翟車，不重不厭，以翟飾車之側。貝面，貝飾勒之當面。有幄則無蓋矣，如今軿車。后乘以出桑。）輦車，組輓，有翣，羽蓋。（輦車，不言飾，明無翟總之飾，后居宮從容所乘，但漆而已。爲軨輪，人輓之以行。有翣，所以御風塵。以羽作小蓋，爲翳日也。）

"漢皇后鴐輅，青羽蓋，駕四馬，旆九斿。

"後漢太皇太后、皇太后、皇后法駕，皆御金根車，重翟，羽蓋，加青交絡帷裳。其非法駕，則乘紫罽軿車，雲檂文畫輈，黄金塗五末，（五末，轅一，轂二，箱二，共五也。）蓋施金花。駕三馬，左右騑。（應劭《漢官儀》：'明帝永平七年，光烈陰皇后葬，魂車，鸞輅，青羽蓋，駕四馬，旂九斿，前有方相、鳳凰車。'此因前漢舊制也。）

"晋制，后乘重翟羽蓋金根車，加青絡，青帷裳，雲檂畫轅，黄金塗五末，蓋爪施金華，駕三馬，左右騑。其廟見小駕，則乘紫罽軿車，飾及駕馬如重翟。非法駕則皇太后乘輦，皇后乘畫輪車。后先蠶，乘油畫雲母安車，駕六騩馬；（騩，淺黑色。騩音貴。）油畫兩轅安車，駕五騩馬，爲副；又，金薄石山軿、紫絳罽軿車，皆駕三騩馬。"

[2]駕青輅：中華本校勘記："《通典》六五、《通志》四八作'加青絡'。"

[3]蓋爪施金華：爪，殿本作"蚤"。

[4]油軿車：軿，殿本作"駢"。

長公主赤罽軿車，駕兩馬。公主、王太妃、王妃，皆油軿車，駕兩馬，右騑。公主油畫安車，駕三，青交路，以紫絳罽軿車駕三爲副，王太妃、三夫人亦如之。公主助蠶，乘油畫安車，駕三。公主有先置者，乘青交路安車，駕三。[1]

[1]長公主、公主、王太妃、王妃、三夫人等車路，歷代分别不甚清晰，《通典》卷六五《禮·嘉禮》混而述之："漢制，長公主乘赤罽軿車。大貴人、貴人、公主、王妃、封君油畫軿車，大貴人加節畫輈，皆右騑。公、列侯及二千石夫人，會朝若親蠶，各乘其夫之安車，右騑，加交絡帷裳，皆皂。非公會，不得乘朝車，得乘漆布輜軿，銅五末。

"晋制，三夫人油軿車，駕兩馬，左騑。其貴人加節畫輈。三夫人助蠶，乘青交絡安車，駕三，皆以紫絳罽軿車。九嬪世婦乘軿車，駕三。長公主赤罽軿車，駕兩馬。公主、王太妃、王妃皆油軿車，駕兩馬，右騑。公主油畫安車，駕三，青交絡，以紫絳罽軿車駕三爲副，王太妃、三夫人亦如之。公主助蠶，乘油畫安車，駕三。公主有先置者，乘青交絡安車，駕三。諸王妃、公太夫人、夫人、縣鄉君、諸郡公侯特進夫人助蠶，乘皂交絡安車，駕三。諸侯監國嗣子之世婦、侍中常侍尚書中書監令卿校世婦、命婦助蠶，乘皂交絡安車，儷駕。郡縣公侯、中二千石、二千石夫人會朝及蠶，各乘其夫之安車，皆右騑，皂交絡，皂帷裳。自非公會則不得乘朝車。王妃、特進夫人、封郡君，安車，駕三，皂交絡。封縣鄉君，油軿車，駕兩馬，右騑。"

諸王妃、公太夫人、夫人、縣鄉君、諸郡公侯特進夫人助蠶，乘皂交路安車，駕三。[1]

[1]駕三：三，原本、宋本作“二”，殿本作“三”，據殿本改。

諸侯監國世子之世婦、侍中常侍尚書中書監令卿校世婦、命婦助蠶，乘皂交路安車，儷駕。

郡縣公侯、中二千石、二千石夫人會朝及蠶，各乘其夫之安車，皆右騑，皂交路，皂帷裳。自非公會則不得乘軺車，[1]止乘漆布輜軿，銅五采而已。

[1]軺車：軺，殿本作“朝”。

王妃、特進夫人、封郡君，安車，駕三，皂交路。封縣鄉君油軿車，駕兩馬，右騑。

自過江之後，舊章多缺。元帝踐極，始造大路、戎路各一，皆即古金根之制也，無復充庭之儀。至於郊祀大事，則權飾餘車以周用。六師親征則用戎路，去其蓋而乘之，屬車但五乘而已。加緑油幢，朱絲路，飾青交路，黄金塗五采，其輪轂猶素，兩箱無金錦之飾。其一車又是軺車。舊儀，天子所乘駕六，是時無復六馬之乘，[1]五路皆駕四而已，同用黑，是爲玄牡。無復五時車，有事則權以馬車代之，建旗其上。其後但以五色木牛象五時車，豎旗於牛背，行則使人輿之。牛之義，蓋取其負重致遠安而穩也。旗常纏而不舒旆，[2]所謂德車結旌者也。惟天子親戎，五旗舒旆，所謂武車綏旌者也。指南車，過江亡失，及義熙五年，劉裕屠廣固，[3]始復獲焉，乃使工人張綱補緝周用。[4]十三年，裕定關中，又獲司南、記里諸車，制度始備。其輦，過江亦亡制度，太元中謝安率意造焉，[5]及破苻堅於淮上，[6]獲京都舊輦，形制無差，大小如一，時人服其精記。義熙五年，劉裕執慕容超，[7]獲金鉦輦、豹尾，舊式猶存。

[1]六馬之乘：六，宋本作“四”。

[2]不舒旆：旗幟下垂，不展開。

[3]劉裕：字德輿，小名寄奴，彭城（今江蘇省徐州市）人，南朝宋開國皇帝。世居京口，初爲東晋冠軍司馬，後被劉牢之任爲參軍。歷任鎮軍將軍、都督十六州諸軍事，官至相國，受封宋王。元熙二年（420）代晋稱帝。卒謚武皇帝，廟號高祖。　廣固：廣固城，位於今山東省青州市西北。

[4]乃使工人張綱補緝周用：乃，原本、宋本作“及”，殿本作“乃”，據殿本、中華本校勘記改。

[5]謝安：字安石，本書卷七九有傳。

[6]苻堅：字永固，本書卷一一三有載記。苻，原本、宋本作“符”，殿本作“苻”，據其載記、殿本改。

[7]慕容超：字祖明，本書卷一二八有載記。

元帝太興三年，皇太子釋奠。制曰：“今草創，未有高車，可乘安車也。”太元中，東宫建，乘路有青赤旂，致疑。徐邈議，[1]太子既不備五路，赤旂宜省。漢制，太子鸞路皆以安車爲名。自晋過江，禮儀疏舛，王公以下，車服卑雜，惟有東宫禮秩崇異，上次辰極，[2]下納侯王。而安帝爲皇太子乘石山安車，制如金路，義不經見，事無所出。

[1]徐邈：字仙民，本書卷九一有傳。

[2]辰極：指天子，皇帝。

中宫初建及祀先蠶，皆用法駕，太僕妻御，大將軍妻驂乘，侍中妻陪乘，丹楊尹建康令及公卿之妻奉引，[1]各乘其夫車服，多以宫人權領其職。

[1]丹楊尹：官名，東晋京城所在郡府長官，掌京城行政諸務並詔獄，亦稱“京尹”。三品。　建康令：東晋京城所在縣的行政長官。八品。

《周禮》，弁師掌六冕，司服掌六服。自后王之制爰至庶人，[1]各有等差。及秦變古制，郊祭之服皆以袀玄，[2]舊法掃地盡矣。漢承秦弊，西京二百餘年猶未能有所制立。及中興後，明帝乃始采《周官》《禮記》《尚書》及諸儒記説，[3]還備衮冕之服。天子車乘冠服從歐陽氏説，[4]公卿以下從大小夏侯氏説，[5]始制天子、三公、九卿、特進之服，侍祠天地明堂，[6]皆冠旒冕，兼五冕之制，一服而已。天子備十二章，[7]三公諸侯用山龍九章，九卿以下用華蟲七章，[8]皆具五采。魏明帝以公卿衮衣黼黻之飾，疑於至尊，多所減損，始制天子服刺綉文，公卿服織成文。及晋受命，遵而無改。天子郊祀天地明堂宗廟，元會臨軒，[9]黑介幘，[10]通天冠，平冕。冕，皁表，朱緑裏，廣七寸，長二尺二寸，[11]加於通天冠上，前圓後方，垂白玉珠，十有二旒，以朱組爲纓，無緌。[12]佩白玉，垂珠黄大旒，綬黄、赤、縹、紺四采。[13]衣皂上，絳下，前三幅，後四幅，衣畫而裳繡，爲日、月、星辰、山、龍、華、蟲、藻、火、粉米、黼、黻之象，[14]凡十二章。素帶廣四寸，朱裏，以朱緑裨飾其側。中衣以絳緣其領袖。赤皮爲韍，[15]絳袴袜，赤舄。未加元服者，[16]空頂介幘。其釋奠先聖，則皂紗袍，絳緣中衣，絳袴袜，黑舄。其臨軒，亦衮冕也。其朝服，通天冠高九寸，金博山顔，[17]黑介幘，絳紗袍，皂緣中衣。其拜陵，黑介幘，單衣。其雜服，有青赤黄白緗黑色，介幘，五色紗袍，五梁進賢冠，[18]遠游冠，[19]平上幘武冠。[20]其素服，白帢單衣。[21]後漢以來，天子之冕，前後旒用真白玉珠。魏明帝好婦人之飾，改以珊瑚珠。晋初仍舊不改。及過江，服章多闕，[22]而冕飾以翡翠珊瑚雜珠。侍中顧和奏：[23]“舊禮，冕十二旒，用白玉珠。今美玉難得，不能備，可用白琁珠。”[24]從之。

[1]自后王之制爰至庶人：自，原本、宋本作“非”，殿本作“自”，據殿本、中華本校勘記改。

[2]袀玄：黑顔色的服裝。

[3]《周官》：亦稱《周官經》《周禮》，儒家經典之一，古文經學家認爲是周公所作，今文經學家認爲出於戰國或爲西漢劉歆僞造。東漢鄭玄爲其作注，唐賈公彦爲之作疏，清人孫詒讓撰《周禮正義》博采衆説，資料豐富。關於其成書年代，今人有戰國説、秦代説和漢代説。　《禮記》：亦稱《小戴禮》《小戴記》《小戴禮記》，儒家經典之一，爲戰國至漢初儒家學者關於各種禮儀的論文集。東漢鄭玄爲之作注，唐孔穎達作注疏。　《尚書》：儒家經典之一，中國最早的歷史文獻彙編。

圖5　衮冕。據唐閻立本《歷代帝王圖》之晉武帝司馬炎形象繪。

［4］歐陽氏：西漢歐陽生，字伯和，《今文尚書》的傳人。

［5］大小夏侯氏：西漢夏侯勝和從侄夏侯建，《今文尚書》的傳人。

［6］始制天子、三公、九卿、特進之服，侍祠天地明堂：中華本校勘記："《續漢志》下云'天子、三公、九卿、特進、侯、侍祠侯祀天地明堂'，據此，此當作'始制天子、三公、九卿、特進、侍祠祀天地明堂之服'。《通典》六一、《通志》四七亦可證。"

［7］章：禮服上紅白相間的花紋。

[8]華蟲：古人稱雉爲華蟲。《尚書·益稷》："予欲觀古人之象，日月星辰，山龍華蟲，作會。"孔安國傳："華，象草華；蟲，雉也。"

[9]元會：朝廷禮儀，每年元月初一朝會群臣。

[10]黑介幘：黑，原本、宋本、殿本無此字，據中華本校勘記補。幘，古代包扎发髻的巾。《通典》卷五七《禮·嘉禮》："古者有冠無幘，其戴也加首有頍，所以安物，故《詩》曰'有頍者弁'，此之謂也。(幘者，賾也。頭首嚴賾。)

"秦雄諸侯，乃加其武將首爲絳袙，以表貴賤，其後稍稍作顔題。(袙音盲百切。)

"漢因，續其顔，却摞之，施巾連題，却覆之。至孝文乃高其顔題，續之爲耳，崇其巾爲屋，上下群臣貴賤皆服之。文者長耳，武者短耳，稱其冠也。尚書幘收，方三寸，名曰納言，示以忠正，明近職也。迎氣五郊，各如其色，從章服也。武吏常赤幘，成其威也。未冠童子幘無屋者，示未成人也。入學小童幘句卷屋者，示尚幼小，未遠冒也。喪幘却摞，反本禮也。(蔡邕《獨斷》曰：'幘，古者之卑賤執事不冠者所服也。漢元帝額有壯髮，不欲使人見，始進幘服之，群臣皆隨焉。然尚無巾，王莽頂秃，幘上施屋。'壯髮謂當額前，侵下而生，今俗呼爲'主頭'者是。) 制，紺幘以齋，青幘以耕，緗幘以獵。緑幘，漢董偃召見服之。

"晋因之。東晋哀帝從博士曹弘之等議，立秋御讀《月令》，改用素幘。"

[11]長二尺二寸：中華本校勘記："蔡邕《獨斷》、《續漢志》下、《宋書·禮志》五、《通典》五七、《通志》四七皆作'尺二寸'，古冕無長二尺以上者，'二'者疑衍。"

[12]緌（ruí）：帽帶的下垂部分。

[13]綬：組綬，佩玉、印、璽、刀等物的絲帶。《通典》卷六三《禮·嘉禮》："周制，天子佩白玉而玄組綬，公侯佩山玄玉而朱組綬，大夫佩水蒼玉而緇組綬，世子佩瑜玉而綦組綬，士佩瓀玟而

緼組綬。（古者君子必佩玉。有山玄、水蒼者，視之文色所似也。綬者所以貫佩玉，相承受。綦，文雜色也。緼，赤黄色。）王鎮圭，長尺有二寸，（鎮，安也，所以安四方。鎮圭者，蓋以四鎮之山爲瑑飾。）大圭，長三尺，杼上終葵首，（或謂之珽。終葵，椎也。爲椎於其杼上，明無所屈也。杼，殺也。）繅藉五采五就以朝日。公執桓圭，九寸；侯執信圭，伯執躬圭，皆七寸，繅皆三采三就；子執穀璧，男執蒲璧，繅皆二采再就，以朝覲宗遇會同於王。（三采，朱白蒼。二采，朱緑也。公，二王後及王之上公。雙植謂之桓。桓，宫室之象，所以安其上也。信當爲身。身圭、躬圭，蓋皆象以人形爲瑑飾，文有粗縟耳，欲其慎行以保身。穀所以養人，蒲爲席，所以安人，蓋以穀蒲爲瑑飾。諸侯朝天子所執，諸侯相見亦如之。）凡玉天子用全，上公用龍，侯用瓚，伯用將。（龍當爲尨。尨謂雜色。瓚讀爲餈餍之餍。龍、瓚、將，皆雜名也。卑者下尊，以輕重爲差，玉多則重，石多則輕。公侯四玉一石，伯子男三玉二石。餍音贊。）自五霸迭興，戰兵不息，珮非戰器，韍非兵旗，於是解去綬珮，留其係璲，以爲章表，韍珮遂廢。又三代之制，人臣皆以金玉爲印，龍虎鈕，唯所好也。

“秦以印稱璽，以玉，不通臣下，用制乘輿六璽：曰‘皇帝行璽’‘皇帝之璽’‘皇帝信璽’‘天子行璽’‘天子之璽’‘天子信璽’。又始皇得藍田白玉爲璽，螭虎鈕，文曰‘受天之命，皇帝壽昌’。韍珮既廢，乃以采組連結於璲，光明章表，轉相結受，故謂之綬。（秦漢以降，逮於周隋，既多無注解，或傳寫訛舛，有義理難明，雖研覈莫辨。今但約其本史，聊存一代之制，他皆類此。覽之者，幸詳察焉。）

“漢高帝入關，得秦始皇白玉璽，佩之，曰傳國璽，與斬蛇劍俱爲乘輿之寶。韍承秦制，用而弗改，加之以雙印、佩刀。

“後漢孝明帝乃爲大佩，衝牙雙瑀璜，皆以白玉。（《詩》云：‘雜佩以贈之。’毛萇曰：‘珩、璜、琚、瑀，衝牙之類。’《月令章句》曰：‘佩上有雙衡，下有雙璜，琚瑀以雜之，衝牙蠙珠以納其間。'《玉藻》云：'右徵角，左宫羽，進則揖之，退則揚之，然後玉鏘鳴也。'《纂要》曰：'琚瑀所以納間，在玉之間，今白珠也。'）乘輿落以白珠，公卿諸侯以采絲，其玉視冕旒，爲祭服云。

……

"乘輿黄赤綬，四采，黄赤縹紺，淳黄圭，長二丈九尺九寸，五百首。(凡綬，先合單紡爲一系，四系爲一扶，五扶爲一首，五首成一文，文采純爲一圭。首多者系細，首少者系粗。《漢官儀》曰：'璽皆白玉螭虎鈕，文曰"皇帝行璽""皇帝之璽""皇帝信璽""天子行璽""天子之璽""天子信璽"，凡六璽。皇帝行璽，凡封之璽，賜諸侯王書。信璽，發兵徵大臣。天子行璽，策拜外國及事天地鬼神。璽皆以武都紫泥封，青囊白素裹，兩端無縫，尺一板中約署。皇帝帶綬，黄地六采，不佩璽。璽以金銀縢組，侍中組負以從。秦以前民皆佩綬，金、玉、銀、銅、犀、象爲方寸璽，各從所好。奉璽書使者乘馳傳。其驛騎也，三騎行，晝夜千里爲程。'）諸侯王赤綬，（徐廣曰：'太子及諸王金印，龜鈕，纁朱綬。'）四采，赤黄縹紺，淳赤圭，長二丈一尺，三百首。太皇太后、皇太后、皇后，其綬皆與乘輿同。長公主、天子貴人與諸侯王同綬者，加特也。諸國貴人、相國皆緑綬，三采，緑紫紺，淳緑圭，長二丈一尺，二百四十首。(《前漢書》曰：'相國、丞相皆秦官，金印紫綬。高帝相國緑綬。'徐廣曰：'金印緑綟綬。'綟音戾，草名也。以染似緑，又曰似紫。紫綬名緺綬，緺音瓜，其色青紫。公加殊禮，皆服之。）公、侯、將軍紫綬，二采，紫白，淳紫圭，長丈七尺，百八十首。(《前漢書》曰：'太尉，金印紫綬。御史大夫位上卿，銀印青綬，成帝更名大司空，金印紫綬。將軍亦金印。'漢官儀曰：'馬防爲車騎將軍，銀印青綬，在卿上，絶席。和帝以竇憲爲車騎將軍，始加金紫，次司空。'）九卿、中二千石、二千石青綬，三采，青白紅，淳青圭，長丈七尺，百二十首。（一號青緺綬。）自青綬以上，縌（音逆）皆長三尺二寸，與綬同采而首半之。縌者，古佩璲也。佩綬相迎受，故曰縌。紫綬以上，縌綬之間得施玉環鐍云。(《通俗文》曰：‘缺環曰鐍。’《漢舊儀》曰‘其斷獄者印爲章’也。) 千石、六百石黑綬，三采，青赤紺，淳青圭，長丈六尺，八十首。四百石、三百石長同。(《漢官》曰：‘尚書僕射，銅印青綬。’) 四百石、三百石、二百石黄綬，一采，淳黄圭，長丈五尺，六十首。自黑綬以下，綖綬皆長三尺，與綬同采而首半之。百石青紺綬，一采，宛轉繆織圭，長丈二尺。(丁孚《漢儀》：‘乘輿綬，黄地冒白羽，青絳緑五采，四百首，長二丈三尺。諸王綬四采，絳地冒白羽，青黄去緑，二百六十首，長二丈一尺。公主綬如王。侯，絳地，紺縹三采，百二十首，長丈八尺。二千石綬，羽青地，桃華縹三采，百二十首，長丈八尺。黑綬，羽青地，絳二采，八十首，長丈七尺。黄綬，一采，八十首，長丈七尺。以爲常式。民織綬不如式，没入官，犯者爲不敬。二千石綬以上，禁民無得織以粉組。’吴孫權以無工刻玉璽，用金爲璽，孫皓造金璽六枚是也。又有麟鳳龜龍璽，駝馬鴨頭雜印。)

“晋制，盛服則雜寶爲佩，金銀校飾綬，黄赤縹紺四采。太子、諸王纁朱綬，赤黄縹紺。相國緑綟綬，(綟與盭同。) 三采，緑紫紺。郡公玄朱，侯伯青朱，子男素朱，皆三采。公嗣子紫，侯嗣子青，鄉、亭、關内侯紫綬，皆二采。郡國太守、内史青；尚書令僕射、中書監令、秘書監皆黑；丞皆黄，諸府丞亦然。其佩刀者，以木代真刀也。”

縹：淡青色。　紺：深青透紅的顔色。

[14]藻：衣服上的圖紋，水藻狀。　粉米：衣服上白色的米形圖紋。

[15]韍：祭祀時遮蔽在衣裳前的服飾。用熟皮製成。形制、圖案、顔色按等級有所區别。《禮記·玉藻》：“一命緼韍幽衡，再命赤韍幽衡，三命赤韍葱衡。”鄭玄注：“此玄冕爵弁服之韠，尊祭服，異其名耳。韍之言亦蔽也。”孔穎達疏：“他服稱韠，祭服稱韍。”韍，原本、宋本作“紱”，殿本作“韍”，據殿本改。

[16]加元服：行冠禮。元服即冠帽。

[17]金博山顏：即博山金顏。《初學記》卷二六《器物部·冠》引徐爰《釋問》曰：“通天冠，金博山蟬爲之，謂之金顏。”

[18]進賢冠：古代禮帽，以横梁多寡標志地位高低。

[19]遠游冠：古代帽子。《後漢書》卷三十《輿服志下》：“遠游冠，制如通天，有展筩横之於前，無山述，諸王所服也。”《通典》卷五七《禮·嘉禮》：“秦采楚制。楚莊王通梁組纓，似通天冠，而無山述，有展筩横之於前。

“漢因之。天子五梁，太子三梁，諸侯王通服之。

“晋皇太子及王者後常冠焉，以翠羽爲緌，綴以白珠。帝之兄弟、帝之子封郡王者通服之，則青絲爲緌。”

[20]武冠：《通典》卷五七《禮·嘉禮》：“秦滅趙，以其君冠賜近臣。（胡廣曰：‘趙武靈王效胡服，以金璫飾首，前插貂尾，爲貴職。或以北土多寒，胡人以貂皮温額，後代效之。’亦曰‘惠文’。惠者，蟪也。其冠文細如蟬翼，故名‘惠文’。或曰：‘齊人見千歲涸澤神，名之曰慶忌，冠大冠，乘小車，好疾馳，因象其冠。’）

“漢因之，曰武弁，一名大冠，諸武官冠之。侍中、中常侍加黄金璫，附蟬爲文，貂尾爲飾。侍中插左貂，常侍插右貂，用赤黑色。（王莽用黄貂，各隨服色所尚。後漢應劭《漢官儀》曰：‘金取堅剛，百鍊不耗。蟬居高飲潔，貂内勁捍而外温潤。’）又名鵕鸃冠。（《倉頡解詁》曰：‘鵕鸃，鷩，即翬翟，山鷄之屬，尾彩鮮明，是將飾冠以代貂。’）幸臣閎孺爲侍中，皆服大冠。天子元服，亦爲先加。又加雙鶡尾豎左右，名鶡冠。（鶡，鷙鳥之暴疏者也，每所攫撮，應爪摧碎。天子武騎故冠之。徐廣曰：‘鶡似黑野鷄，出上黨。’）

“晋依之，名繁冠，一名建冠，一名籠冠，即惠文冠也。”

[21]白帢單衣：帢，原本、宋本作“幍”，殿本作“帢”，據殿本改。本卷下文“帢”同。

[22]服章：古代表示官階身份的服飾。《左傳·宣公十二年》：

"君子小人，物有服章。"杜預注："尊卑别也。"《通典》卷六一《禮·嘉禮》："上古穴處衣毛，未有制度，後代以麻易之。先知爲上以制其衣，後知爲下復制其裳，衣裳始備。

"黄帝、堯、舜垂衣裳，蓋取諸乾坤，故衣玄而裳黄。旁觀翬翟草木之華，乃染五色，始爲文章以表貴賤，而天下理。虞書曰：'予欲觀古人之象，日、月、星辰、山、龍、華蟲作繢，宗彝、藻、火、粉米、黼、黻絺綉。'備十二章。（玄衣綉裳，上六章在衣，下六章在裳。上畫下綉。）

"夏殷之代，相襲無變。

"《周官·司服》掌王之吉凶衣服。大裘以祀天，（大裘，羔裘，祀天示質也。以其祀天，故以大言之。）衮冕服享先王，（升日月於旌旗。服備九章：一曰龍，二曰山，三曰華蟲，四曰火，五曰宗彝，皆畫以爲繢；六曰藻，七曰粉米，八曰黼，九曰黻，皆絺以爲綉。則衮之衣五章，裳四章，凡九。）鷩冕服享先公，（鷩，畫鷩翟，謂華蟲也。其衣三章，裳四章，凡七。）毳冕服祀四望山川，（毳，畫虎蜼，謂宗彝也。其衣三章，裳二章，凡五也。蜼音維癸反。）絺冕服祭社稷五祀，（絺，刺粉米無畫，其衣一章，裳二章，凡三。）玄冕服祭群小祀。（其衣無文，裳刺黻而已。凡冕服，皆玄衣纁裳。）凡兵事韋弁服，（以靺韋爲弁，又以爲衣裳。《春秋傳》曰，晋郤至衣'靺韋之跗注'是。）眡朝則皮弁服，（視外内朝之事。其服十五升，白布衣，積素以爲裳。王受諸侯朝覲於廟，則衮冕。）凡甸，冠弁服。（甸，田獵也。冠弁，委貌。其服緇布衣，亦積素以爲裳。）司裘仲秋獻良裘，（良，善也。仲秋鳥獸毛毨，因其良時而用之。仲秋所獻善裘者，爲八月誓獮田所用，故獻之。鄭司農云：'良裘王所服。'）季秋獻功裘。（功裘，人功微粗，謂狐青麛裘之屬也。）

"公之服，自衮冕而下如王之服；侯伯之服，自鷩冕而下如公之服；子男之服，自毳冕而下如侯伯之服；孤之服，自絺冕而下如子男之服；卿大夫之服，自玄冕而下如孤之服；士之服，自皮弁而下如大夫之服。其齋服有玄端素端。（自公之衮冕，至卿大夫之玄冕，皆其朝聘天子及助祭之服。諸侯非二王後，其餘皆玄冕而祭於己。《雜記》曰：'大夫冕而祭於公，弁而祭於己；士弁而祭於公，冠而祭於己。'大夫爵弁自祭家廟，唯孤耳。其餘皆玄冠，與士同。玄冠自祭其廟者，其服朝服玄端。）

"秦制，水德，服尚袀玄。（袀音均。）

"後漢光武踐祚，始修郊祀。天子冕服，從歐陽氏説。三公、九卿、特進侯、朝侯、侍祠侯，從夏侯氏説。祀天地明堂，皆冠旒冕，衣裳皆玄上纁下，一服而已。明帝永平中，議乘輿備文，日月十二章，刺綉文。（《東觀書》曰：'永平二年正月，公卿議春南北郊，東平王蒼議曰："高皇帝始受命創業，制長冠以入宗廟。光武受命中興，建明堂，立辟雍。陛下以聖明奉遵，以禮服龍衮，祭五帝。禮闕樂崩，久無祭天地冕服之制。接尊事神，絜齋盛服，敬之至也。日月星辰，山龍華藻，天王衮冕十有二旒，以則天數；旂有龍章日月，以備其文。"'）三公、諸侯用山龍九章，九卿以下用華蟲七章，皆備五采，大佩，赤舄絇履，以承大祭。百官執事者，冠長冠，皆祗服。五岳、四瀆、山川、宗廟、社稷諸沾秩祠，皆袀玄服，絳緣領袖爲中衣，絳袴韈，示其赤心奉神也。其五郊迎氣，衣幘袴韈各如方色云。百官不執事者，各服長冠袀玄以從。大射禮於辟雍，公卿諸侯大夫行禮者，冠委貌，衣玄端素裳。（鄭玄曰：'端者取其正也。'鄭衆曰：'衣襦裳者爲端。'）執事者冠布弁，衣緇麻衣，皂領袖，下素裳。若冠通天冠，服衣深衣制，有袍，隨五時色。（梁劉昭曰：'袍者，或曰周公抱成王宴居，故施袍。"孔子衣逢掖之衣。"逢掖其袖，合而逢大之，近今袍者也。今下至踐更小史，皆通制袍，單衣，皂緣領袖中衣，爲朝服云。'）

"魏氏多因漢法，其所損益之制，無聞。（按《後漢志》：'孝明皇帝永平二年，詔從歐陽、夏侯二家所説，制冕服。乘輿刺綉文，公卿以下織成文。'據《晋志》云：'魏明帝以公卿衮冕之飾，擬於至尊，多所減損，始制服刺綉，公卿織成。'未詳孰是。）

“晋因不改。大祭祀，衣皂上絳下，前三幅，後四幅，衣畫而裳綉，日月星辰凡十二章。素帶廣四寸，朱裏，以朱緣裨飾其側。中衣以絳緣領袖。赤皮爲韍，絳袴韈，赤舄。未加元服則皂紗袍，絳緣中衣，絳袴韈，黑舄。又朝服，通天冠，絳紗袍，皂緣中衣。拜陵則黑介幘，單衣。雜服有青赤黄白黑五色紗袍。其武弁，素服單衣。公卿助祭郊廟，王公山龍以下九章，卿華蟲以下七章。其緇布冠，衣黑而裳素，中衣以皂緣領袖。袴褶之制，未詳所起，近代車駕親戎、中外戒嚴服之。無定色，冠黑帽，綴黑標，標以繒爲之，長四寸，廣一寸，腰有絡帶以代鞶革。中官紫標，外官絳標。又有纂嚴戎服而不綴標，行留文武悉同。”

[23]顧和：字君孝，本書卷八三有傳。

[24]白琁珠：琁，殿本作“璇”。

通天冠，本秦制。高九寸，正豎，[1]頂少斜却，[2]乃直下，鐵爲卷梁，前有展筩，[3]冠前加金博山述，[4]乘輿所常服也。

[1]正豎：正直不彎曲。

[2]頂少斜却：頂部稍稍傾斜。少，稍微。

[3]展筩：古代帽子上的飾物，筒狀。

[4]金博山述：古代帽子上的裝飾。《資治通鑑》卷一三七《齊紀》永和九年胡三省注通天冠：“晋因漢制，前加金博山述。述即鷸也，鷸知天雨，故冠像焉。”

平冕，王公、卿助祭於郊廟服之。王公八旒，卿七旒。以組爲纓，[1]色如其綬。王公衣山龍以下九章，卿衣華蟲以下七章。

圖 6　通天冠。據宋摹本傳晉顧愷之《女史箴圖》之漢元帝形象繪。

[1]組：絲帶。

遠游冠，傅玄云秦冠也。[1]似通天而前無山述，有展筒横於冠前。皇太子及王者後、帝之兄弟、帝之子封郡王者服之。諸王加官者自服其官之冠服，惟太子及王者後常冠焉。太子則以翠羽爲緌，綴以白珠，[2]其餘但青絲而已。

[1]傅玄：字休奕，本書卷四七有傳。

[2]珠：原本作“殊”，宋本、殿本作“珠”，據宋本、殿本改。

圖7　遠游冠。據宋摹本傳晉顧愷之《洛神賦圖》之男性形象繪。

緇布冠，[1]蔡邕云即委貌冠也。[2]太古冠布，齊則緇之。緇布冠，始冠之冠也。其制有四形，一似武冠，又一似進賢，其一上方，其下如幘顔；其一剌上而方下。行鄉射禮則公卿委貌冠，[3]以皂絹爲之。形如覆杯，與皮弁同制，長七寸，高四寸。衣黑而裳素，其中衣以皂緣領袖。其執事之人皮弁，以鹿皮爲之。

[1]緇布冠：《通典》卷五七《禮・嘉禮》："周制，《士冠禮》云緇布冠，（頍項，青組纓屬於頍。緇布冠無笄者，著頍，圍髮際，結項中，隅爲四綴以固冠。項中有纚，亦由固頍爲之耳。今未冠笄者，著卷幘，頍象之所生也。）以爲始冠之冠，冠而弊之可也。（初

圖 8　委貌冠。據唐閻立本《歷代帝王圖》之南陳後主陳叔寶形象繪。

加緇布冠，再加皮弁，次加爵弁。加皮弁後而棄之。）”

[2]蔡邕：東漢陳留圉（今河南省杞縣西南）人，字伯喈。通天文、數術、音律、辭章。董卓專擅朝政，任蔡邕爲祭酒、尚書、中郎將。董卓被誅後，王允將蔡邕收付廷尉治罪，死於獄中。

[3]鄉射禮：古代禮儀，《儀禮》中有《鄉射禮》篇。

進賢冠，[1]古緇布遺象也，斯蓋文儒者之服。前高七寸，後高三寸，長八寸，有五梁、三梁、二梁、一梁。人主元服，始加緇布，則冠五梁進賢。三公及封郡公、縣公、郡侯、縣侯、鄉亭侯，則冠三梁。卿、大夫、八座尚書，[2]關中内侯、二千石及千石以上，則冠兩梁。中書郎、[3]秘書丞郎、[4]著作郎、[5]尚書丞郎、[6]太子洗馬舍人、[7]六百石以下至於令史、門郎、[8]小史，[9]並冠一梁。漢建初中，太官令冠兩梁，親省御膳爲重也。博士兩梁，崇儒也。宗室劉氏亦得兩梁冠，示加服也。

圖 9　進賢冠。據《考古學報》1959 年第 3 期《長沙兩晋南朝隋墓發掘報告》中對坐俑（21：11）形象繪。

[1]進賢冠：《通典》卷五七《禮·嘉禮》："後漢改之，制進賢冠，爲儒者之服。前高七寸，後高三寸，長八寸。公侯三梁，中二千石以下至博士兩梁，（蔡邕《獨斷》云：'千石以下一梁。'）小吏私學子皆一梁。

"晋因之。天子元服，始加則冠五梁進賢冠。三公及封郡公、縣侯、鄉亭侯則三梁。卿大夫下至千石則兩梁。中書門下至門郎小吏，並一梁。”

[2]八座尚書：即尚書八座，尚書省高級官員的合稱。東漢用以稱尚書令、僕射、六曹尚書。魏晉以後，用以稱尚書令、左右僕射、諸曹尚書。無論共有幾人，皆沿用八座之稱。

[3]中書郎：官名，隸屬中書令。掌草擬詔書、外出執行重要使命等。亦作爲中書通事郎、中書侍郎的省稱。五品。

[4]秘書丞郎：官名，秘書丞和秘書郎。秘書丞，秘書監次官，負責典籍圖書的管理和整理，爲清要之官，多由士族高門擔任。六品。秘書郎，亦稱秘書郎中，秘書丞屬官，掌文書機要和整理典籍。六品。

[5]著作郎：官名，三國時爲著作局長官，隸屬中書省。西晉時著作局别自署省，長官仍爲著作郎，改隸屬秘書省。西晉後亦稱大著作郎、大著作、著作，掌國史及起居注的修撰。兩晉南北朝時爲清要之官，多由有名望的文學之士擔任，也用司空、侍中、尚書等官典領。職閑位重，南朝時多爲貴族起家官。六品。

[6]尚書丞郎：官名，尚書丞和尚書郎。尚書丞，尚書令的佐貳官，地位次於僕射。掌尚書都省庶務。六品。

[7]太子洗馬：官名，東宫屬官。掌太子圖籍、經書，太子出行則前導威儀。七品。　舍人：官名，此爲太子舍人，隸屬太子太傅或少傅，宿衛太子，掌文章書記，職比散騎侍郎、中書侍郎。魏晉時七品。

[8]門郎：官名，隸屬城門校尉，戍守京城各門。

[9]小史：官名，漢朝及魏晉郡縣屬吏中最卑微的吏職，掌處理雜務。史，殿本作“吏”。

武冠，一名武弁，一名大冠，一名繁冠，一名建冠，一名籠冠，[1]即古之惠文冠。或曰趙惠文王所造，[2]

圖 10　大冠。據宋摹本傳晋顧愷之《女史箴圖》之刺熊者形象繪。

因以爲名。亦云，惠者蟪也，其冠文輕細如蟬翼，故名惠文。或云，齊人見千歲涸澤之神，名曰慶忌，[3]冠大冠，乘小車，好疾馳，因象其冠而服焉。漢幸臣閎孺爲侍中，[4]皆服大冠。天子元服亦先加大冠，左右侍臣及諸將軍武官通服之。[5]侍中、常侍則加金璫，[6]附蟬爲飾，插以貂毛，黄金爲竿，侍中插左，常侍插右。胡廣曰：[7]"昔趙武靈王爲胡服，[8]以金貂飾首。秦滅趙，以其君冠賜侍臣。"應劭《漢官》云：[9]"説者以爲金取剛强，百鍊不耗。蟬居高飲清，口在掖下。貂内勁悍而外柔縟。"又以蟬取清高飲露而不食，貂則紫蔚柔潤而

圖 11　籠冠。據宋摹本傳晉顧愷之《洛神賦圖》之侍從形象繪。

毛采不彰灼，金則貴其寶瑩，於義亦有所取。或以爲北土多寒，胡人常以貂皮温額，後世效此，遂以附冠。漢貂用赤黑色，王莽用黄貂，各附服色所尚也。

[1]一名籠冠：籠，宋本作“大”。

[2]趙惠文王：戰國時趙國國君，名何，趙武靈王少子。公元前 298 至前 266 年在位。在位期間，合齊攻韓，又先後派趙梁、廉頗、藺相如數度攻齊。也曾大破秦軍於閼與。

圖 12　金珰蟬。據《文物》2001 年第 3 期《江蘇南京仙鶴觀東晋墓》之蟬紋金珰（M6：42）繪。

［3］慶忌：古代傳説中的水怪。《管子·水地》："慶忌者，其狀若人，其長四寸，衣黄衣，冠黄冠，戴黄蓋，乘小馬，好疾馳。以其名呼之，可使千里外一日反報。此涸澤之精也。"

［4］閎孺：西漢孝惠帝時的幸臣，審食其被人讒毁，惠帝令下獄處死，無人敢講情。閎孺出面，纔使審食其免於一死。

［5］左右侍臣：臣，原本、宋本作"中"，殿本作"臣"，據殿本改。

［6］金璫：古代冠飾。漢代侍中、中常侍配戴此冠飾。因璫當冠前，又以黄金爲之，故名。

［7］胡廣：東漢南郡華容（今湖北省潜江市西南）人，字伯始。安帝時舉孝廉，奏章爲天下第一。歷任安、順、冲、質、桓、靈六帝，一任司空，二拜司徒，三登太尉，五遷尚書僕射。

［8］趙武靈王：戰國時趙國國君，名雍，趙肅侯之子，公元前 325 至前 299 年在位。在位期間改革軍事，胡服騎射，國勢大大

增强。

［9］應劭：三國時汝南南頓（今河南省項城市西南）人，字仲遠，應奉之子。博覽多聞，歷任車騎將軍掾、泰山太守等職。撰《風俗通》傳於世。　《漢官》：一作《漢官儀》，一卷，元陶宗儀有輯本。

圖 13　貂尾籠冠。據山西太原北齊婁睿墓壁畫之簪貂尾者形象繪。

高山冠，[1]一名側注，高九寸，鐵爲卷梁，制似通天。[2]頂直豎，不斜却，無山述展筩。高山者，《詩》云“高山仰止”，取其矜莊賓遠者也。中外官、謁者、謁者僕射所服。[3]胡廣曰：“高山，齊王冠也。《傳》曰‘桓公好高冠大帶'。秦滅齊，以其君冠賜謁者近臣。"應劭曰："高山，今法冠也，秦行人使官亦服之。"而《漢官儀》云"乘輿冠高山之冠，飛翮之纓"，然則天子亦有時服焉。《傅子》曰：[4]"魏明帝以其制似通天、遠游，故改令卑下。"

[1]高山冠：《通典》卷五七《禮·嘉禮》："秦滅齊，獲其君冠而制之。形如通天冠，頂不邪却，直豎，鐵爲卷梁，高九寸，無山述展筒。一名側注冠。(其體側立而曲注，因名之。)以賜近臣，中外官、謁者、僕射、行人、使者等所服。

"《漢舊儀》云：'乘輿冠高山冠，飛月之纓，(一云飛翮之纓。)丹紈裹。(按此高山冠亦通天子之服。)'

"魏明帝因改之，卑下於通天、遠游，除去卷筒，加介幘，幘上加物以象山，行人使者服之。

"晋、宋、齊、梁、陳，歷代因之。"

[2]制似通天：似，宋本作"以"。

[3]中外官：中朝官和外朝官。漢武帝爲加强皇權，選拔文學之士，加侍中、常侍、給事中等官職，侍奉皇帝左右以備顧問，並參與國家大政决策，是爲中朝官。以丞相爲首的百官是爲外朝官。謁者：官名，謁者臺屬官。掌賓禮司儀、傳宣詔命、奉命出使等。又有監國謁者，監視諸侯王，權勢頗重。七品。謁者、謁者僕射所服：中華本校勘記："《續漢志》下不重'謁者'二字。"

[4]《傅子》：西晋傅玄所著文論集。

法冠，一名柱後，或謂之獬豸冠。高五寸，以縰爲展筒。[1]鐵爲柱卷，取其不曲撓也。侍御史、廷尉正監平，[2]凡執法官皆服之。或説獬豸神羊，能觸邪佞。《異物志》云：[3]“北荒之中，有獸名獬豸，一角，性别曲直。見人鬥，觸不直者。聞人爭，咋不正者。楚王嘗獲此獸，因象其形以制衣冠。”胡廣曰：“《春秋左氏傳》晉侯觀於軍府，見鍾儀，[4]曰‘南冠而縶者誰也？’南冠即楚冠。秦滅楚，以其冠服賜執法臣也。”

[1]縰：古代用以束髮的絲織品。

[2]侍御史：官名，簡稱御史、侍御。御史臺屬官，曹魏時分掌治書、課第等八曹，尚書、符節等三臺。西晉時分掌吏、課第、直事、印、中都督、外都督、媒、符節、水、中壘、軍營、法、算十三曹。六品。　廷尉正監平：廷尉正、廷尉監、廷尉平，號“廷尉三官”，協助廷尉治理刑獄。皆六品。

[3]《異物志》：東漢楊孚撰。

[4]鍾儀：春秋時楚國公卿，晉楚交戰中被俘，被囚禁於軍庫中。晉景公視察軍庫，看到了鍾儀，便問隨行的官吏説：“南冠而縶者，誰也？”事見《左傳·成公九年》。

長冠，一名齊冠。高七寸，廣三寸，漆纚爲之，[1]制如版，[2]以竹爲裏。漢高祖微時，以竹皮爲此冠，其世因謂劉氏冠。後除竹用漆纚。司馬彪曰：[3]“長冠蓋楚制。人間或謂之鵲尾冠，非也。救日蝕則服長冠，而祠宗廟諸祀冠之。此高祖所造，後世以爲祭服，尊敬之至也。”

[1]纚：古代束髮用的絲織品。

[2]制如版：制，殿本作“間”。

[3]司馬彪：字紹統，本書卷八二有傳。

建華冠，[1]以鐵爲柱卷，貫大銅珠九枚，古用雜木珠，原憲所冠華冠是也。[2]又《春秋左氏傳》鄭子臧好聚鷸冠，謂建華是也。祀天地、五郊、明堂，舞人服之。漢《育命舞》樂人所服。[3]

[1]建華冠：通典卷五七《禮·嘉禮》："漢制，以鐵爲柱卷，貫大銅珠九枚，形似縷鹿。（薛綜曰'下輪大，上輪小'也。）記曰：'知天者冠述，知地者履絇。'《左氏傳》曰：'鄭子臧好聚鷸冠。'建華是也。天地、五郊、明堂《育命舞》，樂人服之。晋及陳，代相因不易，餘並無聞。"

[2]原憲：春秋末魯國人，名憲，字子思，孔子學生，以安貧樂道著稱。

[3]《育命舞》：育，殿本作"高"。

方山冠，[1]其制似進賢。鄧展曰：[2]"方山冠，以五采縠爲之。"漢《大予》《八佾》《五行》樂人所服，[3]冠衣各如其行方之色而舞焉。

[1]方山冠：《通典》卷五七《禮·嘉禮》："漢制，似進賢，以五采縠爲之。祠宗廟，《八佾》《四時》《五行》樂人服之，冠衣各如其方之色而舞焉。晋因之。"

[2]鄧展：東漢末南陽（今河南省南陽市）人，建安中爲奮威將軍。

[3]大予：原本、宋本、殿本作"天子"，據中華本改。

巧士冠，[1]前高七寸，要後相通，直豎。此冠不常用，漢氏惟郊天，黄門從官四人冠之；在鹵簿中，夾乘輿車前，以備宦者四星。或云，掃除從官所服。

[1]巧士冠：《通典》卷五七《禮·嘉禮》："漢制，高七寸，要後相通，直豎，似高山冠。不常服，唯郊天，黄門從官者四人冠之，在鹵簿中，次乘輿車前，以備宦者四星云。晋因之。自後無聞。"

却非冠，[1]高五寸，制似長冠。宫殿門吏僕射冠之。負赤幡，[2]青翅燕尾，諸僕射幡皆如之。

[1]却非冠：《通典》卷五七《禮·嘉禮》："漢制，似長冠，皆縮垂五寸，有纓緌，宫殿門吏僕射等冠之。"

[2]幡：古代帽子上的巾飾。

却敵冠，[1]前高四寸，通長四寸，後高三寸，制似進賢。凡當殿門衛士服之。

[1]却敵冠：據《通典》卷五七《禮·嘉禮》，晋制之，陳依之，餘並廢。

樊噲冠，[1]廣九寸，高七寸，前後出各四寸，制似平冕。昔楚漢會於鴻門，[2]項籍圖危高祖，樊噲常持鐵楯，聞急，乃裂裳苞楯，戴以爲冠，排入羽營，因數羽罪，漢王乘間得去。後人壯其意，乃制冠象焉。凡殿門司馬衛士服之。

圖 14　却敵冠。據嘉峪關魏晋墓畫像磚之驛使形象繪。

［1］樊噲冠：《通典》卷五七《禮・嘉禮》：“漢將樊噲造次所冠，以入項羽軍。其制似平冕，廣九寸，高七寸，前後出各四寸，司馬殿門衛士服之。（或曰：‘樊噲常持鐵楯，聞項羽有意殺漢王，噲裂裳以裹盾，冠之入軍門，立漢王傍，視項羽。’）晋、宋、齊、陳，不易其制，餘並無聞。”樊噲，秦末泗水沛（今江蘇省沛縣）人，秦末隨劉邦起兵，屢立戰功，尤其在鴻門宴上氣概英勇。歷任郎中騎將、將軍、左丞相、相國等職。娶吕后妹妹爲妻。

［2］鴻門：即鴻門亭，位於今陝西省長安市臨潼區東北陰盤鎮東。

術氏冠，[1]前圓，吴制，差池四重。[2]趙武靈王好服之。或曰，楚莊王復仇冠是也。[3]

［1］術氏冠：《通典》卷五七《禮・嘉禮》：“漢制，前圓，差池四重。趙武靈王好服之。今不施用。或曰‘楚莊王解冠’是也。

晋因之。宋以後無聞。”術，殿本作“衛”。

[2]差池：參差不齊。

[3]楚莊王：春秋時楚國國君，名旅。楚穆王之子。春秋五霸之一。公元前 613 至前 591 年在位。　復仇冠是也：殿本無“是”字。

鶡冠，加雙鶡尾，豎插兩邊。鶡，鳥名也，形類鷂而微黑，性果勇，其鬥到死乃止。上黨貢之，[1]趙武靈王以表顯壯士。至秦漢，猶施之武人。

[1]上黨：郡名，治所在潞縣（今山西省黎城縣南）。

皮弁，[1]以鹿皮淺毛黄白色者爲之。《禮》“王皮弁，會五采玉璂，象邸玉笄”，謂之合皮爲弁。[2]其縫中名曰會，以采玉朱爲璂。璂，結也。天子五采，諸侯三采。邸，冠下柢也，[3]象骨爲之，音帝也。天子則縫有十二，公九，侯伯七，[4]子男五，孤四，卿大夫三。

[1]皮弁：《通典》卷五七《禮·嘉禮》：“《周禮·弁師》云：‘王之皮弁會五采玉璂，象邸玉笄。’（會，縫中也。璂，結也。皮弁之縫中，每貫結五采玉十二以爲飾，謂之璂。邸，下柢也，以象骨爲之。）《司服》云：‘視朝則皮弁服。’《士冠禮》曰：‘三王共皮弁。’（按皮弁，韋弁，侯伯璂飾七玉，子男璂飾五玉，三采。孤璂飾四，三命之卿璂飾三，再命之大夫璂飾二玉，二采。皮弁以鹿皮爲之。璂音其。）

晋依舊制，以鹿淺毛黄白色者爲之，其服用等級並准《周官》。”

[2]合皮爲弁：殿本無“皮”字。

[3]柢：殿本作“抵”。

[4]天子則縫有十二，公九，侯伯七：殿本作“天子則縫十二，公侯伯七”。

韋弁，[1]制似皮弁，[2]頂上尖，韎草染之，色如淺絳。

[1]韋弁：《通典》卷五七《禮·嘉禮》：“《周官·司服》云：‘凡兵事韋弁服。’（以韎韋爲弁。齊人名蒨爲韎韐，以染韋爲絳色，曰‘韎韋’。）晋以韋爲之，頂上少尖。”

[2]制似皮弁：似，宋本作“以”。

爵弁，一名廣冕。高八寸，長尺二寸，[1]如爵形，前小後大。增其上似爵頭色。有收持笄，所謂夏收殷冔者也。[2]祠天地、五郊、明堂，《雲翹舞》樂人服之。[3]

[1]長尺二寸：尺，原本、宋本、殿本無此字，據中華本校勘記補。

[2]夏收殷冔：夏代名收，殷商名冔。蔡邕《独断》卷下：“冕冠周曰爵弁，殷曰冔，夏曰收。皆以三十升漆布爲殼，廣八寸，長尺二寸，加冕繒其上。”

[3]《雲翹舞》：雲，原本、宋本、殿本無此字，據中華本校勘記補。

幘者，古賤人不冠者之服也。漢元帝額有壯髮，[1]始引幘服之。王莽頂秃，又加其屋也。《漢注》曰，冠進賢者宜長耳，今介幘也。冠惠文者宜短耳，今平上幘也。始時各隨所宜，遂因冠爲别。介幘服文吏，平上幘服武官也。童子幘無屋者，示不成人也。又有納言幘，幘後收又一重，方三寸。又有赤幘，騎吏、武吏、乘輿鼓吹所服。救日蝕，文武官皆免冠著幘，對朝服，示武威也。

圖 15　平上幘、介幘。據荆州八嶺山連心石料廠一號墓出土西晋青瓷部曲俑繪，圖左男俑頭戴平上幘；圖右男俑冠進賢冠、戴介幘。

［1］壯髮：《漢書》卷九七《外戚・孝成趙皇后傳》："我兒男

也，額上有壯髮，類孝元皇帝。”顔師古注：“壯髮，當額前侵下而生，今俗呼爲圭頭者是也。”

漢儀，立秋日獵，服緗幘。[1]及江左，哀帝從博士曹弘之等議，[2]立秋御讀令，改用素白帢。[3]案漢末王公名士多委王服，以幅巾爲雅，是以袁紹、崔鈞之徒，[4]雖爲將帥，皆著縑巾。魏武以天下凶荒，資財乏匱，擬古皮弁，裁縑帛以爲帢，合乎簡易隨時之義，以色別其貴賤，本施軍飾，非爲國容也。徐爰曰：[5]“俗説帢本未有歧，[6]荀文若巾之行，[7]觸樹枝成歧，謂之爲善，因而弗改。”今通以爲慶吊服。

[1]緗：淺黄色。

[2]哀帝：西漢哀帝劉欣，字喜，漢元帝庶孫，定陶恭王之子。成帝死後繼位。

[3]帢：《通典》卷五七《禮・嘉禮》：“魏武以天下凶荒，資財乏匱，擬古皮弁，裁縑帛以爲帢，（苦洽切。）合乎簡易隨時之義，以色別其貴賤，本施軍飾，非爲國容。（或云：‘本未有岐，荀文若巾之行，觸樹枝成岐，因之爲善，遂不改。’因通以慶吊。帢與帢同。）

“晋因之，咸和中，制聽尚書八座丞郎、門下三省侍官乘車白帢。”

[4]袁紹：東漢汝南汝陽（今河南省商水縣西北）人，字本初。出身世家大族，靈帝時歷任侍御史、虎賁中郎將等職。董卓進京，廢少帝立獻帝，袁紹不滿董卓專横，起兵討伐，並任討董聯盟盟主。後據有青、冀、幽、并四州。與曹操決戰於官渡，兵敗，病死。　崔鈞：東漢人，崔烈之子。《後漢書》卷五二《崔寔附崔烈

圖 16　幅巾。據南京市西善橋南朝墓拼鑲磚畫之阮咸形象繪。

傳》："烈於是聲譽衰減。久之不自安，從容問其子鈞曰：'吾居三公，於議者何如？'鈞曰：'大人少有英稱，歷位卿守，論者不謂不當爲三公；而今登其位，天下失望。'烈曰：'何爲然也？'鈞曰：'論者嫌其銅臭。'烈怒，舉杖擊之。鈞時爲虎賁中郎將，服武弁，戴鶡尾，狼狽而走。烈罵曰：'死卒，父檛而走，孝乎？'鈞曰：'舜之事父，小杖則受，大杖則走，非不孝也。'烈慚而止。"

[5]徐爰：南朝宋琅邪開陽（今山東省臨沂市北）人，字長玉。歷任殿中侍御史、南臺侍御史、員外散騎侍郎、殿中郎兼左右丞等職。

[6]歧：殿本作"岐"。本卷下文"觸樹枝成歧"同。

[7]荀文若：即荀彧，東漢末潁川潁陰（今河南省許昌市）人，字文若。曹操重要謀士，歷任奮武司馬、鎮東司馬、侍中、光禄大夫、參丞相軍事等職。因反對曹操進爵國公，爲曹操忌恨，被迫自殺。

巾，[1]以葛爲之，形如帢而横著之，古尊卑共服也。故漢末妖賊以黄爲巾，世謂黄巾賊。

[1]巾：裹頭用的織品。有角巾、幅巾之别。角巾用葛做成，尊卑均服，幅巾以縑爲原料，貴者所服。《通典》卷五七《禮・嘉禮》："角巾，東晋制，以葛爲之，形如帢，而横著之，尊卑共服。太元中，國子生見祭酒博士，冠角巾。""幅巾，後漢末，王公名士以幅巾爲雅，是以袁紹、崔鈞之徒雖爲將帥，皆著縑巾。時有妖賊，以黄爲巾，時謂之黄巾賊。（按巾，六國時，趙魏之間，通謂之承露。袁紹戰敗，幅巾渡河。按此則庶人及軍旅皆服之。用全幅皂而向後幞髮，謂之頭巾，俗人謂之幞頭。）"

帽名猶冠也，義取於蒙覆其首，其本纚也。古者冠無幘，冠下有纚，以繒爲之。後世施幘於冠，因或裁纚爲帽。[1]自乘輿宴居，下至庶人無爵者皆服之。成帝咸和九年，制聽尚書八座丞郎、門下三省侍官乘車，[2]白帢低幃，出入掖門。又，二宫直官著烏紗帢。然則往往士人宴居皆著帢矣。而江左時野人已著帽，[3]人士亦往往而然，但其頂圓耳，後乃高其屋云。

[1]因或裁纚爲帽：纚，殿本作"縰"。

[2]尚書八座丞郎：丞，原本、宋本作"承"，殿本作"丞"，

據殿本改。　門下三省侍官乘車：中華本校勘記："李校：《宋書·禮志》五'侍官'作'侍郎'。"門下三省，魏晉門下設侍中省、散騎省、西省，合稱門下三省。

[3]而江左時野人已著帽：而，殿本作"時"。

漢制，自天子至於百官，無不佩劍，其後惟朝帶劍。晉世始代之以木，貴者猶用玉首，賤者亦用蚌、金銀、玳瑁爲雕飾。

乘輿六璽，秦制也。曰"皇帝行璽""皇帝之璽""皇帝信璽""天子行璽""天子之璽""天子信璽"，漢遵秦不改。又有秦始皇藍田玉璽，螭獸鈕，在六璽之外，文曰"受天之命，皇帝壽昌"。漢高祖佩之，後世名曰傳國璽，與斬白蛇劍俱爲乘輿所寶。[1]斬白蛇劍至惠帝時武庫火燒之，遂亡。及懷帝没胡，傳國璽没於劉聰，[2]後又没於石勒。[3]及石季龍死，[4]胡亂，穆帝世乃還江南。

[1]與斬白蛇劍俱爲乘輿所寶：斬，宋本作"之"。

[2]劉聰：字玄明，一名載，本書卷一〇二有載記。

[3]石勒：字世龍，本書卷一〇四有載記。

[4]石季龍：即石虎，字季龍，本書卷一〇六有載記。

革帶，古之鞶帶也，[1]謂之鞶革，文武衆官牧守丞令下及騶寺皆服之。其有囊綬，[2]則以綴於革帶，其戎服則以皮絡帶代之。八坐尚書荷紫，[3]以生紫爲袷囊，綴之服外，加於左肩。昔周公負成王，制此服衣，至今以爲朝服。或云漢世用盛奏事，負之以行，未詳也。

[1]鞶帶：皮制的腰帶。

[2]囊綬：中華本校勘記："周校：'綬'當在'囊'上。按：下文及《宋書·禮志》五云'或謂之綬囊'，《御覽》六九一引謝承《與步騭書》'虎頭綬囊'，均可證。"

[3]八坐尚書荷紫：中華本校勘記："李校：'荷紫'當作'紫荷'。按：'紫荷'見《宋書·禮志》五、《南齊書·輿服志》。"

車前五百者，卿行旅從，五百人爲一旅。漢氏一統，故去其人，留其名也。

袴褶之制，未詳所起，近世凡車駕親戎、中外戒嚴服之。服無定色，冠黑帽，綴紫摽，[1]摽以繒爲之，長四寸，廣一寸，腰有絡帶以代鞶。中官紫摽，外官絳摽。又有纂嚴戎服而不綴摽，行留文武悉同。其畋獵巡幸，則惟從官戎服帶鞶革，文官不下纓，武官脱冠。[2]

[1]摽：同"標"，標志。殿本作"標"，本卷下文"摽"同。

[2]武官脱冠：脱，原本、宋本、殿本作"服"，據中華本改。

漢制，一歲五郊，天子與執事者所服各如方色，百官不執事者服常服絳衣以從。魏秘書監秦静曰："漢氏承秦，改六冕之制，但玄冠絳衣而已。"魏已來名爲五時朝服，又有四時朝服，又有朝服。自皇太子已下隨官受給。百官雖服五時朝服，據今止給四時朝服，闕秋服。三年一易。

圖 17　袴褶。據唐閻立本《歷代帝王圖》之陳宣帝侍從形象繪。

諸假印綬而官不給鞶囊者，得自具作，其但假印不假綬者，[1]不得佩綬。鞶，古制也。漢世著鞶囊者，側在腰間，或謂之傍囊，或謂之綬囊，然則以紫囊盛綬也。或盛或散，各有其時。

[1]不假綬者：假，原本、宋本作“給”，殿本作“假”，據殿本改。

笏，古者貴賤皆執笏，其有事則搢之於腰帶，所謂搢紳之士者，搢笏而垂紳帶也。紳垂長三尺。笏者，有事則書之，故常簪筆，今之白筆是其遺象。[1]三臺五省二品文官簪之，王、公、侯、伯、子、男、卿尹及武官不簪，加内侍位者乃簪之。手版即古笏矣。尚書令、僕射、尚書手版頭復有白筆，以紫皮裹之，名曰笏。

[1]白筆：古代侍從官員携帶的筆，插於冠側，用以記事或奏事。崔豹《古今注·輿服》："白筆，古珥筆，示君子有文武之備焉。"　遺象：前代留下來的樣式。

皇太子金璽龜鈕，朱黄綬，四采：赤、黄、縹、紺。給五時朝服，遠游冠，介幘、翠緌。佩瑜玉，垂組。朱衣絳紗襮，[1]皂緣白紗，其中衣白曲領。帶劍，火珠素首。革帶，[2]玉鈎燮獸頭鞶囊。其大小會祠宗廟朔望五日還朝皆朝服，常還上宫則朱服，預上宫正會則於殿下脱劍舄。又有三梁進賢冠。其侍祀則平冕九旒，衮衣九章，白紗絳緣中單，絳繒韠，[3]采畫織成衮帶，金辟邪首，紫緑二色帶，采畫廣領、曲領各一，赤舄絳袜。若講，則著介幘單衣；釋奠，則遠游冠，玄朝服，絳緣中單，絳袴袜，玄舄。若未加元服，則中舍人執冕從，介幘單衣玄服。[4]

[1]襮（bó）：綉有花紋的衣領。

[2]革帶：革，原本、殿本作"華"，宋本作"革"，據宋本改。

[3]韠：古代朝覲或祭祀時遮蔽在衣裳前的絲織品。

[4]介幘單衣玄服：原本、宋本無“幘單衣玄服”五字，殿本有，據殿本、中華本校勘記補。

諸王金璽龜鈕，纁朱綬，四采：朱、黄、縹、紺。五時朝服，遠游冠介幘，亦有三梁進賢冠。朱衣絳紗襮皂緣，中衣表素。革帶，黑舄，佩山玄玉，垂組，大帶。若加餘官，則服其加官之服也。

皇后謁廟，其服皂上皂下，親蠶則青上縹下，皆深衣制，[1]隱領袖緣以絛。[2]首飾則假髻，[3]步摇，[4]俗謂之珠松是也，簪珥。步摇以黄金爲山題，貫白珠爲支相繆。八爵九華，熊、獸、赤羆、天鹿、辟邪、南山豐大特六獸，[5]諸爵獸皆以翡翠爲毛羽，金題白珠璫，繞以翡翠爲華。元康六年，詔曰：“魏以來皇后蠶服皆以文綉，非古義也。今宜純服青，以爲永制。”

[1]深衣：古代上下衣連綴的服裝。《禮記·深衣》：“古者深衣，蓋有制度，以應規矩，繩權衡。”鄭玄注：“名曰深衣者，謂連衣裳而純之以采也。”

[2]絛：絲繩。殿本作“絛”。

[3]首飾：戴在頭上的裝飾品。亦稱“首服”。《通典》卷六二《禮·嘉禮》：“周制，追師掌王后之首服，爲副、編、次，追衡、笄，爲九嬪及外内命婦之首服，以待祭祀、賓客。（追師，掌冠冕之官，故并主王后之首服。鄭玄謂：‘副之言覆，所以覆首爲之飾，其遺象若今步摇矣，服之以從王祭祀。編，編列髮爲之，其遺象若今假紒矣，服之以桑也。次，次第髮長短爲之，所謂髲髢也，服之以見王。王后之燕居，亦纚笄總而已。追猶治也，《詩》云“追琢

圖 18　步摇。據宋摹本傳晉顧愷之《女史箴圖》之戴花釵、步摇女性形象繪。

其璋”。王后之衡笄，皆以玉爲之，惟祭服有衡，垂於副之兩旁，當耳，其下以紞懸瑱。《詩》云“玼兮玼兮，其之翟也。鬒髮如雲，不屑髢也。玉之瑱也”是也。笄，卷髮者。外内命婦衣鞠衣襢衣者服編，衣褖衣者服次。’追音堆。髢，徒計反。髲，皮寄反。襢，知善反。褖音彖。）

“漢制，太皇太后、皇太后入廟，蔮簪珥。（珥，耳璫垂珠也。釋名云：‘簪，達也，所以達冠於後也。一曰笄。笄，係也，所以拘冠使不墜也。’）簪以玳瑁爲擿，長一尺，端爲華勝，上爲鳳凰爵，以翡翠爲毛羽，下有白珠，垂黄金鑷。左右一横簪之，以安蔮。諸簪珥皆同制，其擿有等級焉。皇后謁廟，假結，步摇，簪珥。步摇以黄金爲山題，貫白珠爲桂枝相繆，一爵九華，熊、武、赤羆、天鹿、辟邪、南山豐大特六獸，詩所謂‘副笄六珈’者。(《詩傳》曰：‘副者，后夫人之首飾，編髪爲之。笄，衡笄也。珈，笄飾之最盛者，所以别尊卑也。’鄭玄曰：‘珈之言加也。副，既笄而加飾，如今步摇上飾，古制未聞。’其南山豐大特，按《史記》：‘秦文公二十七年，伐南山大梓，豐大特。’徐廣注云：‘今武都故道有怒特祠，圖大牛，上生樹本，有牛從木中出，後見於豐水中。’）諸爵獸皆以翡翠爲毛羽，金題，白珠璫繞，以翡翠爲華云。貴人助蠶制，大手結，墨玳瑁，又加簪珥。長公主加步摇，公主大手結，皆有簪珥。公、卿、列侯、中二千石、二千石夫人，紺繒蔮，黄金龍首銜白珠，魚須擿，長一尺，爲簪珥。

“魏制，貴人、夫人以下助蠶，皆大手髻，七鏌（音蓂）蔽髻，黑玳瑁，又加簪珥。九嬪以下五鏌，世婦三鏌。諸王妃、長公主，大手髻，七鏌蔽髻。其長公主得有步摇，皆有簪珥。公特進列侯卿校代婦、中二千石以下夫人，紺繒蔮，黄金龍首銜白珠，魚須擿，長一尺，爲簪珥。

“晋依前代，皇后首飾：假髻，步摇，簪珥。步摇以黄金爲山題，貫白珠爲枝相繆，八爵九華，熊、武、赤羆、天鹿、辟邪、南山豐大特六獸。諸爵獸皆以翡翠爲毛羽，金題，白珠璫繞，以翡翠爲花。元康六年詔改。”

[4]步摇：古代頭飾。

[5]熊、獸、赤羆：獸，中華本校勘記：“當從《續漢志》下作‘虎’，此唐人避諱改。”　大特：古代大公牛神，傳説居於豐水中。《史记》卷五《秦本纪》：“（文公）二十七年，伐南山大梓，豐大特。”張守節正義引《録異傳》：“秦文公時，雍南山有大梓樹，文公伐之，輒有大風雨，樹生合不斷。時有一人病，夜往山中，聞有鬼語樹神曰：‘秦若使人被髮，以朱絲繞樹伐汝，汝得不困耶？’

樹神無言。明日，病人語聞，公如其言伐樹，斷，中有一青牛出，走入豐水中。其後牛出豐水中，使騎擊之，不勝。有騎墮地復上，髮解，牛畏之，入不出。故置髦頭。漢、魏、晉因之。武都郡立怒特祠，是大梓牛神也。”

貴人、夫人、貴嬪，是爲三夫人，皆金章紫綬，章文曰貴人、夫人、貴嬪之章。佩于寘玉。淑妃、淑媛、淑儀、修華、修容、修儀、婕妤、容華、充華，是爲九嬪，銀印青綬，佩采瓄玉。[1]貴人、貴嬪、夫人助蠶，服純縹爲上與下，皆深衣制。太平髻，[2]七鏌蔽髻，[3]黑玳瑁，又加簪珥。九嬪及公主、夫人五鏌，世婦三鏌。助蠶之義，自古而然矣。

[1]瓄玉：崑山所出之玉石。
[2]太平髻：太，宋本作“大”。本卷下文“太平髻”同。
[3]鏌：同“鈿”。金花首飾。

皇太子妃金璽龜鈕，纁朱綬，佩瑜玉。

諸王太妃、妃、諸長公主、公主、封君金印紫綬，[1]佩山玄玉。

[1]諸王太妃：太，宋本作“大”。

長公主、公主見會，太平髻，七鏌蔽髻。其長公主得有步摇，皆有簪珥，衣服同制。

自公主、封君以上皆帶綬，以彩組爲緄帶，各如其綬色，金辟邪首爲帶玦。

郡公侯縣公侯太夫人、夫人銀印青綬，佩水蒼玉，其特加乃金紫。公、特進、侯、卿、校、世婦、[1]中二千石、二千石夫人紺繒幗，[2]黄金龍首銜白珠，魚須擿長一尺爲簪珥。[3]入廟佐祭者皂絹上下，助蠶者縹絹上下，皆深衣制緣。

[1]世婦：宫中女官。

[2]紺繒幗：深紅色絲織品做的頭飾。

[3]魚須擿長一尺爲簪珥：原本、宋本、殿本“簪”下重一“簪”字，據中華本校勘記删。

自二千石夫人以上至皇后，皆以蠶衣爲朝服。[1]

[1]自二千石夫人以上至皇后，皆以蠶衣爲朝服：關於歷代后妃、命婦服章制度，《通典》卷二二《禮·嘉禮》載：“周制，内司服掌王后之六服：褘衣，揄翟，闕翟，鞠衣，展衣，褖衣。素沙。(王后之服，刻繒爲之形而采畫之，綴於衣以爲文章。褘衣，畫翬者。揄翬，畫摇者。闕翟，刻而不畫。此三者皆祭服。從王祭先王則服褘衣，祭先公則服揄翟，祭群小祀則服闕翟。今世有圭衣者，蓋三翟之遺俗。鞠衣，黄桑服也，色如麴塵，象桑葉始生。《月令》：‘三月，薦鞠衣於先帝’，告桑事。展當爲襢。襢衣，以禮見王及賓客之服，其色白。褖衣，御於王之服，亦以燕居，其色黑。六服備於此矣。以下推次其色，則闕翟赤，揄翟青，褘衣玄。此鄭玄據五行相生爲説也。婦人尚專一，德無所兼，連衣裳不異其色。素沙者，今之白縳也。六服皆袍制，以白縳爲裏，使之張顯。今世有沙縠者，名出於此。其翟多少，各依命數。揄音摇。縳音絹。)

辨内外命婦之服：鞠衣，展衣，褖衣。素沙。（内命婦之服：鞠衣，九嬪也；展衣，世婦也；褖衣，女御也。外命婦者，其夫孤也，則服鞠衣；其夫卿大夫也，則服展衣；其夫士也，則服褖衣。三夫人及公之妻，其闕翟以下乎？侯伯之夫人揄翟，子男之夫人亦闕翟，唯二王後褘衣也。）

“漢制，太皇太后、皇太后、皇后入廟服，紺上皂下；蠶服，青上縹下：皆深衣制，（徐廣曰：‘即單衣也。’縹音疋繞反。）隱領袖緣。貴人助蠶服，純縹上下。長公主見會。自公主封君以上皆帶綬，以采組爲緄帶，各如其綬色；黄金辟邪首爲帶鐍，飾以白珠。公卿列侯、中二千石夫人入廟佐祭者，服皂絹上下；助蠶者，縹絹上下。自二千石夫人以上至皇后，皆以蠶衣爲朝服。公主、貴人、妃以上，嫁娶得服錦綺羅縠繒，采十二色，重緣袍。特進、列侯以上錦繒，采十二色。六百石以上重練，采九色，禁丹紫紺。三百石以上五采，青絳黄紅緑。二百石以上四采，青黄紅緑。賈人，緗縹而已。（緗，赤黄色。）

“魏之服制，不依古法，多以文綉。

“晋依前漢制，皇后謁廟，服皂上皂下；蠶，青上縹下。隱領袖緣。元康六年，詔以純青服。貴人、夫人、貴嬪，是爲三夫人，皆金章紫綬。九嬪銀印青綬，佩采瓄（音獨）玉。助蠶之服，純縹爲上下。皇太子妃，金璽龜鈕，纁朱綬，佩瑜玉。諸王太妃、妃、諸長公主、公主、封君，金印紫綬，佩山玄玉。自公主、封君以上，皆帶綬，以采組爲緄帶，各如其綬色，金辟邪首爲帶玦。郡縣公侯太夫人、夫人，銀印青綬，水蒼玉。公特進列卿代婦、中二千石夫人入廟助祭者，皂絹上下；助蠶者，縹絹上下。自二千石夫人以上至皇后，皆以蠶衣爲朝服。”